근대 동아시아의 인문학과 상호인식

글쓴이(수록순)

마쓰바라 마코토 松原真, Matsubara Makoto_히토쓰바시대학 대학원 언어사회연구과 준교수

김병문 金炳文, Kim Byung-moon_연세대학교 근대한국학연구소 HK교수

혼다 소시 本多創史, Honda Soshi_후쿠시마현립의과대학 총합과학교육연구센터 교수

윤영실 尹寧實, Youn Young-shil_숭실대학교 한국기독교문화연구원 HK교수

김영민 金榮敏, Kim Young-min_연세대학교 국어국문학과 명예교수

호시나 히로노부 星名宏修, Hoshina Hironobu_히토쓰바시대학 대학원 언어사회연구과 교수

김우형 金祐瑩, Kim Woo-hyung_연세대학교 근대한국학연구소 HK연구교수

이규수 李圭洙, YI Gyu-soo_히토쓰바시대학 대학원 언어사회연구과 특임교수

심희찬 沈熙燦, Shim Hee-chan_연세대학교 근대한국학연구소 HK교수

우페이천 吳佩珍, Wu Pei-zhen_국립정치대학교 대만문학연구소

마쓰오카 마사카즈 松岡昌和, Matsuoka Masakazu_오쓰키시립 오쓰키단기대학 경제과 조교

김헌주 金憲柱, Kim Hun-joo_연세대학교 근대한국학연구소 HK연구교수

근대 동아시아의 인문학과 상호인식
지식과 문화의 문턱들

초판인쇄 2021년 4월 20일 **초판발행** 2021년 4월 30일
엮은이 연세대 근대한국학연구소 인문한국플러스(HK+) 사업단
펴낸이 박성모 **펴낸곳** 소명출판 **출판등록** 제13-522호
주소 06643 서울시 서초구 서초중앙로6길 15, 2층
전화 02-585-7840 **팩스** 02-585-7848 **전자우편** somyungbooks@daum.net **홈페이지** www.somyong.co.kr

값 28,000원 ⓒ 연세대 근대한국학연구소 인문한국플러스(HK+) 사업단, 2021
ISBN 979-11-5905-615-4 93910

이 책은 2017년 정부(교육부)의 재원으로 한국연구재단의 지원을 받아 수행된 연구임(NRF-2017S1A6A3A01079581)

연세
근대한국학HK+
연구총서
005

근대
동아시아의
인문학과
상호인식

지식과 문화의 문턱들

연세대 근대한국학연구소
인문한국플러스(HK+) 사업단
엮음

HUMANITIES AND MUTUAL PERCEPTION
IN EAST ASIA ON THE THRESHOLDS OF
KNOWLEDGE AND CULTURE

머리말

이 책은 지난 2019년 6월 22일 히토쓰바시대학에서 열린 연세대학교 근대한국학연구소 HK+사업단·히토쓰바시대학 언어사회연구과 한국학연구센터 공동주최 제1회 국제학술 심포지엄의 성과를 단행본으로 엮은 것이다. 심포지엄의 주제는 "인문학 연구의 지적 기반 성찰과 동아시아학 : 근대 학문과 지식인"이었으며, 발표와 토론, 사회자를 합쳐서 총 16명이 참가했다. 문학, 철학, 역사학, 어학 등의 분야에서 총 12개의 발표가 이루어졌고, 19세기 말부터 제2차 세계대전에 이르는 시기를 대상으로 한국과 일본은 물론 중국과 대만, 동남아시아까지 포함하는 폭넓은 주제가 다루어졌다. 당일 발표된 귀중한 논고 중에는 안타깝게도 개인적 사정 등에 의해 이 책에 실리지 못한 것도 있지만, 반대로 감사하게도 관련 논고를 선뜻 제공해준 분도 있어서 책의 내용이 한층 풍부해진 것은 아닌가 생각된다. 심포지엄의 문제의식과 겹치면서도 현대의 문제들을 다루고 있는 글들을 새로 추가할 수 있었기 때문이다. 이에 따라 제목도 『근대 동아시아의 인문학과 상호인식―지식과 문화의 문턱들』로 새로 바꾸었다.

한때 학술장을 넘어서 현실의 정치경제까지 포섭하는 새롭고도 중대한 이론의 역할을 했던 '동아시아'라는 개념은 기존의 수많은 인식기준을 근본적으로 바꾸어버린 일종의 사건이기도 했다. 그것은 전쟁과 식민지지배, 타자에 대한 무지와 다툼으로 얼룩진 동아시아 각 지역의 과거와 미래를 다시 그리기 위한 이념이었다. 하지만 이념으로서의 동아시아가 품고 있던 비판적 대화를 통한 사유의 가능성은 오늘날 그 놀라웠던 등장속도만큼이나 빠르게 기능부전에 빠지고 있는 것 같다. 한국, 북한, 중국, 대만, 일본은 여전히 팽팽한 긴장 관계를 형성하고 있으며, 홍콩, 태국, 미얀마 등에서 벌어졌던, 혹은 지금도 계속 벌어지고 있는 다양한 투쟁의 과정과 의미를 동아시아적 차원에서 바라보려는 노력은 충분치 못한 것처럼 느껴진다.

그 원인에 대해서는 다양한 진단을 내릴 수 있겠으나, 종종 동아시아라는 개념 자체가 90년대 이후 신자유주의의 세계적 확대와 맞물리는 형태로 등장했다는 점이 지적되곤 한다. 새로운 시장의 형성은 그에 걸맞은 새로운 지역공동체의 구상을 요구했다. 동아시아의 곳곳에 둘러쳐져 있던 현실의 장벽들을 넘어서려는 학술적 시도들이 정부와 기업차원에서 이루어진 다양한 지원에 뒷받침되고 있었다는 사실을 잊어서는 안 되는 이유다. 하지만 문제의 원인을 모두 정치경제의 영역에만 환원시키는 태도 역시 지양되어야 한다. 우리는 지금 동아시아를 논했던 그 수많은 '인문학' 자체에는 과연 문제가 없었는지 다시 한번 성찰할 시점을 맞이한 것은 아닐까?

이 책의 내용과 그 바탕이 된 2019년의 공동 심포지엄은 동아시아론이 침체에 빠진 오늘날 동아시아와 인문학의 의미를 처음부터 다시 생각해보기 위한 작은 출발점을 마련하려는 의도에서 기획되었다. 이를 위해 먼저 생산적인 상호인식을 가로막고 있는 여러 문턱들이 어떻게 형성되었고, 또 어떻게 기능하고 있는지를 살펴보려고 했다. 특히 지식과 문화의 영역에서 이러한 문턱들이 존재하는 양상과 방식을 묻고자했다. 이 책에 실린 12개의 글은 각각 다루고 있는 주제와 시대가 다르지만, 근대 이후 동아시아에서 형성된 여러 불연속적인 문턱의 경계를 고찰하거나, 이를 넘어서려는 연대의 시도에 주목한다는 점에서 하나의 앙상블을 이룬다. 물론 여기 실린 글들이 모두 현재의 동아시아론에 대한 비판이나 이를 극복하기 위한 대안적 모델을 제시하고 있는 것은 아니다. 다만 올바른 문제제기에는 이미 올바른 해답이 포함되어 있을 것이다. 이 책에서 제기하는 문제들이 동아시아 학술장의 동료들과 논의될 수 있기를 바랄 뿐이다.

이 책은 전체 4부로 이루어져 있다. 1부 '국가와 지식'에서는 감정, 언어, 신체 등의 영역에서 행해진 권력의 침투와 변형의 문제를 다룬다. 마쓰바라 마코토의 글은 메이지유신 이전 일본의 민중들이 광범위하게 공유했던 '복수이야기'가 '문명개화'의 이름 아래 억압되는 동시에 외국에 대한 적개심으로 변용되는 과정을 설득력 있게 묘사한다. 주지하듯이 근대국가란 모든 폭력을 독점하는 최종 기관에 다름 아니다. 누군가나의 친지나 사랑하는 사람을 살해한 경우라도 나는 그에게 어떤 사적 폭력도 가할 수 없다. 폭력의 주인은 오직 국가만이 될 수 있기 때문이다. 마쓰바라는 문명의 이름 아래 민중들의 폭력이 금지되는 과정을 다양한 소설을 통해 소개하는 한편, 해소되지 못한 채 남아있는 울분들이 우회로에 진입하는 양상을 설명한다. 특히 남겨진 원한이 근대국가의 논리에 따라 외국으로 향하게 된다는 논의는 오늘날에도 시사하는 바가 대단히 크다고 하겠다.

'국문론'의 문제를 새로운 주체 형성의 과정으로 바라보는 김병문의 글도 매우 흥미롭다. 근대전환기에 나타난 여러 국문론의 논의들을 세

심하게 추적하는 김병문은 그 과정에서 '근대인으로 거듭나라'는 명제를 발견한다. 특히 20세기 초반 한국어 '문장'을 강조하는 주장들을 분석하고, 이를 통해 하나의 문법을 공유하는 균질적인 언어공동체의 존재가 일종의 소여로서 등장하게 된 점을 지적한다. 이제 사람들은 단지 말을 하거나 글을 쓰는 차원을 넘어서서, 공동체의 올바른 문법이라는 것을 터득해야만 했다. 다시 말해 언어의 영역에서 새로운 주체 형성의 문턱이 생겨난 것이다.

이처럼 마쓰바라와 김병문의 글이 개인의 감정과 언어에 작용하는 권력과 문턱의 경계를 다루었다면, 혼다 소시의 글은 이를 신체의 조작과 배제를 통해 논한다. 운노 유키노리海野幸德가 1910년에 쓴 『일본인종개조론』을 중심으로 서구의 우생학이 일본에 수입되는 과정을 상세하게 살펴보고, 무기물과 유기물에 동일한 물리화학의 법칙을 적용할 수 있다는 그의 논리가 어떤 정치적·시대적 의미를 가지는지 분석한다. 국제적 경쟁이 점차 심화되는 형국으로 당대의 현실을 파악하는 운노는 이와 같은 위기를 돌파하기 위해 '악질자'를 감소시키는 단종수술을 시행하자고 주장한다. 독일 우생학보다도 더욱 강력한 '신체침습'을 주장한 운노의 논리는 타자에 대한 엄청난 폭력을 전제하지 않고는 성립할 수 없다는 것이 혼다의 결론이다. 저자의 분석은 국가의 발전과 안정을 위해서라면 개인의 신체를 배제할 수 있다는 무시무시한 발상의 생물학적 뿌리를 적나라하게 드러낸다.

2부에는 '번역과 글쓰기'에 관한 세 편의 글이 실려 있다. 윤영실은 'nation' 개념의 번역과정을 살펴본다. 헨리 휘튼과 블룬칠리의 유명한 국제법 저작들이 마틴을 통해 『만국공법』, 『공법회통』 등으로 번역되었다는 사실은 잘 알려져 있다. 그러나 번역은 단순한 언어적 등가교환이 아니라 정치적 행위에 속한다. 윤영실은 마틴의 번역문과 원문을 자세하게 대조하고 거기에 새겨져 있는 정치적 의미를 지적한다. 그리고 서구식 주권의 개념 및 국제법을 떠받치고 있는 식민주의적 폭력의 문제를 마틴이 'nation'의 번역과정에서 삭제하거나 공백으로 남겨두었다는 사실을 밝혀낸다. 동아시아에서 여전히 상호인식과 사유의 문턱으로 기능하고 있는 'nation'을 고찰하는 데 매우 중요한 지적이 될 것이다.

　김영민의 글은 『한성주보』에 실린 한글체 기사의 현황과 그 특질을 실증적으로 분석한 글이다. 근대적 매체를 통한 한글 문장의 사용과 정착이 한국 근대문학사 연구의 중요한 테마임은 두말할 필요도 없다. 김영민은—『조선신보』의 부속한문체를 제외하면—본격적으로 한글 기사를 싣기 시작한 첫 근대 매체라 할 수 있는 『한성주보』에 주목하고, 그 구체적 실상을 자세히 정리하고 있다. 특히 이 책의 전체 주제와 관련하여 흥미로운 점은 『한성주보』의 한글체 기사 대부분이 외국 자료의 번역물이었다는 사실이다. 『한성주보』는 『한성순보』에 순한문으로 실린 외국 자료를 다시 한글체 기사로 옮겨 싣는 경우가 많았다. 다시 말해 여기에는 번역과 중역의 여러 층위들이 존재하는 것이다. 나아가 『한성주보』에서 시도된 띄어쓰기가 이후 『독립신문』 단계에서 실질적으로 정착되었다는 점을 고려하면, 한글 글쓰기의 시초가 번역과 중역 등 혼성적인 언어실천 속에서 이루어졌다는 사실이 가지는 의미가 더욱 크게 다가온다.

　호시나 히로노부의 글은 글쓰기의 실천이 국가와 개인, 제국과 식민지 사이의 중첩과 균열 속에서 이루어지는 양상을 절절하게 전한다. 식민지대만에 건설된 나병요양소의 환자들이 쓴 '나단가'를 중심으로 '절멸'의 대상으로 여겨졌던 환자들이 예술과 문학을 통해 자신의 삶과 고통을 노래하는 모습이 세밀하게 그려진다. 식민지대만에서는 나병요양소의 건설이 늦어졌을 뿐만 아니라 관련 제도의 정비도 미흡했다. 환자에게 '나단가' 창작을 권유했던 동기도 감상주의, 혹은 의료적 효용에 따르는 측면이 강했다. 게다가 대만사람들에게 '단가'라는 일본어를 통한 창작은 매우 생소한 것이어서 작자의 대부분은 일본인들이었다. 그렇지만 호시나가 소개하는 '나단가'의 구절들은 시대와 장소를 초월하여 그들의 아픔과 슬픔을 생생하게 전해준다. 물론 환자들의 글쓰기는 당시 국가권력의 시혜라는 담론 속으로 흡수되기도 했다. 그런데 국가권력의 이러한 노력은 도리어 이들의 글쓰기 실천과 거기에 담긴 '파토스'가 지닌 초월적인 힘이 두려웠기 때문은 아니었을까? 동아시아에서 오래도록 망각되었던 식민지대만의 '나단가'는 우리를 타자의 아픔에 대한 보편적인 공감으로 이끌 것이다.

3부는 지식인의 문제를 다루고 있다. 김우형은 일본에서는 근대화의 주역으로 칭송받지만 한국에서는 침략의 사상적 주범으로 지탄받고 있는 후쿠자와 유키치福澤諭吉에 대한 재해석을 시도한다. 후쿠자와가 신분제를 고정하는 낡은 관습의 하나로서 유학을 강하게 비판한 점은 지금까지 통설로 여겨져 왔다. 그러나 저자는 유학이라는 단일한 이해 대신 송학宋學과 한학漢學을 구별하고, 후쿠자와가 송학을 기반으로 한학을 비판한 점을 정치한 텍스트 독해와 함께 지적한다. 또한 후쿠자와의 텍스트 중에서 가장 논쟁적인 글이라 할 수 있는 「탈아론」에 대해서도 사상적 재검토를 강조한다. 최근 일본사상사 분야에서는 메이지유신을 전후하여 유학이 행한 역할과 그 의미가 주목받고 있다. 유학에 정통한 저자의 후쿠자와 연구는 최근의 흐름에도 시사하는 바가 적지 않으리라 생각된다.

이규수는 식민지조선을 위해 헌신한 일본의 변호사 후세 다쓰지布施辰治의 생애와 그의 투쟁적인 면모를 검토한다. 후세는 양심적인 일본인으로서 한국에서도 유명하고 학계의 관심도 높아지고 있으나, 본격적인 역사학적 연구는 아직 이루어지지 못한 형편이다. 이른 시기부터 후세의 삶과 사상에 관심을 가져왔던 저자는 이 글에서 각종 자료와 당대 신문을 섭렵하여 그의 활동을 복원한다. 특히 독립운동가 및 조선공산당 변호, 식민지조선에서의 강연 일정과 내용 등을 상세히 소개하고 있으며, 관동대지진과 인권옹호 활동에 대해서도 구체적으로 언급하고 있다. 농촌문제에도 깊은 관심을 가졌던 후세는 철저하게 식민지조선의 현실에 발을 딛는 자세를 취하면서도, 이를 동시에 전 세계 전 인류의 문제라는 보편적인 관점에서 고민했다. 이와 같은 후세의 삶과 사상은 오늘날 상호 간의 문턱을 넘어 한일연대 및 동아시아적 공동 투쟁의 장을 사유하는데 대단히 커다란 힌트를 제공할 것이다. 저자의 이 글이 그 도화선이 되기를 바란다.

심희찬의 글은 해방 이후 한국의 역사학을 대표하는 이기백을 일본 유학과 역사주의의 관점에서 살펴본 글이다. 저자는 조선총독부를 중심으로 추진되었던 '조선사' 연구와 해방 이후 그 극복을 내세웠던 '한국사' 연구를 서로 대립하는 것으로 보면서도, 양자의 저류에는 '역사주의'가 흐른다고 주장한다. 이기백은 식민지기 와세다대학 유학을 통해 역사학을 과학의 일종으로 간주하면서도 자연과학과는 다른 독자적인 논리를 추구했던 독일의 역사주의를 배웠다. 보편적인 진리와 이념이 각국의 특수한 역사경험으로 구현된다는 관점을 배운 이기백은 이를 통해 한국의 역사를 자유민주주의의 확대과정으로 규정하는 역사관을 제시한다. 다만 이러한 인식은 사회주의권 국가에 대한 거친 논의로 이어졌고, 현실의 북한이나 이슬람 국가들에 관한 편견을 낳기도 했다. 기존의 일국사적 지향을 극복하고 동아시아적 관점에서 사학사를 논의할 때 짚어보아야 할 문제로 생각된다.

마지막 제4부에서는 문화의 다양한 교착과 그 의미를 검토한다. 우페이천은 일본의 연극운동이 중국, 대만, 조선 등 동아시아 각 지역과 가졌던 네트워크 관계를 분석하고 이를 매개로 좌익의 사조가 제국과 식민지의 문턱을 넘나드는 모습을 그린다. 일본의 아키타 우자쿠秋田雨雀, 대만의 오곤황吳坤煌, 중국의 전한田漢을 중심으로 소극장운동과 민중극운동, 프로문학운동 등이 도쿄에서 겹쳐지고 다시 동아시아 각지로 전파되는 흥미로운 양상을 볼 수 있다. 한편 춘향전이 일본의 가부키 혹은 '지나 가부키'와의 영향 관계 속에서 논해지는 장면은 일국의 경계를 넘어서는 문화이해의 가능성과 함께 제국주의의 위험성을 동시에 느껴지게 해준다.

마쓰오카 마사카즈는 아시아 · 태평양 전쟁기 싱가포르에서 프로파간다 활동에 종사한 만화가 구라카네 요시유키倉金良行를 사례로 문화가 전쟁에 동원되는 양상을 살펴본다. 만화는 '사상선전'을 통한 '전력증강'에 이바지할 것을 국가로부터 요구받았고, 만화가들 역시 '이권확보'를 위해 이에 협력했다. 저자에 의하면 구라카네의 만화 형식은 디즈니 애니메이션 수용의 연장선 위에 위치하며, 가족을 중심으로 어린이들의 익살스러운 모습을 그리는 스토리가 많았다고 한다. 싱가포르에서 그는 아동용 신문과 일본어 교본에 만화와 일러스트를 그렸는데, 그 대부분은 이와 같은 일본에서의 작화스타일을 유지하면서 등장하는 어린이들을 현지의 소년, 소녀로 바꾼 것이었다. 저자는 문화의 내용과 아울러 그 형식의 전파가 대단히 중요할 수 있다는 점을 언급하면서 글을 마무리하는데, 문화와 이데올로기의 관계를 생각하는 데 핵심적인 지적이라고 할 수 있다.

　김헌주의 글은 이와 같은 문화 이데올로기의 문제를 다루고 있다. 김헌주는 2018년 한국에서 방영되었던 드라마 〈미스터 션샤인〉을 소재로 미디어 자본과 국사 패러다임, 역사콘텐츠의 결합 양상을 검토한다. 저자는 주로 1902~3년을 배경으로 삼고 있는 〈미스터 션샤인〉이 식민지기의 역사상을 너무 많이 투영하고 애국서사를 강조하는 점에서 역사적 고증 및 서사구조에 문제가 있다고 논한다. 이러한 드라마의 내용은 당대의 맥락을 거세할 뿐 아니라 애국과 근대의 다양한 경로를 무화시킨다는 것이다. 〈미스터 션샤인〉이 기존의 국사 패러다임을 반복하는 역사드라마와는 다른 가능성을 보여주면서도 결과적으로는 애국심을 강조하는 방향으로 귀결한 것에서 저자는 미디어 자본과 애국심 마케팅의 결합에 역사학이 비판의 눈초리를 거두어서는 안 되는 이유를 발견한다. 문화가 오늘날에도 여전히 국가의 이데올로기라는 틀을 벗어나지 못하고 있는 현실에 대한 치열한 비판이라고 하겠다.

　이 책에서 다루고 있는 내용은 대체로 위와 같다. 크게 국가권력, 번역과 글쓰기, 지식인, 문화 등의 주제로 나눌 수 있지만, 책 속에 들어있는 내용은 이보다 훨씬 다양하고 풍부하다. 처음에 말한 것처럼 이 책은 '동아시아'와 '인문학'의 관계를 새롭게 바라보기 위한 첫발을 내딛어본 것에 불과하다. 앞으로도 연세대학교 근대한국학연구소 HK+사업단과 히토쓰바시대학 언어사회연구과 한국학연구센터는 동일한 문제의식 아래 지속적으로 연구교류를 이어갈 예정이다. 이미 2021년도에도 공동 심포지엄을 개최하는 것이 결정된 상황이다. 코로나19로 인해 직접 만나서 논의를 나누기 힘든 상황이지만, 이런 때야말로 서로 간의 신뢰와 연대가 절실히 요청된다고 하겠다. 부디 관련 연구자들의 많은 관심과 응원, 그리고 비판과 질정을 부탁드린다.

심희찬

차례

제2부 번역과 글쓰기

제3부 지식인의 경계

제4부 마주치는 문화들

문명개화와 복수이야기*

마쓰바라 마코토 / 번역 이혜원 (한신대)

1. 시작하며

원수 갚기(仇討ち)가 법으로 금지된 후에도 복수이야기에 대한 수요는 이어졌다.

1873년 2월, 원수 갚기 — 개인의 실력행사(살인)를 수반한 복수 — 는 법률에 의해 금지되었다.[1] "몸에 옻칠을 하고 숯을 먹어가며 천신만고 끝에 성공적으로 원수를 갚으면 아주 장한 일이라며 오래된 구사조시草

---

* (역주) 이 글은 『言語文化』 54호(一ッ橋大学言語研究室編, 2017)에 실린 「文明開化と復讐物語」를 번역한 것이다.

1 태정관(太政官) 포고 제37호에 "사람을 죽이는 것은 국가가 엄중히 금하여 사람을 죽이는 자를 벌하는 것은 정부의 공권에 있는 바, 예부터 부형(父兄)을 위해 복수를 함으로써 자식과 아우의 의무를 한다는 풍습이 있었다. 이는 지정(至情)을 금치 못해 그러하다 하더라도 필경 사사로운 분개로 엄중한 금지를 어기고 사의(私義)로 공권을 범하는 자로서 당연히 천살(擅殺)의 죄를 면치 못한다"라고 되어 있다.

双紙 마지막 권 10장째에 무사복을 입은 사람이 부추기고 그 안쪽 면 반장에 부부가 상으로 받은 받침 등을 들고 있는 모습에 훌륭하도다, 훌륭하도다"라며 행복한 결말이 약속되던 시대는 막을 내리고, "군부君父의 복수일지라도 성공하면 사형의 처벌은 피하지 못"하는 시대가 도래한 것이다다카바타케 라이센(高畠藍泉), 「인과응보」, 『도쿄삽화신문』, 1882.3.1, 투서. 그러나 법률이 원수 갚기를 금지한 후에도 복수이야기는 동시대 사람들에게 계속 요구되어 왔다.

　　이제는 분명히 평온해진 시대라 하여 복수는 법률로 허용되지 않음에도 불구하고 주신구라(忠臣蔵) 공연은 만원(滿員)의 인기가 끊이질 않고, 때를 기다려 얻는 우담화(優曇華)라든가 불구대천이라는 어조가 자칫하면 삽입 신문의 연재물로 나타나는 것은 확실히 야만의 유전이 여전히 완전히 소멸될 수 없는 것이라고 봐야 한다.(사카자키 시란(坂崎紫瀾), 「복수주의의 이야기(復讐主義の話)」, 『자유등(自由燈)』, 1884.10.12, 사설)

　여기에서는 에도기를 대표하는 복수극이 여전히 인기가 있고 복수를 주제로 한 소설이 신문에 게재되는 현상을 개탄하고 있다. 복수 이야기는 메이지 시대에도 상품으로서 소구력訴求力을 계속 유지하고 있었던 것이다.

　그렇다면 원수 갚기가 금지된 시대의 복수 이야기는 어떠한 내용이었을까? 바꿔 말하면 복수 이야기는 새로운 제약에 어떻게 대응하여 동시대를 극복하려고 했을까? 이 글에서는 이 문제를 근대 일본 초기[2]에 발표된 오락성이 강한 소설군을 대상으로 고찰하고자 한다. 오락적인 소설은 당연히 에도 후기의 희작 소설과 연속성을 가진다. 따라서 메이지기에 발표된 오락적인 소설에서 복수 이야기를 고찰하는 일은 일본 사회가 근대와 어떻게 대면했는가를 해명할 때 하나의 실마리는 제공하리라 여겨진다.[3]

"군부(君父)의 복수도 성공하면 사형의 처벌은 피하지 못한다"가 된 이상 메이지기의 복수 이야기는 종래의 방법으로 복수를 수행했을 때 이전과 같은 긍정적인 결말을 준비할 수 없게 되었다. 본론에 들어가기 전에 이 점을 확인해둔다.

메이지 희작에서 원수 갚기류의 대표작으로 여겨지는[4] 오카모토 기센岡本起泉『가와카미 유키요시 복수 이야기川上行義復讐新話』도선당(島鮮堂), 메이지 14(1881)도, 사이카엔 류코彩霞園柳香『겨울 음력 구월의 저녁노을冬楓月夕栄』금송당(金松堂), 메이지 14(1881)도 주인공이 원수를 살해한 후에 자수하는 것으로 끝난다. 주인공의 간난신고는 전혀 보상받지 못한다. 결국 두 작품 모두 주인공의 실력행사가 보상받아야 할 행위가 아니라 벌을 받아야 할 범죄임을 인정한 것이다.

두 작품은 실제 사건을 취재한 시사소설인데, 허구성이 강하다고 여겨지는 소설에서도 긍정적인 결말은 보이지 않는다. 『신설 풍요로운 가을新說豊の秋』무서명, 『삽화자유신문』, 메이지 20(1887).5.3~7.30은 부친과 남편을 밀고하고 자신의 정조를 더럽힌 원수를 주인공이 죽음으로 몰아넣은

---

2   우선 1887년(메이지 20년) 전후까지로 한다. 다만 일부 예외가 있다.
3   개개의 작품과 작가에 관한 선행연구는 살펴보았지만 본고와 같은 문제설정을 가진 것은 관견의 범위에서는 찾지 못했다. 있다면 가르침을 부탁드린다. 근세기에 대해서는 小二田誠二, 「仇討小説試論」(『日本文学』38-8, 1989)이 참고가 되었다.
4   本間久雄, 『新訂明治文学史』上(東京堂, 1948, 94쪽 이하)과 興津要, 『転換期の文学』(1960, 早稲田大学出版部, 70~71쪽)이 참고가 되었다.

뒤 자살하며 끝난다. 와타나베 가테이渡辺霞亭의 『검게 물든 벚꽃墨染桜』『메사마시 신문』, 메이지 21(1888).3.11~4.22은 형과 정인을 살해한 원수를 처치한 후에 자살하며 끝난다. 사이토 료쿠우斎藤綠雨의 『눈물淚』『메사마시 신문』→도쿄『아사히 신문』, 메이지 21(1888).6.27~7.28은 부친을 야습하고 모친을 죽음으로 몰아넣은 원수를 주인공 남매가 복수하려고 하는데 남동생은 도리어 당하여 사망하고 누나는 뜻을 이룬 뒤 자살하며 끝난다. 시마다 미도리島田美翠의 『복수かたき討』침침당(駸駸堂), 메이지 26(1893).7는 처자를 살해당한 주인공이 복수를 한 후에 자수하며 끝난다.

이렇게 메이지기에 나온 복수 이야기에서 복수를 위한 실력행사는 칭찬할 수 없는 어려운 범죄로 여겨진다. "훌륭하도다, 훌륭하도다"의 대단원이 기피되고 대신에 비극적인 결말이 배치된 것이다. 그렇다면 원수 갚기가 금지된 시대라도 복수이야기는 어떻게 하면 행복한 결말을 맞이할 수 있을까? 어떠한 방법으로 결착을 내리면 주인공의 간난신고는 보상받는 것일까?

2. 선심에 의한 대행

원수 갚기가 금지된 이상, 복수이야기는 지금까지의 방법을 대신하는 대망성취 방법을 짜 넣어야 했다. 원수를 주인공이 스스로 살해하는 것 이외의 방법이 모색된 것이다.

예를 들면 야나기바테이 시게히코柳葉亭繁彦 『명필 도사파 그림 작품집名筆土佐絵手帳』영진사栄進社, 메이지 19(1886).4[5]은 바둑의 원한으로 부모가 살해된 주인공이 원수에게 바둑으로 승리함으로써 복수한다는 작품이다. 줄거리는 다음과 같다.

바둑 승부에서 지게 된 악한 무사 소에다 고이치添田虎一는 상대 무사 나무라 가쓰미名村克己를 살해한다. 나무라의 처 오카ぉ香와 딸 오미쓰ぉ光가 복수를 다짐하고 소에다가 원수라는 것을 밝혀내는데 오카는 소에다에게 되레 당하게 된다. 유신 후 소에다는 어느 날 듣게 된 기독교 강의를 계기로 자신의 잘못을 고백하고 마음을 고쳐먹어 오미쓰에게 살해되기를 바란다. 한편, 오미쓰는 원수의 동정을 살피기 위해 거류지인 기독교 여학교에 입학한다. 그러나 오미쓰는 교사에게 복수는 유신 후 금지되었고 신의 가르침에도 어긋난다며 복수를 그만두도록 설득당한다. 또한 항상 신세를 지고 있던 인물에게서 바둑 승부로 복수를 이루도록 제안을 받는다. 그리하여 오미쓰는 소에다를 이겨 대망성취하게 된다. 그 후 오미쓰는 동북의 모 현에서 봉직하는 남자와 결혼하고 딸에게 나무라의 성을 잇게 하려 한다. 소에다는 기독교의 포교활동에 전력을 다한다.

이 작품에서는 살인행위에 의한 복수를 바둑으로 대체하고 있다. 주인공 오미쓰는 바둑 스승의 아들이자 그동안 신세를 지고 있던 인물에게 다음과 같은 제안을 받는다.

원래 사건의 발단이 바둑의 승패에 있었고 다행히 오미쓰가 어릴 때부터 특별한 집념이 있어 이미 고인이 된 그대의 어리석은 아버지도 혀를 내두

---

5 초출은 『絵入朝野新聞』, 메이지 18(1885).1.1~1.29, 무서명, 원제「名筆土佐画手鑑」.

르며 앞으로 멋진 기사가 될 것이라도 말한 바 있다. 그러므로 곧 바둑판에서 두 사람이 만나 이름을 걸고 싸워서 성공적으로 이겨 이루고자 할 바를 이루거나 혹은 져서 비참하게 되레 당하더라도 쌍방의 수련에 달린 문제이므로 한이 남을 일도 없이 생명을 무사히 지키며 두 사람 모두의 바람을 이루는 개화의 복수(38장 안)

사건의 발단이 바둑이었으므로 바둑으로 결착을 내면 좋을 것이라고 제안한다. 주인공은 이 "개화의 복수" 제안을 승낙하고 실행하여 "일본정부의 법률로 이제는 복수를 하는 일은 맞지 않는"(36장 안) 시대에, "훌륭하도다, 훌륭하도다"(40장 안)의 대단원을 맞이하는 것이다.

여기서 주의할 점은 바둑으로 복수가 성립하는 데에는 그 전제로서 원수의 잘못에 대한 후회·개심改心을 필요로 한다는 것이다. 원수의 마음속에서 우러나오는 반성도 없이 이른바 미적지근한, 위에서 말한 '개화의 복수"는 성립할 수 없다. 이는 이 작품보다 먼저 출판된 고메이로 다마스케五明楼玉輔 구연·이토 교토伊東橋塘 편 『개명 기담사진 복수開明奇談写真廼仇討』 메이지 17(1884.6), 골계당(滑稽堂)[6]를 참조하면 더 분명해진다.

이 작품에서는 서양을 다녀온 개명적인 주인공이 부친을 독살한 원수의 사진을 뚫어 그 원수를 갚은 셈 치려고 한다. "실로 문명개화의 나라에서 자란 사람으로서 이익도 없는 원수 갚기 짓을 하지 않는 것이야말로 속 깊은 것이며 또한 상냥한 것이니"(후편 32장 겉)라고 화자는 칭찬하지만 작품은 이렇게 끝나지 않는다. 이후에 원수는 악한 마음을 일으

---

6 본 작품에 관련된 선행연구로, 中込重明, 「落語「写真の仇討」をめぐって」(『日本文学論叢』 22, 1993)가 있다.

켜 입막음을 위해 주인공들을 총살하려고 한다. 주인공의 개명적 조치에 실효성이 없었다. 작품에서 복수가 완료되는 것은 입막음 계획이 실패로 끝나고 원수가 돌연 개심하여 권총 자살을 했을 때이다.

실력행사에 의한 복수가 아닌 개명적인 논리에 기초하여 다른 행위로 용서하려고 하더라도 원수가 진심으로 반성하지 않는 한 그 대안은 성립하지 않는다. 『개명 기담 사진 복수』의 경우 제목과는 모순되게 사진을 뚫는 것만으로는 복수는 성립하지 않는다. 원수는 몸과 마음에 아무런 손상을 입지 않았기 때문이다. 원수가 마음을 바꿔 자살하여 결국 스스로를 처벌함으로써 비로소 작품은 복수를 완료시키고 주인공의 결혼과 집안 재흥이라는 대단원을 맞이하게 된다.

『명필 도사파 그림 작품집』의 경우에도 이와 마찬가지로 단순히 바둑에서의 승패가 복수의 대체책은 아니다. 원수가 "마음깊이 후회하여 당신이 원하는 대로 죽이라고 말하는 마음은 신을 모시는 만큼 훌륭하고 갸륵한 마음"(36장 안)이라고 했으므로 결국 자기자신의 악한 마음을 처벌하고 사멸시켰기 때문에 바둑에 의한 결착이 성립하는 것이다. 원수가 깊게 반성도 하지 않는 채 작품에서 '개화의 복수'가 성립하는 일은 없었다

근대 일본 초기, 복수 이야기가 행복한 결말을 맞이하기 위해서는 원수 자신의 잘못에 대한 후회·개심이 하나의 열쇠가 되었다. 이미 언급된 바와 같이[7] 나카라이 도스이半井桃水가 이러한 수법으로 쓴 작품이 있다. 구체적으로 보면『신편 개화의 복수新編開化の復讐』『삽화자유신문』, 메이지

---

7   馬場美佳,『「小説家」登場—尾崎紅葉の明治二〇年代』, 笠間書院, 2011, 135쪽.

21(1888).1.4~2.15[8]는, 주인공이 원수에게 참회의 마음을 일으키게 하여 자살로 몰아넣어 복수를 달성하는 작품이다. 주인공 다쓰조辰造는 원수인 조지長治에게 빼앗긴 망부 고베幸兵衛의 재산을 되찾는 것에 그치지 않고 병상에 누운 원수를 간병하는 척하면서 그에게 지난날의 잘못을 후회하는 마음을 일으키게 한다. 다쓰조는 조지에게 죽은 아버지 생전의 병실을 내어주고 거기에 망부의 유품을 둔다.

조지는 이 방에 들어오면 처음에 눈에 보이는 것이 모두 회고의 매개가 되는 것들뿐이니 우울하여 편치 못한데 다쓰조가 때때로 방으로 찾아와 이래저래 아버지 병중의 모습 등을 말하는 것이야말로 그렇게 잔인한 조지도 고베의 당시가 떠올라 자주 참회의 마음을 일으켰다.(2.11)

게다가 주인공은 망부의 병중일기를 일부러 읽게 하여, 원수에게 "글자마다 마음이 찢어지고 구절구절마다 애끓어 자기 스스로 사형 선고서를 읽는 심정"을 일으켜, "이 선고에 추호도 불복하지 않고 오히려 그 집행이 신속하게 이루어지기를 바라는"(2.14) 심정이 되어 자살을 결의케 한다. 그 후 주인공은 자살을 제지하고 원수를 용서하여 최종적으로 작품은 주인공의 결혼과 집안 번영이라는 대단원을 맞이한다.

그 외, 『봄 하나의 가지春一枝』(『삽화자유신문』, 메이지 21(1888).4.5~5.15)에서는 종반에 악한 행위를 드러내고 진퇴에 궁한 원수가 돌연 "부모의 원수라고 하더라도 직접 처단할 수 없는 것이 지금의 법률. 그러므로 자살로

---

8 메이지 24(1891).3, 今古堂에서 단행본화.

끝내겠다. 이제는 목숨을 끊으니 적어도 한을 푸시오"(5.13)라고 말하며 자살을 한다. 작품은 정부貞婦의 설원雪冤, 친자재회, 재자가인의 결혼이라는 축복할 만한 이벤트로 끝난다.

어느 경우나 원수의 잘못에 대한 후회·개심이 열쇠가 되고 있다. 본절에서 다룬 작품에서 '개화의 복수'라는 것은 주인공 스스로에 의한 실력행사를 원수의 선심으로 대행하는 것이었다. 원수는 기독교나 주인공의 계략 등에 의해 선심을 자극받아 스스로 악한 마음을 없애기에 이른다. 원수에게 자기 자신을 공격하도록 함으로써 주인공은 메이지 정부의 법률로 처벌받을 일 없이 복수를 달성하는 것이다. 이것이 원수 갚기가 금지된 시대에 복수이야기가 행복한 결말을 맞이하기 위한 하나의 방법이었다.

3. 형법에 의한 대행

원수 갚기를 원수의 선심으로 대행한다는 방법에 대해 살펴봤는데, 대행이라는 관점에서 말한다면 형법 그리고 공권력에 의한 것도 찾을 수 있다. "형법은 복수의 진화된 형태이다"라는 호즈미 노부시게穗積陳重의 언급이 있듯이[9] 메이지 기에는 형법을 통해 복수를 달성하려고 한 소설이 등장하기 시작한다. 몇 가지 예를 들어보도록 하겠다.

사이카엔 류코彩霞園柳香 『복수를 한 안개섬復讐晴霧島』개진당(開進堂), 메이지

---

9   穗積陳重, 『復讐と法律』, 岩波書店, 1931, 321쪽.

16(1883).5[10]에서 주인공 다카요시隆芳는 서남전쟁 때 형 부부와 그 아이들 셋을 참살한 원수에 대해 다음과 같이 복수한다. 다카요시는 원수의 은신처를 찾아내 원수를 포박한다.

이대로 밧줄로 연행하여 다카나베 경찰서로 데리고 가서 고소하니 경찰서에서 원고와 피고를 조사해서 다음날 가고시마 재판소로 호송되었다. (원수는—필자주) 드디어 같은 해 11월 하순 동 재판소에서 일가 5인을 모살한 죄로 사형 선고를 받아 교수형에 처해져 다카요시는 비로소 오하나(남편이 원수 일당에게 살해된 인물—필자주) 등도 나라에 이름 높은 기리시마의 연기와 함께 수년의 원한도 사라지니 여기에 태평하고 평온한 천황 치세의 올바른 정치를 느낄 수 있었다.(29장 안)

주인공은 원수를 자신의 손으로 살해하지 않는다. 그가 행하는 것은 원수를 밧줄로 묶어 경찰서로 데려가 고소하는 것으로 실제로 원수를 주살하는 것은 공권력이다. 형법에 기초해서 원수에게 사형이 집행되고 그것에 의해 주인공들은 원한을 푼다. 복수로 공권력이 실력행사를 대행함으로써 작품은 주인공들에게 행복한 결말을 주었다.

메사마시 주인『갯바위 치는 파도磯打浪』『메사마시신문』, 메이지 21(1888). 4.22∼6.26)에서는 주인공이 아버지가 살해당했기 때문에 보살펴주던 백부에게,

지금 시대에 생각해보면 적을 무찌른다든지 복수를 한다고 하면 아무래도 소설이라도 읽는 것 같지만 원래 법률이 허락하지 않는 한은 설령 눈앞

10　초출은 본문 부기에 의하면『有喜世新聞』. 미확인.

에서 그 원수를 발견하더라도 결코 난폭하고 과격한 일은 하지 않을 각오로 있으므로 이 몸 걱정은 마시고 그 원수를 찾아낼 때까지 잠시 떠나 있기를 원하는 바입니다.(5.4)

라고 말하고는 원수를 찾기 위한 여행을 나선다. 법률에서 금지된 복수를 결코 하지 않겠다고 분명히 말하는 그가 하는 행동은 부친 살해의 증인을 한 명 찾아내는 것뿐이었다. 그는 협객 시미즈노 지로초清水の次郎長 도움을 받아서 원수의 악행을 아는 게이샤를 찾아낸다. 결국 작품은 원수를 체포하는 것으로 끝난다.

이세 잇피츠안 가코二世一筆庵可侯 『먼 산에 핀 벚꽃遠山桜』메이지 22(1889).9, 자유각(自由閣)[11]에서는 주인공이 자신의 양육자였던 백부를 독살한 원수의 은신처를 찾아내 경찰에 고발하는 것으로 복수를 이루려고 한다. 주인공 오토미お富는 "국가의 금지를 어겨서"라도 "갈기갈기 찢어 백부의 원한을 풀겠습니다" "목숨을 표적으로 꼭 복수를 할 생각입니다"라고 분개하며 말하는데(66쪽), 혼약자는 다음과 같이 그녀를 설득한다.

내 생각으로는 그대가 지금부터 모든 정신을 다 쏟아부어 그 강도를 찾아내어서 경찰관에게 밀고하여 어찌하든 경찰관의 손을 빌려 그들을 포박시키고 교수대의 귀신으로 만듦으로써 백부에게 해야 할 모든 인정과 의리를 다하는 자가 되십시오. 반드시 당신이 손수 목숨을 이라는 말은 하지 말고 몸에 상처 입히는 일 없도록 바랍니다.(67쪽)

---

11 초출은『大和新聞』, 메이지 22(1889).3.17~5.19.

혼약자인 남자는 흉적인 원수와 싸우는 등의 위험천만한 일은 하지 말고 경찰에 고발하는 것에 그치도록 주인공을 설득한다. 징벌의 집행은 "경찰의 손"에 맡겨야 한다는 것이다. 인용에 이어지는 장면에서 그는 만약 자신이 하는 말을 듣지 않는다면 혼약을 파기하겠다고까지 말하여 그녀에게 원수 갚기를 단념시킨다. 그 후 그녀는 원수를 찾아 돌아다니고 혼약자의 지략 덕택에 결국 은신처를 발견하여 경찰이 체포하게 한다.

나카라이 도스이 『해왕 마루海王丸』메이지 24(1891).1, 금고당(今古堂)[12]에서는 부친이 살해되고 재산을 빼앗긴 주인공이 원수에게 거의 죽게 될 지경이 되면서까지 증거를 모으고 원수를 경찰이 체포하게 한다. 이 작품에서도 주인공이 원수에게 하는 행동은 증거를 모으고 경찰에 고소하는 것까지이다. 주인공은 원수 렌조連藏의 거처에서 발견한 동일한 수법의 사건을 보도한 영자신문과 자기편으로 만든 증인(원래는 원수 측의 인물) 등을 근거로 그의 범죄를 폭로한다. 그리하여 작품은 "이것저것 순조롭게 해결이 되고 대악인 렌조만은 엄중하게 처형을 받았다고 한다"(177쪽)라는 화자의 말로 끝난다.

본 절에서는 주인공의 실력행사를 형법 그리고 공권력으로 대행함으로써 행복한 결말을 맞이하는 복수이야기를 살펴보았다. 이들 작품에서는 주인공이 하는 행동이라면 원수를 찾아내고 경찰에 고발하는 것까지이다.[13] 그리고 "법률이 대신해 복수를 하고 타인에게 해를 입히

---

12 초출은 『東京朝日新聞』, 메이지 22(1889).11.26~12.29.
13 아마도 이 원수(범인)를 찾고 증거 찾기를 더 합리적으로 한 것이 탐정소설로 이어졌을 것이다. 실제로 伊藤秀雄, 『改訂增補黑岩淚香 その小説のすべて』(桃源社, 1979, 45~46쪽)이 지적하고 있듯이 구로이와 루이코 번역의 탐정소설에서는 복수 요소를 포함한 작품이 많다.

는 자를 벌하게 되었다면 더 이상 복수는 필요 없어진 것입니다"(호즈미 노부시게)[14]라는 말처럼 일본사회가 근대로 접어든 이상, 본 절에서 살펴 본 방법이 복수이야기의 주류가 되는 것은 당연해 보였다. 결국 원수에 게 그럴만한 처벌을 내리는 법제도가 있는 이상, 누구도 원수 갚기를 필 요로 하지 않게 되고 따라서 주인공의 실력행사를 동반한 "야만유전"(전 출 「복수주의 이야기」)의 이야기는 쇠퇴해야 마땅했다. 그러나 메이지기 에 그러한 상황이 바로 도래한 것은 아니었다.

4. 시대소설

원수 갚기가 금지된 시대에 주인공에 의한 실력행사 없이 복수를 완 료하는 소설을 살펴보았다. 이들 작품에서는 그러한 복수는 메이지 시 대에 어울리는 '개화의 복수'라고 상찬받았다.

그러나 이 '개화의 복수'가 독자의 수요를 완전하게 채우는 것이었는 가 의문이 남는다. 주인공의 간난신고 끝에 찾아낸 불구대천의 원수가 개심했다고는 하더라도 바둑 승부로 용서되는 작품과 경찰에 넘기는 것만으로 끝나는 작품에 모든 독자가 만족했다고는 생각할 수 없다. 실 제로 제1절에서 든 비극적인 결말을 가진 복수 이야기는 그걸로 만족할 수 없기 때문에 주인공에게 살인을 하게 하는 것이다. 예를 들면 시다마 미도리 『복수』에서 처자가 살해된 주인공은 다음과 같이 말한다.

---

14 穗積陳重, 앞의 책, 324쪽.

예전이라면 복수했다면서 칭찬받기도 할 만한 일이 지금은 살인범의 죄로 무법자라고 듣게 되는 것이 안타깝다. 만약 당신이 가장 사랑하는 아내가 살해되고 또한 가장 사랑하는 아이가 살해되는 일을 당한다면 원통하지 않을 리가 없다. 나라면 수풀을 헤쳐서라도 그 원수는 찾아내야 하고 치세가 바뀌어도 복수에 변함없음은 예나 지금이나 그 길은 같다. 불구대천이라고 가르친 원수를 뻔뻔하게 남에게 건네어 미지근하게 처벌할 것인가? 죽인 것은 조금도 나쁘지 않고 복수라는 것은 훌륭한 것. 어찌 그렇지 않겠는가?(42쪽)

이 주인공은 제2, 3절에서 살펴본 방법을 거절한다. 그에게 원수는 그렇게 '미지근하게 처벌'되어야 하는 것이 아니다. 자기 자신의 손으로 원수를 징벌하지 않는다면 후련하지 않다. 그렇게 굳게 믿기 때문에 주인공은 법을 어겨서라도 살인행위에 이르는 것이다. 『먼 산에 핀 벚꽃』의 주인공처럼 개명적인 논리에 설득되었다고 해서 원수 토벌의 바람을 포기한 사람만 있었던 것은 아니다.

스스로 원수를 갚지 않으면 만족할 수 없다는 격정은 제1절에서 예를 든 복수 이야기의 주인공에게 공통된다. 주인공은 "가령 법으로 처벌되더라도 아버지를 위해 원수만 갚을 수만 있다면 이 목숨 아깝지 않다"『가와우에 유키요시 새로운 복수 이야기(川上行善復讐新話)』2편 중 3장 안, "지금은 법률이 허락하지 않더라도 목숨을 아까워하지 않으면 본디의 소망을 이루어 그 후에 형을 받는 것은 꺼리지 않는다"『눈물(涙)』7·10라며 결의를 하고 비극적인 결말이 올 것이라고 말하면서도 원수에게 손을 댄다. 그리고 그러한 작품은 주인공의 실력행사를 당연한 결과로 여기는 독자의 수요가 있었기 때문에 제작되었음에 틀림없다.

그렇다면 메이지기에 나온 복수 이야기는 주인공의 실력행사를 긍정할 도리가 없었던 것일까? 결국 서술한 바와 같이 어쩔 수 없는 격정에 밀려 폭력행위에 이르는 주인공에게는 비극적인 말로 외에 남겨진 건 없었던 것일까? 사실, 그렇지 않았다. 기쿠테이 시즈카菊亭静 감수·스이테이 기요시水亭清 편 『메이지 기록 아코의 복수明治紀聞赤穂の復讐』태평당(太平堂), 메이지 16(1883).8~9를 살펴보자.

무라카미 신스케村上真輔는 지사의 신뢰가 두터운 다다요시忠儀의 가신이다. 유신 후 메이지 정부가 유학생을 모집했을 때 무라카미 신스케는 미즈타니 가이치로水谷嘉一郎라는 우수한 젊은이를 유학 보내려 하고 딸 아카시明石의 반려자로도 그를 생각했다. 간신 야마시타 에이사부로山下鋭三郎 등은 이에 불복하고 무라카미 신스케를 살해한 후 행방을 감춘다. 아들 무라카미 로쿠로村上六郎는 원수와 그 증거를 찾기 위해 길을 떠난다. 긴키 일대를 뒤져도 찾지 못하다가 어느 날 로쿠로는 우연히 야마시타 일당의 수하를 발견한다. 그 수하는 야마시타 일당의 은신처뿐 아니라 야마시타 일당이 무라카미 신스케를 살해했음을 자백한다. 이를 듣고 무라카미 로쿠로는 미즈타니 가이치로 등과 협력하여 복수를 한다. 그리고 작품은 이하와 같이 끝맺는다.

무라카미 일가의 기쁨은 더할 나위 없고 특히 지사도 만족하니 빨리 뵙는 것뿐이겠는가? 그 충효에 대해 후하게 상을 받고 봉록도 원래대로 돌려놓는다. 그 나머지 미즈타니를 비롯한 조력자들에게도 각각 선물이 있으니 기뻐하는 가운데에도 (…중략…) 그렇다면 아카시를 미즈타니 쪽으로 보내고 공공연하게 혼의를 준비해서 여러 가지 일이 잘 마무리된 것은 올해 여름 초순이라고 들었다. 끝(하권 26장 안)

주인공은 원수를 살해하면서 행복한 결말을 맞이하고 있다. 작품은 보상과 결혼이라는 축복할 만한 이벤트 속에서 막을 내린다. 어째서 이러한 결말이 가능했던 것일까? 이유는 단 하나. 이 작품의 이야기 세계가 원수 갚기 금지령 전이기 때문이다. 인용에 있는 '올해'란 메이지 4년(1871)이다.

근대일본 초기, 복수 이야기는 그 무대가 복수 금지령 이전의 세계라면 실력행사를 한 주인공에게 행복한 결말을 준비할 수 있었다. 이 작품의 경우 무대를 메이지기로 하면서도 메이지 6년(1873) 2월보다 앞선 복수이기 때문에 인용과 같은 축복으로 가득 찬 결말이 가능하게 되었다.

사실 막부 말 유신기 그리고 에도기를 무대로 한 이러한 종류의 복수 이야기가 당시에 많이 생겼다. 그 상황을 보고 본고 모두에 인용한 신문 사설의 탄식이 나온 것이다. 예시는 얼마든지 가능하지만 지금까지 예를 든 소설가의 작품으로 한정하여 시대소설(역사소설)에서는 복수를 크게 칭찬할 수 있었음을 확인하겠다.

다카바타케 란센高畠藍泉『나비와 새, 쓰쿠바 소매 모양蝶鳥筑波裾模様』메이지 17(1884).4, 애선사(愛善社)[15]은 메이지 희작에서 복수물의 대표작 중 하나로 여겨진다.[16] 저자인 란센은 본고 모두의 인용에서 문명개화의 세상에서는 "군부君父의 복수도 성공하면 사형의 처벌은 피하지 못한다"라

---

15 초출은 「芳譚雑誌」, 메이지 16(1883).6~17.3. 미확인.
16 本間久雄, 앞의 책.

고 했는데 이 작품에서는 그렇게 결말을 지을 필요가 없었다. 미토水戸 번사의 주인공 형제는 부친을 야습한 원수를 메이지 3년(1870) 2월에 스지카이 미쓰케筋違見附 부근에서 처단한다. 그 결과 형제는 "미토로 돌아가 봉록을 원래대로 받고 복수의 공을 칭찬받았다"(하권 35장 겉 안)에 이어 "훌륭하도다, 훌륭하도다"(하권 36장 안)의 대단원을 맞이한 것이다.

사이카엔 류코彩霞園柳香 『개화 여운 복수 미담開化余情復讐美談』삽화자유출판사, 메이지 17(1884).6[17]에서는 주인공 덴주로가 백부와 부친을 암살한 원수를 1846년 8월 6일에 토벌했다. 그 말미에는 칭찬, 히로인 오히데お秀와의 결혼, 집안 번영이라는 축하의 말이 이어진다.

> 오키(隠岐)의 수령님으로부터는 빠른 귀가를 명받았고 망부인 덴노죠(伝之丞)의 봉록에다가 새로운 토지를 더했으며 오히데(お秀)를 맞이하여 아내로 삼았다 (…중략…) 가문이 번창하여 이제 그 자손이 연면했다고 한다. 아, 덴주로와 같이 이 한 몸 아버지와 숙부의 원수를 갚으니 이 또한 하나의 미담이라고 생각하며 졸렬한 붓도 뒤돌아보며 길게도 이렇게 기록했다.(53장 안)

나카라이 도스이 『꽃의 눈물花の涙』『삽화자유신문』, 메이지 21(1888).19~6.16에서는 막부 말 근왕파인 부친이 살해된 주인공이 겁쟁이인 척하면서 원수를 찾아 좌막파인 원수를 토벌한다. 그 후 번은 근왕파가 중심이 되고 유신 후 주인공은 '메이지의 원로'로 추앙받을 때까지 입신출세하여 히로인과의 사이에 많은 자식을 낳는다. 『고마치 협객(小町奴)』금고당, 메이지

---

17 초출은 『開化新聞』, 메이지 16(1883).12.29~17.3.13.

22(1889).12[18]에서는 에도기 불합리한 이유로 협객인 아버지가 참수되어 효수까지 당한 주인공이 협객이 되어 원수인 무사를 토벌한다. 지방장관 도오야마 가이遠山甲斐 수령의 현명한 재판으로 주인공은 무죄가 되고 전답택지를 회수한다. 본 작품은 "그저 훌륭하다"라며 붓을 놓는다.

살펴본 바와 같이 복수 금지령 이후에 나온 복수 이야기라고 하더라도 시대소설이라면 복수를 상찬해야 할 선행으로 그릴 수 있었다. 이야기 세계가 현재의 메이지기라면 고심했던 소설가도 복수 금지령 이전으로 이야기 세계를 설정하여 주저 없이 행복한 결말을 채워 넣을 수 있었다. 이미 알려진 것처럼 메이지 10년대 중반부터 에도기 혹은 막부 말 유신기를 무대로 하는 소설이 대량으로 등장했다.[19] 그것은 당시 상대적이기는 하지만 현대소설보다도 시대소설 쪽이 표현의 자유가 있는 듯이 보였기 때문임이 틀림없다. 메이지 10년대 전반에 유행한 시사소설은 선악의 판단에 이르기까지 재판소의 판결문에 제약을 받는다.[20] 본고에서 살펴본 바와 같이 허구성이 강한 소설이더라도 동시대를 무대로 하는 한 메이지 정부의 법률을 무시할 수는 없다. 이러한 상황 속에서 더 자유로운 이야기가 독자와 제작 측에서 요구되어 시대소설이 많이 만들어지게 된 것이다.[21]

---

18 초출은 『東京朝日新聞』, 메이지 22(1889).9.4~10.15.

19 柳田泉, 『明治初期の文学思想』上(春秋社, 1965)은 메이지 10년대 중반 무렵부터 신문소설이 도쿠가와화하기 시작했다고 지적한다(198쪽 이하). 興津要, 「〈つづきもの〉の研究」(『明治開化期文学の研究』, 桜楓社, 1968)는 메이지 14년(1881)경부터 신문소설이 과거세계로 역행하는 경향을 보이기 시작한다고 지적한다(74쪽 이하). 本田康雄『新聞小説の誕生』(平凡社, 1998)은 메이지 12년(1879)(『東京朝日新聞』), 메이지 13년(1880)(『東京絵入新聞』)경부터 시대소설의 신문게재가 시작되어 메이지 10년대 후반에는 그것이 유행했다고 지적한다(131~133 및 210~213쪽). 이들 소설은 신문 게재 후 단행본화된 것이 많다.

20 이에 대해 졸고 「新聞種と小説」(『言語文化』 53, 2017)을 참고.

21 종래 메이지 10년대의 시대소설 유행의 원인은 이하와 같이 여겨져 왔다. 야나기다의 전게서

당시 시대소설이라고 하면 메이지 정부의 권력이 미치지 않는 과거 세계를 무대로 한 소설이라는 뜻이고 그 의미에서 메이지기 현재에서 자유로울 수 있는 표현 영역이었다. 이것이 메이지 10년대 중반부터 시대소설이 유행한 이유였다고 여겨진다.

5. 정당방위

그런데 드디어 이야기 세계를 메이지기 현재로 하면서도 주인공의 실력행사를 부정하지 않고 행복한 결말을 맞이할 수 있는 방법이 하나 발견되었다. 정당방위이다. 이것에 착안한 복수이야기의 예로서 고미야마 덴코小宮山 天香의 『정성こころづくし』도쿄『아사히신문』, 메이지 22(1889).7.7~8.4[22]을 들 수 있다.

이즈伊豆 야마기 산天城山 기슭에 시키네 긴이치式根勤一라는 고아 소년이 있었다. 부친 긴고 우에몬勤吾右衛門은 유복했지만 동광銅鑛 사업에 손을 댄 외국인에게 사기를 당해 파산하고 실의 속에 타계한다. 집안이 파

와 오키쓰의 전개론은 ① 메이지 정부의 보수화, ② 민간에 의한 의고 취미의 유행, ③ 제작 측에 뿌리 깊게 남은 봉건적 세계관(희작정신)을 지적한다. 혼다 전게서는 ④ 당시의 신문이 보도기관인 이상으로 오락적인 읽을거리로서 존재했다는 것을 지적한다.

22 서명은 게이카 야마비토(桂華山人)인데, 이것은 덴코가 고미야마 게이스케(天香小宮山桂介)의 별칭으로 판단했다. 근거는 이하와 같다. ① 이 시기, 덴코가 도쿄 아사히신문의 주필이었던 점. ② 덴코에게는 게이카 산진(桂花散人)이라는 별칭이 있었던 점. ③ 도쿄아사히신문 게재의 합작 『기이한 나무 차 상자(奇木のお茶箱)』(메이지 21(1888).7.2~7.12)에는 저자로서 쓰쿠마 거사(即真居士, 덴코의 별칭) 외 4인의 이름이 있는데, 다음 합작 『부채 수레(うちわ車)』(동.7.20~7.31)에서는 4인은 그대로 있고 쓰쿠마 거사의 이름만 없어지고 대신에 게이카 야마비토라는 이름이 있는 점(이쪽에서는 또 한 명 사이토 료쿠우(斎藤緑雨)가 더 있다.) ①, ②는 야나기다 이즈미 『정치소설연구』 하권(春秋社, 1968)에 의한다. 그 밖에 작품 내용적으로도 고미야마 덴코의 작품으로 봐도 좋다고 여겨진다.

산할 만큼 동의 가치가 하락한 것은 사실 철이 쏟아져 나왔기 때문이었다. 긴이치는 철과 싸워 동의 가치를 상승시키고 집을 다시 일으키려는 큰 뜻을 품는다. 어느 날 긴이치는 영국인 드레이키와 만난다. 드레이키는 철 상인으로 망부를 배신한 외국인이다. 긴이치는 철에 반응하는 수뢰정 발명에 착수해서 그 실험에 힘쓴다. 드레이키는 그런 긴이치를 심하게 미워하고 긴이치의 실험장이 있는 섬에 자신의 기선 빅토리아호로 포격한다. 긴이치의 발명은 좀처럼 성공하지 못하지만 마지막에 만든 수뢰정으로 빅토리아호를 침몰시킨다. 부상을 입은 드레이키는 손해배상을 청구하나 긴이치의 실력행사는 정당방위로 여겨진다. 긴이치의 발명은 농상무대신, 모 후작, 해군병기국 외국인공사 등에게 상찬 받아 미국의 신문도 이를 보도한다. 결과 동의 가치가 재고되어 상승한다. 긴이치는 집안을 다시 일으키고 약혼자와 결혼한다.

주인공 긴이치는 원수 드레이키에게 새로 발명한 군사병기로 보복하고 기선을 격침시키고 그에게 부상을 입힌다. 분개한 드레이키는 손해배상을 요구하며 재판을 일으키지만 긴이치는 처벌받지 않는다.

긴이치가 드레이키에게 한 행동은 오로지 정당하게 그 몸을 지키는 방어에서 나온 것이 분명하므로 항상 하고 싶은 대로 권력을 가지고 일본인을 심하게 대하는 외국 법관도 그렇게까지 두둔하는 것은 맞지 않는 일이라 결국 어찌할 수 없다며 단념하게 되었다.(8.4)

'외국 법관'에 의한 영사재판이더라도 드레이키 측에 완전한 잘못이 있으므로 긴이치의 실력행사는 정당방위로 여겨진 것이다. 결과 긴이치는 집안을 다시 일으키고 약혼자와 결혼한다는 행복한 결말을 맞이한다(작품에 대해서는 나중에 다시 다루도록 하겠다).

정당방위는 원수가 일본인이더라도 가능했다. 메이지 15년(1882) 시행 형법314조에 "신체와 생명을 정당하게 방위하여 어쩔 수 없이 폭행인을 살상한 자는 자기를 위한 것인지 타인을 위한 것인지 불문하여 그 죄를 논하지 않는다"라고 명기되어 있었기 때문이다. 사이카엔 류코 『사가 토산 어린 아이의 복수滋賀土産幼児の復讐』메이지 22(1889).9, 이노우에 쇼고로(井上勝五郎) 간행[23]에서는 이미 생모가 살해된 주요 등장인물 시즈코志津子가 원수 도키히코時彦에 의한 양모 살해 현장에 마침 있게 되어 그곳에서 그를 총격한다. 원수는 후일 사망. 그런데 "시즈코가 도키히코를 저격했다고 해도 원래 양모가 살해당했는데 그 자신의 몸에까지 위협이 되려 했으니 이를 없앤 것은 소위 정당방어로 이것 또한 무죄라는 판결을 내렸다"(134~135쪽)로 마무리된다. 생모와 양모를 살해한 원수를 스스로 처단했지만 시즈코는 벌 받지 않는다.

『메이지의 복수明治の復讐』무서명, 오사카『아사히신문』, 메이지 25(1892).6.12~7.3에서는 의학의 스승이 불합리한 이유로 살해된 주인공 겐지로源次郎가 정당방어로 위장하여 원수 고타로郷太郎를 처단한다. 복수 성취 전에 이나다稲田라는 협력자가 고타로를 처단하려고 서두르는 겐지로에게 다음과 같은 충고를 한다.

서두르는 것도 그럴 만하지만 옛날과 달리 지금은 주군과 부모의 적이더

---

23 초출은 서(序)에 의하면『今日新聞』. 미확인.

라도 자진하여 죽인다면 모살범으로 사형의 처형을 받아야 한다. 그 사형을 꺼리지 않더라도 그렇게 되어 오히려 어리석다고 세상 사람들에게 비웃음을 사므로 원수를 처단하고 그 몸은 무사히 구하는 궁리를 하는 것이 좋다.

선생님의 말씀이지만 그런 좋은 궁리가 불가능합니다.

아니 그렇지 않다. 지금의 법률에서는 (…중략…) 아는 것처럼 정당방어라고 하여 강도 혹은 악한에게 몰려 상대를 죽이지 않으면 자신의 생명이 위험한 경우에는 죽이더라도 죄가 되지 않는다는 조항이 있으므로 그 조항을 이용하여 고타로를 강도로 만들어 도망칠 때 등에 상처를 내지 않고 찔러 죽이면 무사히 바라는 바를 이룰 수 있는 도리(7.2)

이나다는 주인공에게 법률에 의해 벌하도록 정당방위로 가장하여 바라는 바를 이루도록 충고한다. 실제로 그러기 위해 이나다는 원수에게 강도가 되도록 부추기고 실행시킨다. 주인공은 원수를 참살하면서 재판소에서는 "완전히 몰려서 어쩔 수 없이 살해한 증적이 있으므로 정당방위가 되어 그 죄를 용서받는"(7.3)다. 그 후 주인공은 이나다의 중매로 결혼식을 올리고 작품은 막을 내린다. 실제로 주인공 측의 계획적인 살인행위였더라도 정당방위라는 이치만 맞추면 복수이야기는 행복한 결말을 맞이할 수 있었다.

본 절에서는 정당방위라는 방법으로 행복한 결말을 맞이하는 복수 이야기를 살펴보았다. 이 방법으로는 이야기 세계가 메이지기 현재이고 이미 주인공이 실력행사로 복수를 달성했음에도 불구하고 그 실력행사가 부정되지 않는다는 이점이 있었다. 그렇다고 해도 이 방법에 의한 복수 이야기가 아직 관건에 못 미침을 부기해둔다. 이 방법은 원수가 주인공에게 선제공격을 하는 상황이 설정되어야만 한다. 그것이 제작자에게 족쇄였을 가능성이 있다.

6. 국권소설

지금까지 메이지 정부의 법률에 의해 복수가 금지된 후에 어떻게 하면 복수 이야기가 행복한 결말을 맞이할 수 있었는지를 살펴보았다. 원수에 대한 주인공의 실력행사를 엄벌한 시대에 어떻게 주인공의 간난신고는 보상받았는가? 본고의 견해로는 대표적인 해결방법은 다음의 세 가지였다.

첫 번째로 주인공의 실력행사를 무언가로 대행한다는 방법. 이 방법은 두 가지 있다. 하나는 원수의 선심으로 복수를 대행하는 것. 종교와 주인공의 계략 등에 의해 원수의 선한 마음을 불러일으켜 그 악한 마음이 사라진다. 원수의 악행에 대한 후회·개심으로 복수가 성취한 것으로 여겨진다. 두 번째는 형법 혹은 공권력으로 대행하는 것. 이 방법에서 주인공이 하는 행동은 원수와 증거를 찾아내 경찰에 고발하는 것까지였다. 나머지는 형법 그리고 공권력이 원수를 처벌한다.[24]

---

24 추측해보면 대행이라는 방법은 다르게도 있을 것이다. 예를 들면 제3자에 의한 대행. 결국 주인공이 실력행사를 하기 전에 원수가 우연히 누군가에 의해 살해(무언가에 의해 죽는다)되는 것도 있을지도 모른다.

두 번째는 이야기 세계를 메이지 정부의 권력이 아직 미치지 않은 과거로 설정한다고 하는 방법. 즉 시대소설(역사소설)이다. 시대소설에서는 원수를 선행으로 칭찬할 수 있었다. 첫 번째 방법을 미온하다고 느끼는 불만은 이 방법에 의해 어느 정도 해소되었으리라 여겨진다. 메이지 10년대 중반부터 시대소설이 다수 제작되었는데 그것은 메이지기 현재를 무대로 하는 것보다도 에도기 등의 구시대를 무대로 하는 것이 상대적으로 자유로운 이야기 세계를 펼칠 수 있었기 때문임이 틀림없다.

세 번째는 정당방위라는 방법. 정당방위는 메이지 15년(1882) 시행한 형법에 명기되어 있다. 이 방법을 채용하면 복수 이야기는 무대를 메이지기 현재로 하면서 주인공의 실력행사를 부정하지 않고도 할 수 있다. 결국, 첫 번째, 두 번째 방법에서 불가능했던 일이 가능해진다. 다만 원수가 먼저 공격을 하는 상황을 설정해야만 한다는 다소 귀찮은 조건이 있었기 때문인지 이 방법에 의한 복수 이야기는 첫 번째, 두 번째 방법에 비해 적게 여겨진다.[25]

그런데 두 번째에 나타난 이야기 세계를 메이지 정부의 권력이 미치지 않는 시대로 설정하면 원수 갚기를 칭찬할 수 있었다는 사실은 바로 다음 사실을 예감케 한다. 결국 이야기 세계를 메이지 정부의 권력이 미치지 않는 장소로 설정하면 원수 갚기를 칭찬할 수 있게 되지 않을까라는 것이다. 즉, 메이지 20년(1887년) 전후부터 다수 발표된 국권소설이라는 것은 실은 근대일본에서의 복수 이야기의 하나의 귀결은 아닐까?

---

25 물론 이 세 가지만이 해결방법은 아닐 것이다. 예를 들면 佐伯半鼻, 『野路の菊』(메이지 21(1888). 10, 駸駸堂)에서는 주요 등장인물이 메이지 10년(1877) 서남전쟁 때, 서양군으로서 출병했던 원수를 물리친다. 이어서 조사를 해보고 싶다.

다시 고미야마 덴코의『정성』을 살펴보자. 작품에서는 영국 철 상인 드레이키에 대한 주인공 긴이치의 복수는 그대로 서양의 강국에 대한 일본의 복수로서 표상되어 있다. 드레이키 — 노르만톤호 사건의 드레이크 선장을 연상시킨다 — 가 거래하는 철은 서양강국의 상징이고 긴이치가 망부에게서 이어받은 구리(산)는 일본의 상징인 것이다. 긴이치가 드레이키를 향해 이하와 같이 선언하는 장면이 있다.

> 당신은 철재상이지 않소? 나는 구리광부의 아들이오. 그대는 일본인과의 장사로 많은 이익을 얻지 않았소? 나의 아버지는 외국무역으로 가산을 탕진하고 목숨도 잃었소. 당신은 영국인으로 영국을 위해 힘쓸 테지. 나는 일본인으로 일본을 위해 힘써야 합니다. 당신은 백인으로 구리빛 인종을 깔볼 테지요. 나는 구리빛 인종이니 백인을 깔볼 것이오. 백인종은 구리빛 인종을 멸망시키려고 하니 구리빛 인종은 백인종과 싸우지 않으면 안 되오.(7.12)

요약하면 긴이치에게 철 상인 드레이키는 "망부 긴고우에몬을 속여서 부당한 이익을 취한 탐욕스럽고 잔인한 외국인"일 뿐 아니라, 동시에 "일본제국의 피를 빨아 없애려는 악귀"(8.3)이기도 한 것이다. 긴이치가 철의 가치를 하락시키고 구리의 가치를 상승시키는 것은 단순히 드레이키의 매상을 떨어뜨리고 자가의 구리산을 부흥시키는 것뿐만 아니라 서양강국을 하락하게 하고 일본을 상승하게 하는 것도 의미했다. 그리고 본고에서는 원수 드레이키＝철＝서양강국에 대한 긴이치의 감정을 국권소설의 대표작인 야노 류케이矢野龍渓『보지이문 우키시로 이야기報知異聞 浮城物語』보지사(報知社), 메이지 23(1890).4[26]에서 영웅 사쿠라 요시후미作良義文의 이하의 대사와 비교해보고자 한다.

　(유럽인은-필자주) 그 본국에 있어서 신의를 중요시하고 예절을 존중한
다고 하면서 일단 다른 나라로 넘어오면 무법 무례하고 다른 인종을 대우
하는 것이 대부분 금수와 같다. 우리들이 어찌 하늘을 대신하여 그들의 사
악함을 벌하지 않을쏘냐. 정의롭고 약한 이를 돕고 사악하고 강한 이를 굴
복시키는 것은 어진 의사(義士)가 품은 뜻이니 끊긴 세상을 잇고 폐국을 일
으키는 근본으로 이것은 일본 남자의 본분(313~314쪽)

　'일본 남자의 본분'으로서 '무법 무례'한 서양강국과 싸우지 않으면 안
된다고 하는 사쿠라의 이 분노는 긴이치의 원수에 대한 감정과 공통될
것이다. 즉, 사쿠라의 분노에는 서양강국에 대한 복수심 — 불평등조약
에 대한 복수심 — 이 있다. 주지하는 바와 같이 『우키시로 이야기』를
비롯한 국권소설의 대부분이 해외웅비를 주제로 한다. 그 작품들의 저
류에는 복수를 해외에서 달성하려고 하는 야망이 있음이 틀림없다. 국
내를 무대로 하는 『정성』에서는 정당방위라는 과정을 거치지 않으면
안 되었는데 해외에서는 그 필요성이 없어지고 원수를 직접적으로 공
격할 수 있다.
　필시 국권소설이라는 것은 무대를 해외에서 찾은 복수이야기이다.
근대일본 초기, 복수이야기는 일본 국내에서의 복수가 금지된 결과 국
권소설을 통해 국외로 확대한 것이다.

26　초출은 『郵便報知新聞』, 메이지 23(1890). 1. 16~3. 19, 원제 「報知異聞」.

부기

본고의 저자명은 편의상, 대표적인 것을 사용했다. 인용은『자유등』,『삽화자유신문』,『메사마시신문』은 국립국회도서관의 마이크로필름,『아사히신문』은 기쿠조(聞蔵)Ⅱ,『가와우에 유키요시 복수 새로운 이야기(川上行義復讐新話)』는 와세다대학 도서관(고전서적 종합 데이터베이스), 그 이외의 단행본은 국립국회도서관(디지털 컬렉션)에 의한다. 인용을 하면서 구자는 신자로 고쳤다. 한자 표기, 루비 등에 잘못으로 보이는 것도 있지만 일부를 제외하고 원문 그대로 하였다.

근대계몽기 '국문론'의 양상과
새로운 주체 형성의 문제에 대하여

김병문

1. '언외言外의 의미가 없다면 어찌 귀하다 하리오?'

1898년 9월 5일 『황성신문』의 창간호는 이 신문이 왜 국문과 한문을 함께 쓰는지를 「사설」을 통해 설명하고 있다. 단군과 기자箕子의 시기를 거쳐 신라와 고려를 단숨에 뛰어넘고는 조선의 태조와 세종, 그리고 당대에 이르기까지 문자와 서적, 학문의 상황을 개괄한 후, 결국 '기자 성인이 내려주신 문자와 선왕께서 창조하신 문자를 병행하라는 대황제 폐하의 조서를 따르고자 한다'는 것이 이 사설의 결론이다.[1] 여기서 물론 '기자의 문자'는 한문을 가리키고 '선왕이 창조한 문자'란 '국문'이다.

---

[1] "箕聖의 遺傳ᄒ신 文字와 先王의 創造ᄒ신 文字로 並行코져ᄒ샤 公私文牒을 國漢文으로 混用ᄒ라신 勅敎를 下ᄒ시니 (…중략…) 本社에셔도 新聞을 擴張ᄒᄂ딕몬져 國漢文을 交用ᄒ ᄂ거슨 專혀 大皇帝陛下의 聖勅을 式遵ᄒᄂ 本意오." 「社說」, 『황성신문』, 1898.9.5.

주나라 무왕에 의해 조선에 봉해졌다는 기자가 가지고 온 한문이 세종이 창제한 '국문'과 더불어 '자주 독립하는 기초를 확정'하는 일에 관여한다는 것이 이 글의 논리인데. 당시의 한문 식자층을 의식한 발언이라고 보아야 할 것이다. 물론 이는 남녀 상하귀천이 모두 보게 하려고 '언문'으로만 쓴다는 『독립신문』 창간호의 논설과는 분명하게 대비되는 지점이다. 그러나 『황성신문』이 '가자 성인이 전하여 주신' 한문에만 집착했던 것은 결코 아니다. 20여 일 후인 1898년 9월 28일 『황성신문』에 실린 기사 「국문한문론」은 그 얼마 전 지석영이나 주시경이 썼던 '국문론'과 같이 국문을 적극적으로 옹호하는 글이었기 때문이다.

이 「국문한문론」은 '국문'의 가치를 논하는 당대의 수많은 '국문론'[2] 들처럼 세상의 문자에는 두 가지 종류가 있다는 설명으로부터 시작한다. 즉, 세계 각국에서 현재 행하고 있는 '문법'이 대개 두 가지인데, 하나는 청국에서 사용하는 한문 같은 '상형문자'이고 다른 하나는 동양의 반절자와 서구 각국에서 사용하는 로마자와 같은 '발음문자'라는 것이다. 우선 이 기사가 염두에 두고 있는 '문법'의 '문'이 현재적 관점의 '문법'이 전제하는 것과는 사뭇 다르다는 점이 이채롭거니와 이에 대해서는 뒤에서 재론하기로 한다. 문자의 종류를 들며 사용한 '상형문자'와 '발음문자'라는 용어도 각각 현재의 '표의문자'와 '표음문자'에 해당한다고 할 것이다. '반절자'란 한자의 한 음절을 '초성'과 '중성＋종성'으로 나누어 표시한 한자 문화권의 전통적인 음운 표시 방식인 반절법을 염두에 둔 것일 수도 있겠으나 이어지는 문맥을 고려하면 여기서는 한글을

가리키는 것임을 알 수 있다. 물론 중요한 것은 이러한 용어상의 문제가 아니라 '상형문자'와 '발음문자'에 대한 가치 평가에 있을 것이다. '상형문자'의 대표 선수로 불려나온 한문은 '사물을 형용하는 도식'이므로 그 음과 뜻을 환히 깨우치기 어렵지만, 반절자와 로마자는 '말의 음을 번역하는 도식'이므로 글자의 음이 곧 언어가 되기 때문에 이해하기가 매우 쉽다는 것이다. 더 나아가 우리의 반절자가 천하 각국의 글자 중에서 제일 쉽고 간략하며 따라서 '천하의 공론'이 우리의 반절자를 '문단의 맹주'로 삼게 될 것이라는 주장에까지 이른다.[3]

그런데 마치 『황성신문』의 창간호가 '기자 성인'을 운운하며 한문 식자층을 고려한 발언을 하였듯이 이 기사 역시 그러한 전통적 지식인들의 목소리를 무작정 외면하지는 않는다. 즉 "한문은 중원의 성인께서 창제하신 고로 언외言外의 의미를 형용하고 있으니, 어렵지 않다면 문장이 어찌 귀하다고 할 수 있으리오. 발음문자는 규각의 아녀자들과 사소한 이익을 추구하는 장사치의 천박하고 비루한 습관이니 어찌 글[文]이라고 쳐주겠는가"[4]라고 발음문자의 우월성에 대해 반박하는 이가 있을 수 있음을 인정한다. '발음문자'는 단순히 말의 음을 '번역'하는 글자이므로 쉽고 간략하여 편리하다는 주장에 대해 문자가 언어를 넘어서는 그 어떤 심오한 뜻, 즉 '언외의 의미'를 지니고 있을 때라야 비로소 그것

---

3 "漢文은 事物을 形容ㅎ는 圖式이니 義와 音이 通曉ㅎ기 甚難홈이 聰明人이 아니면 學問에 絶念ㅎ고 才子라야 十許年에 略通ㅎ고 平生을 從事ㅎ야 行文者ㅣ 不過幾個요, 反切字 羅馬字는 語音을 飜譯ㅎ는 圖式이니 字音이 곳 言語인 故로 解會ㅎ기 甚易ㅎ야 男女智愚를 勿論ㅎ고 一二年이면 學이 成ㅎ는 中에 反切字는 더욱 至易ㅎ야 (…중략…) 天下公論이 반다시 大韓反切로 文壇盟主를 定ㅎ리라 ㅎ노라." 「國文漢文論」, 『황성신문』, 1898.9.28.

4 "漢文은 中土聖人의 所製신 故로 言外意를 形容ㅎ고 難치 아니면 文章이 何足貴오, 發音文字는 閨閣女子와 末利商賈의 淺陋흔 俗套라 엇지 文이라 具數하리오." 위의 글.

을 문자라 할 만하다는 반박이다. 그러나 이 「국문한문론」의 필자는 이러한 가상의 반박에 대해 부패한 유학자[腐儒]의 짧은 생각이며 사람을 미혹하는 말에 불과하다며 단호히 배격한다. 즉 묵으로 쓴 글자 따위에 어찌 '언외의 의미'가 있겠냐며, '언외의 의미'가 있다면 그것은 글자 때문이 아니라 이미 '언어의 본지本旨'에 함축된 무엇인가가 있기 때문이라며 일갈한다. '언외의 의미' 역시 언어에 귀속되는 것이지 문자와는 아무런 관련이 없다는 것이다. 문자는 언어를 단순히 반영하는 종속물일 뿐 그 자체에는 언어를 넘어서는 그 어떤 고상하거나 심오한 의미도 있을 수 없다는 것이 바로 「국문한문론」의 필자의 입장인 것이다.

사실 문헌학philology을 넘어서는 근대언어학의 성립 역시 언어를 문자로부터 날카롭게 구별하고, 문자에 대한 언어의 우위를 확실히 하면서부터라고 할 수 있을 것이다. 소쉬르가 『일반언어학강의』(1916)에서 힘주어 강조하고 있는 것 중에 하나 역시 문자에 현혹되지 말라, 문자를 보면서도 그 이면에 있는 언어, 즉 소리에 주목하라는 것이었다. 일찍이 19세기 중반의 슐라이허가 문헌학자들을 가리켜 그들이 하는 일이 정원사가 정원의 식물을 가꾸는 일에 가깝다고 한다면, 언어학자는 겉으로 드러난 식물의 외양 이면에 숨어 존재하는 자연법칙을 발견하는 식물학자에 비견될 수 있다고 한 것 역시 언어란 글로 씌여진 것을 가능하게 하는 본질이라는 인식이 있었기 때문이다.[5] 문자란 언어의 반영물이자 그것을 드러내는 도구에 불과하다는 입장에 선다면, 『황성신문』의 「국문한문론」의 필자가 지적한 바와 같이 문자에서 언어를 넘어

---

5   가자마 기요주, 김지환 역, 『19세기 언어학사』, 박이정, 2000, 121~122쪽.

서는 그 무엇, 즉 '언외의 의미'를 찾고자 하는 일은 문자의 본질을 잘못 파악한 것에 지나지 않을 것이다. 그러나 근대 언어학이 성립하는 과정에서부터 비로소 문자와 언어를 날카롭게 구분하고 문자를 언어의 반영물이자 종속물로 바라보기 시작했다는 사실은 그러한 관념이 그 어떤 보편적인 인식이라기보다는 근대적인 시각의 반영임을 암시한다. 특히 동아시아의 전통 사회에서 문文이란 '문이재도文以載道'라는 개념에서 알 수 있듯이 단순한 언어, 소리의 반영물이라기보다는 그것을 초월하는 그 무엇, 즉 '도道'와 연관되어 있는 것으로 여겨져 왔다는 것을 상기할 필요가 있다.

이 글에서는 근대계몽기에 있었던 국문 관련 논의들에서 문자가 언어의 반영물이자 종속물이라는 시각이 형성되는 과정을 분석해 보고 그러한 논의가 가지는 시대적 의미를 특히 근대적 주체의 형성이라는 측면에서 살펴보기로 한다. 또한 국문에 관한 논의 가운데에는 1906년 무렵이 되면 문자의 문제를 넘어서 문장의 문제에 예민하게 반응하는 글들이 나타나게 되는데, 전통적인 고전 한문 문장 구조를 탈피해 우리말 문장 구조에 맞는 글쓰기 양식에 대한 논의가 의미하는 바 역시 새로운 주체의 구성이라는 관점에서 해석해 보고자 한다.

2. '언외言外의 의미意味'란 무엇인가?

「국문한문론」의 필자가 언급한 '언외의 의미'란 과연 무엇을 말하는 것일까? 문자는 언어의 반영물일 뿐이라는 입장에 대해 언어적 의미를 초과하는 그 무엇을 담지하지 못한다면 그런 것 따위를 어찌 문자라고 할 수 있겠는가라고 반박하는 측에서 생각하는, 언어를 초과하여 문자만이 가지고 있다는 그 언외의 의미란 과연 무엇일까? 물론「국문한문론」의 필자는 비록 그와 같은 입장이 있을 수 있음을 인정하고는 있으나 그런 주장을 단호히 배격하고 있으므로 언어적 의미를 초과하는 문자만의 고유한 의미가 무엇인지에 대한 힌트를 얻기는 어렵다. 그에 대한 답을 얻기 위해서는 당연히 국문 사용을 권장하는 글이 아니라 한문을 옹호하는 글을 참조해야 할 것이다. 예컨대『대동학회월보』에 실린 글「논한문국문論漢文國文」에서 여규형은 자신이 붓을 든 까닭이 우매하고 미혹된 자들이 망령되고 어두운 논의로 사람들을 오도하는 시절에 겸양만 하고 있을 수 없기 때문이라며 "문文이라 하는 것은 도道가 말로 드러나는 것이다. (…중략…) 도道는 혼자 행해질 수 없고 반드시 문文을 기다려서 전해진다"고 역설한다. 즉 '문'과 '도'의 관계는 마치 사람에게 가장 중요한 것이 마음이지만, 그것이 이목구비와 같은 외형적인 형체로 드러나지 않으면 아예 사람 자체가 있을 수 없는 것과 같다는 것이다. 복희씨가 '서계書契'를 만들고 창힐이 '자字'를 지었으며, 우虞 하夏 상商 주周 시절에는 '서書'가 있어 공자 이래로 언행에 대한 기록이 끊이지 않았으니 이를 총괄하여 '문文'이라 하며 그러한 까닭에 "문文은 즉 도道와 같으며 도道는 즉 문文과 같다"는 게 여규형의 생각이다.[6] '도'를 알려면 '문'을 보아야 하고 '문'을 보면 '도'를 알 수 있다는 것이다.

---

6 "文者道之形於言者也 (…중략…) 道不能徒行必待文而傳 如人之歸重於心 而廢耳目口鼻之形 於外 則不可以爲人也 伏羲造書契 史皇造字 虞夏商周有書 孔子以下 莫不有言行之紀 摠而言 之曰文也 文卽道也 道卽文也." 여규형,「論漢文國文」,『대동학회월보』1호, 1908.2.25.

사실 서구적 전통에서의 문헌학이든, 아니면 한자의 형形, 음音, 의意를 탐구하는 동아시아의 소학小學에서든 전통적으로는 '성스러운 고전 / 경전'의 정확한 뜻을 파악하는 것이 주된 목적이었고 그 과정에서 해당 텍스트가 전제하는 언어가 실제로 어떻게 발화되었는가 하는 점은 하등의 관심사가 아니었다. 여규형이 이 글에서 주장하는 바도 '문'을 실제 언어와의 관계에서 바라보는 것이 아니라, '요-순-우-탕-문-무-주-공'으로 면면히 이어지는 '도통道統'을 우리가 알 수 있는 것이 바로 '문'이 있었기 때문이며 따라서 '문'은 바로 그러한 관점에서 평가해야 한다는 것이다. 이러한 이유 때문에 그 '문'에는 우리가 생각하는 일반적인 의미의 문자가 아니라 일종의 부호를 의미하는 '서계書契', 더 나아가서는 팔괘나 육십사괘 같은 것 역시 포함될 수가 있는 것인데, 물론 부호나 괘卦 같은 것들은 언어와 무관한 것들이다. "오늘날 한문을 폐지하고자 하는 것은 공자의 도를 폐지하고자 하는 것과 같다. (…중략…) 공자의 도를 폐하고자 하는 것은 부자군신의 윤리도 폐하는 것과 같으니, 이를 일러 난신이요, 반역자라 해도 가할 것이다"[7]라는 여규형의 결론은 문자를 언어의 반영물이자 종속물로만 보고 언어를 초과하는 어떠한 의미도 문자에는 없다고 보는 관점과는 도저히 화해하기가 어려운 지점을 명확하게 보여주고 있다.

물론 이러한 시각은 '문이재도文以載道'라는 동아사이아의 전통적인 관념에 입각한 것이다. 그러한 점을 잘 보여주는 글이 같은 잡지에 실린 정교의 「漢文과 國文의 判別」인데, 여기서 그는 "도道를 싣고 있는 것이 문

---

7 "今之欲廢漢文者 欲廢孔子之道者也 … 欲廢孔子之道 則與廢父子君臣之倫同焉 卽謂之亂臣逆子可也." 위의 글.

文이요 문文은 또한 도道가 머무는 곳"[8]이라는 표현을 쓰고 있다. 사실 정교의 이 글은 세종이 만든 '국문'과 한문이 서로 표리관계에 있으며 이둘이 '나라의 근본을 이루는 글'이라고 본다는 점에서 '국문'의 가치를 적극적으로 인정하는 편이다. 그러나 한문이 부패하여 폐지하여야 한다는 주장에 대해서는 우리의 '예악禮樂, 형정刑政'과 '위의威儀, 절도節度'가 모두 한문에서 비롯된 것이라며 한자 폐지론을 적극적으로 반박하는데 '예악, 형정, 위의, 절도' 등을 한문과 연결시키는 이러한 논리 역시 '문이재도文以載道'라는 인식의 한 표현이라고 할 수 있겠다. 그런데 이와 같이 '문'과 '도'를 결부 짓는 것은 사실 훈민정음 창제자들의 시각과도 일치하는 것이다. 즉 『훈민정음』의 「제자해」는 첫 문장에서부터 "천지의 도는 오직 음양오행뿐이다"라며 글자 역시 이 천지의 도, 즉 음양의 이치를 벗어날 수 없다는 인식을 보이고 있다. "정음을 만든 것도 억지로 노력해서 비로소 찾아낸 것이 아니라 다만 그 이치에 따랐을 뿐이다. 세상의 이치가 둘이 아닌 즉 어찌 하늘과 땅과 귀신이 그 글자의 운용을 함께 하지 않겠는가?"[9]라는 것인데 이에 따르면 문자는 단지 언어의 반영물이거나 종속물이 아니라 그것을 뛰어넘는 무엇, 즉 '천지의 도'와 밀접히 관계를 맺고 있는 것이 된다. 그리하여 오음五音:牙舌脣齒喉을 나타내는 글자가 단지 소리에만 대응되는 것이 아니라 오행은 물론이고, 방위, 계절, 색깔, 그리고 오상五常:仁,禮,信,義,智과 오장五臟:肝,心,脾,肺,腎에 이르기까지 빈틈없이 대응되니, '하늘과 땅, 그리고 귀신이' 글자의

---

8 "載道者爲之文, 文亦道之所寄" 정교, 「漢文과 國文의 判別」, 『대동학회월보』 4호, 1908.5.25.
9 "天地之道 一陰陽五行而已 (…중략…) 凡有生類在天地之間者 捨陰陽而何之 故人之聲音 皆有陰陽之理 顧人不察耳 今正音之作 初非智營而力索 但因其聲音而極其理而已 理旣不二 則何得不與天地鬼神同其用也." 『훈민정음』 「제자해」 1a-b.

운용을 함께 한다는 것은 바로 이를 두고 하는 말일 터이다.

근대 계몽기 '국문론'의 저자들이 맞서야 했던 것은 바로 문자에 대한 이러한 전통적인 인식이었다. 주시경은 한자에 무슨 조화라도 붙은 줄 아는지 왜 그렇게 한자에 집착하는지 알 수 없다고 한탄했지만,[10] 글자에는 귀신이 곡할 조화造化가 있다는 혹은 그래야 한다는 것이 전통적인 문자관이었던 것이다.[11] 이에 대해 국문의 사용을 주장했던 이들이 내세웠던 가장 큰 무기는 앞서 언급한 바와 같이 문자는 단지 언어, 그것도 말소리의 반영일 뿐이라는 논리였다. 그리고 그러한 논리의 배경에는 당대의 다소 폭력적이라고도 할 수 있을 이분법적 문명론이 자리잡고 있었다. 예를 들어 앞에서 언급한 『황성신문』의 「국문한문론」이 그러한데, 앞서도 살펴본 바와 같이 이 글은 문자의 종류를 '상형문자'와 '발음문자'로 나누고 전자는 '사물을 형용하는 도식'이라서 배우기 어렵지만 후자는 '말의 음을 번역하는 도식'이므로 습득에 매우 유리함을 지적한 다음 그 글자를 사용하는 지역의 발전 정도를 논한다. 즉 '상형문자'를 사용하는 세계는 왜 몽매하고 '발음문자'를 사용하는 세계가 개명한 까닭은 무엇이냐며 그것은 바로 문자의 어렵고 쉬움에 따라 지식의 우열이 나타나고 그것이 국력의 강약으로 이어지기 때문이라는 것이다.[12]

'서양─문명─로마자─발음문자'와 '동양─몽매─한자─상형문자'라

---

10 주시경, 「국문론」, 『독립신문』, 1897. 4. 22~24.

11 실제로 『회남자(淮南子)』에는 "옛날에 창힐이 문자를 만드니 하늘은 곡식을 떨어뜨리고 귀신은 밤에 곡을 했다.(昔者蒼頡作書 而天雨粟 鬼夜哭)"라는 창힐의 한자 창제 설화가 실려 있다.

12 "大抵 象形字를 用ᄒᆞᄂᆞ 世界ᄂᆞ 何故蒙昧ᄒᆞ고 發音字를 用ᄒᆞᄂᆞ 世界ᄂᆞ 何故開明ᄒᆞ고, 必是 文字難易를 因ᄒᆞ야 人民의 知識優劣이 生ᄒᆞ며 知識優劣을 由ᄒᆞ야 國勢强弱이 現ᄒᆞᄂᆞ니 此ᄂᆞ 目前實驗이라. 聖人이 復起ᄒᆞ사도 此言은 밧구지 못ᄒᆞ시리라 ᄒᆞ노라." 「國文漢文論」, 『황성신문』, 1898. 9. 28.

는 이분법 속에서 '국문'의 가치를 확인하고자 하는 전략은 사실 정도의 차이는 있을지언정 당시의 '국문론'들이 대체로 공유하고 있는 것이었다고 하겠다. 그리고 이 두 계열을 가르는 가장 결정적인 요소는 바로 소리이다. '발음문자'가 쉬운 것은 다름 아니라 그것이 소리와만 관계를 맺고 있기 때문이고, '상형문자'가 어려운 것은 그것이 소리가 아니라 사물을 반영하고 있기 때문이므로 이 둘의 우열을 가르는 요소는 소리와의 관계일 수밖에 없었던 것이다. 그렇기 때문에 '국문론'의 관심은 어떻게 하면 '국문'이 소리를 더 잘 반영할 것인가에 모아질 수밖에 없는데 예컨대 지석영은 우리나라의 '국문'이 천대받는 것은 어음을 분명히 기록할 수 없기 때문이라고 하면서 그 이유를 음의 높낮이를 표현할 방도가 없다는 점에서 찾고 있다. 그리고는 『훈민정음』에서처럼 상성과 거성에 점을 하나나 둘을 찍어 이를 구별해야 한다고 주장하는데, 그렇게 하면 국문으로만 썼을 때는 구별되지 않는 '동東'과 '동動' 같은 것이 비로소 구별될 수 있다는 것이다.[13] 물론 더 이상 높낮이가 운소로서 기능하지 못하던 당시의 상황을 고려하면 지석영의 주장은 현실적으로는 큰 효용이 없는 것이었지만, 당시의 '국문론'이 소리의 문제에 얼마나 민감했는지를 보여주는 사례라 할 것이다. 이 밖에도 '·'가 나타내는 소리는 과연 무엇인지, 그것이 'ㅏ'와는 어떻게 다른지 하는 문제는 근대 계몽기 '국문론'이 풀고자 했던 난제 가운데 하나였으며 '뎨국' 같은 표기에서 보이는 구개음화의 문제 역시 주요 관심사 가운데 하나였다. '국문'은 '국어'의 소리를 있는 그대로 반영하는 '그림자'이자 '사진' 같은 존

---

13 지석영, 「국문론」, 『대조선독립협회보』, 1896.12.30.

재라는 주시경의 언급은 당시 '국문론'이 어떠한 맥락에서 논의되고 있었는지를 여실히 보여준다고 하겠다.[14]

그런데 소리와만 관계를 맺고 그래서 그 소리를 될 수 있는 대로 정확히 반영해야 하는 '국문'은 바로 그러한 이유 때문에 또 다른 중요한 문제와 결부되어 있었다. 즉, 온갖 전통적인 가치와 철학적 관념들이 공고히 결합된, 따라서 기득旣得의 권력이 있지 않고는 접근을 쉽게 허락하지 않는 한문에 비해 '국문'은 그 앞에 서면 남녀와 노소, 빈부와 귀천이 무의미해져 버리는 저 도저한 평등의 가치를 실현할 수 있었던 것이다. 그것은 물론 말할 것도 없이 '국문'이 다른 무엇과도 관련을 맺지 않고 오로지 소리와만 관련을 맺고 있기 때문이었다. 그리고 '국문'의 그러한 성격은 그에 대한 논의가 전통사회와는 구별되는 새로운 주체를 호출할 수 있는 이유가 된다.[15]

3. '국문론'과 근대적 주체의 형성이라는 문제

1897년 주시경은 『독립신문』에 두 편의 '국문론'을 발표한다. 한 편은 4월 22일과 24일에(47, 48호), 다른 한 편은 9월 25일과 28일(134, 135호)에 실렸는데, 두 편 모두 제목은 '국문론'이다. 크게 보아 전자가 '왜 국문을

---

14 "國文은 國語의 影子요 寫眞이라" 주시경, 『國語文典音學』, 박문서관, 1908, 60쪽.
15 알튀세르는 이데올로기가 개인을 '호출'하여 주체로 구성한다고 보고, 그런 역할을 수행하는 종교, 학교, 가족, 법률, 정치 제도들을 이데올로기적 국가장치라고 설명하고 있다. 루이 알튀세르, 김동수 역, 「이데올로기와 이데올로기적 국가장치」, 『아미엥에서의 주장』, 솔, 1991, 118~119쪽.

써야 하는가'에 관한 것이라면, 후자는 그렇다면 '국문을 어떻게 써야 하는가' 하는 부분을 다루고 있다. 배재학당 재학 중에 '주상호'라는 이름으로 발표된 이 두 편의 글은 공적인 매체에 처음으로 실린 주시경의 글이기도 한데, 당시 '국문'을 다루는 대부분의 글들이 대체로 '왜', 그리고 '어떻게'라는 이 두 가지 주제에 초점을 맞추고 있었다는 점에서 처음부터 주시경이 '국문론'의 핵심에 진입했다고도 할 수 있겠다. 특히 '어떻게'에 해당하는 부분을 다룬 두 번째 「국문론」에서 주시경이 가장 힘주어 강조하는 것이 '문법, 말의 법식'을 알고 글을 써야 한다는 점인데, 이는 이후 주시경의 독특한 표기 이론을 예비하는 것이기도 하다는 점에서 주목할 만하다. 그가 글을 쓰기 위해서 반드시 알고 있어야 한다고 하는 '문법'은 "죠선 말의 경계를 궁구 ᄒ고 공부 ᄒ여 젹이 분셕ᄒᆫ" 것인데 예를 들어 '이거시'나 '이것시'로 적지 않고, '이것-이'에서와 같이 말의 단위를 분명히 구별하여 그 경계를 명확히 하는 것을 뜻한다. 지금의 용어로 표현하면 실사와 허사를 명확히 구별하여 표기해야 한다는 것인데, 비록 이 글에서는 다루어지고 있지 않지만[16] 결국 이러한 방식을 용언에까지 확대 적용하면, ('붓터 / 붓허'가 아니라) '붙-어', ('죳코 / 조코'가 아니라) '좋-고'와 같은 주시경 특유의, 그러나 당시로서는 매우 낯선 표기가 도출될 수밖에 없는 것이다.[17] 이 밖에도 사전을 잘 만들어야 한다든지,[18]

---

16 주시경이 이 글에서 든 예는 위의 '이것이'를 포함해 다음과 같이 모두 체언과 조사의 결합형이다. "(墨 먹으로) 홀것을 머그로 ᄒ지 말고 (手 손에) 홀것을 소녜 ᄒ지 말고 (足 발은) 홀것을 바른 ᄒ지 말고 (心 맘이) 홀것을 마미 ᄒ지 말고 (筆 붓에) 홀것을 부세 ᄒ지 말것이니 이런 말의 경계들을 다 올케 차자 써야 ᄒ겟고" 주시경, 「국문론」, 『독립신문』, 1897.9.28.
17 주시경이 이러한 표기 방식을 명확히 제시하기 시작하는 것은 『국문문법』(1905)에서부터이다.
18 이때 주시경이 사용한 용어는 '사전'이나 '자전'이 아니라 '옥편'인데 특히 그 음을 정확히 표시해야 한다면서 지석영이 〈대조선독립협회보〉에 발표한 「국문론」에서 주장한 대로 글자 옆에 점을 찍어 음의 높낮이를 구별해야 한다고 주장한다.

또는 한자음만으로는 조선말이 되지 않으면 쓰지 말아야 한다든지, 세로쓰기가 아니라 가로쓰기를 해야 한다든지 하는 주장들 역시 그의 이후 활동과 상당히 겹치는 부분들이라 할 수 있을 것이다.

그런데 우리가 여기서 더 주목하고자 하는 글은 '왜 국문을 써야 하는가'를 다룬 4월의 첫 번째 「국문론」이다. 9월에 발표된 「국문론」이 그의 이후 이론과 활동을 엿볼 수 있는 글이라면 첫 번째 「국문론」은 그가 왜 진력을 다해 '국문'을 연구했는가, 거기에 그치지 않고 혼신의 힘을 기울여 사회활동에 나선 이유는 무엇인지를 추측해 볼 수 있는 글이기 때문이다. 1897년 4월 22일자 『독립신문』에 실린 주시경의 이 「국문론」의 전반부에는 이 시기 대부분의 '국문론'들이 그러하듯이 글자의 종류를 가르고 그것의 우열을 논한다. 『황성신문』에서 '발음문자'라고 했던 것을 주시경은 "말ᄒᆞ는 음ᄃᆡ로 일을 긔록ᄒᆞ야 표ᄒᆞᄂᆞᆫ 글ᄌᆞ", '상형문자'라고 했던 것은 "무슴 말은 무슨 표라고 그려놋ᄂᆞᆫ 글ᄌᆞ"라 하고 이 중에 '음대로 기록하는 글자'가 더 낫다고 단정 짓는데 그 이유는 이런 글자라야 말한 것을 소리대로 기록하면 바로 글이 되고 또 그 글을 소리내어 읽으면 그대로 말이 될 수 있기 때문이다.[19] 일종의 언문일치言文一致의 문제를 제기한 것이라 하겠는데 여기서도 역시 글자의 우열을 가르는 데는 '소리'의 문제가 중요한 기준이 된다. '음대로 기록하는 글자'가 우월한 두 번째 이유는 습득의 용이함 때문인데, 이때에도 '소리'는 중요

---

19 "말ᄒᆞᄂᆞᆫ거슬 표로 모하 긔록ᄒᆞ여 놋ᄂᆞᆫ거시나 표로 모하 긔록ᄒᆞ여 노혼거슬 입으로 닑ᄂᆞᆫ거시나 말에마디와 토가 분명 ᄒᆞ고 서로음이 쓱ᄀᆞᆺᄒᆞ야 이거시 참 글ᄌᆞ요 무슴 말은 무슴 표라고 그려 놋ᄂᆞᆫ거슨 그 표에 움작이는 토나 형용 ᄒᆞᄂᆞᆫ 토나 ᄯᅩ 다른 여러 가지 토들이 업고 또 음이 말ᄒᆞᄂᆞᆫ것과 ᄀᆞᆺ치 못ᄒᆞ니 이거슨 쪽 그림이라고 일홈ᄒᆞ여야 올코 글ᄌᆞ라 ᄒᆞᄂᆞᆫ거슨 아쵸 아니 될 말이라" 주시경, 「국문론」, 『독립신문』, 1897. 4. 22.

한 역할을 한다. 즉 '음대로 기록하는 글자'는 자모음의 개수만큼만 만들면 되니 그 글자의 숫자가 수십 개에 불과하니 배우기가 지극히 쉬운데 비해, '그려놓는 글자'는 말마다 사물마다 그에 해당하는 글자를 모두 만들어야 하기 때문에 그 수가 자연히 많아질 수밖에 없고 글자가 많다 보니 이들을 구별하기 위해 또 획이 번다해지며 이런 까닭에 온전히 배우기가 지극히 어렵다는 것이다.

대체로 당시의 '국문론'들이 어느 것이 습득에 용이한가를 묻고 이를 글자의 우열, 그리고 심지어 문명의 정도에까지 곧장 연결 짓고 있다는 점에서, 왜 습득에 용이한지를 논리적으로 설명했다는 사실을 제외한다면, 주시경의 이 글 역시 크게 보면 일반적인 '국문론'의 틀을 벗어나지 않고 있다고 하겠다. 그러나 사실 '습득의 용이성'만으로 문자의 우열을 결정한다는 것은 그러한 판단을 가능하게 하는 특정한 세계관을 전제하지 않고는 가능하지 않은 논리이다. 예컨대 아무리 쉽게 배울 수 있다고 하더라도 그 글자가 소리만을 반영한다고 하면, 그 글자를 배운 사람이 글자만 가지고 새롭게 알 수 있는 사실은 (낱낱의 개별 글자가 어떤 소리를 대신하는 표시라는 것 외에는) 아무것도 없다. 그러나 어떤 글자 자체가 세상의 온갖 사물이나 일을 표시하는 것이라면 그 글자를 배운 사람은 비록 배우는 과정이 험난하고 지난할지라도 글자를 배우는 것만으로도 세상의 지식을 얻게 된다. 실지로 동아시아에서 전통적인 공부 자체가 '글공부'로 표현되었으며 그것은 대체로 경전을 해득하는 훈련으로부터 시작되었으며 이는 곧 세상의 이치, 즉 '도道'를 깨닫는 과정이었다. 그러나 근대계몽기의 '국문론'이 전제하는 세계관은 이와는 전혀 다른 것이었다. 그리고 그러한 점을 적극적이고도 노골적으로 드러낸다는 점에서 주시경의 이 「국문론」이 여타의 '국문론'들과 구별되는 면이 있다.

예컨대 4월 24일로 이어진 「국문론」의 후반부에서 주시경은 '한문만 공부하느라 일생을 허비하고 있으니 어느 겨를에 직업상 일을 배우고, 또 어느 겨를에 일신 보전할 직업을 이루겠냐며 참으로 가련하고도 분하다'며 통탄하고 있다.[20] 여기서 주시경이 힘주어 강조하는 것은 개개인이 '직업'을 가지라는 것이다. 그리고 '직업'을 갖기 위해서는 그에 필요한 지식을 배워야 하는데, 그 지식을 배우기 위한 도구로서 '국문'이 적합하다는 것이다. 이는 물론 '글공부＝경전공부＝세상의 이치 터득＝입신양명'이라는 세계관과는 판이한 것으로서 '글자공부→지식 습득→직업 획득→경제생활'이라는 온전히 근대적인 세계관을 전제로 하고 있는 것이다. 문자의 종류가 문명의 우열로 곧장 연결되던 비약의 문제에 대해서도 주시경은 나름의 답변을 준비하고 있었다. 한문 공부하느라 시간을 허비하지 말고 정치나 내무, 외무, 재정, 법률, 항해, 위생, 상경제 등을 공부하여 직업을 하나씩 정하고 각자가 착실히 자기의 맡은 일을 하다 보면 개인이 부자가 되고 그러면 자연히 우리나라가 문명 부강하여진다는 것이다.[21] 개개인이 자신의 살길을 찾아 열심히 노

---

20 "글즈문 빈호기도 이러케 어렵고 더된덕 (…중략…) 어느 결을에 즉업상 일을 빈화 ♂지고 또 어느 결을에 즉업을 실상으로 ♂야 볼는지 틈이 잇슬가 만무 일이로다 (…중략…) 두번 오지 아니 ♂는 청년을 다 허비 ♂야 바리고 삼 ♂십 디경에 이르도록 ♂긔 일신 보존 홀 즉업도 이루지 못ᄒ고 어느 쌔나 빈호랴 ᄒ나뇨 엇지 가련 ᄒ고도 분 ᄒ지 아니 ᄒ리오" 주시경, 「국문론」, 『독립신문』, 1897.4.24.
21 "그림 글즈를 공부 ᄒ는 대신의 정치 속에 의회원 공부나 너무 공부나 외무 공부나 직뎡 공부나 법률 공부나 수륙군 공부나 항해 공부나 위싱 상경계학 공부나 (…중략…) 또 긔외의 각식 사업상 공부들을 ᄒ면 엇지 십여년 동안에 이 여러가지 공부 속에서 아모 사름이라도 쓸문 ᄒ 즉업의 ᄒ ᄀ지는 잘 졸업홀 터이니 그후에 각기 ᄌ긔의 즉분을 착실히 직혀 사름마다 부ᄌ가 되고 학문이 널려지면 그제야 바야흐로 우리 나라가 문명 부강ᄒ야질터이라" 위의 글.

력하여 경제 활동을 하다 보면 자연히 나라가 문명하게 된다는 논리인데,[22] 우리가 주목해야 할 점은 그렇다면 주시경의 이 「국문론」이 궁극적으로 말하고자 하는 바가 무엇인가 하는 문제이다. 물론 '국문을 쓰자'는 것이 이 글이 일차적으로 주장하는 바이다. 그러나 '국문'을 통해 읽고 쓰는 능력을 획득해야 하는 이유는 그것이 바로 직업을 가지고 돈을 벌며 경제생활을 하는 근대적 생활인이 되기 위한 가장 기초적이고 필수적인 요소이기 때문이다. 그렇게 볼 때 주시경이 이 「국문론」에서 조선의 백성들에게 궁극적으로 전하고자 한 바는 '근대인으로 거듭나라'는 것일 수 있다.

그러한 점은 예컨대 "전국 이천만 동포의 가뎡을 변혁홈을 일으키고, 문명흔 새 공긔를 바다 새 나라 빅셩이 되게 ㅎ고자"[23] 한다는 『가뎡잡지』에 주시경이 발표한 글들을 보더라도 확인되는 사실이다. 1906년 1월에서 1908년 8월까지 발간된 이 잡지에 주시경은 거의 모든 호에서 빠짐없이 글을 싣고 있는데,[24] '백화강화'라는 난에서 '국문'에 관한 당시로서는 수준 높은 이론과 주장을 펼치는 동시에 '논설, 평론, 위생' 등의 난에서는 '천지와 인사에 불합리한 풍속과 습성을 고쳐야 한다'[25]며 새

22 주시경이 자율적 경제의 영역을 사회 구성의 중요한 일면으로 파악하고 있다는 사실을 확인할 수 있는데, 사회에 관한 근대적인 관념이 성립하는 데는 정치의 영역과 구별되는 경제라는 독자적 영역을 발견해 내는 것이 필수적이었다 논의가 있다. 찰스 테일러, 이상길 역, 『근대의 사회적 상상』, 이음, 2010, 119쪽 참조.

23 신채호, 「식히 축사」, 『가뎡잡지』 2-1호, 1908.1.

24 대체로 각 호마다 주시경의 글이 평균 4~5편씩 실려 있는데 1906년 9월에 발간된 1-4호에는 심지어 8편의 글이 실렸다. 『가뎡잡지』의 성격 및 서지사항에 대해서는 김병문, 『언어적 근대의 기획』, 소명출판, 2013, 143~147쪽 참조.

25 주시경, 「흉을 드러내기 싫어만 하는 일」, 『가뎡잡지』 1-4호, 1906.9. 아래에서 언급하는 『가뎡잡지』에 실린 주시경의 글에 대해서는 편의상 제목과 권 호수만을 밝히기로 한다. 1권은 7호(1907년 1월)를 제외하고는 모두 1906년 발행이고 2권은 1908년 발행이다. 현재까지 필자가 확인한 바로는 주시경이 이 잡지에 실은 글은 모두 45편에 이르는데, 이들의 내용 및 목록

시대의 새로운 백성, 즉 근대적이고 합리적인 주체로 거듭날 것을 줄기차게 강조하고 있다. 각종 미신적인 금기나 관행들을 멀리하고[26] 비위생적인 생활태도를 버릴 것,[27] 그리고 자식들을 일찍 결혼시키지 말며 말을 함부로 내뱉지 말고,[28] 심지어 일을 마치고 집으로 돌아와서는 온 집안 식구가 모여 아름다운 노래를 부르며 마음을 기쁘게 하라[29]는 등의 어찌 보면 자질구레하고 사소한 문제들을 끊임없이 지적한다. 그러나 이러한 글들에서 주시경이 말하고자 하는 바가 조선의 백성들로 하여금 비합리적인 과거의 습속을 버리고 근대적인 생활양식의 새로운 주체로 거듭나게 하는 데 있음은 의심의 여지가 없을 터인데, 『가뎡잡지』의 매호마다 단 한 번도 빠지지 않고 실린 '국문'에 관한 글들 역시 이러한 전체적인 맥락 속에서 그 의미를 파악해야 함은 물론일 것이다.

사실 '왜 국문을 왜 써야 하는가' 하는 문제를 다룬 당대의 글들은 대부분 이와 같은 근대적인 주체의 문제와 다양한 방식으로 연관을 맺고 있었다고 해야 할 것이다. 그 유명한 『독립신문』 창간호의 「논설」에서 밝힌 '언문/국문' 사용의 이유는 남녀와 상하와 귀천이 모두 이 신문을 보게 하기 위함이라는 것인데, 이는 한문과는 달리 '국문' 앞에 서면 남녀와 상하와 빈부와 귀천이 모두 무의미해져 버린다는, 다시 말해 '국문'이 필연적으로 평등한 주체를 상정하게 한다는 점을 알려주고 있다. 물론 '국문'은 한문으로 상징되는 동아시아의 전통적인 정치 질서로부터

은 김병문, 위의 책, 148~153쪽 참조.

26 「모르는 원슈」 1-2호, 「녀인들을 조혼 놀이로 인도홀 일」 1-5호, 「무당 멸혼 일」 1-3호.

27 「물독을 자조 가실 일」 1-2호, 「대동강 물지게」 1-4호, 「숫불의 해」 1-6호, 「걸녜의 위탁」 2-1호.

28 「일즉이 혼인ㅎ는 폐」 1-4호, 「말의 폐단」 1-4호.

29 「풍악과 노래」 1-5호.

의 탈피를 의미하기도 하였는데, 예컨대 이기는 「일부벽파一斧劈破」라는 글에서 구학문의 문제로 '사대주의, 한문습관, 문호구별'을 들고 이를 '독립, 국문, 평등'으로 깨부수어야 한다고 강조하고 있는데, 이때의 '국문'은 사대주의와 불평등의 문제를 해결하고 민족적 자각과 평등 의식을 고취할 주요한 매개로 인식되고 있는 것이다.[30]

홍미로운 점은 1905년이 넘어가기 전에는 민족주의적 시각으로 '국문'의 문제에 접근하는 경우가 많지 않다는 사실이다. 주시경의 경우에도 말과 글의 문제를 직접적으로 국가나 민족의 문제와 연결시키는 것은 1907년에 발표한 「국어와 국문의 필요」에서부터이다. 위에서 본 독립신문의 '국문론'에서는 글자의 우열을 나누고 소리글자인 '국문'이 지식 획득과 그로 인한 경제생활에 얼마나 유리한 것인지를 구구히 설명해야 했다. 그러나 이 「국어와 국문의 필요」에 오면 한 나라에 고유한 말과 글이 있다는 것은 그 나라가 자주국이 될 수 있는 징표라면서 말과 글을 국가의 자주 독립과 그대로 연결시키게 되는데, 이는 이전에는 보이지 않던 면모이다.[31] 그리고 그러한 경향은 국문연구소에 제출한 보고서인 「국문연구안」(1907~1908)이나 「국문연구」(1909),[32] 『국어문법』(1910)

---

30 이기, 「一斧劈破」, 『호남학보』 1, 1908.6.25 : 이기, 「續一斧劈破」, 『호남학보』 2, 1908.7.25.
31 "혼 나라에 특별흔 말과 글이 잇는 거슨 곳 그 나라가 이 셰상에 텬연으로 흔목 즈쥬국되는 표요 그 말과 그 글을 쓰는 인민은 곳 그 나라에 쇽ᄒ여 혼 단체되는 표라 그럼으로 남의 나라를 써앗고져 ᄒᆞ는 쟈 l 그 말과 글을 업시ᄒᆞ고 제 말과 제 글을 ᄀᆞᆺ르치려 ᄒᆞ며 그 나라를 직히고져 ᄒᆞ는 쟈는 제 말과 제 글을 유지ᄒᆞ여 발달코져 ᄒᆞ는 것은 고금텬하 사긔에 만히 나타난 바라." 주시경, 「국어와 국문의 필요」, 『서우』 2호, 1907.
32 「국문연구안」은 회의가 진행될 때마다 사안별로 제출했던 것이고, 「국문연구」는 연구소의 최종안인 「국문연구의정안」에 첨부한 보고서이다. 이러한 글들에서 주시경은 "장백산의 신령스럽고 밝은 정신과 온량화평한 동서남 삼면해의 기운을 받은 인종이 태고에서부터 내려오는 이러한 특성으로 인해 자연스럽게 발음하여 이곳에서 통용되는 언어를 이루었다"(『국문연구안』(32a))며 일정한 지역, 거기에 사는 사람, 그들이 사용하는 말이 자연적이면서도 필연적인 관계에 있다는 인식을 보이는데 이는 주시경이 '국어'를 민족적 견지에서 설명하며 등

의 서문 등에서 더욱더 강해져 우리가 아는 '어문민족주의자'로서의 주시경[33]의 면모를 여실히 드러내게 되는 것이다. 즉 '특정 구역에 일정한 종류의 사람들이 모여 살며 그들만의 말을 통해 천연적으로 사회와 국가를 이루니, 그 구역이 독립의 기基요, 그 사람들이 독립의 체體며, 그 언어가 독립의 성性이라'는 것이다.[34] 그리고 이 시기, 즉 말과 글의 문제가 국가나 민족의 문제에 직접적으로 연결되는 시기의 '국문론'에는 또 하나의 중요한 특성이 발견되는데, 그것은 '국문'에 관한 글들이 문자의 문제를 넘어서 문장의 문제에 관심을 갖기 시작했다는 것이다.

4. 문장의 발견과 균질적 주체의 형성이라는 문제

근대계몽기 '국문론'의 주된 관심사는 물론 '국문'이고, 주로 문자의 문제를 다루고 있다. 그러나 대략 1905, 6년 이후의 글들에서는 문자가 아니라 문장의 문제에 관심을 갖는 글들이 등장하게 된다. 예컨대 신채호는 「文法을 宜統一」이라는 글에서 한문에는 한문의 문법이 있고, 영문에는 영문의 문법이 있으며 또 각국의 모든 나라에 제각금의 문법이 있지만 지금 한국의 '국한자교용문國漢字交用文'에는 그 법이 없다며 '문법

장하는 새로운 논리이다. 이에 대해서는 김병문, 앞의 책, 158∼171쪽 참조.
33 이병근, 「1. 주시경」, 김완진 외, 『국어연구의 발자취(Ⅰ)』, 서울대 출판부, 1985.
34 "宇宙 自然의 理로 地球가 成하매 其面이 水陸으로 分하고 水面은 江海山岳沙漠으로 各區域을 界하고 人種도 此를 隨하여 區區不同하며 그 言語도 各異하니 此는 天이 其域을 各設하여 一境의 地에 一種의 人을 産하고 一種의 人에 一種의 言을 發하게 함이라 是以로 天이 命한 性을 從하여 其域에 其種이 居하기 宜하며 其種이 其言을 言하기 適하며 天然의 社會로 國家를 成하여 獨立이 各定하니 其域은 獨立의 基요 其種은 獨立의 體요 其言은 獨立의 性이라." 주시경, 『국어문법』, 박문서관, 1910의 「序」.

의 통일'을 주장하고 있다.[35] 신채호가 말하는 이때의 '문법'은 지금 우리가 사용하는 '문법'과는 물론 앞에서 본 「국문한문론」의 저자가 '세상에는 두 가지 문법이 있는데 하나는 상형문자이고 다른 하나는 발음문자'라면서 언급한 '문법'과도 일정한 차이가 있는 것으로 보인다. 즉 신채호에 따르면 국문과 한문을 함께 사용하자는 의견이 일어나 지난 십여 년간 신문 잡지에서 그런 방식으로 글을 써왔지만, 어떤 것은 한문 문법에 국문토만 더하는 것도 있으며, 어떤 것은 국문의 문세文勢로 진행하다가 돌연 한문 문법을 쓰는 것이 있다며 '學而時習之면 不亦悅乎아' 같은 것이 전자의 예라면 '學ㅎ야 此를 時習ㅎ면 不亦悅乎' 같은 것이 후자의 예라는 것이다.[36] 이는 물론 국한혼용문 중에는 고전한문의 문장구조를 그대로 유지하는 것과 그것에서 탈피하여 우리말 어순에 입각한 글쓰기가 이루어진 것들이 뒤섞여 있다는 표현에 다름 아닐 것이다. 그리고 그러한 식의 글쓰기 방식을 바로 '문법'이라고 부르고 있는 것이다. 신채호가 비판한 '문법의 불통일'은 그러나 신채호 자신이 쓴 바로 이 글의 첫 문장 "漢文은 漢文文法이 有ㅎ며 英文은 英文文法이 有ㅎ고 其他 俄法德伊等文이 莫不其文法이 自有ㅎ니" 같은 부분에서도 그대로 드러난다. '한문에는 한문 문법이 있고 영문에는 영문 문법이 있다'는 데에까지는 그 구조 자체가 우리말 어순에 들어맞는 것이지만, '俄

---

35 "漢文은 漢文文法이 有ㅎ며 英文은 英文文法이 有ㅎ고 其他 俄法德伊等文이 莫不其文法이 自有ㅎ니 目今世界現行各文에 엇지 無法의 文이 是有ㅎ리오 마는 然이나 今韓國의 國漢字交用文은 尙且其法이 無ㅎ도다." 신채호, 「文法을 宜統一」, 『기호흥학회월보』 5호, 1908.12.25.

36 "國漢字交用의 議가 起ㅎ야 十餘年來 新聞 雜誌에 此道를 遵用홈이 已久ㅎ나 然ㅎ나 其 文法을 觀ㅎ건디 或 漢文文法에 國文吐만 加ㅎ는 者도 有ㅎ며 (一)或 國文文勢로 下ㅎ다가 突然히 漢文文法을 用ㅎ고 (二)或 漢文文勢로 下ㅎ다가 突然히 國文文法을 用ㅎ는 者도 有ㅎ야 譬컨디 「學而時習之不亦悅乎」一句를 譯홈에 或曰 「學而時習之면 不亦悅乎아」ㅎ니 此는 壹에 屬ㅎ 者오 或曰 「學ㅎ야 此를 時習ㅎ면 不亦悅乎」ㅎ니 此는 二에 屬ㅎ 者라." 위의 글.

法德伊' 등의 '문'에 대한 부분에서는 '莫不其文法이 自有'와 같이 전형적인 한문 문장구조에서 나타나는 표현이 사용되고 있는 것이다.

　비록 '문법'이 통일되어 있지 않았음을 자신의 글쓰기를 통해 의도치 않게 보여준 셈이 되었으나, 그럼에도 불구하고 신채호가 '문법 통일'을 일대 급무로 보고 이를 통해 '학생의 정신을 통일하고 국민 교육에 나서야함'을 강조한 사실은 변함이 없을 것이다.[37] 물론 이때의 '문법 통일'이란 글쓰기 양식의 통일을 의미하는 것이고 그것은 바로 한문식 문장구조로부터의 탈피를 전제하는 것이라고 하겠다. 그런데 이와 같이 문장의 문제에 예민하게 반응한 이들 가운데에는 이른바 한자 훈독식 표기를 새로운 글쓰기 방법으로 제시하는 이들이 있었다.[38] 예를 들어 이능화는 「국문일정법의견서國文一定法意見書」에서 말 그대로 국문을 일정하게 쓰는 법에 대해 의견을 제출하는데, 여기서 그는 아래의 네 가지 글쓰기 양식을 나열하고 이 가운데 식자층과 일반인이 함께 읽을 수 있는 네 번째 방식을 '국문의 일정법一定法'으로 제시한다. 즉 세 번째가 당시 통용되는 '국한문 혼용법'인데 식자가 아닌 '속인俗人'은 끝내 읽을 수가 없는데 비해 네 번째 방식은 이 둘이 다 읽을 만하다는 것이다. 그런데 이 표기는 예컨대 '之間'을 '스이', '之中'을 '가운디', '唯'를 '오직', '人'을 '사람'으로 읽도록 표시하였다는 점에서 한자 훈독식 표기라고 할 수 있

37　"今日에 文法統一이 卽亦一大急務라 此를 統一ᄒ여야 學生의 精神을 統一ᄒ며 國民의 智識을 普啓홀지어늘" 위의 글.

38　이 '한자 훈독식 표기'에 대해 기존에는 대개 일본식 표기의 모방이라는 이유로 매우 부정적으로 평가했으나, 근래에는 오히려 이러한 표기 방식이 '순한글 문장'을 궁극적인 목표로 삼고 있었다는 점을 지적하는 등 종래와는 다른 평가가 이루어지고 있는 상황이라 하겠다. 김영민, 「근대계몽기 문체 연구─유길준을 중심으로」, 『동방학지』 148, 2009; 김영민, 「『만세보』와 부속국문체연구」, 연세대 근대한국학연구소 편, 『한일 근대어문학 연구의 쟁점』, 소명출판, 2013; 김병문, 「근대계몽기 한자 훈독식 표기에 대한 연구」, 『동방학지』 165, 2014 등 참조.

을 것이다.

> 一 天地之間萬物之中唯人最貴
>
> 二 텬디ᄉᆞ이 만물가온듸 오직 ᄉᆞ람이 가장 귀ᄒᆞ니
>
> 三 天地之間萬物之中에 唯人이 最貴ᄒᆞ니
>
> 四 天地텬디之間ᄉᆞ이 萬物만물之中가온듸에 唯오직人사름이 最가장貴귀ᄒᆞ니[39]

이능화는 네 번째의 훈독식 표기에 대해 "어찌 가나를 한자에 붙여 쓰는 예를 본받아 언문일치에 힘쓰고 식자층과 일반인이 함께 읽는 방식을 취하지 않으리오?"[40]라며 일본의 사례를 모방한 것임을 숨기지 않고 있다. 그런데 여기서 주목하고자 하는 바는 그러한 점보다는 이러한 글쓰기 방식이 문장의 문제를 예민하게 고려하는 과정에서 나온 결과라는 사실이다. 예컨대 '한문과 국문을 함께 쓰는 방식에 대해 남의 나라 글자[他國文]를 사용하는 것이라며 부끄럽게 여길 이유가 없다, 그것을 이용해서 우리나라의 문장[我國之文]을 적을 수 있으면 그만이기 때문이라'[41]는 이능화의 언급은 이미 글자가 아니라 언어, 그중에서 문장의 층위를 인식하고 있었음을 보여주고 있다. '文'은 사실 '문자'로도, '문장'으로도 해석할 수 있는 글자이다. 그러나 근대계몽기 '국문론'에서는 이들이 변별되지 않은 상태에서 대개 '문자'의 의미로 사용되었다. 이는 '국

---

39 이능화, 「國文一定法意見書」, 『황성신문』, 1906.6.2. 네 번째 문장의 경우 실제 『황성신문』에서는 한자 옆에 동일한 크기의 활자로 한글이 인쇄되어 있으나 '일본의 표기를 본받아야 한다'는 이능화의 언급을 고려해 보면 위와 같은 표기를 의도했을 것이라고 판단된다.

40 "何不效附書假名之例ᄒᆞ야 務使言文一致ᄒᆞ야 雅俗共讀乎아" 이능화, 「國文一定法意見書」, 『황성신문』, 1906.6.1.

41 "若以借用他國文爲可恥則不然ᄒᆞ니 唯在利用以成我國之文耳라" 위의 글.

문'도 '한문'도 마찬가지였다. 그러나 이렇게 문장을 예민하게 의식하는 글들에서는 이 문자의 문제와 문장의 문제는 구별되지 않을 수가 없었다. 유길준이 「소학교육에 대對ᄒᆞᄂᆞ 의견」에서 '한문은 전폐하되 한자는 폐할 수 없다'고 주장한 것 역시 문자의 문제와는 구별되는 문장의 문제를 예민하게 의식하고 있었기 때문일 것이다. 이 글에서 유길준은 소학교육의 가장 큰 과제는 '국문전주國文專主, 한문전폐漢文全廢'라며 소학교과서는 '한문'은 일절 쓰지 말고 '국문'으로만 편찬해야 함을 주장한다. 그러나 이때의 '국문전주'가 교과서에 한글만을 쓰자는 것도 아니고, '한문전폐' 역시 한자를 전혀 쓰지 말자는 것을 의미하지도 않는다. 이때의 '한문'은 한문 문장을 의미하고 '국문'은 그러한 한문식 문장구조에서 탈피한 우리말 문장을 뜻하는 것이다. 그리고 그 방법으로 유길준 역시 한자 훈독식 표기를 제안하고 있다. 한자를 훈독하는 방법을 사용하면 비록 외양으로는 한자가 보이지만, 실제 그것은 '국문'을 적는 데 사용하는 부속품일 뿐이라는 것이다.[42]

흥미로운 점은 이 글에서 유길준은 앞서 본 대부분의 '국문론'과는 달리 문자의 종류가 아니라 언어의 종류를 나누고 있다는 점이다. 즉 '착절어錯節語'와 '직절어直節語'라는 용어를 사용해 영어나 중국어식 문장구조[錯節體法]와 우리말이나 일본어의 문장구조[直節體法]가 다름을 지적하는데, 국한 혼용문에서 한자를 음독할 때에는 (중국어나 영어식의) '착절체

---

[42] "然則小學敎科書의 編纂은 國文을 專主ᄒᆞᆷ이 可ᄒᆞᆫ가 曰然ᄒᆞ다. 然則漢字ᄂᆞ 不用ᄒᆞᆷ이 可ᄒᆞᆫ가. 曰否라. 漢字를 烏可廢리오. 漢文은 廢호되 漢字ᄂᆞ 可廢치 못ᄒᆞ나니라. (…중략…) 漢字를 連綴ᄒᆞ야 句讀을 成ᄒᆞᆫ 然後에 始可曰文이니 字字別用ᄒᆞᆷ이 豈可曰漢文이리오. 且夫吾人이 漢字를 借用ᄒᆞᆷ이 已久ᄒᆞ야 其同化ᄒᆞᆫ 習慣이 國語의 一部를 成ᄒᆞ야시니 苟其訓讀ᄒᆞᄂᆞᆫ 法을 用ᄒᆞᆫ 則其形이 雖曰漢字이나 即吾國文의 附屬品이며 補助物이라." 유길준, 「小學校育에 對ᄒᆞᄂᆞ 意見」, 『황성신문』, 1908.6.10.

법'을 피하기 위해 힘껏 노력해야 하는 반면에 훈독을 하면 자연히 그러한 문제가 해결된다는 것이다. 유길준이 이 글에서 훈독식 표기 방식을 구체적으로 설명하지는 않았지만, 예컨대 '讀此一編意見書(ㅎ니) 則' 같은 것이 '착절체법'에 의한 문장이라면 '此 一編 意見書를 讀ㅎ미'는 '직절체법'에 의한 것이되 한자를 모두 음독한 것이라면, '此이 一한編 意見書를 獨읽으미' 같은 문장이 바로 훈독을 이용하여 '직절체법'으로 쓴 것이라 하겠다. 이때 특히 '讀'을 '독'으로 음독하면 첫 번째의 '착절체법'과 두 번째의 '직절체법'이 모두 가능하고 따라서 '착절체법'이 되지 않도록 힘껏 노력해야 하는 반면, 이 '讀'을 '읽-'으로 훈독하게 되면 저절로 우리말 어순에 맞는 '직절체법'의 문장을 이루게 된다는 것이 바로 유길준의 주장이었던 것이다. 소학교과서에는 '한문'을 전폐하고 오로지 '국문'만을 쓰도록 하자면서도 결국 그 외형적 형태가 국한 혼용문일 수 있었던 이유는 이와 같이 그가 문자가 아니라 문장의 문제를 우선시했기 때문이다. 물론 『만세보』 등에서의 실험에도 불구하고 이 한자 훈독식 표기가 받아들여지지 않은 것은 이러한 형태의 문장이 즉각적으로 일본의 후리가나 표기를 연상시킨다는 것 외에도 활자의 문제 등이 있었을 것이다. 그러나 이러한 글쓰기 양식은 아래와 같이 20년대까지도 우리 문장을 어떻게 쓸 것인가 하는 문제를 다루는 경우에는 종종 언급되곤 했다는 점에서 결코 가벼이 여길 부분은 아니라고 생각된다.

余나는 南山에 往가서 花꽃을 切쒀어서 來오았다[43]

---

43 김희상, 「諺文綴字法 改正案에 就ㅎ야(下)」, 『매일신보』, 1921.4.17. 실제 『매일신보』에서는 한글의 크기가 한자의 크기와 같으나 편의상 위와 같이 보였다.

學배우어서 時때로 習익히면 亦또한 悅즐겁지 不아니하냐[44]

지금은 '정확한 한국어 문장'이라는 개념이 너무나 당연하고 자연스럽게 받아들여지지만, 여러 가지 형식의 글쓰기 실험이 시도되던 근대계몽기에는 그러한 것의 존재 자체가 의심스러운 매우 낯선 개념이었을 가능성이 크다. 따라서 위에서 언급한 문장의 문제에 예민하게 반응하여 새로운 문장 쓰기의 전범을 개척하려 한 노력들은 그 자체로 한국어 문장의 발견이라고 할 만한 중요한 시도들이었음에 틀림없을 것이다. 문법 이론의 측면에서도 주시경 같은 이는 이 시기 언어 단위의 분석에서 문장 차원의 문제를 중요하게 고려하기 시작했으며 결국에는 '짬듬갈'이라는 이름으로 '국어' 문장의 구조를 시각화하여 제시하기에 이른다.[45] 문자의 문제에서 출발했으나 결코 거기에 머무를 수 없었기에 문장 차원의 글쓰기 방식을 고민하기에 이르렀던, '한국어 문장의 발견'이라고 할 만한 이러한 시도들이 가지는 의미는 과연 무엇일까? 특히 주체의 문제와 관련하여 한국어 문장의 발견이라는 문제를 주목해 본다면, 신채호가 언급했던 '문법의 통일'은 하나의 문법을 공유하는 균질적 집단을 호출하는 기능을 했다고 볼 수 있을 것이다. '정확한 한국어 문장'이라는 개념 자체가 없었던 시절에 고전 한문의 문장 구조에서 탈피한 우리말 어순에 입각한 문장 쓰기를 시도하는 자체가 그러한 한국어 통사구조를 공유하는 일정한 언어공동체를 전제로 하기 때문이다.

---

44 김윤경, 「조선말과 글의 바루잡을 것」, 『동광』 5호, 1926. 실제 『동광』에서는 역시 한자와 한글의 크기가 같고 대신 훈독 부분에 괄호를 쳐 표기하였다.
45 주시경의 '짬듬갈'의 내용과 그 의미에 대해서는 김병문, 앞의 책, 232~245쪽 참조.

언어적 근대의 관점에서 요청되는 균질적 단일언어 사회는 그러나 실제 발화의 상황에서는 다양한 변이와 변종으로 인해 사실상 도달하기가 지극히 어려운 하나의 이상일 뿐이다. 발화자의 연령이나 성별, 출신 지역이나 계층에 따라 달라지는 무수한 변이나 변종을 우리는 너무도 쉽게 도처에서 확인할 수 있기 때문이다. 그러나 이른바 문어文語, 글쓰기의 영역에 들어가는 순간 그러한 수많은 변이와 변종은 자취를 감추고 표준형이라는 단 하나의 변종만이 지배하는 전일적인 세계와 맞닥뜨리게 된다. 물론 이때의 문어는 이른바 언문일치가 이루어진 그러한 문어이다. 실제 세계에서는 도달할 수 없는 이상에 불과한 균질적 단일언어 사회가 문어의 세계에서는 이미 실현된 그 무엇인 것이다. 그리고 그러한 세계에서야 비로소 하나의 언어공동체를 배경으로 하는 균질적인 주체가 가정될 수 있는 것이다. 물론 문어 세계에서 펼쳐지는 균질적 단일언어 사회를 구축하기 위해서는 어휘의 통일과 같은 여러 작업이 필요하지만, 그에 앞서 예컨대 모든 한국어 화자가 공유하는 '자연스러운/정확한 한국어 문장'의 발견이 필수적으로 선행되지 않으면 안 될 것이다. 즉, 근대계몽기 '국문론'의 막바지에 발견되는 문장에 대한 예민한 감각과 그에 입각한 다양한 글쓰기 양식의 실험은 고전 한문의 문장 구조에 익숙한 지배 계층을 중세적 지평에서 분리해 내서 단일한 한국어 문법을 공유하는 그리하여 계층과 지역적 차이를 뛰어넘는 균질적인 집단을 구축하는 데 중요한 역할을 했다는 것이다.

5. 결론을 대신하여

'어떤' 문자를 쓸 것이냐 하는 문제에서 출발한 '국문론'은 문자의 우열을 나누고 그 우열의 기준이었던 소리의 문제에 집중하는 과정에서 '어떻게' 쓸 것이냐의 문제로 나아갔다. 그런데 이 어떻게 쓸 것이냐의 문제가 단순히 문자의 문제에 국한되는 것이 아니라 문장, 그리고 언어의 문제와 밀접하게 연결되어 있다는 자각에 이른다. 1910년이 가까워질수록 새로운 글쓰기 양식의 실험이나 문법서의 기술 같은 일들이 본격적으로 이루어지는 것은 그러한 사정을 잘 보여주는 현상일 것이다. 그리고 여기에 한 가지 더 지적할 사항은 '국어'라는 용어가 본격적으로 사용되기 시작하는 것도 이와 때를 같이 한다는 사실이다.[46] 문자의 층위를 위주로 전개되던 '국문론'이 소리를 매개로 하여 언어의 문제로 나아가는 과정에서 '국어'가 논의의 초점으로 되는 것은 어찌 보면 당연한 수순일 수 있겠다. 그리고 이는 공교롭게도 말과 글의 문제가 아무런 매개 없이 직접적으로 국가의 자주와 독립의 문제와 바로 연결되는 시기이기도 하다.

앞서 언급했듯이 초기 '국문론'에서는 민족주의적 시각이 그리 크게 두드러지지 않는다. 오히려 소리글자가 일종의 세계 표준이라는 논리가 '국문'의 가치를 판단하는 데 보다 더 중요하게 작용했다. 그리고 이때의 '국문론'이 호출하는 주체는 중세적 가치와 결별한, 그리하여 합리

---

46 1905년 이전에 '국어'라는 용어가 전혀 사용되지 않은 것은 아니나(이에 대해서는 홍종선, 「근대 전환기 선진 지식인의 국문 국어의 인식과 실천 양상」, 『한국어학』 81, 2018 참조) 신문이나 잡지 등에서 '국어'가 본격적으로 논의의 대상이 되기 시작한 것은 1906년 이후라고 해야 할 것이다.

적인 생활습속을 영유하는 근대적 생활인이었다. 이에 비해 한국어 문장의 발견이라고 할 만한 여러 노력들은 단일한 한국어 문법을 공유하는 균질적인 언어공동체를 인식하는 데 중요한 역할을 했을 수 있다. 말과 글이 국가의 자주 독립과 직접적으로 연결되고 '국어'가 본격적인 논의의 대상으로 부각되었던 것 역시 이즈음의 무렵이다. 이연숙은 '네이션'이라는 정치공동체와 '하나의 언어'를 말하는 언어공동체라는 이중의 상상이 중첩될 때 "상상임신"에 의하여 '국어'라는 자식이 태어난다고 하였거니와,[47] '국어'의 본격적인 등장은 그에 걸맞은 균질적 언어공동체에 대한 의식이 전제되지 않으면 불가능했을 수 있다.[48] 근대계몽기의 '국문론'의 전개 양상을 '국문' 혹은 '국어'의 문제로서만이 아니라 새로운 주체의 형성이라는 시각에서 재검토해야 하는 이유가 바로 여기에 있다고 하겠다.

---

47 이연숙, 고영진 · 임경화 역, 『국어라는 사상』, 소명출판, 2006, 17쪽.
48 이러한 균질적 언어공동체는 앞서 언급한 바와 같이 지역과 계층, 연령과 성별 등에 따른 변이가 나타나는 실제 발화에서는 실체 없는 가상이라고 할 수 있으나, 그러한 변이가 사라지는 문어(文語)의 세계는 우리에게 '하나의 언어'를 사용하는 균질적 언어공동체를 의심할 수 없는 실체로 느끼게 해 준다. 물론 이러한 문어의 세계는 근대 국민국가 특유의 언어 규범화가 강력하게 작동하는 곳이라는 점을 지적할 필요가 있겠다.

국가론의 변형으로서의 우생학

혼다 소시 / 번역 이혜원

1. 시작하며

우생학의 창시자 프랜시스 골턴Francis Galton(1822~1911)은 바람직한 특색을 갖춘 인간의 비율을 늘리는 적극적 우생학과 그 반대 인간의 비율을 줄이는 소극적 우생학이 있다는 전제하에 전자를 추진하려고 했다.

서구의 19세기 말부터 20세기 초기까지의 적극적 우생학에 근거한 여러 시책은 장려금 지출과 도덕적 언설의 고무에 의해 바람직한 특색을 갖춘 인간 간의 혼인과 출산을 뒤에서 밀어주는 정도였다. 이에 대해 소극적 우생학은 그 가장 상징적인 모습으로서 단종수술을 구현화했다. 만약 강제적으로 단종수술이 실행된다고 하면 신체침습을 받은 사람들에게는 신체적·정신적인 고통이 가해지는 것이다. 소극적 우생학에 악명 높다는 형용사가 붙는 이유이다.

운노 유키노리海野幸德(1879~1955)는 영어, 독일어, 프랑스어, 스웨덴어, 라틴어가 가능하여 외국어로 된 서적을 가까이했던 인물이다. 말할것도 없이 골턴의 복수의 텍스트도 보았고 그가 제창한 적극적 우생학은 실행이 곤란하다며 자신의 이론으로는 채용하지 않았다. 반대로 소극적 우생학(단종수술)을 선택했다. 그것을 정리한 것이 『일본인종개조론日本人種改造論』(초판 1910, 증보개정판 1911)이다.

운노 유키노리는 왜 소극적 우생학을 선택하고 일본사회에 소개하기로 한 것일까? 또한, 그 선택의 근거는 무엇이었을까? 나아가 서구의 소극적 우생학의 제창자와 비교했을 때 어떤 차이를 찾을 수 있을 것인가? 본고에서는 이것들에 대해 밝히고자 한다. 또한 본고와 병행하여 혼다 소시「우생학설의 선택－운노 유키노리『일본인개조론』정독優生学説の選択－海野幸徳『日本人種改造論』精読－」『생물학사연구(生物学史研究)』No.98, 2019을 참고한다면 감사하겠다.

2. 바이스만 학설의 채용

19세기 중엽 실증과학은 형이상학 혹은 신학의 가르침과 엄밀하게 구별되어야 한다는 감성이 서양 과학자들 사이에 퍼졌다. 일례를 들자면 "지질학을 진정한 과학으로 만들기 위해서는 종교적인 가르침에서 해방되어 현재 알려진 여러 힘으로 과거를 재구성하도록 한정하고, 기원, 목적, 연구적 의미라는 사항에 관한 사색을 의식적으로 배제하는 수밖에 없다"[1]라고 생각하게 되었다.

생물을 대상으로 하는 영역도 마찬가지였다. 그때까지 자명한 이치로 여겨진 생명의 합목적성에 대한 의구심이 발생하여 생명적 자연은 역학적＝인과론적 관점에서 해석해야 한다는 이데올로기가 등장했다. 뒤 부아레몽Du Bois-Reymond, Emil Heinrich, 헥켈Haeckel, Ernst Heinrich, 루Roux, Wilhelm, 바이스만Weismann, August 등은 후자의 새로운 이데올로기를 대표하는 학자로서 자리매김 되었다. 요네모토 쇼헤이米本昌平는 이러한 시대를 '대인과론화大因果論化'의 시대라고 칭하고 있다. 요네모토에 의하면 뒤 부아레몽은 무기물과 유기물 사이에 차이는 없고 같은 입자가 작용하고 있으므로 유기물만이 생명력이라는 개념을 일탈이라고 생각했다. 헥켈 역시 무기물과 유기물 사이의 차이를 인정하지 않고 하등생물에서 고등생물까지를 체계적으로 나누었다. 다윈Darwin, Charles Robert에게 강한 영향을 받은 헥켈은 자연분류와 등치인 계통수에 개체발생과 계통발생을 더해 생명적 자연을 역학화＝인과화＝진화론적으로 설명한 것이다.

바이스만이 관념적인 요소를 포함하면서도 기계론에 선 자신의 이론을 전개한 것은 이러한 시대이다.

1880년대에 유전과 발생은 불가분의 것으로서 다루어져왔다. 바이스만도 유전과 발생을 불가분한 것으로 양자를 인과적으로 설명하려고 했다. 그의 추론은 이러하다. 카임플라즈마(생식세포에 포함되는)와 소마플라즈마(체세포원형질)는 다른 계통이다. 유전을 담당하는 것은 전자뿐이고 또한 후자는 전자에 대해 영향을 주지 않고 획득형질은 유전되지

---

1 John Hedley Brooke, *Science and Religion : Some Historical Perspectives*, Cambridge University Press, 1991; 田中靖夫 訳, 『科学と宗教－合理的自然観のパラドックス－』, 工作舎, 2005, 300쪽.

않는다. 따라서 후천적으로 더해진 요소가 있더라도 그것이 차세대에 전해지는 일은 없다.

이 논의는 획기적인 의미를 가졌다. 왜냐하면 바이스만 이전에는 일반적으로 획득형질은 유전한다고 여겨졌기 때문이다. 그러므로 1890년대 후반부터 1900년대 초반, 획득형질이 유전하는가에 대해 논쟁이 일어났음은 상상하기 어렵지 않다. 이는 일본 내에서도 마찬가지였다. 바이스만을 스승으로 섬기는 이시카와 지요마쓰石川千代松(이후 제국대학 농과대학교수)는 스펜서와 바이스만과의 논쟁을 시야에 넣고 바이스만의 생식질 연속설을 지지했다.[2] 한편 마찬가지로 사사한 경험을 가진 오카 아사지로丘浅次郎(도쿄고등사범학교 교수)는 카임플라즈만과 소마플라즈만을 별개의 계통으로 하는 아이디어는 받아들일 수 없다고 했다.[3]

이시카와와 오카는 모두 자연과학 연구자였으므로 바이스만 학설의 옳고 그름에 대해 판단을 내릴 자격이 있다고 말할 수 있다. 이에 비해 운노 유키노리는 객관적으로 보면 자연과학자는 아니다(운노는 대학도 졸업하지 않았다). 그럼에도 불구하고 같은 시기에 바이스만 학설에 대한 지지를 내놓고 있는 것이다. 인용해 보겠다.

『다스 카임플라즈마(Das Keimplasma)』의 철학적 저서에서 세포학의 원리를 유감없이 적용하여 유지해 온 신조를 근저부터 뒤엎으려는 자는 독일의 대가 바이스만 박사이다.[4]

2 石川千代松, 『進化新論』, 敬業社, 1897, 454쪽.
3 丘浅次郎, 『最新遺伝論』, 六盟館, 1919, 472~3쪽.
4 海野幸徳, 『日本人種改造論』, 富山房, 1910, 77쪽.

요컨대 환경에서 받은 영향, 더불어 필요 불필요에서 온 변이는 조금도 유전되지 않는다. 따라서 환경의 위치에너지는 조금도 유전적 노력을 가지지 않는다고 결론을 내릴 만하다. 이것을 전문적으로 말한다면 신체세포에서 온 변이는 조금도 생식세포에 관여하는 일이 없다. 유전은 생식세포에 변이를 일으켰을 때로 한정한다.[5]

자연과학자가 아닌 운노는 무엇을 근거로 이렇게 단정한 것일까? 고려할 수 있는 것은 자연과학이 아닌 차원으로 이 판단을 지지하는 근거가 있었다는 것인데 그것은 도대체 무엇이었을까?

3. 국제경쟁에서의 승리와 일본인종의 개조

운노는 지구상 가장 오래된 유기체는 무기물에서 생겼다고 가정하고 그렇기 때문에 요소로 분해해가면 동물도 식물도 최종적으로는 모두 무기물로 환원되어 다종다양한 유기물 사이의 차이는 없어진다고 적고 있다.[6] 따라서 무기물에 대해서뿐 아니라 유기물에 대해서도 물리화학의 법칙이 적용될 수 있게 된다. 이러한 견해는 네겔리Nägeli, Carl Wilhelm von, 헥켈, 바이스만에서 운노가 차용한 것이다.[7] 운노의 특징은 이러한 자연과학자의 논의에 살짝 정치적 발언을 숨긴 점에 있다.

---

5 위의 책, 82쪽.
6 위의 책, 1~8쪽.
7 위의 책, 12쪽.

인류는 우주의 미소분자이기 때문에 이화학 법칙만큼 자연법이 관장하는 점은 분명하다. (…중략…) 그렇다면 점차 생물을 기계시器械視하고 이것을 개조하고 창조하는 것은 이치에 따른 것이다. 나는 앞으로 자연의 법칙에 의거해 인류의 개조, 특히 일본인종의 개조를 설명하고자 한다.[8]

인간도 또한 "이화학 법칙만큼 자연법"에 따르고 있다는 그것 자체는 헤켈도 논한 것을 반복하면서 인용 마지막에서는 한발 더 나아가 그러한 "자연의 법칙"을 이용한 "일본인종의 개조"를 제창하고 있다. 또한, 여기에서 말한 "자연의 법칙"이라는 것은 인위적인 도태를 가리키고 있다.

왜 운노는 "일본인종의 개조"를 주장해야만 했을까? 시대배경에서 생각해보자.

하시카와 분조橋川文三에 의하면 러일전쟁 후 청년층 사이에 국가이탈 의식이 퍼지고 또한 동시에 일부 사람들 사이에서는 '백화白禍'의식을 가지게 되었다고 한다.[9] 후자는 러일전쟁 때부터 구미에서 빈번하게 선전한 황화론黃禍論이 전후에도 사라지지 않고 반사反射해서 일본 국내에서는 대항언설로서 아시아주의(중일연대론 등)가 등장하게 되었다고 지적한다.[10]

운노 유키노리가 구미의 황화론을 의식했음은 틀림없는데 그는 아시아주의로는 기울지 않았다. 그렇지 않고 '백화'의식을 풍기면서 대일본제국이 갈 길의 끝을 걱정한 것이다. 도대체 "열국의 육군증대, 해군

---

8 위의 책, 35~36쪽.
9 橋川文三, 『黃禍物語』, 岩波現代文庫, 1976(2000), 90~93쪽.
10 상세한 내용은 廣部泉, 『人種戦争という寓話』, 名古屋大学出版会, 2017, 제1장을 참조.

확장의 경쟁을 본다면 생존경쟁의 격렬함은 살펴 알 수 있을 것이고 세계적 경쟁의 활극은 우리들 눈앞에 전개된다"[11]라는 상황을 어떻게 뛰어넘으면 좋을까라고.

이 국제경쟁에서 이겨서 빠져나가기 위해 운노가 제안한 것이 바로 "일본인종의 개조"였다. 그는 '국가심', '신체적 형질', '정신적 형질' 세 가지가 필요하다고 한 뒤에 특히 '정신적 형질'을 중시했다. 그는 이렇게 적고 있다. "인류계에서는 정신은 아주 중요한 것으로, 신체와 같은 것은 이것에 비해 거의 말할 가치가 없다"[12]라고.

이 "정신적 형질"은 외부 작용에 의해 개선되는 것은 아니다. 따라서 "악질자는 유전상의 것이지 경우상의 것이 아니다. 그러므로 악질자의 처분은 경우의 변경 또는 개량에 있지 않고 유전적 형질의 변개 혹은 개량에 있다 (…중략…) 정신병자도 범죄자도 빈자도 경우에 의해 생기는 것이라면 사회정책을 시작으로 하는 환경상의 고안 또는 시설도 유효하지만 악질자는 형질의 산물이므로 형질을 변개하고 개조하는 기술을 빼고는 유효한 근본적 구제책이 없음은 명백"[13]하다고 하여 "형질을 변개하여 개조하는 기술"을 제안한 것이다. 이것은 구체적으로는 단종수술을 말한다.

이상에서 다음과 같이 요약할 수 있겠다. 그는 획득형질이 유전되지 않고 유전하는 것은 앞 세대에서 이어져 온 생식세포의 질뿐이라는 바이스만 학설을 지지했다. 그 이유는 무엇일까? 운노는 '백화'에 대한 의

---

11 海野幸德, 앞의 책, 291쪽.
12 위의 책, 88쪽.
13 海野幸德, 「人種改造学上／悪質者処分論」, 『刑事法評林』(3-7), 評林社, 1911, 38쪽.

식, 국제경쟁에서의 일본매몰에 대한 위기의식에서 '악질자'를 감소시
킴으로써 국가의 승리를 이끌자면서 그러한 인간은 교육과 훈련을 실
시해도 소용없고 단종수술 이외에는 방법이 없다고 주장하려고 했다.
그때 유전하는 것은 앞 세대에서 이어진 생식세포의 형질뿐이라고 하
는 자연과학의 식견은 구미에 맞는 논의였다. 그러므로 바이스만 학설
을 지지한 것이다.

4. 샬마이어 및 플레츠와의 상이

바이스만의 유전학설을 근거로 '악질자'의 증식을 방지한다는 제안
은 운노의 독창적인 생각은 아니었다. 이미 독일우생학의 토대를 형성
한 샬마이어Schallmayer, Wilhelm와 플레츠Ploetz, Alfred J가 그러한 논의를 전개
했고 운노는 그들의 논의를 참고하고 고쳐서 자신의 설로서 논한 것이
다(운노는 샬마이어의 *Vererbung und Auslese in Lebenslauf der Völker*(1885), 플레츠의
Die Tuchtigkeit unsrer Rasse und der Schutz der Schwachen(이하, 주저서로 약기)(1895)를
읽었다).

샬마이어는 1895년부터 1900년까지의 어느 시점엔가 바이스만의 학
설을 접하고 그때까지 지지했던 라마르크학설을 포기했다고 한다.[14]

또한 플레츠는 주저서 안에서 획득형질의 개념을 엄밀하게 정의하
고 획득이란 것은 사용에 따른 신체기관의 강화(이면에는 미사용에 의한 신

---

14 Weiss Sheila Faith, *Race Hygiene and National Efficiency*, University of california press, 1987, pp.51·77.

체기관의 감약(減約))이며 그 위에서 획득형질은 유전되지 않는다고 하고 있다(다만, 외부환경이 생식물질까지 영향을 끼치는 경우에는 유전된다).

이들 샬마이어와 플레츠는 소극적 우생학을 제창한 것인데, 도대체 그 방법은 어떠한 것이었을까?

샬마이어는 국가에 의한 건강수첩 발행, 유전성 질환의 데이터베이스화, 혼인제한을 채택한다는 안을 내놓았다.

플레츠는 "생각할 수 있는 해결책은 두 가지 있다. 첫 번째로 우선 소위 자연도태를, 능력이 낮은 개인의 임신과 그 지둔(遲鈍)의 유전을 막는다는 성적(性的)인 것으로 전환할 것. 그리고 두 번째로 결정적인 것으로서 기질의 우열에 의한 개인의 도태에서 세포 특히 생식세포로 도태를 전환할 것. 그것은 변이와 그 유전의 통제로 전환하는 것, 혹은 열등으로 보이거나 추정되는 생식세포의 도태로 전환하는 것이다. 허약자가 더 이상 태어나지 않는다면 그들을 제거할 필요도 없어진다. 그 명제는 간단하게 들리지만 오늘날 이미 자손의 소질에 대한 영향에 관한 많은 것, 예를 들면 알코올 중독과 매춘, 결핵이 부모로부터의 받은 악영향임이 판명되었을지라도 엄청난 대규모 연구계획이 될 것을 의미한다".[15] "능력이 낮은 개인"이 더 이상 태어나지 않도록 임신금지와 열등한 생식세포의 도태라는 두 종류의 방법을 제시한 것이다.

그렇다면 임신금지와 생식세포의 도태라는 말은 무엇을 가리키고 있을까? 거세수술kastration, castration인 것일까? 아니면 단종수술 = 불임수술sterilisation, sterilization인 것일까? 아니면 그 외의 방법일까? 유감스럽게

---

15 Alfred J.Ploetz, *Die Begriffe Rasse und Gesellscaft und einige damit zusammenhängende Probleme*, Frunkfurt am Main, 1910, p.136.

도 이 텍스트에서는 이 이상 무엇도 진술하지 않고 있어 무엇을 가리키는지 모른다.

그렇다면 당시 상황에서 특정할 수 있는지 해보자.

플레츠는 정신과의·학자인 포렐Forel, August에게 배웠다. 포렐은 1890년대에 정신병환자의 공격성을 억제하는 수단으로서 거세수술 실험을 했던 인물이다. 포렐을 통해 플레츠가 거세수술을 알았을 가능성은 높다. 그러나 만약 그렇다고 하더라도 어째서 1895년 뿐 아니라 1910년의 텍스트에서도 거세수술이라는 단어를 사용하지 않았을까? 또한 금방이라도 실천할 수 있는 방법으로서 소개하지 않은 것은 왜일까? 라는 의문이 남는다.

방법이 없으므로 다시 텍스트로 돌아가 보자. "생식세포의 도태"와 "엄청난 대규모 연구계획"이라는 단어를 문자 그대로 받아들인다면 21세기 현재와 같이 체외수정이나 착상 전 진단, 유전자치료 등 생식세포를 조작할 수 있어야 비로소 실현되는 것이라고 해석하는 것이 가능하다. 그렇다고 한다면 플레츠는 "생식세포의 선택을 수정 전의 단계로 되돌리기를 바랐지만 물론 이 계획은 전혀 실행할 수 없는 일이었다"[16]는 것이 될 것이다.

결국, 텍스트에 관해 확실하게 말할 수 있는 것은 임신 금지와 생식세포의 도태라는 표현은 있지만 거세수술 혹은 단종수술(불임수술)이라는 말은 등장하지 않고 미래의 구상을 서술하는 것에 그쳤다는 것이 된다.

이에 비해 운노 유키노리는 어땠는가?

---

16 Weiss Sheila Faith, op. cit., p.106.

샬마이어의 제안은 건강수첩에 의한 결혼시의 건강증명과 그것에 의한 (일시적)결혼제한 등이었다. 운노 유키노리는 이를 비판하고 있다. "악질자의 결혼을 제지하기 위해 정부에서 결혼 허가장을 발행해야 한다고 주장한 것이다 (…중략…) 그래도 결혼 허가장으로 악질자의 번식을 저지하려는 것은 너무 낙관적이다"라며 그 효과를 거의 인정하지 않고 있다.[17]

플레츠의 제안은 임신금지와 생식세포의 도태였다. 운노는 플레츠의 주 저서를 읽었으므로 이것을 알았는데 그것이 구체적으로 어떤 방법으로 행해지는 것인지 추측할 수밖에 없었을 것이다. 그렇다고 한다면 운노가 단종수술을 채용한 것은 플레츠 이외의 다른 텍스트를 참조했거나 혹은 정보를 입수했거나 어느 쪽일 것이다. 게다가 그는 단종수술과 거세수술이 다르다는 것을 정확하게 이해했고 후자는 반대했다 ("남자 및 여자의 생식기를 탈취하는 것은 분명히 유효한 방법이겠지만 심신의 변화를 동반한다면 이 방법은 무해하다고 할 수 없다"[18]). 그리고 덧붙여 스스로 단종수술이 타당하다고 판단했다고 적고 있다. "나는 악질자의 처분방법으로 종종 고려하고 연구한 결과 온화하며 가장 편리한 방법은 생식기 수술 외에는 없음을 알고 있다."[19] 달리 말하자면 운노는 초기 독일 우생학자조차 언급하지 않았던 신체침습성이 높은 수단을 빨리 선택했다는 것이 될 것이다.

물론 운노는 '악질자'의 신체를 사물처럼 다루어도 좋다고 주장하고

---

17 海野幸德, 앞의 책, 161쪽.
18 위의 책, 163쪽.
19 海野幸德, 「人種改造学上ノ惡質者処分論」, 『刑事法評林』(3-9), 34~35쪽.

있는 것은 아니다. 위의 인용에 있는 것처럼 거세수술은 "심신의 변화를 동반하는" 것으로 '무해'라고 말할 수 없다며 피하고 있고 그 한편으로 '온화'하고 '편리'하다며 단종수술을 채용하고 있다. 결국, 운노 유키노리가 '악질자'의 신체에 대해서 배려하지 않는다는 것은 아니다. 그렇지만 그렇다고 하더라도 주관적으로는 인도적이고 온당한 방법으로 보였다고는 해도 신체침습성의 수단(=단종수술)을 스스로 선택했다는 것이 무엇을 의미하는지 생각해보아야 한다. 만약 국제경쟁에서 국가의 승리와 '악질자'에 대한 신체침습을 비교하여 따지고 또한 그 수단의 온당함도 고려하여 이 정도라면 허용될 것이라고 판단했다면 이 정도라면 허용된다는 판단의 근거는 어디에 있었을까? 신체침습도 어쩔 수 없다 ─ 이것은 타자를 자기와 동격의 존재로서 본다면 나올 수 있는 말인가?

5. 마치며

운노 유키노리의 텍스트 『일본인종 개조론』은 "입헌주의적 제국주의 사상"[20]의 이데올로기였던 우키타 가즈타미浮田和民의 서평[21]을 제외하고 특별히 소개되거나 주목을 받거나 하는 일은 없었다. 그러나 이때 일본의 언론계에서는 자연과학의 연구 성과를 참조하면서 인간과 사회, 그리고 국가를 이해하고 또한 그 개조를 꾀하려고 하는 사고양식이

---

20 栄沢幸二, 『大正デモクラシー期の政治思想』, 研文出版, 1981, 109~142쪽.
21 다만 우키타 가즈타미는 운노 유키노리의 설에 전면적으로 찬성하는 것은 아니고 비판과 의문도 제시하고 있다. 浮田和民, 「人種改造論」, 『太陽』第16巻 第20号, 1910.9.

여기저기에서 모습을 드러내고 있었다.

1913년 도쿄제국대학 의과대학 조교수인 나가이 히소무永井潛는『생명론生命論』이라는 제목의 책을 출판했다. 그는 책 모두에서 일본과 그리스 신화에서는 일월성신日月星辰 행운유수行雲流水 모든 것이 신으로 비유되고 있다면서 "이것을 지적, 관찰하고 종교상 관찰하고 혹은 심리학상에서 살펴보면 아주 재밌는 주제겠지만 이것을 과학적인 눈으로 들여다보면 전술한 참새가 허수아비를 무서워하는 것보다도 더 우스운 일이다"[22]라고 적었다. 이 책에서는 신학과 심리학 등은 과학이 아니고 기계론적인 인식에 선 자연과학만이 '진정한' 과학이라고 여기고 있다. 그리고 자연과학에서 본 생명상이야말로 생명에 대한 정당한 인식을 제공할 수 있는 것이라고 주장한다.

나가이는 그 후 1936년『우생학개론』이라는 책을 쓰고 '자연의 이법理法'을 이용한 '민족'의 개량을 논하고 있다.

부기

본고는 JSPS 과학연구비 18K00106의 조성을 받은 것이다.

---

22 永井潛,『生命論』, 洛陽堂, 1913, 9쪽.

국제법과 식민주의적 폭력, 네이션

헨리 휘튼의 『만국공법』과 J. C.블룬칠리의 『공법회통』을 중심으로* **

윤영실

1. 네이션과 식민지 민족 – 번역의 비대칭성

본고는 네이션의 번역이 네이션의 자격을 둘러싼 정치적 계쟁의 장이었음을 규명하기 위한 연속적 연구의 일환이다. 이 글에서는 국제법과 제국주의의 법정초적 폭력 사이의 내재적 관계를 고찰하고, 특히 동아시아에 번역되어 큰 영향을 끼쳤던 헨리 휘튼과 블룬칠리의 국제법 저작들을 중심으로 서구 국제법의 '보편화' 과정이 네이션의 함의를 어떻게 변화시켰는지 살펴보고자 한다. 나아가 이를 번역한 마틴의 『만국공법』과 『공법회통』에서 네이션 개념이 삭제됨으로써 어떻게 서구

* 이 글은 2017년 대한민국 교육부와 한국연구재단의 지원을 받아 수행된 연구임.
(NRF-2017S1A6A3A01079581)
** 독일어와 한문 번역을 검토하고 수정해주신 연세대 근대한국학연구소의 정대성 선생님과 반재유 선생님께 깊은 감사를 드립니다.

중심적인 국제법의 폭력이 은폐되고 있는지 분석할 것이다.

서구 / 비서구, 제국 / 식민지의 서로 다른 경험은 무엇보다 언어 자체에 깊이 각인되어 있다. 'colony(colonial)' / '식민지(의)'라는 개념쌍을 보자. 식민화의 역사를 겪었던 한국에서는 식민지(의)라는 말에서 우선 피식민자the colonized를 떠올리기에, 간단히 식민지라고 쓰고 피식민자를 지칭하는 경우가 많다. 그러나 제국의 언어인 영어에서 colonial은 오히려 식민자the colonizer의 경험과 더 자주 연결된다. colony, 그것은 무엇보다 '신대륙'으로 이주한 백인들의 공동체인 정착식민지를 일컫는 말이었다. 그래서 식민지 민족이라는 말을 colonial nation으로 직역하면 정반대(식민자) 뜻이 연상되고 만다. 어떤 위치에서 보고 말하느냐에 따라 같은 단어가 전혀 다른 경험세계를 펼쳐 놓는 것이다.

그렇다면 colonized nation은 어떨까. 역시 어색한 조합이다. 영어의 네이션이 한국어 민족에 조응하는 것은 드문 일이 아니지만, 영어권 글쓰기에서 식민지 민족은 보통 네이션으로 호명되지 않는다. 영어에서 colonized와 nation은 대개 함께 쓰이지 않는 개념쌍이기 때문이다. 식민지 조선에서 nation이 민족으로 번역되었던 것은 분명한데, 식민지 민족은 nation으로 번역될 수 없는 사태. 조선의 식민지 민족을 가리키기 위해 우리는 언제나 the colonized이거나 colonial Korea 같은 대체어들로 우회해야 한다. 그러나 그 대체 속에서, 번역 일반이 감수해야 하는 의미 손실 이상의 무언가가 삭제되어 버리는 것은 아닐까? 네이션과 식민지 민족 사이의 의미상 간극과 번역의 비대칭성을 어떻게 이해해야 할까?

네이션과 민족 개념의 비대칭성은 실로 많은 번역자들을 괴롭혀 왔던 문제다. 각 단어들의 이웃항까지 고려하면 사태는 더욱 복잡해진다. 한쪽에는 nation, people, ethnicity 같은 어휘들이, 다른 한쪽에는 민족, 국민, 종족 같은 어휘들이 있다. 종종 이들 사이의 일관성 없는 번역은 원문의 맥락을 전혀 알 수 없게 만들어 버린다. 그러나 번역에 충분히 주의를 기울여도 끝내 봉합되지 않는 간극이 있다. 번역자는 텍스트의 맥락 안에서 두 언어를 오가며, 가장 어울리는 짝을 찾는다. 원어와 번역어 사이의 일부일처제와 백년해로를 꿈꾸며. 그러나 그 꿈은 곧 좌절된다. 개념들 사이의 빈번한 자리바꿈이 있기 때문이다. nation은 '문맥에 따라' 때로는 국민과, 때로는 민족과 '어울린다.' people 또한 국민 / 민족 / 종족 / 인민 등의 단어들과 번갈아 짝을 맺는다. 더욱이 nation의 파생어임에 분명한 national, nationality, nationalism, nationhood 같은 어휘들이 같은 문맥 안에서조차 nation과 상이한 것을 지시하는 경우가 적지 않다. nation은 국민을, nationality는 민족(성)이나 종족(성)을, nationalism은 민족주의를 가리키는 식이다.[1] 이런 어휘들이 빈번하게 출몰하는 번역서의 경우, 거의 예외 없이, 번역의 고충을 토로하는 역자의 말이 붙어있는 것도 무리가 아니다. 결국 번역의 불가능성을 인정하면서 nation을 '네이션'으로, 민족을 'minjok'으로 그대로 옮기는 경우도 있다. 그러나 national, nationality, nationalism, nationhood 같은 어휘들은 또 어떻게 할 것인가?

---

[1] 예컨대, Hannah Arendt의 *The Origins of Totalitarianism*(Harcourt, 1973)의 경우가 그러하다. 진태원도 지적한 바 있듯(진태원, 「권리들을 가질 권리」 1, 『사람과 글 人,文』 26호, 민족문화연구원, 2013.6) 이 책의 한국어 번역(한나 아렌트, 이진우·박미애 역, 『전체주의의 기원』, 한길사, 2006)은 전체적으로 우수하지만, 2부에서 nation, nationalism, nationality, tribal nationalism, minority, people 등과 같은 인접개념들이 뒤섞여 원문의 섬세한 맥락을 읽어내기 어렵다.

이런 혼란을 바로잡기 위해 나름의 원칙을 세워 번역어를 확정하려는 시도들도 있었다.[2] 한편에서는 한국의 특수성을 내세워 네이션이 민족으로 번역되어야 함을 주장한다. 어떤 이들은 한국이 유례가 드문 단일민족 국가라는 신화적 믿음 위에 민족(=국민)=네이션의 동일성을 정초한다. 더 설득력이 있는 쪽은 식민지와 분단 체제에서 네이션이 국민이 아닌 민족으로 번역되었던 역사적 정황을 근거로 삼는다. 다른 한편에서는 네이션이 국민으로 번역되어야 하며, 민족은 people이나 ethnicity의 번역어로 한정되어야 한다고 주장한다. 서양에서 네이션은 시민적, 정치적 공동체를 뜻하는 반면, 민족에는 종족적, 문화적 함의가 강하다는 것이 이유다. 한쪽이 번역의 역사적 특수성을 강조한다면, 다른 쪽은 원어와 번역어의 개념적 정합성을 강조한다. 한쪽이 한국어 민족의 역사적 맥락에 초점을 맞춘다면, 다른 쪽은 서양에서 네이션의

2　『역사비평』에서 전개된 〈국민 / 민족〉 특집은 nation의 번역 문제에 관한 최근의 논쟁을 가장 잘 집약하고 있다. 진태원, 이태훈, 장문석으로 이어진 릴레이 논쟁에서 진태원은 '국민'을, 이태훈과 장문석은 '민족'을 번역어로 삼자고 주장했다. 이들의 논쟁은 역사적 특수성에 기초한 '민족' 대 개념적 정합성에 근거한 '국민'론의 기존 구도를 크게 벗어나지 않으면서도, 각각 주목할 만한 문제의식을 담고 있다. 첫째, 진태원이 번역어 '국민'을 옹호할 때의 핵심은 흔히 합리적, 시민적 공동체로 상정되는 '국민-네이션' 자체에 대한 비판적 성찰이 필요하다는 것이다. 이는 최근 서구 정치철학의 주권 및 네이션-스테이트에 대한 비판적 사유를 네이션 및 내셔널리즘에 관한 분석과 접맥할 필요성을 제기한다. 둘째, 이태훈은 한국의 '민족'이 단순히 문화적, 종족적 공동체인 ethnie로 환원될 수 없는 정치적 성격을 띠어왔음을, 한국의 고유한 개념사적 맥락에서 일목요연하게 짚고 있다. 셋째, 장문석은 서구의 nation 개념 안에 이미 정치적, 문화적 공동체의 의미가 착종되어 있었음을 거듭 강조한다. 각각의 논자는 자신의 주력 분야에서 중요한 지점을 올바르게 짚어내고 있다. 주권과 네이션(서양 정치철학), 식민지 민족의 역사(한국사), 서구 nation 개념의 역사(서양사). 이들은 표면적으로 nation의 번역어를 둘러싼 상호배타적 입장들이지만, 심층에서 서로 연결되어야 할 영역들이다. 지금 필요한 것은 이들을 연결할 '통섭'적 사유다. 이런 문제의식은 황호덕, 김항 등의 식민지 연구에서 이미 일정한 성과를 거두기도 했지만, 주권과 nation, 식민지 '민족'에 대한 전반적인 재이론화로 확장될 필요가 있다. 진태원, 「어떤 상상의 공동체? 민족, 국민 그리고 그 너머」, 『역사비평』 96, 2011.8; 이태훈, 「민족 개념의 역사적 전개과정과 그것이 의미하는 것」, 『역사비평』 98, 2012.2; 장문석, 「내셔널리즘의 딜레마」, 『역사비평』 99, 역사비평사, 2012.5.

개념적 맥락을 부각시킨다.

각각의 주장들에 부분적으로 동의하거나 반대하는 대신, 나는 몇 가지 쟁점들을 짚어 문제를 새롭게 가다듬고 싶다. 우선 번역어를 무엇으로 할 것인지와 별개로, 네이션은 그 자체가 복잡한 함의들을 갖는 말이다. 다른 모든 말들처럼 네이션 역시 매번의 사용과 오용 속에서 의미들을 증식해가고, 생명력을 유지해 왔다. 살아 움직이는 말들을 훼손되지 않은 본래 뜻에 고정시키려는 노력은 대개 무망하지만, 네이션의 경우에는 특히 그런 것 같다. 굳이 본래의 용법으로 소급하자면, 네이션은 오히려 'natio-,' 즉 출생birth과 관련된 종족적, 문화적 공동체에 가깝다. 네이션이 시민적, 정치적 공동체를 뜻하게 된 것은 잘 알려진 것처럼 프랑스 혁명을 전후한 일이다. 그 이래로 네이션의 용법 안에는 언제나 시민적, 정치적, 종족적, 문화적 함의들이 복잡하게 착종되어 있었다.[3] 심지어 국가의 주족과 소수종족처럼 상반된 함의들이 공존하는 것은 네이션이라는 단어가 상이한 용법들의 격전지였음을 시사한다. 이런 점에서 네이션이라는 기표에 달라붙은 의미들의 과잉과 모순을 개념의 이데아에 비추어 해결하거나 삭제하려는 태도는 관념론적이다. 오히려 네이션이라는 언어적, 개념적 공간에 새겨진 의미의 모순과 충돌은 네이션이라는 단어가 관통해 온 역사적 현실 그 자체의 모순을 드러내고 있는 것이 아닐까? 마찬가지로 네이션과 번역어 '민족' 사이의 개념적 부정합은 단순히 해결해야 할 오역이 아니라, 현실 그 자체의 모순과

---

3 한 저자는 오늘날 nation이라는 단어에 결부된 착종된 의미들로 다음과 같은 목록을 제시한다. people, national minority, the population of a state, ethnic group, title nation, majority 등 등. Anna Moltchanova, *National Self-Determination and Justice in Multinational States*, N.Y. : Springer, 2009, p.72.

균열, 불화를 지시하는 것이라고 보아야 하지 않을까?

이런 맥락에서 개념의 역사conceptual history를 강조하는 접근은 네이션의 선험적 정의를 전제하지 않고, 역사적 맥락 안에서 개념의 확장, 분기, 전환을 추적한다. 네이션 개념의 국가별 데이터베이스가 활발하게 구축되고 있는 와중에, 그것은 한국에서 '국민' 혹은 '민족'의 개념사와 만난다.[4] 그러나 텍스트에 기재된 개념의 용례들을 수집하고 시간순으로 나열하는 것만으로는 충분하지 않다. 개념사 연구는 개념이 더 넓은 담론적 맥락에서, 나아가 역사적 실재와의 긴장관계 속에서 파악될 것을 요청한다.[5] 그러나 이 요청은 어떻게 실현될 수 있을까? 더욱이 개념의 역사가 다시 한번 확인해주는 것은 네이션과 민족의 비대칭성이다. 개념사는 네이션이 국민/민족으로 분유되었던 역사를 따로따로 기술할 뿐 설명하지 않는다. 식민지 '민족' 개념의 역사적 특수성 내지 국지성locality을 세계사적 동시대성 안에서 설명하는 것은 여전히 남은 과제다.[6] 요컨대, 'nation/민족' 번역의 비대칭성은 개념의 정합성으로 해결

---

4 한국에서 '민족' 개념사에 대한 연구로는 백동현, 『대한제국기 민족인식과 국가구상』, 고려대 박사논문, 2004; 박명규, 「네이션과 민족」, 『동방학지』 147, 연세대 국학연구원, 2009; 박명규, 『국민 인민 시민』, 소화, 2011; 박찬승, 『민족 민족주의』, 소화, 2016 등 참조. 한국의 민족 개념과 비교할 만한 중국 및 일본의 민족 개념사 연구로는 박양신, 「근대 일본에서 '국민', '민족' 개념의 형성과 전개 : nation 개념의 수용사」, 『동양사학연구』 104, 동양사학회, 2008; 박선령, 「국민국가 · 경계 · 민족—근대 중국의 국경의식을 통해 본 국민국가 형성과 과제」, 『동양사학연구』 81, 동양사학회, 2003; 박병석, 「중국의 국가, 국민 및 민족 명칭 고찰」, 『사회이론』 26, 한국사회이론학회, 2004; 박상수, 「중국 근대 '네이션' 개념의 수용과 변용」, 『동아시아 근대 '네이션' 개념의 수용과 변용—한 · 중 · 일 3국의 비교연구』, 고구려연구재단, 2005; 사카모토 히로코, 양일모 외역, 『중국민족주의의 신화 : 인종, 신체, 젠더로 본 중국의 근대』, 지식의 풍경, 2006; 김선자, 『만들어진 민족주의 : 황제신화』, 책세상, 2007; 이춘복, 「중국 근대 지식인들의 '민족국가' 인식」, 『다문화콘텐츠연구』 3, 중앙대 문화콘텐츠기술연구원, 2010, 4; 최승현, 「고대 '민족'과 근대 'nation'의 동아시아 삼국의 전파 및 '중화민족'의 탄생에 관한 소고」, 『중국인문과학』 54, 중국인문학회, 2013 등 참조. 전지구적 개념사 프로젝트 아카이브는 다음 사이트 참조. http://www.historyofconcepts.org/database?tid=Nation(검색일 2016.7.25)

5 나인호, 『개념사란 무엇인가—역사와 언어의 새로운 만남』, 역사비평사, 2011, 40~67쪽.

되어야 할 문제도, 단순히 기술되어야 할 자명한 사실도 아니다. 그것은 오히려 해석해야 할 징후이고, 어떤 역사적 실재를 가리키는 지표이며, 사유해야 할 풍부한 의미를 발산하는 기호다. 그것은 하나의 '물음'으로 여전히 우리 앞에 놓여 있다.

이러한 물음을 풀어가기 위해서는 지금까지 주로 내셔널리즘이라는 이념과의 관련성 속에서 탐구되어 왔던 네이션을 좀 더 폭넓은 관점에서 이론화할 필요가 있다. 자본주의와 주권국가, 그리고 (근대적) 인간 관념이라는, 근대성의 '보편적' 원리들이 모두 네이션이라는 경계와 문턱에 따라 위계적으로 분할되고 불균등하게 배분되었다는 점은 네이션에 대한 우리의 사유를 확장하도록 요구한다. 네이션은 국가 단위의 재분배 시스템(사회복지)을 통해 공통의 부國富, the wealth of a nation를 누릴 수 있는 권리이자, 주권sovereignty의 담지자로서 정치적 자기결정self-determination의 권리를 대표하며, 아렌트가 주목했듯 특정 네이션의 소속 여부야말로 개개인이 인간으로서의 '권리들을 가질 권리'를 결정한다.

이 모든 경우에 네이션은 어떤 근원적 폭력과 분할 위에서 정초되는 '자격'과 관련된다. 그렇기에 네이션의 자격을 둘러싸고 랑시에르적 의미에서 '치안'과 '정치'가 대립한다. 네이션의 자격 유무를 분할하고 제한하는 치안, 네이션에서 배제된 자들이 기존의 분할을 뒤흔들고, 몫 없는 자들의 몫을 요구하는 정치. 네이션 개념 내의 모순이나 네이션과 식민지 민족이라는 번역어 사이의 간극은 네이션의 자격을 둘러싸고 치

---

6 이런 점에서 "한국적인 것이 보편적인 세계사로부터 격리되지 않으면서도 한국의 역사적 현실을 적극적으로 이론화하려(는) 노력"은 여전히 요청되고 있다. 박명규, 「네이션과 민족: 개념사로 본 의미의 간격」, 『동방학지』 147, 연세대 국학연구원, 2009, 59쪽.

안과 정치가 충돌했던 역사가 언어에 남겨 놓은 흔적이다. 이런 점에서 네이션의 번역은 번역 일반의 정치성 이상으로 '정치적'이다.

이 글은 앞에서 언급한 네이션의 세 가지 자격들 중에서도 주권에 초점을 맞춰, 네이션 개념과 그 번역을 주권적 자격을 둘러싸고 치안과 정치, 지배와 저항이 대립했던 특정한 정치적, 역사적 국면들 속에서 재검토하고자 한다. 〈1〉 어원상 문화적, 혈연적 공동체를 뜻하던 네이션이 언제, 어떻게 시민적, 정치적 공동체를 뜻하는 말로, 나아가 주권의 담지자요 권리들을 가질 자격을 일컫는 말로 전위되었는가? 〈2〉 19세기 말 동아시아에 도입되었던 '국민'과 '민족'이라는 개념들은 당대 서구의 네이션 용법과 어떤 관련을 맺고 있었는가? 〈3〉 나아가 식민지 '민족'에게는 허용되지 않았던 네이션이라는 이름이 1차대전 말 national self-determination을 전유했던 식민지 조선인들의 해방적 실천 속에서 어떻게 '민족'이라는 개념에 대응하게 되었는가?

이 세 가지 물음들은 연속적인 논문들을 통해 다뤄질 것인데, 이 글에서는 첫 번째 물음과 관련하여 다음과 같은 점들을 규명하고자 한다. 2절에서는 유럽의 국제법과 주권 개념이 식민지와의 조우 속에서 형성되고, 마침내 '문명'화된 유럽의 네이션에 배타적으로 주권을 귀속시켰던 과정을 살펴볼 것이다. 네이션과 주권의 연결, 네이션에 복합된 정치적, 문화적 의미의 모순은 제국과 식민지의 관계라는 프리즘을 통해서 훨씬 선명하게 가시화될 수 있다. 3절에서는 국제법이 동아시아에 도입될 때 중요한 위치를 차지했던 헨리 휘튼과 블룬칠리의 글에서 네이션의 함의가 변화하는 양상을 분석한다. 네이션을 세계의 다양한 문화적, 종족적 집단 일반의 의미로 사용했던 휘튼과는 달리, 블룬칠리는 네이션(독일어의 Volk)을 서구적 문명으로 뒷받침되고 열강들의 국제법으로 승인되는 주권적 주체로 한정하고 있음을 살펴본다. 4절에서는 휘튼과 블룬칠리의 저작을 번역한 마틴의 『만국공법』과 『공법회통』에서 네이션 개념이 삭제됨으로써 국제법의 식민주의적 폭력이 은폐되고 있음을 분석한다.

2. 주권의 재해석 – 국제법과 식민주의적 폭력

최고의 권력을 뜻하는 주권主權, sovereignty은 대내적으로는 "궁극적이고 절대적인 정치권위"[7]를, 대외적으로는 근대 네이션 – 스테이트의 독립과 자율의 권리를 일컫는 말로 이해된다. 군부독재나 권위주의적 정권과 대결해 온 한국의 민주화 과정에서는 주로 주권이 누구에게 귀속되는가(정권인가 국민인가)를 둘러싼 논쟁이 이어져 왔지만, 현대 정치철학은 민주주의의 위기와 갱신에 대한 요구 속에서 주권 개념 자체의 구조적 한계에 새삼 주목하고 있다. 아감벤은 칼 슈미트의 정치신학적 사유를 계승하여 주권을 '예외상태에 관해 결정하는 자'[8]로 정의하고, 주권자의 형상을 기적(예외)을 일으키는 신의 형상에 비유한다.[9] 나아가

---

7   박상섭, 『국가 주권』, 소화, 2017, 185쪽; 마찬가지로 폴라이트 출판사의 '주요개념 시리즈' 중
     한 권으로 출판된 Sovereignty에서 로버트 잭슨은 정부의 최상위성(supremacy)과 독립성
     (independence)을 주권의 요건으로 규정한다. 로버트 잭슨, 옥동석 역, 『주권이란 무엇인가
     – 근대 국가의 기원과 진화』, 21세기북스, 2007, 39쪽.
8   칼 슈미트, 김항 역, 『정치신학』, 그린비, 2010, 16쪽.
9   조르주 아감벤, 박진우 역, 『호모 사케르』, 새물결, 2008; 조르주 아감벤, 김항 역, 『예외상태』,
     새물결, 2009 등.

주권이 이처럼 초월적 권력인 한에서, 군주정이나 독재뿐 아니라 일반적인 민주정도 법의 중지(예외상태)를 통해 억압적이고 배제적 권력으로 작동하게 될 수 있는 메커니즘을 계엄령이나 수용소의 사례를 들어 논한다.

아감벤의 주권이론은 다양한 사유를 촉발하는 힘을 지니지만, 종종 정치신학적 사유로 지나치게 신비화되었다는 비판을 받기도 한다.[10] 그 결과 주권적 권력은 신성하고 절대적인 것처럼, 주권적 배제는 역사 너머의 어떤 원초적 희생에 의해 운명적으로 주어진 것처럼 이해될 수 있다. 이런 점에서는 네그리의 비판이 적절한 듯하다. 신화가 사람들의 이야기를 천상으로 옮겨놓은 것에 불과하듯, 주권의 정치신학적 형상은 역사적 현실 속에서 구성된 지상의 이야기를 신화화한 것으로 이해되어야 한다.[11]

그런데 흔히 신화적 주권론과 (이로부터 귀결된) 나치 연루로 비판받곤 하는 칼 슈미트가 2차대전 후 냉정한 현실주의 관점에서 써내려간 『대지의 노모스』는 주권과 법을 힘들의 투쟁과 갈등이라는 역사적 현실 속에서 조명하고 있어 많은 시사점을 준다.[12] 그는 모든 법적 질서(대지의 노모스, nomos)가 근본적으로 육지의 취득과 분할이라는 시원적 활동 위에 정초되었다고 본다. 각각의 집단들이 땅을 획득하고 대지를 분할하고 경계를 긋고 삶의 장소를 확정Ortung하는 일련의 행위들로부터 삶과

---

10 자크 랑시에르, 양창렬 역, 『정치적인 것의 가장자리에서』, 길, 2008, 245쪽.

11 Negri & Hardt, *Commonwealth*, Cambridge : Harvard Univ. Press, 2009, pp.5~6.

12 슈미트에 따르면 "노모스는 법률로 매개되지 않는 법의 힘이 지니는 완전한 직접성이다. 즉 그것은 창설적이며 역사적인 사건, 단순한 법률의 합법성을 최초로 의미 있는 것으로 만드는, 정통성의 행위이다". 칼 슈미트, 최재훈 역, 『대지의 노모스-유럽 공법의 국제법』, 민음사, 1995, 56~57쪽(번역은 일부 수정).

공동체와 세계의 질서인 법이 연원한다. 그런데 게르만족의 대이동이 보여주듯 집단들의 육지취득은 대개 빈 땅으로의 평화로운 이주가 아니라 정복과 식민화의 역사 속에서 폭력적으로 이뤄지게 마련이다. 대지에 부과된 일상적, 법적 질서로서의 노모스란 이처럼 법 너머의 폭력적인 창설 행위로부터 정초된다. 슈미트의 법 정초적 폭력이라는 관념은 일상적 법질서 너머의 '예외상태에서 결정하는 자'라는 주권 개념과 연결되어, 주권과 법, 폭력의 내재적 관련성에 주목하도록 만든다.[13]

비록 슈미트는 힘이 곧 정의라는 현실주의와 유럽중심주의 입장에 서있지만, 법과 폭력의 내재적 관계에 대한 그의 통찰은 최근 10여 년간 국제법에 대한 비판적, 탈식민적 연구들에서 새롭게 맥락화되고 있다.[14] 이에 따르면, 주권적 예외의 구조는 주권 개념이 식민지적 조우 colonial encounter 속에서 피식민자를 폭력적으로 배제(혹은 포함적 배제)하는 방식으로 형성된 결과다. 탈식민적 관점에서 국제법의 역사를 재조

---

13 슈미트 자신은 실존적 현실주의 입장에서 시원적 폭력 위에 정초된 대지의 노모스를 무차별적 폭력을 견제하는 장치로 긍정하지만, 슈미트의 문제설정을 계승한 후대의 철학자들은 법/폭력 너머의 정의의 (불)가능성에 대한 탐색을 이어가고 있다. 범박하게 구분하자면 벤야민과 아감벤이 주권과 법/폭력의 순환적 폐쇄성에 대한 메시아적 초월을 지향한다면, 데리다, 발리바르 등은 법과 주권의 (초월이 아닌) 탈구축(해체)의 전략을 구사한다고 볼 수 있다. 진태원, 「칼 슈미트와 자크 데리다－주권의 탈구축」, 『철학과 현상학 연구』 78, 한국현상학회, 2018.9 참조.

14 이 글에서 주로 참조하고 있는 것은 앤토니 앙기와 리디아 류의 논저들이지만, 이들이 참조하는 탈식민적 주권 및 국제법 논의의 계보에는 C. H. Alexandrowicz, *An Introduction to the History of the Law of Nations in the East Indies*, Oxford : Clarendon Press, 1967; Anthony Pagden, *The Fall of Natural Man: The American Indians and the Origins of Comparative Ethnology*, Cambridge : Cambridge Univ. Press, 1982; Anthony Pagden, "Dispossessing the Barbarian", The Language of Political Theory in Early Modern Europe, ed. Anthony Pagden, Cambridge : Cambridge Univ. Press, 1987 등이 열거되고 있다. 한편 국내에서도 국제법에 근거하여 일제 식민지배의 부당성을 비판하려던 과거의 경향에서 벗어나, 서구 열강의 제국주의에 연루되었던 국제법 자체를 비판적으로 검토하는 시각이 도입되고 있다. 오시진, 『근대 국제법상 문명론에 대한 비판적 고찰』, 고려대 박사논문, 2014.

명한 안토니 앙기Antony Anghie는 국제법이 17세기 중반 베스트팔렌 조약 (1648)의 유럽적 질서로 시작되어 세계의 나머지 지역으로 전파되었다는 통념에 도전한다. 그가 국제법의 시조로 주목하는 것은 오히려 16세기 초 스페인의 카톨릭 사제였던 프란시스코 드 빅토리아Francisco de Victoria(1492~1546)다.[15] 빅토리아는 스페인과 포르투갈이 아메리카를 정복할 권리를 변증하는 과정에서 근대적 주권과 국제법의 단초가 되는 개념들을 발전시켰다. 그는 기독교 보편주의 관점에 입각하여 인디언들도 유럽인과 동일한 이성을 가진 인간이기에 '만민법jus gentium'[16]에 따라 취급되어야 한다고 주장했다. 원주민에 대한 전쟁과 땅의 탈취는 그들이 야만이고 법적 질서 바깥에 있기 때문이 아니라, 그들이 교역과 선교, 여행의 권리라는 인간의 '보편적' 권리들을 침해하고 위반했기 때문이라는 논리로 정당화되었다.

이처럼 국제법과 주권 개념의 근저에는 유럽적 문명(초기에는 기독교라는 종교)을 일방적으로 '보편'화하고 강제하는 식민주의적 폭력이 자리 잡고 있었다. 그러나 그 '보편'이 전지구적으로 확장되고 통용될 때까지는 몇 번의 우여곡절을 거쳐야 했다. 아메리카 원주민에게 폭력을 통해 유럽적 '보편'을 부과하는 것이 비교적 용이했고, 심지어 아메리카 '신

---

15 Anthony Anghie, *Imperialism, Sovereignty and the Making of International Law*, Cambridge : Cambridge Univ. Press, 2004; Anthony Anghie, "Evolution of International Law : Colonial and Postcolonial Realities", *Third World Quarterly* Vol. 27, No. 5, Taylor & Francis, 2007 참조.

16 jus gentium은 원래 고대 로마에서 이방인들에게 적용되던 법으로 오늘날 international law(law of nations)의 어원이 되었다. 다만 jus gentium의 성립 근거를 어떻게 설명하느냐에 따라 그것은 때로 보편적 자연법과 동일시되기도 했고, 단지 인간 사회들의 법으로서 보편적 자연법과 구분되기도 했다. 프란시스코 빅토리아는 jus gentium을 보편적 자연법의 의미로 사용했던 반면(Anghie, op. cit., p. 20) 그로티우스는 이를 자연법과 구분하여 nations 사이의 법으로 명확히 한정하였다(Wheaton, op. cit., pp. 3~5). 국제법과 자연법을 구분하고 국제법의 실정법주의가 정착된 오늘날에는 jus gentium이 대개 후자의 용법으로 해석된다.

대륙'이 기본적으로 유럽인의 육지취득에 개방된 무주공산처럼 취급되었던 것에 비해, 세계의 다른 지역들에는 좀더 조밀한 인구와 견고한 정치체들이 건재하고 있었기 때문이다. 흔히 국제법의 창시자로 알려진[17] 네덜란드의 그로티우스Hugo Grotius(1583~1645)는 『해양자유론Mare Liberum』(1609)에서 동인도제도의 여러 국가들과 지역사회가 자체의 주권과 법질서를 지니고 있음을 인정한다. 국제법을 유럽 국가들 사이의 관계로 한정하는 한편 다른 지역에는 나름의 법질서가 있음을 인정함으로써, 후발주자인 네덜란드가 동인도제도의 지역사회와 자유롭게 통상할 수 있는 권리를 확보하고자 했기 때문이다.[18]

그러나 17, 18세기를 거쳐 유럽의 주권국가 체제가 정비되고 해외식민지 쟁탈이 좀 더 본격화되면서, 유럽공법의 관할 바깥은 말 그대로의 무법지대로 간주되기 시작했다. 영국과 프랑스 사이에 비밀리에 설정되었던 우호선amity line은 유럽의 안과 밖(식민지가 되었거나 되어야 할 영토), 법과 그 바깥의 실질적 의미를 투명하게 보여준다. 법, 조약, 평화, 우호는 원칙적으로 오직 우호선 안쪽의 유럽에서만 통용되었고, 경계선 너머의 신세계는 법 바깥에서 육지취득을 둘러싼 무제한의 투쟁이 허용되는 공간으로 상정되었다. 홉스가 국가창설 이전의, 만인의 만인에 대한 폭력으로 가정했던 자연상태란, 경계선 너머 신세계에서 무제한의 폭력과 약탈이 허용되던 당시의 시대상황을 가리키고 있었다. 또한 주권국가들의 법적 질서로 구획된 육지와 '자유로운 바다'라는 유럽 국제

---

17 일반적으로 국제법의 출발점은 1626년 Hugo Grotius의 『전쟁과 평화에 관한 법률(De Jure Belli ac Pacis)』과 1648년 유럽 국가들 사이에 맺어진 베스트팔렌 조약으로 알려져 있다. 김용구, 『만국공법』, 소화, 2008 참조.
18 리디아 류, 차태근 역, 『충돌하는 제국』, 글항아리, 2016, 62~67쪽.

법의 이분법적 공간 감각 역시, 바다 건너 식민지에서의 '자유'로운 침탈을 함의했다.

　　이러한 우호선이 만들어 낸 것에 대한 두 번째 예는 홉스의 국가창설에서의 자연상태에 관한 이론 속에 포함되어 있다. 홉스에 있어 자연상태란 늑대로 화(化)한 사람들의 영역이다. 여기서 인간이란 다른 인간에 대한 늑대이며, 〈경계선의 저쪽〉에서 인간이 인간에 대하여 야생의 짐승으로서 서로 대치하고 있는 것에 다름 아니다. 〈인간은 인간에 대하여 늑대다(Homo homini lupus)〉라는 말은 오랜 역사를 가지고 있으며, 그러한 역사는 여기서는, 즉 신세계의 육지취득에서는, 돌연 시급하고도 유독한 것이 되었다 (…중략…) 홉스의 자연상태는 "누구의 것도 아닌 땅(Niemandsland)"이긴 하지만, 그렇다고 해서 "어디에도 없는 것(Nirgendwo)"은 결코 아니다. 자연상태는 장소를 정할 수 있고, 또 홉스는 자연상태의 장소를 무엇보다도 신세계 가운데 정하고 있다. 『리바이어던』에서 '아메리카인들(Americani)'은 자연상태에 있는 인간의 늑대와 같은 성격에 관한 예로서 명확하게 거명되고 있고, 『비히모스(Behemoth)』에서는 스페인의 가톨릭교도들이 잉카제국에서 범한 흉악한 행위가 서술되어 있다.[19]

18세기의 국제법이 '보편적' 질서가 아닌 유럽적 질서로 상정되었던 것은 한편으로 아메리카 원주민같이 '약한' 이교도들에 대해 법 바깥에서 무제한의 폭력을 행사하기 위해서였지만, 다른 한편으로는 '강한' 이

19　카를 슈미트, 앞의 책, 76~87쪽, 인용문은 86~87쪽.

교도 제국들과 타협하고 공존해야 했기 때문이기도 하다. 그러나 유럽의 위세가 날로 더해갔던 19세기를 거치면서 국제법은 점차 전세계를 아우르는 '보편성'을 획득하게 된다. 국제법의 '보편성'은 세계를 균점하고 있던 구제국들의 제도와 상징 질서를 폭력적으로 궤멸시키는 과정을 통해 관철되었다. 제임스 히비아James Hevia는 대영제국과 청제국이 조우encounter하고 충돌clash했던 두 차례의 역사적 순간을 상세히 묘사함으로써 이 이행을 설득력 있게 그려냈다.[20] 첫 번째는 1793년 매카트니Macarthney 사절단이 건륭제를 알현할 때 황제에게 삼궤구고三跪九叩[21]를 할 것인가, 영국식으로 한쪽 무릎을 꿇을 것인가를 둘러싸고 갈등을 빚던 장면이다. 두 번째는 2차 아편전쟁(1856~1860) 때 영국과 프랑스 군대가 청황제의 여름 궁전인 원명원圓明園을 파괴한 후 약탈품을 경매에 부쳤던 일련의 전시적展示的 의례를 행하던 장면이다. 두 경우 모두 의례ritual는 각 제국들의 상징질서를 구현하고 있는 제도적 형식이었다. 첫 번째 장면에서 상이한 상징질서들은 서로를 완벽하게 오해 / 오인하면서도 공존하고 있었다. 두 번째 장면에서 영국은 청제국의 궁전만이 아니라 청 황실의 위신(상징적 질서)을 파괴함으로써 청이 일개 야만국에 불과하다는 '영국의 교훈English lessons'을 가르치고자 했다.

이처럼 유럽적 질서였던 국제법이 세계적 '보편'으로 자리잡는 과정은 정확히 유럽의 제국주의적 팽창의 역사와 연동하고 있었다. 특히 18세기 중반 국제법의 기초가 실정법주의positivism로 전환하면서, 국제법

---

20 James Hevia, *Cherishing Men from Afar : Qing Guest Ritual and the Macarthney Embassy of 1793*, Durham : Duke University Press, 1995; James Hevia, *English Lessons : The Pedagogy of Imperialism in Nineteenth-Century China, Durham*, NC : Duke University Press, 2003 등 참조.
21 청황실의 예법에 따라 황제에게 3번 무릎 꿇고 9번 머리를 땅에 닿게 절하는 방식을 뜻한다.

은 신이나 자연법 같은 도덕적 근원들과 절연하고 오로지 현실 국가들의 행위, 조약, 관습 같은 실정적 사실에 근거하게 되었다. 최상의 권리로서의 주권sovereign적 국가들만이 법적 인격法人으로 간주되는데, 주권적인 것을 가르는 기준과 경계는 유럽 제국들의 팽창 및 사회의 성격에 따라 달라졌다. 처음에는 영토적 지배를 기준으로 오로지 유목민이나 해적 등만을 비주권적이라고 규정하다가, 다음에는 정치적 통치, 법적 제도, 문화적 전통을 아우르는 역사적 현실historical reality을 주권의 기준으로 삼게 되었다. 한 걸음 더 나아가 19세기의 실정법에서는 주권이 오로지(서구의 기준에 따라) '문명'화된 사회로서의 네이션들의 일가a family of nations에 속하는가에 따라서 재정의되었다. 주어진 것the given으로서의 자연법 관념과는 달리 실정법이란 인간 사회들이 창조한 것이기에 각 사회의 발전 정도에 따라 달리 제정되고 적용되어야 한다는 것이다. 나아가 오로지 문명한 서구 사회들만이 법을 만들고 법의 공평한 적용을 받을 수 있다고 간주되었다. 이처럼 주권을 현존하는 국가들이 아닌 서구 사회와 문화에 귀속시킴으로써, 비로소 비서구 국가들의 주권은 부정되거나 제한되고, 평등한 법적 주체에서 배제될 수 있었다. 19세기 이전까지는 (포괄적인 의미에서) 국제사회의 구성원으로 간주되었던 아시아 국가들은 이제 서구 문명을 배우고 서구 열강의 승인을 받음으로써만 국제사회의 일원이 될 수 있는 후보군으로 전락하게 되었다.[22]

동아시아에 국제법이 번역되는 과정은 법이 폭력과 함께 도래했음

---

22 한편, 1776년 미국의 독립으로 유럽적인 '문명'의 영역은 아메리카 대륙까지 확장되었으며, 미국이 국제법의 주요한 주체로 부상하게 된다. 따라서 18세기 말 이래로는 국제법의 주권적 주체들을 지칭하는 용어로 유럽보다는 '구미(歐美)' 내지 '서구', '서양'이 더 적절해진다.

을 잘 보여준다. 최초의 장면은 1839년 임칙서林則徐, Lin Zexu가 영국에 아편 무역 근절을 요청하기 위해 바텔Vattel의 국제법 번역을 참조했을 때였다. 그러나 서양의 국제법적 질서에 근거해 불법적 통상 행위를 금지하려던 임칙서의 시도가 결과적으로 동아시아 최초의 제국주의 전쟁인 아편전쟁과 불평등조약(난징조약, 1842)으로 이어졌음은 의미심장한 상징성마저 띤다.[23] 이후 서양 선교사 마틴은 헨리 휘튼의 국제법을 소개한 『萬國公法』(1864)에서 국가들의 'right'를 '권리權利'로 번역한다. '권리'라는 용어는 니시 아마네西周가 번역한 Vissering의 『万国公法』(1868)[24]이나 가토 히로유키加藤弘之의 『立憲政體略』(1868)에도 채택되면서, right의 동아시아 번역어로 정착된다. 전후 일본에서는 메이지 지식인들이 right를 '올바름'이라는 원래의 뜻과는 달리 권세와 이익을 뜻하는 '권리'로 '오역'함으로써, 동아시아에서 '권리'가 권력 투쟁과 혼동되었다는 비판이 일기도 했다.[25] 그러나 리디아 류Lydia Liu의 통찰처럼, 'right / 權利'라는 짝패는 오역이라기보다, 번역이 "원개념의 투명성과 자명성을 위태롭게 하"면서 기괴한monstrous 방식으로 사태의 본질을 드러내는 사례가 아닐까.[26] '권權, power'과 '리利, interest'란 19세기 동아시아에 right라는 개념과 함께 도래한 국제법이 자본주의적 이익interest, 利 추구와 무력 침탈power, 權에 다름 아니었음을 정확히 보여주기 때문이다.

---

23 1839년 林則徐는 영국의 아편 무역에 항의하기 위해 Peter Park에게 의뢰하여 Emer de Vattel의 *Le Droit des Gens*(The Law of Nations, 1758) 일부를 번역했고, 그 내용은 나중에 『海國圖志』(1844)에 실렸다.

24 막부 파견 유학생이던 니시 아마네는 네덜란드 라이든(Leiden) 대학에서 수학중(1863~1866) 비세링(Simon Vissering, 1818~1888)의 국제법 강의를 역술하여, 1868년 『万国公法』 4 卷 4 冊으로 간행하였다.

25 김항, 『제국일본의 사상』, 서해문집, 2015, 1장 참조.

26 리디아 류, 앞의 책, 221쪽.

3. 유럽 국제법의 '보편화'와 네이션의 용법 변화

— 헨리 휘튼과 블룬칠리의 네이션 용법을 중심으로

19세기 후반 동아시아에 번역되었던 일련의 국제법 관련 서적들은 국제법의 역사 속에서 각기 중요한 전환점들을 표시한다. 임칙서가 참조한 바텔은 국제법의 역사에서 자연법주의가 실정법주의로 이행한 분기점으로 평가받는다. 또 『만국공법』의 원저자 휘튼은 "국가의 대외적인 주권은 그것이 완전하고 충분한 것이 되기 위해서는 다른 국가들의 승인이 필요"하다는 국가 승인의 창조적 효과설을 정초했던 인물이다. 서구 열강들의 합의와 승인의 절차에 따라 비서구의 다양한 정치체들이 주권적 주체로부터도, 국제법의 동등한 주체로부터도 배제될 수 있게 된 것이다.

국제법의 현실주의는 동아시아 국가사상에 큰 영향을 끼쳤던 블룬칠리의 글에서 좀더 명확하게 드러난다. 그는 국제법이 문명국들에게만 적용되는 법이라는 휘튼의 입장을 계승하면서도, 그 지배력이 유럽을 벗어나 전세계로 확장되었음을 강조했다. 유럽의 국제법은 먼저 자연법의 보편주의를 벗어버림으로써 비서구의 타자들을 법 바깥으로 밀어냈고, 이제 유럽의 국제법이야말로 '보편적'임을 주장하면서 그들을 '법 바깥에 붙든다'. 19세기 말 동아시아 여러 나라들이 서구 열강과 맺었던 불평등조약과 치외법권은 정상적인 법의 적용이 중지된 '예외상태'의 적실한 사례들이다.

그런데 휘튼과 블룬칠리의 국제법 사상에서 네이션의 용법이 뚜렷하게 변화하고 있다는 점은 주목할 만하다. 이 장에서는 동아시아에 번역되어 큰 영향을 끼쳤던 휘튼의 『만국공법』과 블룬칠리의 『공법회통』의 원저를 중심으로 네이션의 개념 변화를 살펴볼 것이다. 먼저 『만국공법』의 원저인 휘튼의 *Elements of International Law*에서 해당 구절을 인용하면 다음과 같다.[27]

① nations 사이에 보편적인 법은 없다 : nation들에 단일한 법이 있는가? 분명 세계의 모든 nation들과 국가들에 동일하게 적용되는 하나의 법은 없다. 공법(the public law)은, 몇몇 예외들을 제외하고는, 유럽의 문명화되고 기독교적 people이나 유럽적 기원을 지닌 people들에 제한되어 왔고, 여전히 그러하다.[28]

② 국제법의 정의 : 문명화된 nation들 사이에서 이해된 바로서의 국제법은, 이성이 정의에 조응하여, 독립적인 nation들 사이에 존재하는 그 사회의 본성으로부터 연역해낸 행위의 규칙들로 이뤄져 있다고 정의될 수 있다.[29]

---

27 헨리 휘튼의 *Elements of International Law*는 1836년에 초판이 나온 이래 여러 번 개고되고 다양한 판본으로 유통되어 왔지만, 마틴이 번역 저본으로 삼은 것은 1855년의 Lawrence 판본으로 알려져 있다. 마틴의 『萬國公法』은 1864년 초판본이 간행되었는데, 순한문으로 된 것과 영문 표지와 마틴의 영문 서문이 붙은 두 가지 형태가 있다(김용구, 앞의 책, 62~72쪽). 본고가 참조한 판본은 다음과 같으며, 본문의 인용은 휘튼의 원본에 따라 필자가 번역했다. Henry Wheaton, *Elements of International Law*(6th edition), ed.by William Beach Lawrence, Boston : Little Brown and Company, 1855; 惠頓, 『萬國公法』, 同治3, 1864(국립중앙도서관 온라인 원문자료).

28 "There is no universal law of nations : Is there a uniform law of nations? There certainly is not the same one for all the nations and states of the world. The public law, with slight exceptions, has always been, and still is, limited to the civilized and Christian people of Europe or to those of European origin." Ibid., pp.16~17.

29 "definition of international law : International law, as understood among civilized nations, may be defined as consisting of those rules of conduct which reason deduces, as consonant to justice, from the nature of the society, existing among independent nations." Ibid., p.22.

③ 국가는 또한 하나의 nation과도 구분된다. 국가는 동일한 최상의 권위에 종속되는 서로 다른 인종들로 이루어질 수 있기 때문이다. 오스트리아, 프러시아, 오토만 제국들은 다양한 nations과 peoples로 이루어져 있다. 또 동일한 nation이나 people이 몇 개의 국가들에 복속될 수도 있다. 폴란드인들이 오스트리아, 프러시아, 러시아의 지배에 각각 복속되어 있듯 말이다.[30]

휘튼은 모든 "네이션들에 보편적인 불변의 법은 없"으며, 국제법 international law이란 오로지 "문명화된, 기독교 네이션들" 사이의 법이라고 규정한다. (①) 국제법에 대한 휘튼의 정의는 국제법의 권원權原이 모든 인간에게 공통되는 보편적 자연법 내지 신으로부터 부여되는 것이 아니라, 현실 속의 구체적 정치체들, 그것도 모든 네이션들이 아닌 문명화된 국가들의 네이션들 사이에서 이뤄진 인위적 합의로부터만 도출될 수 있음을 강조한 것이다. (②) 국제법이란 어떤 단일하고 보편적인 법칙이 아니라, 권위 있는 국제법 학자들의 의견, 평화와 동맹, 상업에 관한 조약들, 특정 국가들의 법령, 국제재판소의 판결들, 여러 기관들의 공식적인 법적 견해들, 전쟁과 협상, 평화협정 등의 포괄적 집합체였다.[31]

휘튼의 용법에서 네이션은 야만과 문명, 기독교와 이교도에 상관없이 모든 인간 사회 각각을 지칭하는 용어였다. 한편 휘튼은 nation과

---

30 "A State is also distinguishable from a Nation, since the former may be composed of different races of men, all subject to the same supreme authority. Thus the Austrian, Prussian and Ottoman empires, are each composed of a variety of nations and people. So, also, the same nation or people may be subject to several States, as is the case with the Poles, subject to the dominion of Austria, Prussia, and Russia, respectively." Ibid., p. 28.

31 Ibid., pp. 22~26.

state를 엄밀히 구분했는데, 합스부르크 제국처럼 한 국가 안에도 다양한 nations ≒ peoples들이 혼재할 수 있고, 폴란드인처럼 하나의 nation ≒ people이 다양한 국가의 지배에 복속될 수도 있기 때문이다. (③) 이런 용례들에서 네이션은 아직 주권의 자격을 의미하는 것도, 그 자체로 우월한 문화를 가리키는 말도 아니었다. 주권은 네이션보다는 국가state에 귀속되었으며, 특히 한 국가의 외적 주권external sovereignty은 현존 국가들이 맺는 다양한 층위의 정치적 관계 속에서 승인recognition됨으로써만 유효하다고 간주되었다.[32]

인용문에서 볼 수 있듯 휘튼은 네이션을 people과 명확한 의미 구분 없이 사용하거나 유의어로서 습관적으로 붙여 쓰곤 했다. 그러나 휘튼의 글에서 네이션과 people의 미묘한 차이도 감지할 수 있다. 휘튼이 "국제법에 고유한 주체들은 네이션들nations과 국가들이라고 불리는 인간의 정치적 사회들"이라고 규정할 때, 네이션은 국제법상의 법인法人 개념에 한층 다가선다. 국제법을 일컫던 라틴어 jus gentium이 영어에서 nation들 사이의 법, 곧 international law라고 번역되었을 때부터 네이션에는 people보다 법적 주체로서의 의미가 강하게 부여되었던 셈이

---

32 헨리 휘튼에 따르면 내적 주권은 새로운 국가나 정체를 창설하거나 독립을 선언하는 행위만으로도 인정될 수 있지만, 이러한 주권 주장이 외적 주권으로서 완전하게 충족되기 위해서는 다른 국가들의 승인이 요구된다. "다른 국가들의 승인이 보편화될 때 비로소 새로운 국가는 다른 국가들에 대해 외적 주권을 행사할 자격을 갖게 되는 것"이다. Ibid., p.31. 한편 서구 국제법은 원칙적으로 주권국가 간의 질서였지만 유럽 내에서도 구제국들(오스만 투르크, 합스부르크 제국)과 주변 지역 사이에 종주권이 존속하던 19세기 중반, 휘튼의 국제법에서는 단순히 주권국과 식민지로 이분화되지 않는 다양한 주권 형태들을 상정하고 있었다. 예컨대, 청은 『만국공법』의 진공국(進貢國, tributary state)과 번국(藩國, vassal state) 규정에 따라 조선과의 관계를 반주·속국(半主·屬國, semi-sovereign or dependent state)으로 규정했으며, 19세기 후반 조선의 국제법적 지위 역시 그렇게 '승인'되고 있었다. 유바다, 「19세기 후반 조선의 국제법적 지위에 관한 연구」, 고려대 박사논문, 2016 참조.

다. 휘튼은 아직 네이션을 문명과 야만, 기독교와 이교도 사회 모두를 지칭하는 용어로 두루 사용하고는 있지만, 국제법을 모든 네이션들이 아닌 문명화된 네이션들에 고유한 법으로 규정함으로써, 서구적 '문명' 과 네이션은 점차 특별한 개념적 친화성을 띠게 되었다.[33]

네이션과 서구적 문명 개념의 접근은 네이션을 people과 엄밀히 구분 했던 블룬칠리에 이르러 네이션의 개념 자체를 변모시켰다. 선행연구 에서도 많이 언급된 것처럼 블룬칠리가 네이션과 people의 차이를 상세 하게 설명한 것은 *Allgemeine Statslehre*(『일반국가론』)의 2장에서였다.

> ④ 말의 일상적 용법은 Nation(영어의 people)과 Volk(영어의 nation)라는
> 표현을 혼동하지만, 과학은 이들을 주의 깊게 구분해야 한다. 그러나
> 과학의 언어조차 동일한 단어들이 서로 다른 문명적 nation들에서 서
> 로 다른 의미로 사용된다는 사실 때문에 종종 혼란을 겪곤 한다. 영어
> 에서 people이라는 말은 프랑스어 peuple처럼 문화(Culturbegriff)라는
> 뜻을 함축하는데, 이것이 독어에서는 (라틴어 'natio-'에서처럼) Nation
> 으로 표현된다. 반면 영어의 'nation'이 표현하는 정치적 의미를 갖는
> 말을 독어에서는 Volk라고 부른다.[34]

---

33 실제로 휘튼의 글에서 두 단어는 함께 붙어 'civilized nations'라는 구절로 종종 쓰이지만, civilized peoples의 용법은 보이지 않는다. Wheaton, op. cit., p.39 · 150 · 336 · 420 · 425 · 650 등.

34 블룬칠리의 『일반국가론(Allgemeine Statslehre)』은 1852년 초판이 발간된 이래 계속 증보되 었고, 1875년 5판부터 『현대국가론(Lehre vom Modernen Stat)』으로 제목을 바꾸었다. nation 과 people의 개념 구분이 명확히 자리잡은 것은 1863년의 3판 이후라고 알려져 있다. 필자가 참조한 저본은 다음과 같다. 본문의 인용은 영역본에 기초해 필자가 번역하고 필요한 경우 독일어 단어를 병기했다. J. C. Bluntschli, *The Theory of the State*(Authorized English translation from the 6th German Edition), Oxford : the Clarendon Press, 1885, p.82; J. C. Bluntschli, *Allgemeine Statslehre(Lehre vom Modernen Stat)* 5th Edition, Stuttgart : Verlag der J. G. Cotta'schen Buchhan-dlung, 1875, p.91.

독일어와 영어의 용법 차이를 강조하는 인용문에 이어서, 블룬칠리는 영어를 기준으로 people을 여러 세대의 축적된 문화와 가계의 연속을 통해 만들어지는 역사문화적 공동체로, nation을 "무엇보다 국가를 창조하는 정치적 과정" 속에서 만들어지는 정치적 공동체로 규정하고 있다.[35] 이러한 내용은 『공법회통』의 저본이 되었던 블룬칠리의 후기 작인 『문명국들의 근대국제법Das moderne Völkerrecht der civilisirten Staten; Le Droit International Codifié』(이하 『근대국제법』으로 약칭)[36]에서도 본문 시작 부분의 주석을 통해 짧게 요약되어 있다.

⑤ 영미인들은 단어의 일반적인 의미에서 international law에 대해 말하는데, 이는 프랑스인과 더불어 영미인들도 nation이라는 용어로 독일인이 Nation이라고 부르는 단순한 언어적·문화적 공동체(Culturgemeinschaft)가 아니라, 독일인이 Volk(Populus)라고 부르는 것, 즉 국가 안

---

35 블룬칠리가 『일반국가론』에서 명확히 한 nation / people의 개념 구분은 일역자인 가토 히로유키(加藤弘之)의 『國法汎論』(1876~1879)을 통해 비로소 동아시아에 전해졌으며, 아즈마 헤이지(吾妻兵治), 양계초를 거쳐 김상연, 안종화 등의 국가론 번역과 신채호의 국민 / 민족 개념 구분으로까지 이어졌다. 블룬칠리의 주권론과 nation 개념의 함의, 동아시아 번역 연쇄 속에서의 변용에 대한 상세한 검토는 차후의 과제로 남기고, 여기서는 블룬칠리-마틴으로 이어지는 번역 회로에서의 nation 개념에 초점을 맞추고자 한다.

36 블룬칠리의 『근대국제법(Das moderne Völkerrecht der civilisirten Staten)』은 1868년에 초판이 출간된 이래 여러 차례 개고되었으나, 마틴이 저본으로 삼은 것은 블룬칠리의 독어본이 아니라 C. Lardy가 번역한 프랑스어판이었다. 한편 프랑스어 번역본도 1869 초판이 발간된 이래 1895년의 5판까지 계속 증보되었는데, 마틴의 번역 저본이 정확히 몇 판이었는지는 명확하게 규명되지 않았다(김용구, 앞의 책, 89쪽). 본문의 인용은 프랑스어본에 따라 필자가 번역하고, 필요한 경우 블룬칠리의 독어본에 따라 수정하거나 독일어 단어를 병기했다. 참조한 프랑스어본과 독어본은 다음과 같다. 이하 이어지는 인용문은 각기 프랑스어본과 독어 원본의 페이지만 명기하도록 한다. J. C. Bluntschli, *Le Droit International Codifié*(2nd edition), (trans.) Lardy, M. C., Paris : Librairie de Guillaumin et Cie, 1874; J. C. Bluntschli, *Das moderne Völkerrecht der civilisirten Staten*(2nd edition), Nördlingen : Druck und Verlag der C. H. Beck'schen Buchhandlung, 1872.

에 조직된 집단(Gemeinwesen)으로서의 살아있는 국가를 가리키고 있기 때문이다.[37]

블룬칠리의 국제법론이나 국가론에서 nation^Volk과 people^Nation의 개념 구분은 중요한 전제로 작동하며, 이를 통해 네이션은 주권의 담지자이자 국제법의 주체로 확고하게 자리잡게 된다. 휘튼에게 네이션은 동서고금의 모든 사회문화적 집단들을 뜻했지만, 블룬칠리에게 네이션은 서양의 우월한 문명적 자질이자 한 국가의 인구 중 주권적 자격을 지닌 집단을 가리키는 용어로 변형되었다. 이는 단순히 휘튼(1785~1848)과 블룬칠리(1808~1881) 개인의 사상적 차이로도, 혹은 그들이 속했던 미국(영미 문화권)과 독일(게르만 문화권)의 차이로도 환원되지 않는다. 그것은 서양의 네이션들에 특수한 문화와 법이, 두 사람 사이에 가로놓인 '제국의 시대'를 거치면서, 그 자체로 보편성을 주장하게 되었던 사정과 관련된다.

프랑스혁명에서 네이션이 주권 개념과 연결된 이래 그 단어는 늘 누가 주권을 갖는가, 즉 주권의 담지자로서의 네이션은 누구인가라는 질문을 둘러싼 정치적, 담론적 격전장이었다. 또한 주권의 대내적, 대외적 의미 계열에 따라, 그 질문은 다시 국가의 최고 권력이 누구에게 귀

---

37 "Les Anglo-Américains parlent dans le sens général d'international-law, parce que, avec les Français, ils désignent par le mot «nation» ce que les Allemands nomment 《Volk》, 《populus》, c'est-à-dire le peuple organisé en état, l'état vivant, et non point cette simple communauté de langage et de développement intellectuel que les Allemands appellent 《nation》." p.54.
"Der englisch-amerikanische Sprachgebrauch nennt das Völkerrecht überhaupt 'international law', versteht aber unter nation, wie der französische das, was wir Volk (populus) heissen, d.h. das zum Stat organisirte Gemeinwesen, den lebendigen Stat, nicht die blosse Sprach - und Culturgemeinschaft, welche wir Deutsche Nation heissen." p.58.

속되는가(내적 주권)와, 어떤 집단이 독립적인 국가를 이룰 자격을 승인받을 수 있는가(외적 주권)라는 이중의 문제와 연결되었다. 한편에서는 일국 내에서의 권력 배분과 정체政體, the constitution를 둘러싼 갈등이, 다른 한편에서는 세계에 존재했던 다양한 수준의 정치문화적 공동체들(부족들, 왕조들, 이주집단들, 제국들)을 오로지 주권적인 네이션–스테이트들로 재편하는 과정에서 빚어진 갈등이, 네이션이라는 단어의 함의를 둘러싸고 전개되었던 것이다. 그렇기에 모든 개념이 기본적으로 역사의 생성물이자 상이한 해석들이 경합하는 장이라는 일반론 이상으로, 네이션은 그 함의를 둘러싼 정치적 계쟁이 끊이지 않는 '불화'의 단어였다.

앞서도 언급했듯 네이션의 어원적 함의는 라틴어 'nasci,' 곧 출생(지)과 관련되었다. 그리스의 polis나 로마의 civitas가 정치적 공동체를 특칭했던 것에 비하여, nation은 오히려 출신지가 다른 이방 사람들을 뜻하였기에 정치적 권리들과는 무관한 단어였다. 이런 용법은 중세까지 줄곧 이어져서 한 국가도 구성원의 출신 지역에 따라 여러 개의 네이션들로 이뤄져 있다는 식으로 사용되곤 했다. 네이션이 새삼 정치적 의미로 충전된 것은 봉건적 왕권을 전복시키고 공화정을 수립했던 프랑스혁명기였다.[38] 이때 네이션은 종래의 용법에서 벗어나, 제왕적 주권sovereignty of prince or ruler과 인민주권sovereignty of people 사이에서 일종의 절충안으로서, 주권을 담지하는 일종의 추상적 법인法人, legal person으로서 재창출되었다. 네그리의 설명에 따르면, 이는 다중multitude의 권력을 초

---

38 프랑스혁명 후의 인권선언 3조는 national sovereignty를 다음과 같이 규정한다. "Article III – The principle of any sovereignty resides essentially in the Nation. No body, no individual can exert authority which does not emanate expressly from it."

월적 권력으로 제한하기 위한 반혁명이 일련의 표상 / 대표 연쇄를 통해 다중을 인민people으로, 인민을 네이션nation으로, 네이션을 국가state로 포섭하는 과정이었다.[39] 2차대전 말 비씨 정권Régime de Vichy의 정당 독재에 비판적이었던 모리스 뒤베르제는 네이션의 주권이라는 개념의 허구성을 다음과 같이 냉소적으로 기술하기도 했다.

> nation의 주권이라는 원리는 극히 명확한 현실적 목적을 위해 형성된, 매우 교활한 이론에 입각해 있다. 주권이란 앙시엥 레짐이 상정했던 것처럼 국왕에게 귀속되는 것도 아니요, 루소가 주장한 것처럼 사회를 구성하는 개개인에게 귀속되는 것도 아니라고 간주되었다. 그 대신에 주권은 nation에 귀속되는 것이라는 관념이 자리잡았다. nation이란 그것을 구성하는 시민과도 구별되는 존재로, 일종의 법인(法人)이라고 볼 수 있다.[40]

흔히 통용되었던 이분법에 따르면 프랑스 혁명기에 창출된 네이션 관념은 정치적인 자유, 평등, 박애의 원리 위에 입각해 있는 반면, 독일의 네이션 관념은 문화적, 종족적 성격이 강했다고 하지만, 같은 사태를 뒤집어 설명해볼 필요가 있다. 즉 원래 문화적, 종족적 의미가 강했던 네이션이라는 단어가 프랑스혁명 이후 주권의 담지자로 새롭게 호출되어야만 했던 이유는, 혁명기의 계급 갈등과 아나키즘적 인민주권론의 분출을 봉합 / 봉쇄하기 위해 종족적, 문화적 통합에 호소할 필요가 있

---

39 안토니오 네그리 · 마이클 하트, 윤수종 역, 『제국』, 이학사, 2001, 188쪽.
40 モーリス · デュヴェルジェ(Maurice Duverger), 『フランス憲法史』(Les Constitutions de la France, 1944), 時本義昭 譯, みすず書房, 1995, 55頁(唐渡晃弘, 『国民主権と民族自決 第一次大戦中の言説の変化とフランス』, 東京 : 木鐸社, 2003, 23頁에서 재인용).

었기 때문이다. 따라서 관념상으로는 프랑스혁명의 이념에 동의하는 누구나가 프랑스 네이션의 일원이 될 수 있었지만, 실제로 프랑스 네이션으로서 시민권을 누릴 자격은 여전히 혈통과 출생지에 따라 결정되었고, 외국인이 프랑스 네이션으로 귀화하는 것은 매우 한정적으로만 허용되었다. 나폴레옹 전쟁을 거치면서 게르만인 사이에서 새로운 국가 창출의 원리로 문화 내셔널리즘이 성행했을 때, 프랑스 역시 국민 통합의 원리로서 문화적, 종족적 내셔널리즘을 강화시켜 나갔다.[41] 요컨대, 근대 이래로 네이션이라는 단어에서 문화적 / 정치적 의미는 한 번도 분리된 적이 없이 착종된 채, 그때그때의 정치적 상황에 따라 그 중 특정한 의미가 강조되었다고 볼 수 있다.

네이션들의 일가a family of nations로 이뤄진 국민(네이션) - 제국들의 경존競存 체제 속에서 대외적 주권의 근거가 되었던 네이션 용법 역시 civic nation과 cultural nation의 이분법 중 한쪽에 귀속되기보다는, 그 자체로 문화적이며 정치적인 의미를 띠고 있었다. 네이션은 다른 모든 문화들이 따라가야 할 기준으로서의 서구적 문화(문명)이자, 제국주의 열강들이 구축한 국제법적 질서 안에서 승인받아야 할 정치적 권리(주권과 주권 안에서 보장되는 권리들)의 기초였다. 흔히 civic nation 개념에 녹아있다고 여겨지는 혁명 전통과 민주주의의 정치적 가치들은 그 자체로 서양의 우월함을 입증하는 문화적 가치들이 되었다. 헤겔의 역사철학이 주장하듯, 오로지 자각한 개인들의 국가 안으로의 결집만이 네이션이라는 자격에 부합하며, 네이션만이 역사를 가질 것인데, 네이션을 이룰 능력

---

41 唐渡晃弘, 前揭書, 1章 참조.

은 인종에 따라 크거나 적을 것이기 때문이다.[42] 서양 제국들의 식민주의적 팽창(폭력)과 맞물린 국제법의 '보편화'(법)는 지구상의 다양한 정치체들의 대외적 주권이 오로지 서양 열강들의 '승인'을 통해서만 보장받을 수 있게 되었음을 뜻한다. 나아가 그러한 승인이 서구적 문화—문명의 기준에 따라 일방적으로 설정된 위계에 따라 이뤄지게 될 것임을 의미한다.

⑥ 문명화된 peoples(peuples, Nationen)은 인류 공통의 법의식(rechtsbewu-sstsein)을 발전시켜 가도록 부름을 받았으며, 또 그럴 수 있다. 그리고 문명화된 국가들(Staten)은 앞으로 이 요구를 성취할 의무를 부여받았다. 따라서 특별히 이 국가들은 국제법의 수호자이자 대표자들이다.[43] (…중략…) 유럽 계통의 국민(Völkerfamilie)에만 한정되지 않는다. 국제법이 지배하는 영역은 사람들의 발길이 미치는 전지구의 표면이다.[44]

---

42 오늘날 네이션의 서양중심적이고 문화제국주의적인 의미가 어느 정도 희석되었다고는 하지만, 국제정치의 장에서 승인되는 자격으로서의 네이션 용법은 큰 변함없이 남아있다. 국제연맹(League of Nations)에서 국제연합(United Nations)까지 세계의 정치 질서는 오로지 네이션들에 의해서만 '합법적으로' 구획되고, 아렌트가 우려했듯, 개개인의 권리들은 오로지 특정 네이션에 대한 소속을 전제로 함으로써만 보장된다.

43 "Les nations civilisées sont plus particulièrement appelées à développer le sentiment des droits communs à l'humanité. Leurs gouvernements sont aussi, plus que tous les autres, tenus de satisfaire aux obligations qui en résultent; ils sont donc plus spécialement les représentants et les garants du droit international" p.55.
"Die civilisirten Nationen sind vorzugsweise berufen und befähigt, das gemeine Rechts-bewusstsein der Menschheit auszubilden, und die civilisirten Staten voraus verpflichtet, die Forderungen desselben zu erfüllen. Deshalb sind sie vorzugsweise die Ordner und Vertreter des Völkerrechts" p.59.

44 "Le droit international n'est pas restreint à la famille des peuples européens. Son domaine s'étend à toute la surface de la terre" p.56.
"Das Völkerrecht ist nicht auf die europäische Völkerfamiliebeschränkt. Das Gebiet seiner Herrschaft ist die ganze Erdober—fläche, so weit auf ihr sich Menschen berühren" p.60.

⑦ 모든 people(Nation)들이 국가를 만들고 유지할 능력을 갖고 있는 것은 아니다. 오로지 정치적 역량을 지닌 people만이 독립된 nation이 될 것을 주장할 수 있다. 그런 역량이 없는 이들은 좀 더 재능이 있는 다른 nation들의 인도를 받아야 한다.[45]

　인용문에서 볼 수 있듯 블룬칠리의 국가론과 국제법론은 정확히 이러한 시대의 산물이었다. 휘튼과 달리 블룬칠리는 유럽의 국제법이 그 자체로 전지구적 보편성을 지닌다고 선포한다. (⑥) 유럽의 지역적, 문화적 특수성과 국제법의 '보편성'을 매개하는 것이 바로 헤겔적인 '인륜성'Sittlichkeit 내지 인류 공통의 '법의식'Rechtsbewuβtsein이었다. 『근대국제법』의 서론에서 블룬칠리는 국제법의 역사를 개괄하면서 고대나 중세와는 다른 '근대' 국제법의 특성을 강조하고 있다. 고대의 법이 이방인에게는 적용되지 않았고 중세의 법이 기독교라는 종교를 보편성의 근거로 삼고 있었다면, 종교개혁 이후 종교적 통일성을 상실한 유럽 세계에서는 새삼 자각된 '인간성'Menschheit, humanity'과 '법의식'이야말로 근대 국제법의 기초가 되었다는 것이다. 이렇듯 국제법이 인간성과 법의식 위에 정초됨으로써 진정한 '보편성'을 획득한 것처럼 보이지만, 실상 근대의 보편적 '인간' 개념은 '인종'적 위계로 재분할되었다. 그에 따라 프

45　"Not every people is capable of creating and maintaining a State, and only a people of political capacity can claim to become an independent nation. The incapable need the guidance of other and more gifted nations." J. C. Bluntschli, *The Theory of the State*(Authorized English translation from the 6th German Edition), p.98; "Nicht jede Nation ist fähig, einen Stat zu erzeugen und zu behaupten, und nur eine politisch befähigte Nation kann berechtigt sein, ein selbständiges Volk zu werden. Die unfähigen bedürfen der Leitung durch andere begabtere Völker." J. C. Bluntschli, *Allgemeine Statslehre(Lehre vom Modernen Stat)*(5th Edition), p.111.

랑스, 이탈리아, 독일 같은 유럽인들이야말로 '보편적' 이념을 향해 나아가는 세계사적 도정을 이끌 '자격'과 '능력', '임무'를 지니며, 보편적 국제법의 '수호자'이자 '대표자'로 자처할 수 있게 되었다.

휘튼의 용법과는 달리 people과 엄격하게 구분된 블룬칠리의 네이션 개념은 이런 맥락에서 이해될 수 있다(⑦). 지구상의 수많은 역사, 문화적 공동체들인 peoples은 세계사의 도정에서 그 진전에 복무하는가 정체되는가 퇴행하는가에 따라 엄격히 위계화될 것이다. 네이션은 이제 세계사의 도정을 이끌어갈 자질과 능력을 갖춘 유럽의 peoples이나 서구 문명을 학습하여 서구의 승인을 얻은 소수의 비서구 peoples에게 엄격하게 한정되는 '자격'의 이름으로 전환되었다. 주권은 현존하는 모든 국가들state에게 허용되는 것이 아니라 오로지 그 구성집단이 네이션의 자격에 합당한가에 따라 차등적으로 재분배되어야 한다. "역량이 없는 people은 좀 더 재능이 있는 다른 네이션들의 인도"를 받아야 한다. 세계는 몇몇 탁월한 네이션들이 이끌어가는 제국들의 통치 질서로 분할되며, 제국의 인구population는 네이션의 자격을 지닌 자들과 그렇지 못한 부분들, 즉 제국의 통치를 받되 제국의 네이션에는 포함되지 못하는 피식민자들로 분할될 것이다. 블룬칠리의 글들은 본격적인 '제국(주의)의 시대'로 이제 막 접어들던 시기에 쓰였지만, 이렇듯 도래할 세계의 모습을 정확히 그려내고 있었다.

4. 마틴의 국제법 번역과 네이션 개념의 공백
─『만국공법』과『공법회통』을 중심으로

잘 알려진 것처럼 동아시아에 서양 국제법이 최초로 전해진 데는 선교사 마틴W.A.P. Martin의 역할이 지대했다. 그중에서도 앞장에서 다룬 휘튼의 *Elements of International Law*를 번역한『만국공법』과 블룬칠리의 *Das Moderne Völkerrecht der Civilisirten Staten*근대국제법을 번역한『공법회통』의 영향력이 컸다. 그러나 마틴의 번역서에는 휘튼이나 블룬칠리의 원저에서 중요한 위상을 지닌 네이션이 독자적 개념으로 번역되어 있지 않다. "어떤 새로운 개념을 가지고 있다는 가장 중요한 징표는 그 개념을 명료한 형태로 토론할 수 있는 수단으로서 어휘가 만들어져 있다는 사실"[46]이라고 할 때, 마틴이 네이션을 독자적 어휘로 번역하지 않는 것은 상당히 문제적이다. 이 장에서는『만국공법』과『공법회통』에서 네이션의 번역 양상을 검토하고, 결과적으로 이들 번역서에서 네이션 개념의 공백이 국제법의 식민주의적 폭력을 은폐하고 있음을 규명할 것이다.

앞에서 살펴본 것처럼 휘튼의 네이션 개념은 국제법이 기독교적 보편주의에 입각한 자연법주의에서 현실의 국제정치 위에 정초되는 실정법주의로 전환되고 있음을 표시한다. 이런 맥락에서 휘튼은 국제법이 자연법law of nature이 아니라 네이션들, 그중에서도 서양 네이션들 사이의 법law between nations이라는 점을 강조했다. 그러나 마틴이 휘튼의 책을

---

46 Quentin Skinner, *The Foundations of Modern Political Thought* vol.1, Cambridge : Cambridge Univ. Press, 1978, 앞의 책, vol.1, p.x(박상섭,『국가』, 소화, 2009, 141쪽에서 재인용).

『만국공법』(1864)으로 번역했을 때 이러한 의미들은 충분히 전달되지 못했다.[47] 선행연구가 지적했듯, 마틴의 번역은 "무신론적인 정부(중국 −인용자)로 하여금 신과 그의 영원한 정의를 인정하고 어느 정도의 기독교 정신을 그들에게 가르쳐"[48] 주려는 의도 아래, 원저의 실정법주의보다 자연법을 강조하는 쪽으로 번역되었다. 그 결과 마틴은 의도적이든 아니든, 휘튼의 저작에서 그토록 중요한 네이션이라는 단어를 독자적인 개념으로 번역하지 않았다. 예컨대, 실정법으로서의 국제법을 자연법과 구분하는 절의 제목인 "natural law and law of nations"는 『만국공법』에서 각기 "性法과 公法"으로 번역되었다.

『만국공법』이라는 제목 자체가 휘튼의 원저에 대한 심각한 '오역'이라고도 할 수 있다.[49] 휘튼이 강조했던 바는 모든 네이션들에 공통된 법은 없으며, inter-national law는 기독교 문명국가들의 네이션들 사이에

---

47 마틴(William A. P. Martin)은 1864년 Henry Wheaton의 Elements of International Law(초판은 1836, 마틴의 번역 저본은 1855년 증보3판)를 『萬國公法』으로 번역하여 동아시아 3국에 큰 영향을 끼친다. 일본에서는 이듬해에 『만국공법』(開成所, 1865) 번각본을 출간한 것을 시작으로 중국어본의 일본어역, 해제를 붙인 석의(釋義), 휘튼의 영문 원저 번역본 등 여러 종의 『만국공법』 번역본이 출간되었다. 규장각 등의 서적 조사에 기초한 연구에 따르면, 마틴이 번역한 『만국공법』은 1882년 고종이 동도서기(東道西器) 정책에 따라 수집하여 규장각에 비치했던 책자 목록인 『內下冊子目錄』(1884)에도 수록되어 있다. 『만국공법』 등 국제법 수용에 관한 연구로는 김용구, 『만국공법』, 소화, 2017; 강상규, 「근대 일본의 만국공법 수용에 관한 연구」, 『진단학보』 87, 진단학회, 1999.6; 이근관, 「동아시아에서의 유럽 국제법의 수용에 관한 고찰−『만국공법』의 번역을 중심으로」, 『서울국제법연구』 9-2, 서울국제법연구원, 2002; 윤영도, 『중국 근대초기 서학 번역 연구−『만국공법』 번역 사례를 중심으로」, 연세대 박사논문, 2005; 강상규, 「동아시아 문명권에서 '주권'과 '국제' 개념의 탄생−『만국공법』의 판본 비교와 번역」, 『중국학보』 62, 한국중국학회, 2010; 김세민, 『한국근대사와 만국공법』, 경인문화사, 2002; 오영섭, 「개항후 만국공법 인식의 추이」, 『동방학지』 124, 연세대 국학연구원, 2004; 민회수, 「규장각 소장본으로 본 개항기 서양 국제법 서적의 수입과 간행」, 『규장각』 47, 서울대 규장각 한국학연구원, 2015.12 등 참조.

48 Covell, Ralph, *W.A.P. Martin : Pioneer of Progress in China*, Washington D.C. : Christian University Press, 1978, p.146(김용구, 위의 책, 65쪽에서 재인용).

49 휘튼 원저와 마틴 번역서의 번역어에 대한 검토는 다음 논문에서도 부분적으로 시도되고 있다. 정동연, 「청말 '만국공법'의 도입과 세계관의 착종」, 『동양사학연구』 144, 동양사학회, 2018.9.

서 체결된 조약과 법령, 국제재판소의 판결, 협정들과 같은 실정적인 법들을 원천으로 삼을 뿐이라는 점이었다. 그러나 마틴은 이를 '만국공법'으로 번역함으로써 마치 모든 네이션들萬國에 보편적으로 통용되는 도리나 이치가 있다는 인상을 불러일으켰다. 3장의 인용문 ①[50]에서 비교적 휘튼의 원저에 충실하게 만국 공통의 공법이 없음을 밝혔던 마틴은 인용문 ②에서는 원문을 완전히 수정하여 2가지 종류의 공법이 있다고 번역한다. 마틴의 번역문을 다시 한국어로 옮기면 대략 다음과 같이 풀이된다.

> ② 문명한 국가(服化之國)에서 따르는 공법 조례에는 두 가지가 있다. 인류의 마땅함(當然)과 여러 나라의 자주(自主)로써 법도와 이치(度理)를 헤아려 공의(公義)에 부합하도록 한 것이 그 하나요, 여러 나라가 협의하여 정하고(商定) 시비하여 사리를 밝히고(辨明) 수시로 개혁하여 함께 허가하는(共許) 것이 다른 하나다.[51]

마틴이 굳이 원문에 없는 분류법에 따라 국제법을 두 부류로 나눈 것은 휘튼의 과도기적 입장과 무관하지 않다. 휘튼의 국제법론은 아직 서구 열강의 패권이 전세계를 장악하지는 않았으나 점점 주도권을 잡기 시작하던 때의 산물이었다. 그는 국제법이 기독교 문명권에 해당하는

50　①"公法不一：或問萬國之公法,皆是一法乎,曰,非也,蓋此公法,或局於歐羅巴崇耶蘇服化之諸國,或行於歐羅巴奉敎人遷居之處,此外奉此公法者無幾.　夫歐羅巴之公法,與他處所遵之公法有別" 惠頓, 1卷 1章 10節(국립중앙도서관 온라인 원문자료 Vol.1, 77쪽).

51　②"公法總旨：服化之國, 所遵公法條例, 分爲二類, 以人倫之當然, 諸國之自主, 揆情度理, 與公義相合者, 一也, 諸國所商定辨明, 隨時改革, 而共許者, 二也" 위의 책, 1卷 1章 11節(Vol.1, 81~82쪽).

법이며 다른 지역에는 각각의 고유한 법질서가 있음을 인정하면서도, "기독교에 기반을 둔 문명의 진보에 따라" "다른 네이션들도 점점 더 유럽 국제법에서 유추된 법을 따르고"[52] 있다고 언급한다. 오스만 제국과 청제국 등이 유럽 국제법에 따라 유럽과 통상하게 되었음을 사례로 거론하기도 한다. 휘튼의 사망년도가 1848년이고, 마틴의 번역 저본이 된 Lawrence 판본이 1855년에 출간되었으니, 이런 구절들은 중국이 서구 열강과 맺은 최초의 불평등조약인 난징조약(1842년)을 염두에 둔 것일 터다. 물론 중국이 유럽의 국제법에 따르기까지는 두 차례의 아편전쟁이라는 적나라한 폭력이 있었지만, 법을 정초한 폭력의 기억은 봉합되어야 했다. 그러하기에 휘튼은 국제법이 특정한 네이션들의 법임을 강조하면서도, 문명화된 네이션들의 법이야말로 이성reason과 정의justice에 조응하며 결국 세계의 나머지 네이션들도 따르게 될 '우월한' 법임을 상정하고 있는 것이다. 반면 중국인을 향해 발화하고 있는 번역자 마틴은 휘튼의 논리에 내재한 자가당착을 그대로 전할 수 없었을 것이다. 국제법을 군이 두 가지로 나누어 보편적 자연법의 요소(當然, 度理, 公義)와 실정법적 요소(商定, 辨明, 共許)가 두루 있음을 강조한 '오역'은 이 간극을 봉합하기 위해서가 아니었을까. 이유야 어쨌건 마틴의 '오역'은 동아시아 개화지식인들이 한동안 만국공법을 유교적 천리天理의 연장선 위에서 이해 / 오해하도록 만든 계기가 되었다.

한편 마틴의 번역본은 휘튼이 강조한 네이션과 국가state의 차이에 대해서도 제대로 전달할 수 없었다. 네이션이 그 자체로 주권국가와 동일

---

52 Wheaton, op. cit., p. 20.

한 범주가 아님을 강조하는 장의 제목인 "nations and sovereign states"(Part I, Ch. 2)가 "論邦國自治自主之權"으로 번역된 것처럼, 네이션은 대개 방국邦國이나 만국萬國으로 번역되어 '국가'와 동일시되곤 했다. ③에서처럼 휘튼이 nation과 state의 차이를 분명히 서술하는 부분에서는 네이션이 불가피하게 '동종지민同種之民'이나 '인민人民'으로 바뀌어 번역되기도 했다.[53] 그러나 아직 독자적인 번역어로 자리잡지 못한 네이션은 동아시아 지식인들의 주의를 끌지 못했을 것이다.

블룬칠리의 『근대국제법』을 번역한 『공법회통』에서도 네이션은 번역되지 않은 공백으로 남았다.[54] 블룬칠리의 nation^{Volk} / people^{Nation} 개념 쌍이 그의 또 다른 대표작 『일반국가론』을 번역한 가토 히로유키加藤弘之의 『국법범론』을 통해 동아시아에 전해져, 마침내 '국민 / 민족'의 번역어로 정착되었던 것과는 대조적이다. 『공법회통』(1880)이 『국법범론』(1876~1879)보다 뒤늦게 출간되었음을 상기한다면 마틴 번역서에서 네이션 개념의 공백은 더욱 문제적이다. 몇 가지 이유들을 추정해볼 수 있다.

우선 블룬칠리가 『일반국가론』에서는 여러 장에 걸쳐 nation과 people 개념을 길게 설명하고 있는 것에 비해(인용문 ④), 비교적 후기작에 속하는 『근대국제법』에서는 1권 1절의 주석으로 내용을 짧게 요약하는 데 그치고 있기 때문이다(인용문 ⑤). 이미 앞선 저작들을 통해

---

53 ③' "有時同種之民, 相護得存, 猶不成爲國也, 蓋數種人民, 同服一君者有之, 卽如奧普魯士土耳其三國,是也. 一種人民,分服數君者亦有之,卽如波蘭民分服奧普俄三國,是也." 惠頓, 萬國公法, 1券 2章 2節(국립중앙도서관 온라인 원문자료 Vol. 2, 4쪽).

54 블룬칠리의 『근대국제법』의 문명론적 국제법 사상과 19세기 말에서 20세기 초 폴란드와 한국에서의 수용 양상을 비교한 흥미로운 연구로 김동주, 「블룬칠리의 『근대국제법』 서문과 문명론적 국제법 관념 – 폴란드와 한국의 근대적 맥락에 대한 비교사적 접근」, 『사회와 역사』 117, 한국사회사학회, 2018 참조.

nation^{Volk} 개념을 여러 차례 설명했던 블룬칠리는 『근대국

제법』에서는 그 내용을 상기하고 요약하는 것으로 충분했을 것이다.
그러나 『근대국제법』을 통해 블룬칠리와 접한 마틴은 짧은 주석으로
처리된 nation / people의 개념 구분에 별다른 의미를 부여하지 않았고,
『만국공법』 번역 과정에서는 해당 내용을 완전히 누락시켜 버렸다.[55]

　두 번째로 마틴이 번역 저본으로 삼았던 프랑스어본이 블룬칠리의
Volk 개념을 일관되게 번역하고 있지 않은 점을 들 수 있다. 블룬칠리가
주석을 통해 강조했던 독일어와 프랑스어 / 영어의 용법 차이(Volk＝nation,
Nation＝people / peuple)가 프랑스어본에서는 해당 주석의 번역을 제외하
고는 그리 엄격하게 지켜지지 않았다. 그 결과 블룬칠리 사상에서 이들
용어가 지니는 함의는 제대로 전달되지 않았다. 대표적인 사례로 서론
마지막 부분의 소제목인 "Das Recht der nationalen Entwicklung und der
Selbstbestimmung der Völker"가 프랑스어본에서 "Dévelopement na-
tional, vie indépendante des peuples"[56]로 번역되었음을 볼 수 있다. 블
룬칠리의 의도와는 정반대로 독일어 Nation을 프랑스어 nation으로, 독
일어 Volk를 프랑스어 peuple로 번역한 것이다. 해당 구절을 블룬칠리
의 개념 규정에 따라 영어로 직역한다면 "the right of peoples' develop-
ment and the self-determination of nations"가 될 것이다. 이 부분은 블룬
칠리의 핵심적 사상을 표명하고 있다는 점에서 단지 사소한 번역의 차

55　마틴의 번역은 원문의 장절을 충실히 따랐지만, 특히 각 절의 주석 내용은 요약적으로 옮기는
　　경우가 종종 있었다. 특히 블룬칠리의 독일어본이나 라르디의 프랑스어 번역본에 있는 긴 서
　　문을 완전히 빼버린 것은 국제법의 역사 속에서 블룬칠리의 『근대국제법』이 차지하는 위치
　　나 의미를 불투명하게 만들었다.
56　J. C. Bluntschli, *Le Droit International Codifié*(2nd edition), p.48; J. C. Bluntschli, *Das moderne
　　Völkerrecht der civilisirten Staten*(2nd edition), p.50.

이로 치부할 수 없다. 블룬칠리의 사상에 따르면 세계의 다종다양한 역사문화적 집단들인 peoples은 세계사의 도정을 따라 '발전developement'해 가야 할 권리와 의무를 지닌다. 그러나 자결self-determination의 권리는 peoples 전체가 아닌 오로지 문명의 자격을 갖춘 nations에만 부여된다. 블룬칠리의 이 사상은 이후 윌슨의 자결론과도 연결된다는 점에서 중요하다. 『공법회통』에서는 애초에 서문을 아예 싣지 않았기에 이 구절을 찾아볼 수 없다. 그러나 나머지 부분에서도 프랑스어본의 일관성 없는 nation / peuple 번역이 마틴의 번역에 일정한 영향을 끼쳤을 것이라고 짐작할 수 있다.

⑧ 1. 방국의 교제는 통례(通例)로써 이를 이치에 따라 행하며 인민의 권리는 통례로써 이를 지킬 수 있다. 이치에서 나오고 일에서 드러나니, 방국이 이에 의뢰해 연락(聯絡)하며 인민이 이를 믿어 평안하게 된다. 이것이 바로 공법이다.[57]

⑥′ 5. 문화가 있는 나라(有化之國)는 이미 인의지심(仁義之心)을 품지 않은 나라가 없으니 마땅히 이 마음으로부터 추급하여 정무를 베풀 것이다. 이것이 바로 공법의 도(道)다. 그러므로 공법의 방법은 오직 교화 융성한 나라가 행한 것을 의뢰한다.

7. 공법은 비록 구주(歐洲)에서 나왔으나, 구주 여러 나라가 이를 사사로이 할 수 없다. 대저 만국이 이를 함께 하는 것이다.[58]

---

57 "卷一 第一章 : 邦國之交際, 有通例以理之. 人民之權利, 有通例以衛之. 出於理而見於事. 邦國賴以聯絡. 人民特以相安. 是爲公法" 인용은 步倫(Bluntschli), 丁韙良(Martin) 譯, 公法會通, 建陽1年(1896)(규장각 온라인 원문 활용).

58 "卷一 第五章 : 有化之國, 旣莫不懷仁義之心. 自當推此心施於政務. 是以公法之道. 惟賴敎化隆

〈국제법의 근본 원리와 본성, 한계〉를 다룬 1권은『근대국제법』에서 가장 핵심적인 내용인데, 인용문들은 마틴의 번역본에서 어떻게 국제법의 뉘앙스가 바뀌게 되는지를 잘 보여준다. 우선 네이션 개념의 삭제는 블룬칠리가 국제법의 보편성을 주장하는 근거였던 인간성Menschheit이 nation과 people의 구분 속에서 다시 위계화되고 있음을 볼 수 없게 만들었다. 그 결과 블룬칠리의 인간성이나 권리의식, 인류성 같은 개념은 유교의 전통적 人 개념이나 仁義之心 같은 익숙한 관념들로 전치될 수 있었다. 더욱이 네이션의 자격에 결부된 civilization도 마틴은 단지 '有化'라는 모호한 개념으로 처리함으로써, 동아시아의 전통적 '文化' 관념에 상응하는 것으로 바꾸어 버렸다.『공법회통』의 이러한 번역상의 차이는 결과적으로 동아시아에 소개된 국제법에서 서구 제국주의의 법 정초적 폭력을 은폐하는 효과를 낳았다.

5. 결론을 대신하여

마틴의 번역에서 삭제되었던 블룬칠리의 nation과 people 개념의 차이는 가토 히로유키加藤弘之의『국법범론』을 통해 동아시아에 전해져, 마침내 '국민 / 민족'의 번역어로 정착되었다. 그런데 일본의 국제법이나 근대사상 번역에서 비롯되어 양계초를 매개로 신채호 등 조선의 '민족' 개념까지 이어지는 번역의 회로를 검토하면, 오늘날 '민족' 개념이

盛之國以行之."
"卷一 第七章 : 公法雖出於歐洲,而歐洲諸國不能私之.蓋萬國共之也."

'nation'의 역어로 도입되었다는 통념에 의문이 제기된다. 그렇다면 블룬칠리의 개념적 이분법에 기대어 애초에 nation의 자격에 미달하는 people의 번역어였던 '민족'이 어떻게 nation과 연결될 수 있었을까. 이 물음에 답하기 위해 블룬칠리의 네이션 용법 및 동아시아의 번역 양상을 좀더 세밀하게 검토하고, 1차대전 말 National Self-determination을 둘러싼 해석들의 갈등을 검토하는 것은 차후의 과제로 남겨둔다.

『한성주보漢城周報』 소재
한글체 기사의 특질 연구

그 한계와 의미

김영민

1. 머리말

한국 근대문학사의 출발 시기에 대한 논의는 대략 19세기 후반 무렵으로 수렴된다. 이 시기 이후 문체가 빠르게 변화하고 실명을 사용한 전문적이며 상업적인 작가들이 출현하는 등 여러 가지 의미 있는 현상이 나타난다.[1] 그중 주목을 끄는 현상 가운데 하나가 근대 매체를 통한 한글 문장의 사용과 정착이다. 근대 매체의 한글 사용은 근대문학사의 토대를 이루는 중요한 제도적 장치 가운데 하나이다. 한글 문체의 정착 과정에 대한 연구가 필요한 것은 이러한 이유 때문이기도 하다. 최근 들어 근대 문체의 정착 과정에 대한 주목할 만한 연구 성과들이 연이어 산출

---

1 이와 관련된 논의는 김영민, 「한국문학사의 근대와 근대성」, 『20세기 한국문학의 반성과 쟁점』, 소명출판, 1999, 11~34쪽 참조.

되고 있는 것은 이에 대한 문제의식을 공유한 결과이다.[2] 이러한 학계의 연구 분위기 속에서도 유독 주목받지 못한 채 남아있는 자료 가운데 하나가 『한성주보』이다.[3] 『한성주보』는 최초의 근대 신문인 『한성순보』를 이어받아 정부 기구인 통리아문박문국에서 발행했다. 1886년 창간되어 1888년까지 간행되었던 『한성주보』는 근대 매체 가운데 가장 먼저 한글체 기사를 수록한 신문이다.

그러나, 『한성주보』에서 한글체 기사의 존속 기간은 길지 않았다. 『한성주보』에서 한글체 기사가 지속적으로 사용되지 못한 이유에 대해서는, 당시 지식인 사회에서 한글 사용이 '시기상조'였기 때문이라는 견해가 학계에 제시된 된 바 있다.[4] 하지만 '시기상조'란 언제나 결과만을 염두에 둔 해석일 뿐, 원인이나 과정을 이해하는 데는 별반 도움이 되지 않는다. 이러한 결론만으로는, 어렵게 출현한 한글 기사가 왜 그렇게 빨리 수명을 다할 수밖에 없었는가에 대한 이해가 불가능하다. 『한성주보』의 한글 사용이 단명에 그친 이유를 알기 위해서는 『한성주보』 한

---

2 근대 한국어문장의 정착 과정과 관련된 최근의 주목할 만한 연구 업적들로는 다음의 저술이 있다. 안예리, 『근대 한국어의 변이와 변화』, 소명출판, 2019; 임상석, 『식민지 한자권과 한국의 문자 교체-국한문 독본과 총독부 조선어급한문독본 비교 연구』, 소명출판, 2018; 최경봉, 『근대 국어학의 논리와 계보』, 일조각, 2016; 김병문, 『언어적 근대의 기획-주시경과 그의 시대』, 소명출판, 2013; 미쓰이 다카시, 『식민지 조선의 언어 지배 구조-조선어 규범의 문제화를 중심으로』, 소명출판, 2013; 임형택 외, 『흔들리는 언어들』, 성균관대 대동문화연구원, 2008; 송철의 외, 『일제 식민지 시기 한국의 언어와 문학』, 서울대 출판부, 2007; 이병근 외, 『한국 근대 초기의 언어와 문학』, 서울대 출판부, 2005.

3 특히 『한성주보』의 문체 및 표기와 관련된 연구는 찾아보기 어렵다. 이에 관해 가장 상세히 언급한 것은 정진석이 쓴 다음의 해제 자료이다. 「해제 : 최초의 근대 신문 한성순보와 한성주보」, 『한성순보, 한성주보 번역판』, 관훈클럽신영연구기금, 1983, 2~8쪽. 그 외 『한성주보』의 문체를 직접 다룬 논문으로는 다음의 글이 있다. 허재영, 「근대계몽기의 어문정책(1)-개화기 『한성순보(주보)』를 중심으로」, 『한민족문화연구』 제14집, 2004, 55~81쪽.

4 "주보의 한글 사용 의지는 시대 상황보다 한 걸음 빨랐고, 한글 대중화는 시기 상조였던 셈이다." 차배근·오진환·정진석·이광재·임준수·신인섭, 『우리신문 100년』, 현암사, 2001, 27쪽.

글체 기사의 실상을 구체적으로 정리하고, 문제점이 무엇이었는가에 대해 점검해 보는 과정이 필요하다.

본 글의 주된 목적은 『한성주보』 소재 한글체 기사의 특징을 이해하고 그 단명의 이유를 구명하는 데 있다. 논의의 순서로는 먼저 근대 신문의 한글체 기사 도입 과정을 정리한 후 이어서 『한성주보』 한글체 기사의 게재 현황을 파악해 나갈 것이다. 『한성주보』에서 한글이 어떠한 지면에서 어떠한 용도로 활용되었는가를 실증적으로 살펴보려는 것이다. 이어서 『한성주보』 소재 한글체 기사의 특징에 대해 알아보고 그 한계와 의미 등에 대해서 논의하기로 한다.

2. 근대 신문과 한글 기사의 도입

국내에서 발간된 근대 신문 가운데 기사에 한글을 가장 먼저 사용한 매체는 『조선신보』이다. 『조선신보』는 1880년대 초반 일본인이 발행하던 신문 가운데 하나였다.[5] 『조선신보』는 한글로 본문을 적고 그 상단에 한자漢字를 병기한 이른바 부속한문체付屬漢文體 문장을 사용한 바 있다. 예를 들면, 다음과 같은 기사가 여기에 해당한다.

---

5   『조선신보』는 부산 지역을 중심으로 활동한 일본인들의 집합체인 재부산항상법회의소(在釜山港商法會議所)가 1881년 12월 10일 창간한 신문이다. 이 신문은 열흘에 한 번 발행되었고, 주된 독자는 조선에 머물던 일본인이었다. 이 신문에서 가장 큰 비중을 차지하는 것은 경제 관련 기사였지만, 조선의 인물 동정 및 풍속에 관한 기사도 수록했다. 「조선임경업전」을 일본어로 번역 연재한 바도 있다.

근리죠션완고당은다시셰력을어더압셔일본과화친ᄒ던약됴를거졀
홀만ᄌ치못ᄒ다ᄒ고대단히요란홀모양이나츌아리속히큰사홈을시작ᄒ
면더러혀기화도ᄒ고ᄯ량국교의도네날보담후히될가싱각ᄒ노라[6]

그러나, 『조선신보』의 한글 표기는 그 출현 빈도수가 극히 적어 의미
있는 표본이 되기 어렵다. 다만, 이를 통해 『조선신보』가 한글에도 관
심을 표명했다는 사실을 확인할 수 있을 뿐이다. 부속한문체 문장을 한
글 문장으로 분류하는 것에 대한 반론도 있을 수 있다.

조선인이 발행한 최초의 근대 신문인 『한성순보』는 순한문체純漢文體
를 기본으로 했고 한글 기사는 전혀 게재하지 않았다.[7] 근대 신문이 본
격적으로 한글 기사를 수록하기 시작한 것은 『한성주보』부터이다. 『한
성주보』는 1886년 1월 25일에 창간된 후 1888년까지 발행되었다.[8] 『한
성주보』의 발간 주기는 일주일을 기본으로 했으나 이를 엄격히 지키지
는 않았다. 『한성주보』 창간호의 지면 구성은 주보서周報序, 내국기사內
國記事, 사의私議 그리고 외보外報 및 본국공고本局公告로 이루어졌다.[9] 신문
발행의 필요성을 다룬 글 「논신문지지익論新聞紙之益」에는 『한성주보』의

---

6   『조선신보(朝鮮新報)』제7호, 1882.3.25.
7   『한성순보』는 1883년 10월 31일에 창간되었다. 『한성순보』는 다른 대부분의 신문들처럼 판
     수에 따라 기사 내용에 부분적인 차이가 있다. 이 논문에서 기본 자료로 활용한 『한성순
     보』·『한성주보』는 관훈클럽신영연구기금에서 제작 배포한 영인본이다. 이 영인본의 토대
     가 된 것은 국립중앙도서관 소장본이다. 『한성순보』·『한성주보』의 서지와 관련된 더 상세
     한 정리는 정진석, 「해제: 최초의 근대 신문 한성순보와 한성주보」, 『한성순보, 한성주보 번
     역판』, 관훈클럽신영연구기금, 1983, 2~8쪽 참조.
8   『한성주보』가 언제 폐간되었는가는 분명하지 않다. 지금까지 발굴된 자료는 1888년 3월 12
     일자 106호가 마지막이다. 이후 대략 120호 정도까지는 발간되었을 것으로 추정되나 확실하
     지 않다. 위의 글, 3쪽 참조.
9   『한성순보』의 각국근사(各國近事)를 『한성주보』에서는 외보(外報)로 명칭을 바꾸었지만 그
     내용은 크게 다르지 않다.

발행 목적이 다음과 같이 제시되어 있다.

原夫新聞紙之義所以勤求民隱而去其隔閡凡驚利國便民之方罔不登聞而治臻於上理也 (…중략…) 現今泰西各國有見於斯創設報館名新聞紙不啻勤求我民之隱而兼訪宇內情形聞之以天下之耳思之以天下之心一人之善惡一事之得失萬邦共記注萬邦共勸懲著爲演說斷之公論備供君相之採擇亦資議院之取裁以應天下之變以成天下之務故內而修禦之力經制之義市糶之令貨幣之制山澤之利征榷之課權量之謹工作之用郵傳之置道涂之備凡有關於國計者不辭若口縷陳不憚逆耳忠告期於實施而俾無因循苟且之弊外而各國政教之隆替風俗之好歹天時之寒暖地利之沃瘠幅圓之廣狹山川之險夷人民之衆寡兵丁之勇刦與夫商務之輸贏物産之豐儉機器之巧拙格致之端倪可以增人智覺策國富強者靡不遍訪而詳誌不惟貢諸秉軸之裁擇而猶恐一夫一婦之不聞不知[10]

원래 신문의 의의는 국민들의 고통을 애써 찾고 막힌 것을 제거함은 물론이고, 국가를 이롭게 하고 백성을 편하게 하는 모든 방법을 다 게재하여 정치가 上理에 도달하게 하는 데 있다. (…중략…) 지금 서양 각국에서는 이점에 유의하여 신문사를 창설하고 신문을 간행하고 있는데, 이는 백성의 고통을 힘써 찾을 뿐만 아니라 아울러 세계 각국의 情形을 탐방하여 天下사람의 귀에 들려주고 天下사람이 마음으로 생각하게 한다. 그리하여 한 사람의 선악과 한 가지 일의 득실이라도 만방이 함께 기록하고 만방이 함께 勸懲하게 하기 위해서 연설로 드러내고 公論으로 단정하여, 임금과 재상의 채

---

10 「論新聞紙之益」, 『한성주보』, 1886.9.27.

택에 제공하고 議院의 取裁에 도움을 줌으로써 천하의 변화에 응하고 천하의 일을 달성하게 한다. 그러므로 안으로는 국방의 힘, 經制의 의의, 시장의 제도, 화폐제도, 山澤의 이익, 조세의 사무, 權量의 신중성, 工作의 용도, 역참의 위치, 도로의 정비 등 모두 국가 계획에 관련이 있는 모든 것은 바른 말로 정밀하게 전달함을 不辭하고 귀에 거슬리는 충고도 꺼리지 않으면서 기필코 실시하게 함으로써 그럭저럭 구차스럽게 하려는 폐단을 없애게 한다. 밖으로는 각국의 政敎에 관한 隆替, 풍속의 好惡, 기후의 寒暖, 土地의 沃瘠, 국토면적의 廣狹, 山川의 險夷, 人民의 衆寡, 군인의 勇㤼 등과 商務의 수지, 산물의 豊儉, 기계의 巧拙, 格致의 端倪 등 사람의 지각을 늘리고 국가를 부강하게 할 수 있는 계책이면 모두 探訪하여 상세하게 기록하지 않는 것이 없다. 요직에 있는 자들의 채택에만 제공할 뿐이 아니라, 一夫一婦라도 듣지 못하고 알지 못할까 염려한다.[11]

「논신문지지익」에서 말하는 신문 발행의 의의는, 백성들의 고통을 찾아 밝히고 나라를 이롭게 하며 백성을 편하게 하는 방법을 찾아 정치가 바른 길로 가도록 하는 것이다. 신문은 자기나라 백성의 고통을 알리는 일뿐만 아니라 세계 각국의 정세를 탐방해 알리는 역할도 한다. 선악과 득실을 만방이 함께 기록하고 만방이 함께 권징勸懲하기 위해 연설과 공론公論의 장을 마련하기도 한다. 여기서 주목할 것은 『한성주보』가 국내외의 중요한 일들을 전달하면서 '요직에 있는 자들의 채택에만 제공할 뿐이 아니라, 一夫一婦라도 듣지 못하고 알지 못할까 염려한다'는 점

---

11 「논신문지지익」, 『한성주보 번역판』, 1886.9.27.

을 부연하고 있다는 사실이다. 『한성주보』의 '일부일부一夫一婦'에 대한 관심은 이 신문의 기사 내용을 통해서뿐만 아니라 표기문자를 통해서도 구현된다. 『한성주보』에서 국한문혼용체와 순한글체 기사의 사용은 이와 관련이 있다. 『한성주보』는 『한성순보』에 비해 몇 가지 점에서 발전된 기능과 체계를 갖추었다. 특히 '한글기사가 들어간 것은 더 많은 대중이 쉽게 읽을 수 있도록 배려한 것으로서 정부기관에서 발행하는 신문이 한글을 공식으로 사용했다는 사실 역시 큰 의미를 지니는 것'으로 정리되기도 한다.[12]

『한성주보』는 순한문체, 국한문체 그리고 순한글체 기사를 모두 수록했는데, 그 가운데 가장 출현 빈도수가 높은 것은 순한문체 기사였다. 문자별 기사 건수 통계를 보면 『한성주보』의 전체 기사 중 한문 기사가 1,176건, 국한문혼용 기사가 44건, 한글 기사가 40건이다.[13] 다만, 한글 기사의 경우 길이가 긴 편이어서 그 분량이 점하는 비율은 건수가 점하는 비율에 비해서는 상대적으로 높은 편이다. 예를 들어, 창간호의 경우 기사 건수만 본다면 한문 : 국한문 : 한글의 비율은 31 : 12 : 2이다. 하지만, 기사 분량으로 본다면 이는 대략 7 : 5 : 3 정도가 된다. 한글 기사는 제1호부터 24호 사이에 38건이 집중적으로 실렸고, 이후 31호와 32호에 1건씩 추가로 수록되었다. 국한문혼용 기사도 1호와 2호에 집중되어 있으며 이후 22호부터 28호 사이에 일부가 게재되었다. 『한성주보』의 순한글 및 국한문혼용체 기사는 초기에 집중적으로 게재되었고 창간 이후 1년 정도가 경과하면 모두 사라지고 만다.

---

12 정진석, 『한국언론사』, 나남, 1992, 49쪽 참조.
13 위의 책, 67쪽.

3. 『한성주보』 소재 한글체 기사의 현황 및 특징

1) 한글체 기사의 현황

『한성주보』에 게재된 순한글체 기사의 현황은 다음과 같다. 제1호 2건, 제2호 7건, 제3호 4건, 제4호 7건, 제5호 4건, 제6호 2건, 제17호 3건, 제18호 2건, 제22호 3건, 제23호 3건, 제24호 1건, 제31호 및 32호 각 1건. 이는 현재 발굴된 호수만을 대상으로 조사한 것이다. 그러나, 앞으로 신문이 추가 발굴되더라도 초기 발간 호수에 한글체 기사가 집중되어 있는 현상에는 별다른 변화가 없을 것으로 생각된다.[14] 이들 순한글체 기사의 수록 호수와 제목, 그리고 기사 내용과 게재란을 표로 만들어 제시하면 다음과 같다.

호수	기사제목	기사내용	게재란
제1호	인군에은혜가빅셩을감격케홈이라	외국역사 및 근황	외보
제1호	뉵쥬총논	세계지리	집녹
제2호	르메리가쌔와리야와셔로합ᄒ미라	외국역사 및 근황	외보
제2호	쎌마인군이장ᄎ인ᄯ리스ᄉ름의쳥ᄒᄂ바를허락ᄒ려ᄒ미라	외국역사 및 근황	외보
제2호	쎌마인군이인ᄯ리스ᄉ름의갓친빅되미라	외국역사 및 근황	외보
제2호	셰르의와쌔와리야기혼ᄒ미라	외국역사 및 근황	외보
제2호	쎌마가구원를즁국에쳥ᄒ미라	외국역사 및 근황	외보
제2호	셰야만학ᄉ를통계ᄒ미라	각국학사통계	외보
제2호	예시야디략	세계지리 및 역사	집녹
제3호	ᄌ긔셕류황회ᄉ를싀로셜헌ᄒ시라	회사설립	국내기사

---

14 제7호부터 제16호 사이 그리고 제19호부터 제21호 사이에 한글체 기사가 없는 것은 이들 호수가 미발굴 상태이기 때문이다. 하지만, 제25호부터 제29호까지는 신문 판본이 존재함에도 불구하고 한글체 기사를 발견할 수 없다. 제25호의 경우는 신문 전체가 아니라 일부만 발굴 영인된 상태이다. 제26호 이후는 완전한 판본으로 존재한다.

호수	기사제목	기사내용	게재란
제3호	외국롱ᄉ를시험ᄒ는거시라	농사와 축산 실험	국내기사
제3호	로시야황뎨가장ᄎᆺ중앙예시야황뎨을칭ᄒ랴ᄒ미라	외국역사 및 근황	외보
제3호	예시야디략	세계지리 및 역사	집녹
제4호	인ᄯ리스근신	외국근황	외보
제4호	예지브도국ᄂᆞ란	외국근황	외보
제4호	중국근신	외국근황	외보
제4호	셰야만이사모이도를웅거ᄒ미라	외국근황	외보
제4호	이다리야가맛소와를병탄ᄒ미라	외국역사 및 근황	외보
제4호	쎌마근신	외국역사 및 근황	외보
제4호	유로부디략	세계지리 및 역사	집녹
제5호	쎌마 왕이 인도 로잡펴가미라	외국역사 및 근황	외보
제5호	인ᄯ리스칭경	외국근황	외보
제5호	혼인홀00홀졍홈이라	외국풍속	외보
제5호	유로부디략	세계지리 및 역사	집녹
제6호	아뎬 빅셩이작난홈이라	외국근황	외보
제6호	아흐리가디략	세계지리 및 역사	집녹
제17호	쎌마근릭소문이라	외국근황	외보
제17호	파셔국황졔가나가놀여ᄒᄂᆞᆫ소문이라	외국근황	외보
제17호	이디리야디략	세계지리 및 역사	집녹
제18호	나버레온황ᄌᆞ가동으로올미라	외국근황	외보
제18호	이디리야디략쇽고	세계지리 및 역사	집녹
제22호	듕국과노시야에무역ᄒ미라	외국근황	외보
제22호	텬문학	천문학	집녹
제22호	스베인사름다르미아가야다란짓그를차진쇽고	세계지리 및 역사	집녹
제23호	붓쳐위ᄒ다듁은져일빅뉵십인이라	외국근황	외보
제23호	디판옥사라	외국근황	외보
제23호	유셩이운젼ᄒ는거시라	천문학	집녹
제24호	쏜이드나리군ᄉ의부비리	외국근황	외보
제31호	요동틱슈를긔록이라	외국근황	외보
제32호	면젼의셕탄이나다	외국근황	외보

『한성주보』의 지면은 「국내기사國內記事」, 「사보私報」, 「외보外報」, 「사의私議」, 「집록集錄」 및 공고公告와 광고廣告 등으로 구성되어 있다. 해제에 따르면 전체 기사 가운데 외보가 46.1%로 가장 많고, 그 다음이 국내기사 42.8%, 집록 5%, 공고 및 광고 4%, 사의 1.75%, 사보 0.75% 순으로 이루어져 있다.[15]

위의 〈표 1〉을 통해 확인할 수 있는 한글체 기사의 분포 현황은 외보 기사 27편, 집녹 기사 11편 그리고 국내 기사가 2편이다. 외보 기사는 외국의 역사와 근황 및 풍속 등의 내용을 다룬다. 집녹 기사는 세계지리 및 역사와 천문학 등의 내용을 다루고 있다. 외보 기사가 시사성이 짙다면 집녹 기사는 교양물로서의 성격이 강하다. 외보 기사와 집녹 기사의 공통점은 이들이 모두 외국 자료를 원전으로 한 번역물이라는 점이다. 『한성주보』 소재 한글체 기사 40편 가운데 외보 기사와 집록 기사를 합치면 그 분량이 95%에 이른다. 결국 『한성주보』 소재 한글체 기사의 대부분은 외국 자료의 번역물이었다는 사실을 알 수 있다.

2) 한글체 기사의 종결어미

종결어미는 기능상 문장을 마무리하는 역할을 할 뿐만 아니라 글 쓰는 이의 서술 태도를 드러내 보여주기도 한다. 여기서는 『한성주보』 한글체 기사의 특징을 드러내는 주목할 만한 요소 가운데 하나가 종결어미라고 보고 이들에 대해 정리했다. 구체적으로는 『한성주보』의 모든 한글체 기사의 마무리 문장에 사용된 어미를 정리해 그 기능을 살폈다.

---

15 정진석, 「해제 : 최초의 근대 신문 한성순보와 한성주보」, 『한성순보, 한성주보 번역판』, 7쪽 참조.

단, 전체를 인용하는 것은 불가능하므로 문장 후반부만을 인용하였고, 각 예문 앞에 고유번호를 부여하였다. 이 고유번호는 위 〈표 1〉의 기사 순서와 일치한다.

① 이는십월이일일본록아도신보에긔지ᄒᆞᆫ비라(제1호, 13쪽, 외보)

② ᄯᅩ견글에약죠ᄒᆞᆫ모든나라이란말은지금우리나라와죠약ᄒᆞ야셔로무역을통ᄒᆞ고그나라사신이우리경셩의와머무르기로이가치긔록ᄒᆞ니보ᄂᆞᆫ ᄉᆞ름은자셔히살피라(제1호, 16쪽, 집녹)

③ 그결말은아지못ᄒᆞ여후보를기다려다시긔록ᄒᆞ려ᄒᆞ노라(제2호, 8쪽, 외보)

④ 금십월이십칠일일본보지신문에일너시쇠쎌마가능히ᄯᅵ인리ᄉᆞᆨ인ᄉᆞ리ᄉᆞᆨ를익일슈업ᄂᆞᆫ고로그인군셰보우가쟝찻인ᄉᆞ리스ᄉᆞ람의쳥ᄒᆞᆫ바를 허락ᄒᆞᆫ다ᄒᆞ더라(제2호, 8쪽, 외보)

⑤ 일후쳐지ᄂᆞᆫ아즉아시못ᄒᆞ여후쇼식을기다려긔록ᄒᆞ려ᄒᆞ노라(제2호, 8쪽, 외보)

⑥ 이는십월구일인그리스셔울젼신를번역ᄒᆞᆷ비라(제2호, 8쪽, 외보)

⑦ 구원을쳥ᄒᆞ여더니즁국이질게아이ᄒᆞ여마ᄎᆞᆷ내쎌마로ᄒᆞ여곰인ᄉᆞ리스군ᄉᆞ의게크게픠ᄒᆞᆫ비되야ᄯᅡᄒᆞ더라(제2호, 10쪽, 외보)

⑧ 젼국학ᄉᆞ를통계ᄒᆞ면일만뉵쳔구빅뉵십구인이니이ᄂᆞᆫ일본통계죱지에 긔록ᄒᆞᆫ비라(제2호, 11쪽, 외보)

⑨ ᄯᅩ그ᄯᅡ이멀니바다가온듸드러가니일홈은마랏가라인ᄉᆞ리스가이에부두를셜ᄒᆞ니ᄯᅩᄒᆞᆫ번화ᄒᆞᆫ자이되얏ᄯᅥ라(제2호, 18쪽, 집녹)

⑩ 이거시엿지장ᄉᆞ흥황ᄒᆞᄂᆞᆫ일단안니리요(제3호, 3쪽, 국내기사)

⑪ 미국우마ᄂᆞᆫ아국우마에비계보면몸이크고심이강ᄒᆞ니이것도ᄯᅩᄒᆞᆫ우리

나라에유익헌일이너라(제3호, 3쪽, 국내기사)

⑫ 불이라하는거슨양은젼으로일원이란말이라(제3호, 10쪽, 외보)

⑬ 이밧게놉혼산과큰하슈는밋쳐다긔록지못ᄒ노라(제3호, 16쪽, 집녹)

⑭ 도한길을인쏘와샤므의사이로놋는거시더옥오날날급한심쓰미되리라
   ᄒ더라(제4호, 5쪽, 외보)

⑮ 근일신문의일넛스되반격이쏘그짜똥고라라ᄒ는고을의이러나그형세
   가심히성ᄒ다ᄒ더라(제4호, 6쪽, 외보)

⑯ 이는상히그리레르신문의이르미라(제4호, 6쪽, 외보)

⑰ 근일에셰야만정부가이씨을웅거ᄒ야써부친짜을슴엇다ᄒ더라(제4호,
   6쪽, 외보)

⑱ 가만이이다리야를도와맛소와로써이다리야의붓친짜을믿드니일로써
   각국이셔로닷톤다ᄒ더라(제4호, 6쪽, 외보)

⑲ 이른바르셰라ᄒ는거슨쎌마의돈일홈이라이은다일본시사신보의일으
   미라(제4호, 8쪽, 외보)

⑳ (건련에졔국을일통ᄒ여나라형셰가부셩ᄒ더라)나머지는후호의긔록ᄒ
   랴ᄒ노라(제4호, 15쪽, 집녹)

㉑ 만일인쓰리스군스가젹경의이르면토멸ᄒ기가어렵지안타ᄒ더라(제5
   호, 8쪽, 외보)

㉒ 황후의무강ᄒ수가쏘ᄒ장촛젼황으로비기리로다(제5호, 8쪽, 외보)

㉓ 수는녹아도신문에긔록ᄒ빅라(제5호, 9쪽, 외보)

㉔ 시무에쓴지잇는ᄉ롬이이를보고미승ᄒ거시잇거던한문으로번녁ᄒ나
   라일홈을보리로다(제5호, 15쪽, 집녹)

㉕ 이른바쥬인과숀이셔로산양ᄒ미졍히사슴이뉘숀의잡힐는지몰은다ᄒ

니이를일음이로다(제6호, 5쪽, 외보)

㉖ 모삼쎄그 의사이에잇스니장이일쳔팔빅영리로딕이붓슨자셰이긔록지
못ᄒ노라(제6호, 15쪽, 집녹)

㉗ 쎌마 므리을쳐ᄒ여디방에셔크게삿와 쎌마 ᄉ름ᄉ십명를죽엿다ᄒ더
라(제17호, 9쪽, 외보)

㉘ 과연소문과갓틀진딕파셔국황졔풍치를사모ᄒ여모와구경코져ᄒᄂᄉ
름이극히만ᄒ리로다(제17호, 9쪽, 외보)

㉙ 십슈년싀에학교와싱도의슈효가일빅나더ᄒ니그나라이교회의속함을
알너라(제17호, 15쪽, 집녹)

㉚ 일본황졔황후을니아가뵈오고이나라에능허지무릇ᄒ달이라쟝ᄎ텬ᄒ
각국을슌유헌다ᄒ더라(제18호, 8쪽, 외보)

㉛ 이다리야 왕유다리이익풍축이졔이가듁고그 바를안빅ᄉ 졔일이인군
된후로국셰가날마다셩헌다ᄒ더라(제8호, 15쪽, 집녹)

㉜ 이ᄂ 일본신문에잇ᄂ 말이라(제22호, 8쪽, 외보)

㉝ 그러ᄒ 즉티양셰계에유셩즁에큰것시여닮이요그가쟝티양셔셔먼자ᄂ
히왕셩일너라(제22호, 13쪽, 집녹)

㉞ 이ᄂ 아메리가 디략에인ᄂ 말이다(제22호, 14쪽, 집녹)

㉟ 붓쳐위ᄒ는무리가길에셔이어셔지를올일싀ᄒ큰다리에이르러다리가
문어져물에쌔져듁은직일빅뉵십여인이된다ᄒ더라(제23호, 7쪽, 외보)

㊱ 이ᄂ 사월십오일딕판통신에잇ᄂ 말이라(제23호, 7쪽, 외보)

㊲ 이ᄒ는요다음호에속등ᄒ랴ᄒ노라(제23호, 14쪽, 집녹)

㊳ 마아그ᄂ쏘이드돈이니金錢二角五分이되ᄂ이라(제24호, 12쪽, 외보)

㊴ 영구ᄉ람들이듯고불상이여겨비슴십쳑에양식을싯고다시상류로올나

표류헌ᄉᆞ름구원ᄒᆞ여진휼ᄒᆞ니즌실노젹덕ᄒᆞ기조와ᄒᆞ미더라(제31호, 7
쪽, 외보)

㊵ 소광원이심히길고커셔취지무궁ᄒᆞ고용지불길홀형셰가잇다ᄒᆞ니면젼
ᄉᆞ름이능히치취ᄒᆞ면쎠부ᄌᆞ를일우게도다(제32호, 11쪽, 외보)

이 문장들에서 종결어미만을 추려내 그 수록란과 기능을 살펴보면
다음과 같다. 단, 여기서 말하는 기능이란 형태소 자체가 지닌 기능이
라기보다는 문맥상 어미가 수행하는 기능이다. 이는 문장 전체를 읽고
문맥에 따라 판단한 것으로, 보는 시각에 따라 해석에 다소 차이가 있을
수 있다. 그러나, 대부분의 문장이 지닌 의미가 단순한 편이어서 그 편
차가 크지는 않을 것으로 생각한다.

① -라(외보, 설명) ② -라(집녹, 명령) ③ -노라(외보, 선언) ④ -더라(외보, 전
달) ⑤ -노라(외보, 선언) ⑥ -라(외보, 설명) ⑦ -더라(외보, 전달) ⑧ -라(외보, 설
명) ⑨ -써라(집녹, 설명) ⑩ -리요(국내기사, 강조) ⑪ -너라(국내기사, 설명) ⑫
-라(외보, 설명) ⑬ -노라(집녹, 설명) ⑭ -더라(외보, 전달) ⑮ -더라(외보, 전달)
⑯ -라(외보, 설명) ⑰ -더라(외보, 전달) ⑱ -더라(외보, 전달) ⑲ -라(외보, 설명)
⑳ -노라(집녹, 선언) ㉑ -더라(외보, 전달) ㉒ -로다(외보, 설명) ㉓ -라(외보, 설
명) ㉔ -로다(집녹, 설명) ㉕ -로다(외보, 설명) ㉖ -노라(집녹, 설명) ㉗ -더라(외
보, 전달) ㉘ -로다(외보, 추정) ㉙ -너라(집녹, 설명) ㉚ -더라(외보, 전달) ㉛ -더
라(집녹, 전달) ㉜ -라(외보, 설명) ㉝ -ㄹ너라(집녹, 설명) ㉞ -다(집녹, 설명) ㉟
-더라(외보, 전달) ㊱ -라(외보, 설명) ㊲ -노라(집녹, 선언) ㊳ -라(외보, 설명) ㊴
-더라(외보, 설명) ㊵ -도다(외보, 설명)

『한성주보』 한글 기사에서 가장 많이 사용된 종결어미는 '-더라'와 '-

라'이다. 먼저 '-더라'는 총 12회가 사용되었는데 그중 10회 즉 ④⑦⑭⑮ ⑰⑱㉑㉗㉚㉟의 경우는 외보란에서 전달을 목적으로 사용되었다. ㉛의 경우 역시 전달을 목적으로 한 것이기는 하나 집녹란 기사에 사용되었다. '-라'는 모두 11회가 사용되었는데 이들 중 10회 즉 ①⑥⑧⑫⑯⑲㉓㉜㊱㊳의 경우는 외보란 기사에서 설명을 목적으로 사용되었다. 이 밖에 설명을 목적으로 사용된 종결어미는 ⑨-써라 ⑬-노라 ㉒ -로다 ㉔ -로다 ㉕ -로다 ㉖ -노라 ㉙ -너라 ㉝ -ㄹ너라 ㉞ -다 ㊵ -도다 등이 더 있다. 예문 ③⑤⑳㊲의 경우 '-노라'의 기능을 '선언'으로 분류하였다. 그러나, 이 경우도 어미 '-노라'에 적극적인 의지 표출의 기능이 있다고 보기는 어렵다. 이 문장들에서 어미 '-노라'는 실질적으로는 대표적 평서형 종결어미인 '-다'와 기능상 큰 차이가 없다. 이는 단순 설명의 기능을 하는 어미로 분류된 ⑬-노라의 경우와 비교해 보아도 알 수 있다.

이 중 예문 ㉜㉞㊱을 비교해 살피는 일은 흥미롭다. 이들 세 문장은 구조가 완전히 일치하는 문장이다. 그럼에도 불구하고 예문 ㉞의 경우는 구절 띄어쓰기를 하고 있다. 더불어 예문 ㉞는 다른 두 문장과 달리 종결어미를 '-라' 대신 '-다'로 쓰고 있다. '-더라'와 '-라' 등은 실제 기능으로 보면 으로 사실 전달 혹은 사실 서술의 평서형 종결어미라는 공통성이 있다. 이들은 '-더라' '-라' 외에도 '-써라' '-노라' '-로다' '-노라' '-너라' '-ㄹ너라' 등 외형상 다양한 형태를 취하고 있다. 하지만 그 기능을 중심으로 살피면 이들은 모두가 '㉞ -다'의 예스러운 표현이라는 공통점이 있다.

지면 제약으로 인해 이 글에서 직접 인용 제시하지는 않았으나, 기사 중간에 나오는 문장의 경우는 상대적으로 마지막 문장의 경우보다 설

명과 전달을 목적으로 하는 평서형 종결어미가 더 많이 사용되었다. 이
들 문장의 대부분이 평서형 종결어미를 사용하고 있다고 해도 과언이
아니다. 따라서 마지막 문장뿐만 아니라 전체 문장을 분석하면 설명과
전달을 목적으로 하는 평서형 종결어미의 사용 빈도수는 월등히 더 높
아진다. 『한성주보』 소재 한글체 기사의 대부분은 설명 및 전달의 기능
을 수행하는 평서형 종결어미로 마무리된 것이다. 이러한 사실을 앞 장
에서 정리한 내용과 연결 지어 종합적으로 판단하면, 『한성주보』의 한
글체 기사는 설명문 위주의 외국어 문장을 번역 전달하는 일에 주로 활
용되었다는 잠정적 결론을 내릴 수 있다.

3) 한글체 기사의 띄어쓰기

근대 한글의 띄어쓰기는 한문은 물론 근대 이전의 한글 사용법과도
구별되는 중요한 특징 가운데 하나이다. 국내 문헌에서 한글 띄어쓰기
가 시행된 것은 『독립신문』부터라고 알려져 있다.[16] 하지만, 『한성주
보』의 기사를 면밀히 살피면, 이 신문의 편집자가 분명히 띄어쓰기에
대한 인식을 지니고 있었음을 확인할 수 있다. 그것이 『독립신문』의 경

---

16 띄어쓰기의 변천사에 대해서는 다음과 같은 정리가 있다. "19세기에는 고리점, 즉 권점 띄어
쓰기와 빈칸 띄어쓰기가 띄어쓰기 방식으로 나타나는데 권점 띄어쓰기는 『독립서고문(獨立
誓告文)』(1894), 『신정심상소학(新訂尋常小學)』(1896), 『국문정리』(1897, 이봉운) 등에서, 빈
칸 띄어쓰기는 로스(J. Ross)의 『Corean Primer』(1877), 영국 공사관의 스코트(J. Scott)가 쓴
『언문말칙』(1887)과 언더우드(H. G. Underwood)의 『韓英文法』(1890)을 비롯한 서양 선교사
들의 책에서 그 예를 볼 수 있다.(이기문 1996, 서종학 1996)" 양명희, 「띄어쓰기 변천을 통해
본 의식 연구」, 『국어국문학』 제163호, 2013, 199쪽. 한편, 『독립신문』보다 앞선 띄어쓰기의
예로 박영효가 수신사로 일본에 다녀와 남긴 기록인 「사화기략(使和記略)」(1882)을 들기도
한다. 이 글에서 국한문혼용체의 일부 띄어쓰기를 하고 있다는 것이다. 단지 박영효의 띄어
쓰기는 개인적 차원에서 머물렀으나 『독립신문』의 띄어쓰기는 대중적 확산을 보였다는 점
이 다르다. 민현식, 『국어정서법 연구』, 태학사, 2004. 170쪽 참조.

우처럼 일관된 것은 아니었지만, 앞 시기 문헌들에 비하면 띄어쓰기에서 명백히 의미 있는 차이를 보여준다.[17]

『한성주보』의 모든 기사에는 제목과 본문 사이에 여백이 존재한다. 제목과 본문 사이에 띄어쓰기를 한 셈이다. 이는 한글체 기사뿐만 아니라 국한문체 및 순한문체 기사의 경우도 마찬가지이다. 기사 제목과 본문 사이의 띄어쓰기 간격은 일정하지 않다. 두세 글자 정도의 간격을 유지하고 있는 경우가 대부분이나, 이보다 간격이 넓거나 아예 행을 바꾸어 본문을 시작하는 경우도 적지 않다.

『한성주보』의 본문 기사에서는 드물기는 하나, 문장 및 구절 그리고 어절 띄어쓰기 등의 사례를 찾아볼 수가 있다. 먼저 국한문체 기사의 사례이다.

집녹

뉵쥬총논부록

이춍논즁에잇ᄂᆞᆫ뉵쥬쥬명을한문으로번역ᄒᆞ면 예시야ᄂᆞᆫ亞細亞요아흐리가ᄂᆞᆫ亞非利加요

남아메리가ᄂᆞᆫ南亞米利加요 북아메리가ᄂᆞᆫ 北亞米利加요 예시아니야ᄂᆞᆫ大洋洲요ᄯᅩ바다일홈은바시힛그ᄂᆞᆫ太平洋이요 아다란짓그ᄂᆞᆫ大西洋이요 인ᄯᅵ안은印度洋이요 북아그짓그ᄂᆞᆫ北冰洋이요

남아그짓그ᄂᆞᆫ南冰洋이요ᄯᅩ나라일홈은즁국은中國이요 일본은日本이요

17 김영민, 『문학제도 및 민족어의 형성과 한국 근대문학』, 소명출판, 2012, 195쪽에서는 『한성주보』의 띄어쓰기를 '어절들 사이의 공간을 안배하는 과정에서 나타난 현상'으로 설명한 바 있다. 이 해석을 여기서 바로잡는다.

인스리스는 英吉利요 셰야만은 日耳曼이요 로시아는 俄羅斯요 이다리야는 伊
太利요

유나이뎃되스데도는 美利堅이라[18]

이 기사에서는 구절 띄어쓰기와 어절 띄어쓰기가 혼재되어 나타난
다. "남아메리가는 南亞米利加요 북아메리가는 北亞米利加요"와 같은 문
장의 경우는, '남아메리가는 南亞米利加요'를 구절 띄어쓰기의 사례로
'북아메리가는 北亞米利加요'를 어절 띄어쓰기의 사례로 볼 수 있다. 다
음 기사의 경우도 마찬가지이다.

르메리는 羅馬里이요 쌔와리는 佰布里이요 도르기는 土耳古요 유로부는 歐
羅巴요 아흐리가는 亞非利加요 셰르의는 塞爾維요 쎌마는 緬甸이요[19]

여기에서는 '르메리는 羅馬里이요', '쌔와리는 佰布里이요', '도르기는
土耳古요', '유로부는 歐羅巴요', '아흐리가는 亞非利加요', '쎌마는 緬甸이
요'가 구절 띄어쓰기의 사례이고, '셰르의는 塞爾維요'가 어절 띄어쓰기
의 사례가 된다. 다음은 한글체 기사이다.

로시야는 이빅영팔만팔천사빅일십구요 셰야만은 이십일반오천영구십일
이요 오우스도리야는 이십사만영구빅사십이요 흐란스는 이십영만사천영
구이십이요 인스리스는 일십이만영팔빅칠십구요 이다리야는 일십일만사

18 「뉴쥬총논부록」, 『한성주보』, 1886.2.1.
19 『한성주보』제2호, 1886.2.1.

천이빅구십뉴이요 스베인은일십팔만이쳔칠빅오십이요 보스츠쌀은숨만
뉴쳔오빅일십이요 도르기는육만숨쳔팔빅오십이요 쎄르츠무는일만일쳔
숨빅칠십숨이요 텬말그우는일만숨쳔칠빅팔십사요 끼리이기는이만오쳔
영사십일이요 호르란쏘는일만이쳔뉴빅칠십팔이요 셰르의야는일만영팔
빅오십이요 스이텬은이십구만사쳔팔빅사십팔이요 쏘각국스룸의수효를
긔녹ᄒ노니[20]

이 기사에서는 나열형 어미 '-요' 혹은 '-이요'로 끝나는 구절들을 모두
띄어 썼다. 이와 유사한 사례는 비교적 여러 곳에서 발견할 수 있다.[21]
하나의 문장이 끝나고 다음 문장이 나올 때 한 칸 띄어쓰기 혹은 행 바
꿈을 하는 경우도 종종 발견된다. 다음 예문에서 이를 확인할 수 있다.

그결말은아지못ᄒ여후보를기다려다시긔록ᄒ려ᄒ노라
쎌마인군이장ᄎ인스리스스룸의쳥ᄒᄂ바를허락ᄒ여ᄒ미라 젼글에임의
인스리스군ᄉ가쎌마치ᄂ일를긔록ᄒ엿더니금십월이십칠일일본보지신문
에일너시되쎌마가능히스인리스를익일슈업ᄂ고로그인군셰보우가쟝찻인
스리스스룸의쳥ᄒᄂ바를허락ᄒ다ᄒ더라
쎌마인군이인스리스스룸의갓친빅되미라 십일월숨일에보지신문에일너
시되인스리스스룸이쎌마인군에ᄒᄂ바를질겨아니ᄒ여인도가르곳다란고
을에ᄌ바보내여가두어싸ᄒ니일후쳐치ᄂ아즉아시못ᄒ여후쇼식을기다려
긔록ᄒ려ᄒ노라[22]

---

20 『한성주보』 제4호, 1886.2.22.
21 「유로부디약」(제5호, 13쪽) 등의 기사가 그러한 예가 된다.

이 인용문의 문장들은 모두 해라체의 종결어미 '-라'로 마무리되고 있는 바, 종결어미 뒤의 낱말을 모두 띄어 썼다. 이는 명백한 문장 띄어쓰기에 해당한다.

『한성주보』 기사에서는 낱말 띄어쓰기를 한 사례도 없지 않다. 제5호에 수록된 한글체 기사 「셸마 왕이 인도 로잡펴가미라」의 경우는 제목에서부터 낱말 띄어쓰기를 시도한다. 이 기사에서는 본문 속에서 특히 '빌마 왕'과 '인도 로'를 구별해서 계속 띄어쓴다. 예를 들면 다음과 같다. "즁국 자림신문를본즉 셸마 왕의 일홈은 지모 라흐니 인스리스 스람의스로잡핀빅되여 인스리스비를타고 인도 로향흘식"(6~7쪽)[23], "인도마리아 라흐는항구에이르니"(7쪽), "쎄마 왕을호송흐여 인도 로보닉고"(7쪽). 이렇게 특정한 단어를 반복해서 띄어 쓰는 현상은 제6호 수록된 기사 「아뎬 빅셩이작난홈이라」 등에서도 확인할 수 있다. 이 기사에서는 낱말 '아뎬'이 등장하는 경우 의식적으로 모두 띄어 쓴다. 그 결과 "병선에셔급히 아뎬 싸에잇는 호르란도 관원의게"(5쪽)와 같은 형태의 띄어쓰기 문장이 존재하는 것이다. 특히 나라 이름과 땅 이름 등의 고유명사에 이어서 나오는 조사는 일관되게 띄어 쓴다. 특정 기사에서 이를 일정하게 준수했다는 것은 『한성주보』의 띄어쓰기가 우연히 나타난 현상이 아니라 편집진의 의식적 행위의 결과였음을 보여주는 증거가 된다. 제6호 소재 한글 기사 「아흐리가디략」의 경우에서도 다음과 같은 사례를 확인할 수 있다.

---

22 「르몌리가쌔와리야와셔로함흐미라」, 『한성주보』, 1886.2.1.
23 여기에 표시한 쪽수는 신문 원본의 지면 숫자이다.

예시아 의버금이되나 / 아다란짓그 와 인쏘 두바다의 / 이른바 희망봉 이
라 / 예시아 로부터 / 일홈을 희망봉 이라ᄒ더니 / 셔홍히 에통힝하기로 /
게브고토니 라ᄒ더라 / 모삼쎄그 와 삼쮸쌀 과 쇼마리 와 쌀스라스와아비시
니야 가되고그버금은 느세야 일러라 / 녀왕이 흐린스 로부터 / 쏼쏨 과 모린
스 와 고로모 라ᄒ고 / 아소리 와 마뎨라 와 썬도혜례나 와 앗셴숀 이란모든
섬이 / 쌘쎄시 라ᄒᄂ하슈ᄂ 계부고로니 와 모삼쎄그 의사이에잇스니²⁴

고유명사와 조사의 분리 표기는 현대식 맞춤법과는 어긋나지만, 외
국의 나라 이름과 땅 이름 등의 고유명사를 다른 낱말과 구별해 적으려
는 의식적 판단에 근거한 행위였던 것으로 보인다. 이는 크게 보면 실사
와 허사를 구별해 적으려는 시도의 산물로 해석할 수 있다. 아울러, 한문
문장에서 권점을 찍어 고유명사를 구별해 주던 관습의 영향으로도 볼
수 있다. 이후 발간된『독립신문』등에서는 고유명사에 대한 구별이 밑
줄을 긋는 방식으로 변화되어 나타난다.『한성주보』가 시도한 다양한
형태의 빈칸 띄어쓰기는 국문학계는 물론 국어학계에서 조차 전혀 거론
된 바 없지만 근대 국어 연구에서 주목할 만한 현상임에 틀림이 없다.

4.『한성주보』소재 한글체 기사의 소멸

『한성주보』가 어렵게 도입한 한글 기사의 게재를 갑자기 포기하고

---

24 『한성주보』제6호, 1886.3.8, 발췌인용.

『한성순보』와 같은 순한문체 신문으로 회귀하게 된 이유는 무엇일까? 그 이유는 우선 『한성주보』가 관청을 중심으로 배포되는 신문이었고, 대부분의 독자가 한문 향유 층이었다는 점에서 찾을 수 있다. 이른바 보수적 독자층의 요구 혹은 저항에 따른 순응의 결과일 수 있는 것이다. 『한성주보』가 한글의 사용을 포기하고 순한문체 신문으로 변화하는 데에는, 이러한 외적 요인을 중요하게 생각하지 않을 수 없다. 그러나, 이를 모두 외적 요인에 의한 것으로만 돌릴 수는 없다.

　『한성주보』가 한글 기사를 포기하게 되는 가장 큰 이유는, 이 신문이 한글을 사용했을 때 얻을 수 있는 효과를 제대로 보여주지 못했기 때문이다. 『한성주보』는 과감히 한글 기사를 도입하고는 있지만, 한글 문체에 맞는 기사의 영역을 새롭게 개척하는 데 실패했다. 앞에서 확인한 바와 같이 『한성주보』의 한글체 기사들은 주로 외보 및 집록란에 수록되어 있다. 특히, 외보란에 수록된 기사들은 대부분 외국 신문 및 잡지에 게재되었던 기사를 그대로 번역하여 게재한 것이다. 기사의 출처를 밝히는 다음의 구절들을 통해서도 이를 확인할 수 있다. "이는십월이일일본록아도신보에긔지흔빅라(제1호, 13쪽)", "십일월슴일에보지신문일녀시되"(제2호, 8쪽), "十一月六日日本報知新聞에긔록흔빅라"(제2호, 10쪽), "십일월십이일일본사ᄉ신보에일녀시되"(제2호, 10쪽), "이는일본통계즙지에긔록흔빅라(제2호, 11쪽)", "근일신문의일넛스되"(제4호, 6쪽), "이는상히그리레르신문의이르미라"(제4호, 6쪽), "이은다일본시사신보의일으미라"(제4호, 8쪽), "이계 즁국 자림신문를본즉"(제5호, 6쪽), "수는녹아도신문에긔록흔빅라(제5호, 9쪽)", "이ᄂ일본신문에잇ᄂ 말이라(제22호, 8쪽)", "이ᄂ사월십오일디판통신에잇ᄂ 말이라(제23호, 7쪽)", "일본신보에일으되(제24호, 12

쪽)", "상히신보에운ᄒᆞ되"(제31호, 6쪽) 등. 기사의 출처를 '일본록아도신보, 일본보지신문, 일본사ᄉ신보, 일본통계즙지, 상히그리레르신문, 일본시사신문, 중국자림신문, 듸판통신, 일본신보, 상히신보' 등으로 명기하고 있는 것이다.

외보란에 수록된 세계사 관련 한글체 기사들은 국한문체 기사와 동일한 지면에 서로 번갈아 게재되었다. 즉 한 장의 일본 신문 기사를 국한문체와 한글체로 번갈아 번역 게재했던 것이다. 왜 어떤 기사는 국한문체로 번역하고 또 어떤 기사는 한글체로 번역했는지는 이유를 알기어렵다.[25] 『한성주보』는 『한성순보』의 지면 구성을 대부분 이어받았고, 거기에 표기 문자만을 다양화시켰다. 『한성주보』는 『한성순보』에 게재되었던 유사한 내용의 기사를 문체만 바꾸어 재수록하기도 했다. 『한성주보』는 창간 이후 여러 차례에 걸쳐 「뉵주총논」을 한글로 연재한다. 한글 기사 「뉵주총논」은 『한성순보』의 창간특집 기획 기사였던 「지구도해地球圖解」와 「지구론地球論」을 윤색 번역한 것이다. 결국 『한성주보』 소재 한글 기사의 상당수는 『한성순보』의 순한문 기사를 내용은 그대로 둔 채 문체만 바꾸어 수록한 셈이다. 『한성순보』의 「지구론」과 『한성주보』의 「뉵주총론」이 꼭 같은 것은 아니지만 유사한 성격을 지닌 유사한 내용의 기사인 것만은 틀림이 없다. 그런데, 『한성주보』가

---

25 참고로 다음과 같은 지적도 있다. "이 신문에 사용된 순국문체는 주로 세계사나 만국지지, 외보 번역과 관련된 것이었다. 이러한 현상은 이 시기의 어문 문제에 대한 정부 및 지식인들의 인식을 반영한 것으로 보이는데, 신분 질서에 따라 어문 사용 양상이 달랐음을 의미하는 것이기도 하다. 달리 말해 훈민정음(언문)은 중인 이하의 계층에서 사용하는 것이 자연스러우며, 아울러 실용적 기술과 관련된 것들을 대상으로 하고, 양반 상류층의 학문이나 논설은 한문을 사용하는 것을 자연스럽게 여겼음을 의미한다." 허재영, 「근대계몽기의 어문정책(1) - 개화기 『한성순보(주보)』를 중심으로」, 『한민족문화연구』 제14집, 2004, 65쪽.

공들여 연재했던 「뉵주총론」은 특별히 한글체로 바꾸어 써야 할 이유가 있는 기사가 아니었다. 오히려 「뉵주총론」에서 한글로 번역 표기된 외래 지명들은 이 신문의 주된 독자층이라 할 수 있는 한문 향유층들의 이해를 어렵게 만드는 측면이 있었다. 「한성주보」 제2호 외보란에 수록된 순한글 기사 「르메리가싸와리야와셔로흡ᄒ미라」는 내용의 일부가 국한문체로 다시 보완 설명되고 있다. 『한성주보』 제2호에는 국한문 혼용체로 쓰인 「뉵주총론 부록」 난이 있는데, 이는 제1호부터 연재된 한글 기사 「뉵주총론」[26]의 내용을 추가 해설하기 위한 것으로 그 내용은 "르메리ᄂᆞᆫ羅馬里이요 싸와리ᄂᆞᆫ佰布里이요 도르기ᄂᆞᆫ土耳古요 유로부ᄂᆞᆫ歐羅巴요 아흐리가ᄂᆞᆫ亞非利加요 셰르의ᄂᆞᆫ 塞爾維요 쎌마ᄂᆞᆫ緬甸이요"[27] 등이다. 제3호 이후에는 부록 난을 따로 두지 않고 한글체 기사 뒤에 바로 다음과 같이 국한문체 해설 기사를 덧붙였다.

이디략중에잇ᄂᆞᆫ예시아의나라일홈을한문으로번역ᄒᆞ면중국은中國이요일본은日本이요새쎄리야ᄂᆞᆫ西比利亞요안남은安南이요샤므ᄂᆞᆫ暹羅요쎌마ᄂᆞᆫ緬甸이요인도ᄂᆞᆫ印度요아쓴까니스단은亞葉加尼斯坦이요쎄르치스단은皮路直斯坦이요볘르샤ᄂᆞᆫ波斯이요아라쎄야ᄂᆞᆫ亞拉比亞요예아도르기ᄂᆞᆫ亞細亞土耳古요들기스단은土耳其斯坦이요쏘ᄒᆞᆫ일홈이잇스니中央細亞요쏘이이략중에잇ᄂᆞᆫ유부나라일홈을한문으로번역ᄒᆞ여보면보르쌀은葡萄牙요로시야ᄂᆞᆫ俄羅斯요인스리스ᄂᆞᆫ英吉利요흐란스ᄂᆞᆫ法蘭西요도르기ᄂᆞᆫ土耳古이라[28]

26 호수에 따라 '뉵주춍론', '뉵주총론' 등 여러 가지로 표기했다.
27 『한성주보』 제2호, 1886.2.1.
28 『한성주보』 제3호, 1886.2.15. 이러한 형식의 국한문체 기사는 『한성주보』 제4호, 1866.2.22 일자 등 여러 곳에서 확인된다.

제5호에 수록된 한글 기사 「유로부디약」에서도 "이를보고미승ᄒ거시잇거던한문으로번녁ᄒ나라일홈을보리로다"라는 구절 뒤에 한자로 나라 이름을 다시 적고 있다. 제6호 수록된 한글 기사 「아흐리가디략」에서도 "이상각국일홈을한문으로번역ᄒ면"이라는 구절 뒤에 동일한 시도를 한다. 제22호의 한글 기사 「스베인사람다르미아가아다란짓그를차진쇽고」에서는 "디명과슈명과산명과인명을한문으로번역ᄒ면"이라는 구절이 등장한다. 순한글 기사 뒤에 다시 한자를 추가해 별도의 해설을 시도하게 되는 것이다.

창간호 이후 한글체 기사를 최소 두 편 이상 게재하던 관행과 달리, 『한성주보』는 제24호부터 한글체 기사를 점차 줄여가기 시작한다. 제24호 소재 한글체 기사는 한자 표기를 혼용하는 예외적 시도를 한다. 순한글로 써나가던 기사에 한자 표기를 추가하기 시작한 것은 한글만으로는 문장의 의미를 독자에게 바르게 전달하기 어렵다고 판단했던 때문으로 보인다. 이후 『한성주보』에서는 더 이상 순한글체 기사가 자리를 지키기 어려워진다.

5. 마무리 – 한계와 의미

『한성주보』에서 한글은 타인을 위한 번역의 도구일 뿐, 글 쓰는 이 자신을 위한 의사 표현의 도구가 아니었다. 『한성주보』의 한글체 기사에는 글 쓰는 이의 감정이 거의 담겨있지 않다. 『독립신문』이나 『제국신문』 등 여타 근대 초기 신문의 한글 문장에서 볼 수 있는 의문이나 감탄 혹은 청유 등의 어미를 발견하기 어려운 것은 이 때문이다.

『한성주보』의 한글체 기사는 외국어 설명 문장의 번역에 주로 활용이 되었다. 『한성주보』의 독자는 그 전신이었던 순한문 신문 『한성순보』의 독자와 큰 차이가 없다. 그 점에서 보면, 『한성주보』의 독자들은 한문 기사의 한글 번역을 필요로 하는 독자들이 아니었다. 『한성주보』의 외보 및 집록란에 수록된 한글 기사의 원전은 대부분 일본과 중국의 근대 매체에 수록된 것들이었다. 『한성주보』의 외보에서는 일본과 중국뿐만 아니라 영국, 미국, 프랑스, 러시아, 독일 등의 신문 기사들도 인용한다. 그러나 대부분의 실제 기사는 일본과 중국 신문의 재인용이었다.[29] 이들 기사 중 일부가 이미 『한성순보』에 순한문으로 실려 있었다는 점을 참고로 하면, 『한성주보』의 한글 기사들은 일본어와 중국어가 먼저 한문으로 번역된 후 다시 한글로 표기되는 절차를 밟았을 가능성이 크다. 『한성주보』에서 한문 기사를 한글로 재번역해 전달하는 일은 절차가 번거로울 뿐만 아니라 오히려 독자들과의 의사소통을 어렵게 하는 측면마저 없지 않았다. 그 결과 『한성주보』에서는 한글이 더 이상 설 자리를 확보할 수 없게 되었던 것이다. 결국, 『한성주보』에서 한글 기사가 설 자리를 찾지 못한 가장 큰 이유는 그 용도가 불분명했다는 점에 있다. 『한성주보』의 편집진은 한글을 어떻게 활용할 것인가에 대한 분명한 생각을 지니지 못한 채 한글체 기사를 도입했고, 한글체 기

---

29 이에 대해서는 다음의 지적 참조. "旬報와 周報는 주로 중국과 일본에서 발행된 신문을 보고 외국기사를 만들었을 뿐 아니라, 외국어신문들을 인용한 것으로 보도된 기사들도 대부분 중국이나 일본에서 발간된 신문이 인용한 것을 간접인용하면서 직접 인용한 것처럼 기사를 썼던 것으로 보인다." 정진석, 「해제 : 최초의 근대 신문 한성순보와 한성주보」, 『한성순보, 한성주보 번역판』, 7쪽 참조.

사는 효율적인 표현 영역을 확보하는 데 실패했던 것이다. 『한성주보』의 한글체 기사가 시도한 빈칸 띄어쓰기는 근대 국어 연구에서 주목할 만한 가치가 있다. 그러나 그 선구적 의미에 비하면 실질적 효과는 기대에 미치지 못했던 것으로 보인다. 한글 문장 표기에서 띄어쓰기가 거둘 수 있는 가장 큰 효과는 의사 전달력을 높일 수 있다는 것이다. 그러나, 보편화·규칙화되지 않은『한성주보』한글체 기사의 띄어쓰기는 이러한 효과를 크게 거두기 어려웠다.[30]

　하지만『한성주보』의 한글체 기사는 이러한 실패에도 불구하고 몇 가지 점에서 의미가 있다. 그 중 가장 주목할 만한 사실은, 이를 통해 당시대 지식인들이 최초로 공적 영역에서 한글을 접하게 되었다는 점이다. 지식인을 위한 최초의 국한문 표기 저술『서유견문』이 간행된 것이 1895년이라는 사실을 생각하면, 이보다 약 10년이나 앞서 등장한『한성주보』의 한글체 기사는 그 존재 사실 자체만으로도 의미가 크다.『한성주보』의 한글 사용은 '오랫동안 억눌렸던 일반 대중이 자기를 주장하고 자기를 새삼스럽게 찾아내는 데 결정적인 역할을 한 것'으로 평가받기도 한다.[31]『한성주보』의 한글체 기사는, 근대 초기 개화파의 국한문혼용체 신문 발행의 소망을 실현했다는 점에서도 의미가 있다. 근대 최초

---

30 『한성주보』한글체 기사의 구절 및 문장 띄어쓰기는, 한문 문장을 읽을 때 의미 단위로 끊어서 읽는 방식과 일치하는 측면이 있다. 한문 사용 관습의 영향이 반영되어 있는 것이다.
31 다음의 지적 참조. "이로써 종래의 특수 상층계급만의 漢字로부터 해방되어 일반 대중도 민족 고유의 알기 쉬운 한글로서 學問 세계에 발을 들여 놓을 수가 있게 되었다. 그것뿐이 아니라 정치상의 의사를 나타낼 수가 있게 되었고 또 하나의 思想을 갖게 되었다. 新聞에 한글 사용이야말로 오랫동안 억눌렸던 일반 대중이 자기를 주장하고 자기를 새삼스럽게 찾아내는 데 결정적인 역할을 하게 만들었다. 따라서 지난날의 言論이 주로 상층계급인 兩班과 中人들 사이에만 행해졌던 것을 이로부터는 일반 대중, 특히 서민층에서도 일어나게 할 素地를 충분히 마련하였다." 최준,『신보판한국신문사(新補版 韓國新聞史)』, 일조각, 1990, 27~28쪽.

의 신문 『한성순보』가 원래 국한문혼용체 신문으로 기획되었다는 사실은 잘 알려져 있다. 이를 준비하던 박영효와 유길준 등이 갑자기 물러난 후 통리아문박문국統理衙門博文局이 간행 주체가 되면서 『한성순보』는 순한문체 신문으로 발행되었다.[32] 『한성주보』의 한글체 기사는 개화기 국어의 표기변천사를 연구하기 위한 일차 자료로서도 적지 않은 의미를 지닌다. 『독립신문』 등 근대초기 신문 기사에서 발견되는 한글 표기 특징 가운데 상당수는 『한성주보』의 한글체 기사에서도 거의 그대로 확인된다.[33] 『한성주보』에서 시도되었던 한글 문장의 띄어쓰기는 『독립신문』에 이르러 실질적으로 정착이 된다.

시간이 흐르면서 근대 지식인의 한글 사용은 다양한 매체를 통해 점차 효율적으로 확산되고 정착된다. 개인적·사회적으로 한글 사용의 영역이 확장되고 표현 기능이 확대되어 가는 것이다. 아울러 생산자인 작가 중심에서 수용자인 독자 중심으로 문체 전환이 일어나면서 한국 근대문학사에도 새로운 장이 열리게 된다. 이때 중요한 역할을 담당하

---

32 『한성순보』가 원래 국한문 신문으로 기획되었다는 사실은, 유길준이 미리 써두었던 것으로 알려진 다음의 창간사를 보아도 알 수 있다. "今夫新聞紙라稱ᄒᆞᄂᆞᆫ者ᄂᆞᆫ文明諸國에盛行ᄒᆞ야 其功效ᄅᆞᆯ不遑枚擧로되其大槪ᄅᆞᆯ論辨ᄒᆞᆫ則殆無涯際(ᄒᆞ)나그러ᄒᆞ나其要領ᄋᆞᆫ一國人民의智見 을擴大ᄒᆞᄂᆞᆫ데(不)過(치아니)ᄒᆞ(ᄂᆞ)니大則一國政의(万国政治)事理로붓터小則一身一家의修 齊에이르히日新又新ᄒᆞ야其卑陋ᄒᆞᆫ習俗ᄋᆞᆯ脫ᄒᆞ야開明ᄒᆞ化運에向ᄒᆞ야弊害ᄅᆞᆯ除ᄒᆞ고正理에歸 ᄒᆞ며不便ᄋᆞᆯ捨ᄒᆞ고有盈(益)에就ᄒᆞ야其國의文明(化)을增進ᄒᆞ게ᄒᆞᄂᆞᆫ데不出ᄒᆞᄂᆞ니何爲其然 고新聞紙ᄂᆞᆫ內外國(의)政(治)事項ᄋᆞᆯ細大업시記載論辨ᄒᆞ고民間事情ᄋᆞᆯ遠近업시搜聞傳播ᄒᆞ ᄂᆞᆫ故로勸善懲惡ᄒᆞᄂᆞᆫ道가(自然)流行ᄒᆞ며坐人民이恒常政治得失ᄋᆞᆯ辨知ᄒᆞ야其弊害除袪事ᄋᆞᆯ 希望ᄒᆞ며政府도坐ᄒᆞ時勢의變遷과民心의向背ᄋᆞᆯ觀察ᄒᆞ야其政治ᄅᆞᆯ適宜ᄒᆞ게改良ᄒᆞᄂᆞᆫ事ᄋᆞᆯ得 ᄒᆞ며" 국사편찬위원회 편, 『유길준전서(兪吉濬全書)』 제4권, 1971, 7쪽. 이 원고에는 누군가 가필을 한 흔적이 있다. 가필은 오자(誤字)를 바로잡거나, 독자가 문맥을 이해하기 쉽도록 하는 방향으로 이루어졌다. 이와 관련된 더 자세한 논의는 김영민, 『문학제도 및 민족어의 형성과 한국 근대문학』, 143~144쪽 참조.

33 『독립신문』의 한글 표기와 맞춤법에 관한 상세한 논의는 이응호, 『개화기의 한글운동사』, 성청사, 1975, 235~237쪽 참조. 개화기 국어의 일반적 특질에 대한 정리는 정승철 외, 『국어의 시대별 변천 연구 4-개화기 국어』, 국립국어연구원, 1999 참조.

게 되는 매체 가운데 하나가『독립신문』이다.『독립신문』뿐만 아니라 이후에 발간된 여타 근대 신문들의 경우, 문체 선택 시 가장 우선적으로 고려하게 되는 요소는 독자 집단의 성격이다.『제국신문』이 한글을 기본 문체로 선택하고,『황성신문』이 국한문을 기본 문체로 선택하면서 두 신문이 시장을 분할 지배한 것은 그 대표적 사례이다. 이때『제국신문』은 일반 대중을,『황성신문』은 이른바 식자층을 자신들의 주된 독자층으로 삼았다. 이들 신문은 기본 문체뿐만 아니라, 선호하는 기사의 영역과 기사 서술 태도에서도 적지 않은 차이를 보이게 된다.

『한성주보』의 한글체 기사 정착 실패의 경험은 근대 매체의 문체 선택에서 중요하게 고려해야 하는 요인이 독자층의 성격이라는 점을 새삼 확인시켜주었다. 아울러, 문체에 맞는 기사 영역의 개척이 필요하다는 사실 또한 일깨워 주었다. 결과적으로 보면,『한성주보』에서의 한글체 기사의 정착 실패 경험은 이후 발간된 근대 신문의 문체 선택 과정에 타산지석의 교훈으로 작용했다.

『요양수가삼천집療養秀歌三千集』을 읽다*

호시나 히로노부 / 번역 이혜원

1. 시작하며

어깨를 펴고 / 익살스럽게 걷는 / 병든 벗 역시 / 쓸쓸한 모습이네 / 장난스럽기에 더욱(肩をはり道化て歩む病友(とも)もまた淋しきままの戯れにこそ)

싹둑싹둑 / 잘리어서 이제는 / 고통도 없는 / 손을 덧없어하며 / 수술실을 나서네(ごりごりと削られてなほ痛みなき手をはかなみつ手術室いづ)

목소리가 / 나오지 않는 눈 먼 벗 / 한마디 말 대신 / 기둥에 매달아둔 / 빈 깡통을 울리네(聲たたぬ盲目(めしひ)の友はかたことと柱に吊りし空鑵をならす)

대우 운운하며 / 목소리 높여서는 / 기를 썼던 / 그때는 아직은 / 병도 가

---

* 이 글은 「宇野木洋教授退職記念論集」(『立命館文学』, 667号, 立命館大学文学会, 2010)에 실린 「『療養秀歌三千集』を読む」를 번역한 것이다.

벼웠었네(待遇のことなど言張りきほひたる頃は病もまだ軽かりき)

황태후폐하 하사하신 계란이 부화하여 매일 생장하다

　드넓은 바다 / 건너서 온 하사품 / 닭이 되어선 / 오늘 아침 가슴 펴 / 시간을 알려주네(はろばろと海越えて来し御下賜鶏今朝胸はりてとき告げにけり)[1]

단가(『요양수가삼천집(療養秀歌三千集)』, 1940.12)

　　　　　　　　　1940년 12월에 도쿄에서 간행된 『요양수가삼천집療養秀歌三千集』의 권두에 실린 단가이다. 아오야마 준조青山純三라는 작자의 이름 아래에 '대만, 낙생원楽生院, 메이지 34년생(1901)이라고 적혀 있다. 낙생원이란 1930년 12월에 대만총독부가 개설한 나병[2]요양소의 이름이다. 1901년생인 아오야마는 채 마흔 살도 되지 않았는데 이미 병은 악화되었던 것일까? 나병은 진행되면 말초신경이 마비되기 때문에 곪은 손발을 절단해도 아픔을 느끼지 못한다. 2수째의 단가는 그러한 슬픔을 읊은 것이다.

　가집의 선자選者는 우치다 모리토内田守人(1900~1982, 본명은 우치다 마모루(内田守)). 당시 국립 나병 요양소 나가시마 애생원長島愛生園에 근무하는 의사로 환자에게 단가를 지도한 가인으로서도 알려져 있다. 1939년에 개조사改造社가 출판한 아카시 가이진明石海人(1901~1939)의 가집 『백묘白

1　内田守人, 選『療養秀歌三千集』, 徳安堂書房, 1940.12, 1쪽.

2　오늘날에는 '한센병'이라고 칭하지만 본 논문에서는 인용을 제외하고 '나병'이라고 표기하도록 한다. 전후에 특효약이 출현하기까지 나병은 불치병으로 여겨졌고 나병문제의 '해결'이란 강제격리된 환자의 '절멸'에 의해 달성되는 것으로 여겨졌다. 요양소의 의사뿐 아니라 나병환자 본인들에게도 스스로의 병은 치료가능한 '한센병'이 아니라 '나병'이었던 것이다.

描』는 베스트셀러가 되었는데 아카시도 우치다에게 단가를 배운 나병
자였다.

『요양수가삼천집』(이하『삼천집』)에 수록된 것은 나병이나 결핵 등의
"지병에 직면해 기가 꺾이지 않는 강인한 인간성을 표현한 노래"[3]이다.
결핵예방단체인 백십자회를 이끈 무라시마 요리유키村島帰之의 의뢰로
동회의 기관지『백십자』에 투병 단가를 연재하던 중 우치다는 '요양 단
가'를 제창하게 되었다.

이 책에 수록된 단가는 '삼천집'뿐만 아닌 3,800수를 넘는다. 『백십자
白十字』의 후계지『요양지식療養知識』에서 작품을 모집하자, 응모자는 400
명이 넘었고 접수된 노래는 2만 수를 상회했다고 한다. 대만을 포함한
전국 각지에서 몰려든 단가를 선별하면서 "(마사오카(正岡)) 시키子規, (나
가쓰카(長塚)) 다카시節 이하 메이지 이래의 유명한 고인의 수작 중 병환
가病患歌를 전부 수록하고 또한 현존 선배 가인 중에서도 하쿠슈白秋 선생
이하 여러 명의 좋은 노래를 차용"[4]하여 간행된 것이『삼천집』이다.

여기에서는 아오야마 준조 외에 4명의 낙생원 입소자(우메다 시데오梅田
秀雄), 고자키 하루코小崎治子, 사쿠마 난잔佐久間南山, 다케다 시로武田史郎의
단가가 수록되어 있다. 식민지 요양소에 격리된 나병자의 작품이 처음
으로 일본 내지의 독자에게 전해진 것이다. 본 글은 낙생원 입소자의 '나
단가癩短歌'를 중심으로『삼천집』이라는 단가집을 검토하도록 한다.

---

3   内田守人,「卷末記」, 앞의 책, 페이지 없음.
4   위의 글, 보충은 인용자.

2. 낙생원의 성립과 황태후의 '은혜'

1930년 12월, 대만 총독부는 나병요양소인 낙생원을 타이베이 주 신장新荘군에 개설[5]했는데 당초 입소자는 일본 내지인 4인, 대만 본섬인 2인[6]이었다.

설립시의 수용정원은 겨우 100명. 같은 해 말에 총독부 경무국이 실시한 조사에서는 섬 전체에서 1,600명을 넘는 환자가 상정되어 있는데 정원이 적은 것은 부정할 수 없다. 그러나 일본 내지와 다른 법체계의 대만에서는 "주로 부랑 배회하고 있는 자로 병독을 퍼뜨리고 풍속 상으로도 심히 좋지 않은" 환자의 수용을 목적으로 한 '나병 예방에 관한 건'(1909년 시행)조차 적용되지 않았다. "법률 없이 한센병 요양소의 운영은 대만 총독부립이기에 가능"했다고 세리자와 요시코芹澤良子는 적고 있다.[7]

환자를 격리수용하는 권한을 총독부가 손에 넣은 것은 1934년 10월에 칙령에 의해 대만에 '나병 예방법'이 시행된 이후부터이다. 그 4년 전인 1930년 10월, 하마구치 오사치浜口雄幸 내각은 모든 나병자의 격리수용을 전제로 하는 '20년 근절 계획'을 책정하고 다음해 3월에 '나병 예방법'을 성립시켰다. 이 법률에 의해 모든 환자의 수용이 합법화되었다. 지역사회에서 모든 환자를 요양소에 격리하는 '나환자 없는 현縣 운동'

---

5 식민지 대만의 나병 정책에 대해서는 星名宏修, 「植民地台湾の「癩文学」を読む−宮崎勝雄のテクストを中心に」, (『日本台湾学会報』第21号, 2019.7)에서 논했다.

6 「収容患者定員及現在数」, 『昭和五六年統計年報』, 台湾総督府楽生院, 1933, 7쪽.

7 芹澤良子, 『帝国日本の台湾統治とハンセン病』, お茶の水女子大学大学院人間文化研究科博士論文, 2012, 194쪽.

은 대만에서도 '나환자 없는 주州 운동'으로 파급되었다.

아오야마 준조의 다섯 번째 단가가 '황태후 폐하가 내려주신 계란'을 읊고 있는 것처럼, 근대일본의 나병정책 수행에는 데이메이貞明 황태후의 역할이 컸다. 나병 없는 현 운동의 중핵을 담당한 재단법인 나병 예방협회도 황태후가 '하사'한 '내정비內廷費'를 기금으로 1931년 3월에 설립된 단체이다. 1932년 이후 황태후의 탄생일인 6월 25일이 '나병 예방일'이 되었다.

황태후가 1932년 11월 10일에 읊은 '나환자를 위로하며'라는 단가("무료하기만 한 / 친구 되어서라도 / 위로하시오 / 찾아가기 어려운 / 나를 대신하여서(つれづれの友となりても慰めよ行くことかたきわれにかはりて)")는 "'나환자'에게 지고의 가련함을 느낀 노래로 격리정책 실정자들에게 열렬하게 환영받았다. 각 요양소에서는 '나병 예방협회'를 통해 노래의 액자가 하사되고 전생병원全生病院에서는 그것을 기리는 '황태후폐하 신덕기념비'가 세워졌다."[8] 낙생원도 1933년 9월에 '하사하신 노래 액자를 삼가 받'아 38년 9월에는 '노래비 제막식'[9]을 실시했다. 황태후의 '은혜'를 기치로 추진된 나병 없는 주 만들기 운동의 결과, 낙생원의 입소정원은 1939년에는 700명까지 증가했다. 실제 입소자는 43년의 653명이 최고치였다.[10]

8   荒井裕樹, 『隔離の文学－ハンセン病療養所の自己表現史』, 書肆アルス, 2011, 173쪽.
9   「沿革」, 『昭和十三年年報』, 台湾総督府癩療養所楽生院, 1939, 3·8쪽.
10   上川豊, 「台湾総督府の救癩事業回顧 後編」, 『レプラ』第21巻 第6号, 1952.11, 44쪽.

3. '감상주의'와 요양소의 '나단가賴短歌'

전후에 프로민 등의 특효약이 개발될 때까지 나병은 낫지 않는 병이라고 여겨졌다. 나가시마 애생원의 의사 오가와 마사코小川正子의 수기를 원작으로 한 『소도의 봄小島の春』은 1940년에 대히트한 영화인데 이것을 본 오타 마사오太田正雄(도쿄제국대학 의학부 피부과 의사로 기노시타 모쿠타로(木下杢太郎)라는 필명을 가진 문학자이기도 하다)는 "나병은 불치의 병인가? 그것은 실제 지금까지는 그랬다. 그러나 **지금까지는 이 병을 의료로 치료하려는 충분한 노력을 다했다고는 말할 수 없다. 특히 일본에서는 거의 그 방향으로 고려하지 않았다고 말해도 좋다. 그리고 일찍이 불치, 치료불가라고 포기해 버렸다. 따라서 환자 사이에도 그것을 간호하는 의사 사이에도 이것을 관리하는 관리관 간에도 감상주의는 흘러넘치고 있다**"[11]라고 감상을 남기고 있다.

오타 마사오가 지적한 '감상주의'를 실마리로 근대일본의 나병정책을 문학작품에 표현된 환자상과 맞추어 비판한 것이 오니시 교진大西巨人이다. 많은 작품에서 "나병을 업병業病·천형병天刑病으로 여기며 나환자에 대해 '살아갈 의미를 상실한 사회 외적 인간' 취급을 하고, 나병 문제 일반 특히 나병 가족문제의 사회적 성격을 무시"하며 그린 배경에는 '감상주의'가 존재하는 것을 지적한 뒤 "이들 여러 작가가 각자의 주관으로 나환자를 혐오하고 경멸하고 있다는 것은 아니다. 그들은 오히려 주관적으로는 환자에 대해 미온적이고 감상적인 '선의'와 '동정'마저 안고 있

---

11 太田正雄, 「動画『小島の春』」, 『日本医事新報』第935戸, 1940.8.10. 인용은 『木下杢太郎全集』第17巻, 岩波書店, 1982, 190쪽에서. 강조는 인용자.

다. 그들에게 공통하는 업병·천형병이라는 취급도 '사회 외적 인간'시도, 필시 그 '선의'와 '동정'에서 나온 것이리라. (…중략…) 이런 종류의 감상주의, 이런 종류의 선의와 동정이 '지옥으로 가는 길'을 포장한 것이다"[12]라고 적고 있다.

근대일본에서 "나병의 박멸이란 병을 고쳐서 환자를 구하는 것이 아니라, 환자를 박멸하여 국가와 사회를 병의 저주에서 고치는 것"이고 "개개의 환자에게 나병이 불치병이라고 하더라도 그러한 환자 모두가 절멸만 해 준다면 국가로서는 나병의 치유를 의미"[13]했다. 이러한 "피비린내 나는 비인간적"[14]인 생각의 배경에는 나병을 '불치, 치료가 불가한' 병이라고 간주한 '감상주의'가 가로놓여 있는 것이다.

하마구치 내각의 '20년 근절계획'을 바탕으로 1935년에 대만 나병 예방협회가 작성한 『대만의 나병 근절책에 대하여台湾の癩根絶策に就て』는 수용환자의 '발병부터 사망까지의 연수'를 다음과 같이 수치화하고 있다.

나병 요양소 수용 중인 나환자의 발병부터 사망까지의 연수를 통계적으로 볼 때, 발병 후 1년 이내에 사망하는 자는 겨우 0.6%에 지나지 않다가 경과 연수와 더불어 사망률도 증가하여 발병 후 6년에 이르면 7.5%가 되고 9년째에는 거의 10%를 보이고 그 후 체감遞減하는데 그런데도 15년째까지는 상당히 높은 비율을 보이고 25년째까지는 거의 전부(95%) 사망하기도 한다. (…중략…) 또한 나병의 발병부터 요양소에 수용될 때까지 경과 연수는

---

12 大西巨人, 「ハンセン病問題－その歴史と現実、その文学との関係」, 『新日本文学』 1957.7·8. 인용은 大西巨人, 『俗情との結託』, 立風書房, 1982, 318쪽.
13 澤野雅樹, 『癩者の生－文明開化の条件としての』, 青弓社, 1994, 88쪽
14 大西巨人, 앞의 글, 308쪽.

일본 내지의 각 요양소 및 낙생원 등의 통계에 의하면 평균 5년이라고 볼 수 있으므로 대체로 발병 6년째에 수용된다고 봐야 할 것이다.[15]

'절멸'을 기대한 환자들에게 과혹한 격리를 참을 수 있도록 적절한 위안을 주는 것이 나병 정책 수행의 커다란 과제였다. 그래서 주목한 것이 예술과 문학이고 실제로 환자에게 단가 창작 지도에 임한 것은 『삼천집』의 편자 우치다 모리토였다.

1900년에 구마모토에서 태어난 우치다 마모루(모리토는 필명)[16]는 구마모토 의학 전문학교를 졸업한 후, 1924년부터 규슈 요양소(현재의 기구치 게이후엔(菊池恵楓園))의 의국원으로 활동하기 시작했다. 같은 해 규슈 요양소에서는 단가회가 결성되었고 우치다가 지도를 하게 되었다. 등사판의 『편백나무 그늘檜の影』은 "한센병 환자의 단가와 하이쿠를 요양시설 외부인들이 접할 수 있는 기회를 제공했"[17]다. 우치다 마모루를 '한센병 단가의 프로듀서'로 평가하는 마쓰오카 히데아키松岡秀明는 한편으로 그의 사고에 숨은 퍼터널리즘을 지적하고 있다. 결국 "의료종사자가 환자의 이익을 위해서 라면서 환자에게 간섭하고 그 자유와 권리를 제한하거나 환자에게 어떤 행동을 권하는 것을 의미한다./우치다가 환자들에게 단가를 읊도록 권하고 그것을 세상에 내놓으려고 한 것은 환자들을 세상 사람들이 알아주었으면 좋겠다는 퍼터널리즘에 근거하고 있다"[18]라고 말하는 것이다.

---

15 財団法人台湾癩予防協会, 『台湾の癩根絶策に就て』, 財団法人台湾癩予防協会, 1935, 11~12쪽.
16 우치다 모리토에 대해서는 馬場純二, 「医官、内田守と文芸活動」, (『歴史評論』第656号, 2004. 12)을 참조했다.
17 松岡秀明, 「光をうたった歌人-新·明石海人論 08」, 『短歌研究』第75巻 第9号, 2018.9, 162쪽.

여기에서는 우치다 마모루가 대만의 『사회사업의 친구社會事業の友』에 낸 「나환자와 문예생활癩患者と文芸生活」의 한 절을 인용하도록 하겠다.

내가 나환자의 문예운동을 강하게 주장하는 데는 두 가지 이유가 있다. 하나는 **환자 스스로가 문예에 의해 어느 정도까지 사회적으로 진출하고 정신적 갱생을 기획할 수 있다는 것**과, 또 하나는 우리들과 같이 나병 예방사업에 종사하고 있는 자가 환자의 생활을 사회에 소개하고 또한 환자의 심리상태를 전하는 데는 예술적 울림이 높은 그들의 문예활동에 의한 것이 가장 유효하다는 것이다.

또한 문예 방면의 실제 문제에 당면하여 한마디 해두고 싶은 것은 아시다시피 목하의 요양소에 수용되어 있는 나환자는 비교적 교육정도가 낮은 사람이 많아 그다지 소양을 필요로 하지 않는 단카, 하이쿠 등의 단시형부터 문예 입문을 하는 것이 좋다고 생각한다. 또 병든 자들로 상당한 육체적 고통을 가진 자이므로 비교적 체력을 필요로 하지 않는 짧은 형식의 문예를 고르는 편이 유리한 계책이다. (…중략…) 또 단가와 하이쿠는 같은 단시형이라고 하더라도 전자는 주정적이고 글자 수도 많으므로 후자에 비해 환자의 심경을 표현하는 데 편리할 것이다.[19]

특효약이 없는 시대에 '나병예방사업에 종사'한 우치다는 환자의 '정신적 갱생'을 마음 쓰고 있었다. 오니시 교진에 따르면 '선의와 동정'이

---

18 松岡秀明, 「光をうたった歌人－新‧明石海人論 09」, 『短歌研究』, 第75巻 第10号, 2018.10, 144쪽. ' / '은 개행한 곳.

19 内田守人, 「癩患者と文芸生活)」 『社会事業の友』 第27号, 1931.2, 30~32쪽. 강조는 인용자.

다. 단가는 '환자의 생활을 사회에 소개하고 또한 환자의 심리상태를 전하는' 재료이고, '비교적 교육과정이 낮은' 나병자에게도 '심경을 표현하는데 편리'할 것이라고 우치다는 생각했다.

그러나 우치다의 동기가 '감상주의'에 바탕을 둔 것이라고 해도 미래가 보이지 않는 요양소 생활을 강요당한 나병자에게 단가의 창작이 실제로 마음의 버팀목이 된 것은 부정할 수 없을 것이다. 『삼천집』에 수록된 "살아가는 것이 / 내키지 않을 때는 / 주저치 말고 / 우울한 노래 읊으면 / 위안이 되는구나(生くることの物(もの)鬱(う)きときはためらはずものうき歌を詠めばなぐさむ)" 기시 쇼잔(岸曙山), 오카야마(岡山), 광명원(光明園), 메이지 34년생(1901), 104쪽 와 "노래를 읊는 / 방법조차 몰랐던 / 그 옛날은 / 병 때문에 눈물 / 짓는 날 많았구나(歌を詠む術をし知らぬそのかみは病に泣く日の多かりしかな)" 스이바라 다카시(水原隆), 구마모토(熊本), 규슈요양소(九州療養所), 쇼와 9년(1934), 36세 몰, 308쪽[20] 등의 단가에서는 '노래를 읊'는 것의 절실한 의미가 전해져 온다.

4. 식민지 대만의 '나단가'

근대일본의 '나문학'에서 가장 저명한 문학자는 전생병원(1909년 창립, 현재의 국립요양소 다마전생원)에 입소한 호조 다미오北条民雄(1914~37)일 것이다. 1933년에 발병한 호조는 다음해 5월에 전생병원에 입원했다. 35년에 집필한 소설 「마키 노인間木老人」이 가와바타 야스나리川端康成의 주

---

20 이하, 『삼천집』에서 인용은 페이지를 표기하는 것으로 주를 대신한다.

목을 받았다. 대표작 「생명의 초야いのちの初夜」가 『문학계』(1936.2)에 게재된 것도 가와바타의 강력한 추천이 있었기 때문이다. 또한 1937년부터 38년에 걸쳐 개조사가 간행한 전 11권의 『신만엽집新万葉集』에서는 아카시 가이진을 비롯한 전국의 요양소 입소자의 '나단가'가 수록되어 있다. 우치다 모리토의 지도를 받은 아카시의 단가는 1939년에 개조사에서 『백묘白描』로 출판되어 큰 화제가 된 것은 앞에서 서술했다.

호조 다미오와 아카시 가이진의 활약의 '전사前史'로서 전생병원에서는 1919년에 문예잡지 『산 벚꽃山桜』이 창간되어 입소자들의 발표의 장이 되었다. 오랫동안 『산 벚꽃』의 편집장을 맡은 후모토 가레이麓花冷는 "법칙이 개정되어 자택수용이 허용되지 않고, 유산계급 환자가 많아짐에 따라 지식인도 늘고 요양소 내의 생활은 문학 뿐 아니라 각 방면에 현저하게 향상을 보였다. 그 영향으로 문학방면에서 시와 산문 문학이라는 자의식이 일어났다"[21]라고 적고 있다. 호조와 아카시의 작품이 주목받게 된 배경에는 30년대 전반에 본격화한 강제격리정책이 있었다.

그렇다면 대만은 어땠는가? 이미 서술한 바와 같이 낙생원의 설립은 1930년 12월, 강제격리를 가능하게 한 '나병 예방법'이 칙령에 의해 시행된 것은 1934년 10월이다. 약 반년전인 1934년 5월 경 낙생원 위안회의 기관지 『만수과万寿果』가 창간[22]되었다. 회칙으로 "회장은 대만 총독부 경무국장을 추대하고 그 외에는 회장이 임면한다"[23]는 것을 명기한

21　麓花冷, 「我等の文学」, 『科学ペン』 第3巻 第2号, 1938.3, 99쪽. 강조는 인용자.
22　창간호가 발견되지 않아, 간행의 시기를 정확하게 밝혀낼 수 없다. 『近現代日本ハンセン病問題資料集成 補巻7台湾におけるハンセン病政策』(不二出版, 2005). 시미즈 히로시(清水寛)・히라타 가쓰마사(平田勝政)에 의한 「해설」에 따랐다.
23　「台湾総督府楽生院慰安々則」(쇼와6(1931)12.26 제정),『昭和五、六年統計年報』, 台湾総督府楽生院, 1933, 37쪽.

동 회는 "환자를 정신적으로 위무하고 선도하여 가급적 오락을 주어 부지불식중에 요양생활에 흥미가 생기게 하여 탈주 등을 방지"[24]하는 것을 '사업방침'으로 들고 있다. 경무국과 일체가 되어 총독부 당국의 나병 정책을 실행에 옮긴 단체라고 말할 수 있다. 현존하는 『만수과』는 1935년 4월 '황태후 폐하 인자하심 감격 기념호'가 가장 오래된 것이다. 데이메이 황태후가 대만 나병 예방협회에 2만 엔을 '하사'한 것에 대한 '감격'이 지면을 덮고 있다.

여기까지의 경위를 정리해보자. 일본 내지에서는 1909년에 부랑환자의 수용을 목적으로 한 '나병 예방에 관한 건'이 시행되고, 전생병원 등 5개의 요양소가 지어졌다. 1919년에 전생병원에서는 문예지 『산 벚꽃』이 창간되었다. 소위 환자의 강제격리를 목적으로 한 '나병 예방법'이 1931년에 성립된 후, 요양소에 '유산계급'과 지식인이 늘었다는 것으로 문학활동이 활발해졌다.

나병요양소 건설이 늦어진 대만에서는 '나병 예방법'의 시행과 『만수과』의 간행이 거의 같은 시기에 이루어졌다. 호조 다미오 등이 등장할 때까지 다채로운 문학창작의 '전사'가 있었던 일본의 요양소와는 달리, 낙생원에서는 그러한 것은 존재하지 않았다. 『만수과』의 지면의 대부분을 '국어'(일본어)가 차지한 것도 입소자의 90%를 차지하는 대만 본섬의 필자를 멀리하게 하였다.[25]

제3권 제3호(1937년 1월)부터는 시바야마 다케노리柴山武矩가 『만수과』

---

24 上川豊, 「台湾総督府の救癩事業回顧 後編」, 『レプラ』 第21巻 第6号, 1952.11, 43쪽.
25 낙생원에서 본섬인의 창작에 관해서는 星名宏修, 「1930年代植民地台湾の「癩文学」を読む—雑誌『万寿果』における本島人の作品を中心に」(『台湾文学研究集刊』 第22期, 台湾大学台湾文学研究所, 2019.8)를 참고할 것.

단가란의 선자가 되었다. 1929년에 대만으로 건너간 시바야마는 대만 사회사업협회의 기관지 『사회사업의 친구』의 편집을 맡았다. 그가 편집한 제 27호(1931년 2월)의 '나병 문제 특집호'는 "일본전국사업의 잡지계에서 첫 기획"이고 "일본 나병 문제의 전모가 그 한권으로 대부분 남김없이 파악할 수 있는"[26]것이라고 한다. 우치다 모리토의 「나환자와 문예생활」도 이 특집호에 게재된 것이다 우치다와 마찬가지로 시바야마 다케노리도 단가가 "요양소에 격리된 채 여생을 보내야하는 환자"[27] "우리나라(일본)에서 나병을 없애기 위해 구나救癩 전선의 제일선에서 나라의 희생이 된 전사戰士"[28]에 대한 위안이 될 것을 기대하고 있는데, 그들이 "나라의 희생이 되는"것은 흔들림 없는 전제였다.

시바야마의 관찰에 의하면 낙생원 입소자의 90%를 차지하는 "본섬 환자는 노래를 읊기에 국어가 부족"[29]하다. 그 한편으로 "내지인은 채 40명이 되지 않는다. 그중 노래를 짓는 사람은 열두세 명"[30]에 지나지 않았다. 단가가 『만수과』중에서 비교적 많은 지면을 차지하고 있다고 해도 단가를 짓는 사람의 수는 아주 적었음을 알 수 있다. 이러한 제약이 있었다고는 해도 단가를 읊고 / 읽는 리터러시를 가질 수 있었던 소수의 입소자에게는 단가 창작은 "심경을 표현하는 데 편리"(우치다 모리

---

26 柴山武矩, 「流れゆく」, 『社會事業の友』第120号, 1938.11, 39~40쪽.
27 柴山武矩, 「楽生院歌人」, 『社會事業の友』第104号, 1937.7, 76쪽.
28 柴山武矩, 「感想」, 『日本MTL』第83号, 1938.2, 3쪽.
29 위의 글, 76쪽.
30 蘇月生, 「楽生歌壇の人々(一)」, 『万寿果』第6巻 第1号, 1939.4, 25쪽.
   또한 낙생원에서 간행한 「種族別収容患者現在員(昭和十三年末)」(『昭和十三年年報』, 台湾総督府癩療養所楽生院, 1939, 14쪽)에 의하면 1938년 말 현재의 낙생원 입소자는 628명. 그중 내지인은 37명, 본섬인이 577명이다. 이 외에 고사족 2명과 외국인 12명이 수용되어 있었다. 동 연보의 「教育程度別調査表」(29~30쪽)에 의하면 628명의 입소자 가운데 '무교육인 자'가 363명(57.8%)인데, '다소 문자를 아는 자' 24명을 포함시키면 60%를 넘는다.

토)한 수단이 되었다.[31] 『요양수가 삼천집』에 작품이 게재된 5인은 얼마 안 되는 단골 단가 창작자였던 것이다.

5. 『요양수가 삼천집』의 편찬

1939년 5월, 백십자회의 잡지 『요양지식』에 '「요양수가 삼천집」 편찬에 대하여'라는 광고가 게재되었다. 백십자회는 결핵환자의 구제를 목적으로 1911년 설립된 재단법인이다. 기관지 『백십자』는 1938년 9월호부터 『요양지식』으로 개제改題했다.

다소 길지만 광고의 전문과 모집규정을 인용하도록 하겠다.

> 메이지 가단의 선각자 마사오카 시키 이래, 질환 단가의 발흥은 실로 놀랄 만한 것이라서 결핵 및 나병 그 외의 만성질환에 괴로워하는 사람들이 병상생활 중에서도 살아갈 보람을 느껴 이것을 단가로 표현하는 것은 병자의 마음을 열고 그 투병 의지를 뿌리 깊게 하며 또한 일반사회인과의 정신적 교류의 고리가 될 것입니다.
>
> 결핵요양상의 계몽과 요양자의 정신적 위안을 목적으로 하는 우리 백십자회는 기관지 「요양지식」(구 백십자)을 발행하고 30년의 오랜 기간에 걸쳐 조금이나마 병자 문예의 발달에도 미력을 다해왔던 것입니다. 그리하여 본

---

31 낙생원의 '나단가'에 대해서는 星名宏修, 「植民地台湾の「癩短歌」を読む－楽生院慰安会『万寿果』を中心に」(『野草』, 第百号編集委員会編, 『中国文藝の饗宴－野草第百号』, 研文出版, 2018)에서 논했다.

잡지는 작년부터 국립 나병요양소장 나가시마 애생원 의관의학박사 **우치다 모리토 선생을** 위촉하여 「요양단가독본」을 매호 연재하고 있습니다. 선생은 단가 잡지 「물항아리(水甕)」의 동인이자 나병 및 결핵을 앓는 요양 가인의 실제적 지도자로서 십수 년간의 경험을 가지고 계시므로 그 단가 독본은 아주 친절하고 자세하여 처음 시작한 사람들 사이에 절찬이 이어지고 있습니다. 본고는 머지않아 단행본으로 환우의 베갯맡에 보낼 예정이지만 본지는 거기에 더해 그 자매편으로

「요양수가 삼천집」

의 편집을 바라며 메이지·다이쇼·쇼와 삼대에 걸친 질환 단가의 총 집성을 기획하고 있습니다. 다망한 선생님이시지만 이 획기적인 사업을 흔쾌히 수락해주시고 선생님 독특의 의학적 분류법에 의해 편찬하실 예정입니다.

다행히 본회의 뜻한 바를 납득하시어 유명무명 상관없이 요양가인 여러 형제자매의 찬성을 얻어 후세에 자랑스러운 것이 되기를 기원하는 바입니다.

쇼와 14년(1939) 4월 4일

도쿄시 간다구(神田区) 오가와마치(小川町) 이초메(二丁目) 일번지

사단법인 백십자회 내

「요양지식」 편찬부

원고편집규정

1. 모집 노래는 서정서경 불문 모두 질환적 배경이 있는 것으로 한정한다.
2. 단가 수는 30~50수로 하고 가급적 발표가 끝난 것일 것.
3. 이미 고인이 된 사람의 작품은 그 가집 및 유작 중에서 반드시 지우(知友)의 손으로 초록(抄錄)하여 송부하기를 바람.

4. 용지는 20행 원고용지일 것.

5. 성명은 명기하고 후리가나를 달 것. 익명은 자유이나 말미에 본명 및 현주소를 명기할 것.

6. 주소, 연령, (고인은 사망 연령 및 연호) 가단 경력 등 간단한 약력을 부기할 것.

7. 원고 마감은 6월 말일, 봉투에 '삼천집 원고'라고 명기하고 편지는 동봉하지 말 것.[32]

여기에서 강조한 부분에 주목하고 싶다. '결핵 및 나병 그 외 만성질환에 괴로워하는 사람들'에게 단가의 창작은 '살아가는 보람'이 되고 "병자의 마음을 열고 그 투병의지를 뿌리 깊게 할" 뿐 아니라 "일반사회인과의 정신적 교류의 고리"도 된다고 한다. 이러한 인식은 우치다 마모루가 「나환자와 문예생활」에서 말한 "환자 스스로가 문예에 의해 어느 정도까지 사회적으로 진출하고 정신적 갱생을 꾀할 수 있다고 하는" 생각과 다를 바 없다. 마쓰오카 히데아키가 말한 '퍼터널리즘'은 『삼천집』편집에도 그 저변에 흐르고 있다.

모집요강은 투고 시 본명과 현주소를 명기할 것을 요구하고 있다. 나병을 앓는 사람들에게는 심리적인 부담이 되었을 것으로 여겨지는데 광고 게재에서 원고 마감까지 채 2개월이 못 미치는 단기간이었음에도 400명을 넘는 응모자의 작품이 편집부에 도착한 것은 '시작하며'에서 소개한 그대로이다.

---

32 『療養知識』, 第29卷 第5号, 財団法人白十字会, 1939.5, 페이지 없음. 강조는 원문, 밑줄 인용자.

『삼천집』 안에서 나병요양소를 현주소로 적은 사람은 200인. 이 책에는 562인의 단가가 수록되어 있으므로 그 비율은 35.6%. 나머지 60% 이상은 결핵환자가 차지하고 있는 것이 된다. 1934년 이후 결핵은 일본에서 사망원인 1위이고 『삼천집』이 간행된 1940년의 사망자는 153,154인이나 된다.[33] 젊은 나이에 죽은 환자도 많아 22세로 요절한 이케다 사다코池田貞子의 "어찌하여서 / 낫지 않는 거냐며 / 남들은 말하지 / 아 아 시끄러워라 / 라며 나는 듣누나(どうかして治らぬものかと人は言ふうるさいなあと私は聞いてる)" "내가 아프니 / 다정해진 동생이랑 / 아주 새하얀 / 접시에 담아다가 / 딸기를 먹는다(わか病めばやさしくなれる妹と真白き皿に苺をたべる)" 사가, 쇼와4(1929), 22세 몰, 신록, 26쪽와 오노 고지大野虎治의 "포기하거라 / 포기하거라 라는 / 어머니 말씀 / 피를 토하면서 / 나는 받아들이네(諦らめよあきらめよと母がいふこゑを血を喀きながら我はうべなふ)" 사이타마, 쇼와6(1931), 24세 몰, 아라라기(アララギ), 73쪽 등의 노래가 수록되어 있다.

『요양지식』이 낙생원에도 매호 5부씩 송부된 것은 『만수과』의 '감사란'에서 확인할 수 있다. 『삼천집』에 단가를 기고한 대만의 입소자들은 평소 『요양지식』을 접하고 우치다 마모루의 「요양단가독본」에서 여러 뛰어난 병상 단가를 배우고 있었을 것이다.

---

6. 『요양수가 삼천집』을 읽다

여기에서는 『삼천집』에 수록된 낙생원 입소자의 단가를 다른 요양소의 작품과 함께 검토하고자 한다. 논술의 편의상 이들 단가에는 정리번호를 붙였다.

○ 아오야마 준조(대만, 낙생원, 메이지 34년생(1901), 1쪽)

① 어깨를 펴고 / 익살스럽게 걷는 / 병든 벗 역시 / 쓸쓸한 모습이네 / 장난스럽기에 더욱

② 싹둑싹둑 / 잘리어서 이제는 / 고통도 없는 / 손을 덧없어 하며 / 수술실을 나서네

③ 목소리가 / 나오지 않는 눈 먼 벗 / 한 마디 말 대신 / 기둥에 매달아둔 / 빈 깡통을 울리네

④ 대우 운운하며 / 목소리 높여서는 / 기를 썼던 / 그때는 아직은 / 병도 가벼웠었네

황태후폐하 하사하신 계란이 부화하여 매일 생장하다

⑤ 드넓은 바다 / 건너서 온 하사품 / 닭이 되어선 / 오늘 아침 가슴 펴 / 시간을 알려주네

○ 우메다 히데오(대만, 낙생원, 64쪽)

⑥ 무슨 뜻일까 / 얘기 건네는 아픈 / 친구의 그 말 / 무슨 뜻인지 몰라 / 그저 웃고만 있었네(何か知ら話し掛けくる病む友の言葉知らねばただ笑みてゐき) (대만 본섬인)

⑦ 심어두고 간 / 기억의 소나무는 / 싹 틔었건만 / 고향으로 돌아간 / 아

픈 친구 소식없고(植ゑ行きし記念(かたみ)の松は芽ぐめども故郷に帰り し病友音信(たより)せず)

○ 고자키 하루코(대만, 낙생원, 만수과, 128쪽)

⑧ 사람을 피해 / 오후 나절 가만히 / 나 혼자서만 / 취사장에 와서는 / 편 지를 쓰고 있네(人を避けこの昼過ぎを我一人炊事場に来て文書きにけり)

⑨ 떠나는 기차 / 쫓아와 주었던 / 숙모의 모습 / 지금도 이 내 눈에 / 생생하 게 보이네(発車間際にかけつけくれし叔母の姿今も我が目にありありとみゆ)

○ 사쿠마 난잔(대만, 낙생원, 메이지 22년생(1889), 만수과, 139쪽)

⑩ 소홀히 할 수 / 없지 이 생명을 / 오늘도 역시 / 고향서 아이들의 / 편지 가 와 있구나(おろそかにすまじき命今日もまた故郷の子等の手紙来にけり)

⑪ 만나러 왔던 / 나의 세 아이들을 / 하나하나 / 눈에 담아 두었을까 / 흐 르는 눈물 속에(逢ひに来し三人の子等をそれぞれに打ち見たるかも涙の なかに)

⑫ 바나나 껍질 / 굽어진 손가락으로 / 까기 어려워 / 입을 보태 벗기는 / 내가 되어버렸네(芭蕉(バナナ)の皮まがれる指に剥ぎかねつ口そへて 剥ぐ我となりたり)

○ 다케다 시로(대만, 낙생원, 메이지 41년생(1908), 단가연구, 197쪽)

⑬ 상처가 나아 / 하고 싶은 대로 / 따뜻한 물에 / 몸 담그는 날조차 / 내겐 오지 않겠네(疵癒えて心おきなく湯にひたる日はも我には来ることなけむ)

⑭ 아주 간신히 / 남게 될 내 연약한 / 이 피부를 / 아낌없이 쓰다듬고 / 울 고 싶어졌지(わづかにも残らふ我の軟き膚撫て飽かずるて泣きたくなりぬ)

낙생원 5인의 단가는 합해서 14수. 그 중에서 악화되는 자신의 병상을 읊은 것이 5수(②④⑫⑬⑭)에 이른다. "이 병이 의료에 의해 치유되어야 할 충분한 노력이 이루어졌다고는 말할 수 없는"(오타 마사오카) 당시의 치료는 대풍자유 근육주사가 주로 쓰였는데 그 효과에 대해서는 의문시되고 있다.

아오야마 준조의 ②는 '시작하며'에서 언급했으므로 반복하지 않겠지만 마비가 진행된 나환자의 생활을 읊은 노래를『삼천집』에서 한 수만 소개하겠다. 오시마 요양소에 입소한 마쓰모토 소게츠松本松月의 "손의 감각을 / 빼앗긴 이 내 몸이 / 덧없어라 / 목욕물 온도를 / 혀로 맞추어보며(手の感覚を奪れし身のはかなかり風呂の加減を舌に見つつ)"마쓰모토 소게츠, 가가와香川, 오시마 요양소, 메이지 33년생(1900), 모시오구사藻汐草, 298쪽. '손의 감각'을 잃은 그는 목욕물 온도를 혀로 확인한다고 한다. 나병 탓에 시력을 잃은 환자가 많았는데 그중에는 점자를 '혀로 읽는' 사람도 있었다. 마지막까지 남는 것이 혀의 감각이었다고 한다.

아오야마의 ④는, 아직 병증상이 가벼워 당국에 대우개선을 요구할 수 있었던 스스로의 모습을 돌아본 것. 이케루 쓰키오蘇月生은 「낙생 가단의 사람들(1)」에서 이 무렵의 아오야마에 대해서 다음과 같이 적고 있다. "여기에 최근에 입원한 사람이지만 가장 활력이 있는 아오야마 준조 군에 대해서 말하고자 한다. 군은 몇 번이나『만수과』의 표지그림을 그려 주었다. 안경을 쓴 이지적인 눈, 사물의 깊은 곳까지 속속들이 들여다보겠다는 듯한 그 눈을 보고 있으면 나도 함께 무언가에 끌려들어가는 듯했다. 학식 있고 회화에 대한 조예가 깊은, 군 등은 이제부터 크게 어디로든 성장할 수 있는 사람 아니겠는가? 다만 안타깝게도 군도 그다지 건강하지 못해 이미 중병동에 있어서 단가 모임에도 매번 나가지 못하는 상태이다."[34]

효과적인 치료법도 없어 손을 절단할 만큼 증상이 악화된 아오야마는 이미 중병동으로 보내졌다. 또한『삼천집』에서는 중환자 병동을 그린 이시카와 다카시石川孝구마모토, 규슈요양소, 쇼와 5년(1930), 25세 몰, 아라라기의 "열 명 있다가 / 여섯 사람이나 / 죽어서 나간 / 이 병실로 이 내 몸 / 옮겨져 와버렸네(十中の六人までか死して出る此の病室にうつされにけり)"(28쪽)와 같은 단가도 있다.

⑬⑭의 작자인 다케다 시로는 '재원 연한이 가장 긴 낙생원 창설 이래' 입소자로 많은 단가와 소설을『만수과』에 발표한 사람이다. 메이지 41(1908)년생.『삼천집』간행 시에는 아직 32세였는데 입원경력은 10년에 달한다. 그도 이미 중병동에 들어갔던 모양이다. "병실 옮기는 / 날이 가까워지네 / 나의 이 몸도 / 결국 중병동으로 / 옮겨가라 한다네(轉室の日は近づけりわれ遂に重病棟に転されむとす)"나 "현세의 기로 / 그 끝에 서 있는 / 마음이 들어 / 지금의 몸 홀로 / 오늘도 병져눕네(現世のきわみに立ちし心地して現身ひとり今日も病み臥す)"『万寿果』제5권 제2호, 1938.6 등의 처절한 단가를 읊고 있다.

⑬은 "하고 싶은 대로 따뜻한 물에 몸 담그"는 사소한 바람조차 바랄 수 없는 병의 상태를 응시한 노래이다. ⑭의 "아주 간신히 남게 될 내 연약한 피부"라는 표현에서는 나균이 몸 대부분에 퍼진 위독한 상황이 전해진다.

⑫의 작자인 사쿠마 난잔은 젊은 환자가 대부분인 낙생원에서 "우리

34　蘇月生, 앞의 글, 27~28쪽.

들의 형 아버지격"[35]으로 여겨졌다. 메이지 22(1889)년생이므로 이미 51세였다. 『만수과』에 "퇴원할 날을 / 손꼽아 바라건만 / 올해도 그저 / 공허한 나날들을 / 보내고만 있구나(退院の日を願ひつゝ この年もたゞにむなしき日のみすごしつ)"(제5권 제1호, 1938년 2월)이나 "엎드린 밤에 / 덧없이 오십줄이 / 지나버렸네 / 약도 듣지 않는 / 병 지켜보는 새에(うつしよにむなしく五十路すぎにけり薬の効かぬ病まもりて)"(제6권 제1호, 1939.4) 등, 요양소에 격리된 채 늙어가는 허무함을 읊은 단가이다.

그러나 『삼천집』에 수록된 ⑩이나 ⑪ 등은 이러한 체념과는 다소 다른 인상을 풍긴다. 다나카 미쓰오田中光雄의 "집 떠나 와 / 십일 년 되었는가 / 일가친척 / 누구 하나 만나러 / 오는 일도 없구나(家出でて十一年かうかららの一人も逢ひに来ることもなし)"구마모토, 회춘병원, 다이쇼 2년생(1913), 아라라기, 205쪽와 같이 나병이 발병하면 가족으로부터 단절되고 소식마저 끊기는 일이 드물지 않았던 시대에 사쿠마가 있는 곳에는 편지뿐인가 세 명의 아이들이 "만나러 온" 것이다. "오늘도 역시"(⑩)라고 했으니 편지는 빈번하게 왔던 것이다. ⑪의 "눈물 속에"라는 표현에는 아이들의 성장에 대한 기쁨뿐만 아니라 이후로도 계속 격리되어야 하는 슬픔도 녹아들어 있는 듯하다. 이 노래를 읊고 수년 후, 그의 아들은 중국대륙의 전장을 향하게 되었다. "동포의 피 / 가지고서 싸우는 / 중국 대륙에 / 내 아들도 가는가 / 그 마음 기백있네(同胞の血もて戦ふ大陸に吾子もい征くか心勢ふ)" "숨겨 왔던 병 / 슬프지만 남의 눈 / 피해 내 아이 / 배웅하고 싶어라 / 싸우러 가는 내 아이를(秘めて来し病ひかなしけど人目さけ吾子見送りたし征でた

35 蘇月生, 앞의 글, 26쪽.

つ吾子を)"이라는 단가를『만수과』(제9권 제1호, 1942.5)에 남겼다.

자신의 병의 상태를 읊은 노래 다음으로 많은 것은 병우를 제재로 한 4수(①③⑥⑦)이다. ①과 같이 '병우病友'는 '친구とも'라고 읽는다. 그 중에서도 '대만 본섬인'이라는 제목의 ⑥은 식민지 대만이 아니라면 없을 단가일 것이다. 낙생원의 입소자 90%를 대만 본섬인이 차지하고 있었음은 이미 서술했는데 교육을 받을 기회가 없었던 그들 대부부분은 '국어(일본어)'를 이해할 수 없었다. 그러나 같은 병을 '앓는 친구'로서, 내지인인 작자에게 대만어로 '무슨 뜻일까 얘기를 걸어온'다. '친구'의 말을 모르는 우메다도 상대의 호의에 '미소'로 답한 것이다.

피식민자 병우를 읊은 단가는 대만 독자적인 것이다. 그러한 작품으로서 요시카와 지로吉川次郎의 "국어 모르는 / 친구가 애달파라 / 손가락 없는 / 손을 입에 대고는 / 쓸쓸하게도 웃네(国語をば解せぬ友あはれ指なき手を口にあてつゝさみしくも笑む)"제3권 제3호, 1937.1나 아오야마 준조의 "고사족 친구와 기거를 함께 하며(高砂族の病友と起居を借にして)"라는 제목에 "말 서툴어도 / 끊임없이 이야기 / 건네고 있는 / 친구는 산 속 생활로 / 옮겨간 것을 말하네(舌たらぬながらにかたりつぐ友は蕃山(やま)の生活(たつき)のうつろひをいふ」"『万寿果』제8권 제3호, 1941.10 등이『만수과』에는 게재되어 있다.

아오야마 준조의 ③은 눈이 멀게 된 병우를 읊은 것. 이미 서술한 바와 같이 나병이 진행하면 눈에도 장해를 입게 된다. 우치다 모리토는 "전전(戰前)의 요양소에서 오래된 병자가 많은 곳에서는 30%정도의 맹인이 있었다. 인간의 오감기 중에서 시력은 가장 중요한 것으로 실명, 특히 어른이 된 후의 중도 실명은 고통이 극심한 듯하다. 전쟁으로 인한 실명도 힘들지만 한센씨병은 이미 세상을 버린 사람으로 오래 살아온 사람들이다. 거기에 실명의 고난이 더해지면 생에 대한 희망을 완전히 잃고 다시 자살을 생각하는 것도 무리는 아니다"[36]라고 했다.

『삼천집』에도 실명을 테마로 한 단가가 수록되어 있다. 여기에서는 2수 소개해보겠다. "지금 나의 시력 / 돌이킬 수 없는 / 이 봄은 꽃조차 / 나에게 뒤돌아선 / 기분이 드는구나(現身の視力かへらずこの春は花さへ我にそむく思ひす)"시마다 샤쿠소(島田尺草), 구마모토, 규슈 요양소, 쇼와 13년(1913), 35세 몰, 물항아리, 152쪽, "나병이라고 / 선언 받았던 그때보다도 / 눈멀어버린 / 지금이 더욱더 / 마음이 미어지네(癩病の宣告受けし時よりも眼盲ゆるが身にしみるなり)"하라다 미노루(原田稔), 도쿄 전생병원, 다이쇼1년생(1912), 어린갈대, 260쪽.

③의 눈이 먼 '친구'는 후두에도 나균이 침투한 탓인지 목소리조차 나오지 않게 되었다. 눈에 보이지 않는 환자가 기둥에 매단 빈 깡통을 울리며 사람을 부르는 것은 요양소의 일상적인 풍경인데, 거기에는 '생에 대한 희망을 잃'은 나병인의 고통이 표현되어 있다.

우메다 히데오의 ⑦도 눈길이 가는 노래이다. 낙생원 『쇼와 15년(1940) 연보』에 의하면 1930년 개원 이래 1940년 12월 말까지 "병독 전파의 염려가 없는 자로서 퇴소한"[37] 내지인이 21명 있었음을 알 수 있다. 내지인 수용자 수가 102인이므로, 약 20%가 된다. ⑦의 '병우'도 '병독전파의 염려가 없는 자로서 퇴소'했을 것이다. 본래라면 축복해야 할 친구의 그 뒤를 읊은 단가이다.

그런데 낙생원 원장인 우에카와 유타카上川豊는 「대만 안의 나병관의 이동內台癩病観の異同」 안에서 내지에서는 "언제까지나 완고하게 이 미신

---

36 内田守人, 『生れざりせば－ハンセン氏病歌人群像』, 春秋社, 1976, 16쪽.
37 「収容患者異動表」, 『昭和十五年年報』, 台湾総督府癩療養所楽生院, 1941, 41쪽.

(나병의 유전설을 가리킴-인용자)에 얽매여 있다. 그리하여 나병인을 모멸하고 그 혈연자를 배척하고 특수열성의 혈통인종이기라도 하듯 생각하고 교제를 끊어 나병인 일문은 사회에서 참을 수 없는 차가운 시선과 모멸을 받고 있다"[38]라고 적고 있다. 설령 "병독 전파의 염려가 없다"고 인정받더라도 '나병'을 앓은 과거를 지울 수는 없다. 본인뿐이겠는가 그 '일문'까지 "참을 수 없는 차가운 시선과 모멸을 받고 있는" 고향으로 회복자인 우메다의 '병우'는 정말 돌아갈 수 있었을까? 만약 고향에 돌아갔다고 하더라고 스스로의 병력은 애써 숨겨야만 했을 것이다. 오카 도미코丘とみ子의 "앓았던 몸은 / 이 얼마나 슬픈가 / 꿈에서 본 / 내 집 대문 앞에서 / 들어가기 주저하니(病める身は悲しきものか夢にみる吾が家の門を入りかねにつつ)"군마, 율생낙천원, 쇼와 12년(1937), 25세 몰, 숨결, 73쪽와 같이 한번 병을 앓고 나면 "내 집 대문"은 아주 멀어져 버리는 것이다.

"황태후 폐하 하사의 계란이 부화하여 매일매일 생장하다"라고 제목이 붙은 아오야마 준조의 ⑤의 단가는 문자 그대로 데이메이 황태후의 '은혜'를 읊은 것. 1932년의 '나환자를 위로하며'를 시작으로 황태후의 '은혜'는 나병근절책의 동력이 되었다. 단가 안에 있는 '하사하신 닭'이란 1935년 1월에 우에카와 유타카上川豊가 "황태후 폐하께 단독 배알의 영광을 받아 대만관계의 구나사업에 대해 말씀드리고 황송하게도 하문의 말씀을 받잡았으며 또한 떡과 과자, 메추리알, 달걀 등등 하해와 같은 은혜의 하사품을 받은"[39]것을 가리킨다. 같은 때에 『만수과』에서도 '하사하신 닭을'이라는 제목의 단가가 게재되었다. 미야자키 가쓰로宮崎

---

38 上川豊, 「内台癩病観の異同」, 『社会事業の友』第67号, 1934.6, 13쪽.
39 「沿革」, 『昭和十年年報(1907)』, 台湾総督府癩療養所楽生院, 1936, 4쪽.

勝郎의 "꽉 막혀버린 / 가슴 속 걱정도 / 사라지게 한 / 황후님 하사하신 / 닭 우는 소리 듣네(とざされし胸のうれひも晴れて来ぬ大宮鶏のうたう声きき)"나 다케다 시로의 "은혜로이 / 내리신 닭 튼튼히 / 자라 아침 해 / 비추는 마당에서 / 새하얗게 빛나네(御(み)恵みの鶏すこやかに生ひ立ちて朝日の庭に真白に輝く)"[40] 등이 있다.

『삼천집』에는 황태후에 대한 감사를 읊은 나병인의 노래가 여기저기 보인다. 무라카미 다이치로村上多一郎의 "돌보아 주는 / 형제자매조차도 / 없는 나에게 / 황후님의 마음이 / 닿는 황공함이여(かへり見るはらからさへやなき吾に大御心のおよぶかしこき)"구마모토, 규슈 요양소, 메이지 40년생, 아라라기, 318쪽는 전형적인 것이다. 세상에서 배척된 나병인에게 '구제의 손을 뻗는' 것으로 '황실의 은애'가 선명해지는 구도를 가타노 마사코片野真佐子는 "낙차의 파토스"[41]라고 표현했다. 오니시 교진이 비판한 '감상주의'는 '황실의 은애'에 의해 큰 영향력을 가질 수 있었던 것이다.

마지막으로 고자키 하루코의 2수(⑧⑨)을 살펴보겠다. 고자키 하루코는 『만수과』의 얼마 안 되는 여성 투고자로 전후戰後에도 다마전생원의 『산 벚꽃』에, "두 번 다시는 / 갈 일 없는 대만의 / 그림엽서를 / 손에 들고서는 / 말하는 것도 그립네(再びは渡る事なき台湾の絵葉書手にして語るも懐かし)"[42]나 "덧없다 여긴 / 일도 사라지고 / 전쟁이 끝난 / 대만 그리워한 나 / 고국으로 귀환된 오늘(儚なみし事もなくなり終戦の台湾偲びぬ吾引揚げし今日)"[43] 등 대만의 기억을 단가로 표현한 것에서도 주목할 만한 인물이다.

---

40 "하사하신 닭을"『万寿果』第2巻 第2号, 1935.9, 페이지 없음.
41 片野真佐子,『皇后の近代』, 講談社, 2003, 168쪽.
42 『山桜』第31巻 第8号, 1950.8, 19쪽.
43 『山桜』第33巻 第10号, 1950.10, 21쪽.

대만에서 나병에 걸린 고자키는 "사람들 세상 / 나가는 일도 이제는 / 허락되지 않은 / 비루한 이 몸이니 / 포기하려 한다네(人の世に出る事を今は許されぬわびしき身をばあきらめむとす)"『万寿果』제5권 제2호, 1938.6와 같이 '포기'를 읊는 한편 고향과의 연결을 담보하는 편지를 때때로 단가의 제재로 삼고 있다. "그리운 고향 / 어머니께 보내는 / 그 편지에는 / 나 병들어 앓는 것 / 그것은 적지 않았네なつかしき故郷の母の手紙にはわが病むことは書かざりにけり"(『万寿果』제4권 제2호, 1937.6는 그 일례이다. 『삼천집』의 ⑧도 그러한 노래이다. 소중한 사람에게 보낼 편지를 인기척 없는 취사장에서 조용히 적어 내려가고 있는 모습이 눈에 선하다. 어쩌면 "나 병들어 앓는 것 그것은 적지 않았네"라고 읊은 것처럼 자신을 습격한 절망적인 병에 대해서는 이야기하지 않고 대만에서 건강하게 보내고 있다고 적고 있을지도 모른다.

고자키 하루코뿐만 아니라 편지를 제재로 한 단가는 『삼천집』에 많이 수록되어 있다. 요양소에 격리된 나병자에게 편지는 외부와 연결하는 유일한 고리였다. 몇 수 소개해보도록 하겠다.

　　고향으로 / 부치는 편지에는 / 참 슬프게도 / 남에게 가리고선 / 수신인 적었지(故郷にいだす手紙はかなしくも人にかくれて宛名かくなり)[44]

　　꺼림칙한 병 / 앓고 있는 나이기에 / 공직에 있는 / 형에 대한 편지는 / 주소 적지 않았지(いまはしき病をやめば公職の兄への便りは住所を書かず)[45]

　　모두 꺼리는 / 병 앓고 있으니 / 편지에도 / 내 이름을 숨기라 / 아버지 말

44　有吉比登志, 香川, 大島療養所, 昭一二, 三三歳没, いぶき, 22쪽.
45　下立田蟬男, 熊本, 回春病院, 明四〇生, アララギ, 157쪽.

씀하셨지(うとまるる病をもてば手紙さへ名前秘めよと父はのらしぬ)[46]

일 년에 너댓 번 / 아버지께 보내는 / 편지조차도 / 병든 나는 이름도 / 필적도 바꿔 보내네(年に四五度父に出す手紙も病む我は名も筆蹟もかへて出すなり)[47]

내가 있어 / 결혼하지 못하는 / 여동생이 자기 / 스스로를 괴롭힌단 / 편지가 손에 있네(吾ありて嫁ぐ日もなく妹が身をしひたげてゐる便り手にあり)[48]

사람 없는 / 소나무 그늘 밑에 / 몰래 숨어서 / 고향서 온 편지를 / 자꾸만 읽고 있네(人あらぬ松の樹蔭に身をひそめ故郷の手紙をくりかへし読む)[49]

어느 노래에서든 나병을 앓고 요양소에 강제적으로 격리된다는 것은 어떤 체험이었는지 전해져 올 것이다. 그들의 병을 "의료에 의해 치유할 말한 충분한 노력"(오타 마사오)를 충분히 하지 않고 환자 자신의 '절멸'로 나병 문제를 '해결'한다고 생각해 온 것은 본론에서 서술한 그대로이다.

"사람들 사는 세상에 나가는 일"을 허락받지 못한 고자키에게 ⑨의 숙모와 같이 이전의 육친과의 기억은 귀중했을 것이다. 고자키가 대만을 향하기 위해 고향 역을 떠날 때의 일이었을까? 그녀가 '생생하게 본' 것은 달려서 쫓아와 준 숙모뿐만 아니라 그 때에는 건강했던 이전의 고자키 자신의 모습이기도 했을 것이다.

46 田中眞人, 九州療養所, 明四四生, アララギ, 202쪽.
47 田中光雄, 回春病院, 大六生, アララギ, 204쪽.
48 野副美登志, 熊本, 九州療養所, 昭一三, 三四歲没, アララギ, 247쪽.
49 藤田薫水, 香川, 大島療養所, 明二五生, 心の花, 276쪽.

7. 마치며

2002년부터 2010년에 걸쳐 호성사皓星社에서 전 10권의『ハンセン病文学全集』이 간행되었다. 소설과 시 뿐 아니라 단가·하이쿠·센류·아동문학에 기록·평론 등 여러 장르의 작품을 망라한 획기적인 전집이다. 그러나 거기에는 식민지의 작품은 포함되어 있지 않다. 낙생원에서 창작된 여러 텍스트는 오늘에 이르기까지 내지 / 일본에서는 읽히는 일 없이 망각의 저편에 버려져 있다. 그렇게 생각하면 겨우 14수에 불과하다고 해도 식민지에서 읊어진 나병자의 단가가『삼천집』에 의해 내지의 독자에게 전달된 것의 의의는 크다. 어쩌면 이 단가집을 손에 들고 멀리 떨어진 식민지의 "요양소에 격리된 채 여생을 마치려 한 환자"(시바야마 다케노리)들에게 생각이 미친 독자가 있을지도 모른다. 현실에서는 돌아가기 곤란한 고향이었지만, 혹시라도 그러한 독자가 있다면 아오야마 준조 등도 단가를 통해 유사 귀환을 이루었다고 할 수 있지 않을까?

후쿠자와 유키치福澤諭吉의 사상기반과 조선인식

김우형

1. 들어가는 말

　본고는 근대 일본의 대표적인 계몽사상가이자 근대화의 대부라 칭해지는 후쿠자와 유키치福澤諭吉(1835~1901)의 사상적 기반에 대해 새롭게 해석하고 이러한 관점에서 조선에 대한 그의 인식을 재조명해 본 것이다. 후쿠자와는 일본에서 근대의 설계자라는 지위를 점유할 정도로 그에 대한 평가는 매우 후하고 긍정적인 반면, 중국이나 한국에서는 인색하다고 할 정도로 박하고 부정적인 연구가 주를 이룬다고 할 수 있다. 이 같은 해석과 평가에 있어서의 극적인 대조는 근본적으로 후쿠자와의 내셔날리즘적인 측면에 기인한다고 하겠지만, 동아시아에 있어서 유교 전통과 근대성의 문제에 있어 그는 매우 중요한 위치를 차지하기 때문에 그에 대한 합의 가능한 해석을 모색하지 않으면 안 된다고 생각된다. 따라서 필자는 가능한 한 민족주의적 감정을 억제하면서 공정하고 객관적인 관점으로부터 그의 유교관과 사상기반, 그리고 그에 입각한 조선인식에 대해 고찰해보고자 한다.

지금까지 후쿠자와의 유교관에 대해서는 많은 연구가 있어왔고 지금도 진행 중이라 하겠지만, 전체적으로 볼 때 구시대의 유물로서의 유교를 강하게 비판하면서 그것을 폐기해야 한다고 주장했던 인물로 평가하는 연구가 주를 이룬다고 할 수 있다.[1] 다만 그러한 강한 유교비판과 유교폐기론자로서 후쿠자와를 해석하는 견해들 중에서도, 그가 비판했던 유교는 과연 어떤 것이었던가에 대해서는 이견이 있다. 일반적으로 후쿠자와의 비판 대상은 유교 전체를 가리킨다고 보는 입장이 다수이지만, 이에 비해 그가 이해했던 유교는 송나라시대 이전의 유교에 한정된다고 보는 견해도 있다. 미야지마 히로시宮嶋博史에 의하면, 후쿠자와는 이른바 송학宋學에 대해서는 거의 제대로 인식하지 못했으며, 따라서 그가 주로 비판했던 유교란 도쿠가와 시대에 확산된 일본 유교에 지나지 않는다는 것이다.[2] 미야지마는 이러한 유교인식의 문제점으로

---

1 다음을 참조. 최치원, 「막스베버와 후쿠자와 유키치의 유교해석 비교연구」, 『정치사상연구』 23(2), 2017, 7~34쪽; 이희재, 「후쿠자와 유키치의 유교비판과 한계」, 『인문사회21』 7(6), 2016, 177~193쪽; 김성근, 「후쿠자와 유키치의 "궁리(窮理)" 인식과 과학제국주의」, 『동서철학연구』 76(0), 2015, 191~214쪽; 황호철, 「후쿠자와 유키치의 유교비판 일고찰」, 『문명연지』 5(1), 2004, 121~151쪽; 정명환, 「해설」, 『후쿠자와 유키치의 문명론』, 2012, 318~337쪽. 후쿠자와의 내셔널리즘에 대해서는 김영작, 「福澤論吉,ナショナリスト」, 『일본연구논총』 22(0), 2005, 281~328쪽.

2 미야지마 히로시, 「후쿠자와 유키치의 유교인식」, 『한국실학연구』 23(0), 2012, 382쪽. "그가 일본의 문명화=서구화에 있어서 유교를 최대의 장해물로 삼고 평생동안 유교를 공격했었는데, 그 원인으로 다음과 같은 사실이 중요하다고 생각된다. 즉 그가 이해했던 유교는 주로 당나라 시대 이전의 유교에 머무른 것으로 송나라시대 이후의 유교, 이른바 신유교에 대해서는 거의 제대로 인식하지 못했다는 사실과, 토쿠가와 시대의 일본 유교를 곧 유교 원래의 모습으로 이해함으로써 같은 시기 중국과 한국의 유교를 제대로 인식하지 못했다는 사실이 그것이다."

인해 후쿠자와의 중국과 한국에 대한 인식이 부정적인 것으로 되었으며, 탈아론脫亞論도 이러한 유교인식과 연관되어 있다고 본다. 필자는 미야지마의 견해에 동의하지는 않지만, 그의 주장들에는 주목할 만한 점이 많다고 생각한다.[3]

한편, 유교 전통과의 단절을 주장했다는 견해와 달리, 후쿠자와의 유교 이해에서는 "유교에 대한 전면부정의 논리는 나오기 어렵다"고 보는 입장도 있다.[4] 사토 코에츠佐藤貢悅는 후쿠자와가 결코 유교 전통과의 완전한 단절을 주장했던 것은 아니었으며, 단지 유교의 정치사상 영역에 그의 비판이 한정되어 있고, 탈아론도 이와 같은 정치론의 연장선상에서 이해되어야 한다는 주장을 제시한다.[5] 사토처럼 후쿠자와를 유교전통과의 연속선상에서 파악하려는 입장은 단절적 입장의 연구들보다 사태를 좀 더 입체적으로 조명하고 있다고 생각된다. 다만, 사토의 연구에서는 미야지마가 말한 바와 같은, 유교를 송대 이후와 그 이전으로 구분하여 보는 이해가 부재하다.

이 글에서 필자는 위의 두 관점, 즉 미야지마와 사토의 견해를 종합하여 새로운 관점에서 후쿠자와를 바라보고자 한다. 즉, 유교를 뭉뚱그려

---

3 후쿠자와는 송대 이전의 유교만을 알고 있었지 송학과 주자학에 대해서는 견식이 없었다는 주장에 필자는 동의하지 않으며, 오히려 송학(주자학)에 대한 이해에 바탕하여 유교를 비판하고 있다고 생각된다. 미야지마는 후쿠자와의 주장이 신유교와 합치되지만, 이는 우연적인 것일 뿐 자각적으로 신유교의 학설에 근거해서 말한 것은 아니라고 본다(미야지마 히로시, 앞의 글, 392쪽).

4 사토 코에츠, 「후쿠자와 유키치의 유교관과 「脫亞論」의 사상적 지평」, 『일본사상』 10, 2006, 293～308쪽.

5 사토 코에츠, 앞의 글, 303쪽. "후쿠자와의 유교비판을 분석한 결과, 그 부정적 언사의 대부분이 유교의 정치사상 영역과 관련된 부분에서 이루어지고 있으며, 달리 말하자면 유교도덕사상에 대한 비판은 정치사상과 불가분하게 연결되어 있다는 측면으로 집약된다고 하는 의미에서 어디까지나 간접적인 부정에 머물고 있다."

하나의 대상으로 삼는 것 대신에 그것을 신유학과 그 이전의 유학으로 구분하되, 다시 신유학도 송학과 그에 대한 반동으로서의 한학漢學으로 나누어 후쿠자와의 유교관에 접근해볼 것이다. 이를 통해서 후쿠자와 는 유교 전체를 비판했던 것이 아니며, 오히려 송학(주자학)을 철학적 관점으로 삼음과 동시에 그것을 매개로 유교 전통과 서구 근대를 접목하고자 하는 입장에 서 있었다는 점을 밝힐 것이다. 또한 이 같은 사상적 기반 위에서 후쿠자와는 조선에 대한 인식을 당면한 사태와 상황에 따라 여러 논조로 표현하였지만, 그 기본 관점과 입장은 일관된다는 점이 해명될 것이다. 이에 대해 필자는 새로운 해석적 관점의 중요성과 더불어 비판적인 윤리학적 관점의 필요성을 해법으로서 제시할 것이다.

2. 한학, 송학, 학문

일찍이 후쿠자와는 "한학자(漢儒)는 공맹의 도에 심취해 경서를 거듭 읽는 것 외에 생각하는 것이 없다"[6]고 하여 한학자들은 경서만을 읽을 뿐 실생활에 도움이 되는 일을 거의 하지 않는다고 비판한 바 있다. 또한 후쿠자와는 한학의 무용함을 다음처럼 비판한다. "예부터 한학자들 중에 집안의 생계를 잘 꾸려가는 사람이 적었으며, 와카和歌를 잘 짓는 사람[7] 중에 장사를 잘하는 조닌도 드물었다. 그런 이유로 뜻있는 조닌

---

6   후쿠자와 유키치, 임종원 역, 『문명론의 개략』, 서울 : 제이앤씨, 2012, 197쪽; 福澤諭吉, 『福澤諭吉全集』(4), 慶應義塾 編纂, 東京 : 岩波書店, 1958, 102쪽(이하 『全集』으로 축약함). 번역문은 번역본을 따르되 경우에 따라 필자가 수정한 곳이 있음.
7   일본 고유의 문화와 학문을 연구하는 국학자(國學者)를 가리킨다.

이나 백성은 자식이 학문에 열중하는 것을 보면 나중에 재산을 탕진하는 것은 아닌가 하고 걱정했다. 이해가 가는 일이다. 그것은 결국 학문이 실생활과 동떨어져 일상생활에 부합되지 않았기 때문이다."[8] 여기서 드러나듯 후쿠자와는 실용을 추구하는 실학實學의 입장에서 한학을 실생활에 전혀 도움이 안 되는 쓸모없는 학문이라고 비판하고 있다.

많은 연구자들은 위와 같은 언급들에 근거해서 후쿠자와를 유교를 폐기하고 서양문명을 수용하여 근대화를 이루자고 주장했던 대표적인 반反유교론자로서 해석해 왔던 것이다. 그러나 후쿠자와가 위에서 비판했던 것은 한학이었다는 점에 유의해야 한다. 한학이란 글자 그대로 푼다면 한나라 때 유교경전의 훈고訓詁, 글자풀이와 고거考據, 고증를 중시하는 경학적 학풍을 가리키지만, 역사적으로는 청나라 때의 이른바 고증학파의 학자들이 송명유학(정주학과 양명학)을 송학으로 통칭하면서 형이상학적이라고 비판하되 자신들의 학문은 그와 반대로 경전의 실질적 훈고와 고증을 중시하는 학문으로서의 한학이라 칭한 것에서 유래한다.[9] 다시 말해서, 한학이란 구체적으로 청대 고증학의 학풍을 가리키는데, 그들은 심성론을 중시하는 송명유학을 송학이라 칭하되 그것들을 모두 주관주의적이고 사변적인 성향을 지닌다고 싸잡아 비판하면서 송대 이전의 한대 경학으로 회귀하고자 하는 경향을 띠는 것이다. 즉, 한학은 송대 이전의 전통유학으로서 경학으로의 회귀경향을 나타낸다

---

8 후쿠자와 유키치, 남상영 역, 『학문의 권장』, 서울 : 소화출판사, 2003, 24쪽;『全集』(3), 30쪽.
9 『漢語大詞典』(上海 : 漢語大詞典出版社; 香港 : 三聯書店有限公司, 1990)의 '漢學' 항목에서는 다음과 같이 설명하고 있다. "한대 경학 중 훈고와 고거를 중시하는 학문. 청대 건륭 가경 연간의 학자들이 그 학풍을 숭상하여 '송학'과 상대되는 '건가학파'를 형성하면서 '한학'이라 칭하였다(漢代經學中注重訓詁考據之學. 清代乾隆、嘉慶年間的學者崇尚其風, 形成與"宋學"相對的"乾嘉學派", 也稱"漢學")."

하겠는데, 이와 대조적으로 송학은 경학(독해와 주해 위주의 학문)을 벗어나서 심성을 주체로 삼아 대상에 대한 학문을 자유롭게 구성하는 성향을 띤다고 할 수 있는 것이다.[10]

그런데 중국은 물론 한국과 일본에서도 고증학적 학풍이 유포되고 한학이 점점 우세를 점하면서 한학자들이 송학을 논급하는 것이 줄어들게 되었고, 그 결과 한학은 19세기부터 20세기 전반기에 있어 주로 한국과 일본에서 한당유학과 송명유학, 청대 고증학의 구분에 관계없이 중국에서 유래하고 한문으로 이루어진 학술 전체를 가리키는 말로 통용되기도 하였다.[11] 이러한 한학의 용례에 근거하여 근대기 일본의 학계는 한학, 국학, 양학으로 삼분되었다는 설명이 가능해진다.[12] 한학은 중국에서 유래된 학문을, 국학은 일본의 고유한 학문을 가리키며, 양학은 서양에서 유입된 학문을 통괄적으로 지칭한다. 다만 주의할 점은, 한학의 이러한 용례가 중국에서 유래되고 한문으로 된 학술 전체를 가리킨다고 하더라도, 그것이 실질적으로 가리키는 바는 고증학 ─ 일본에서는 고학古學 ─ 의 영향력으로 인해 여전히 문자의 독해나 훈고, 고거를 중시하는 학적 경향이었다는 점에 유의할 필요가 있다. 즉, 한학이 중국에서 전래된 전통 학문 전체를 지시하는 말로서 사용되었음에도 불구하고, 여전히 글자풀이나 독해에 치중하는 학문 경향을 의미했

---

10 한학과 송학 개념의 형성에 관해서는 다음을 참조. 고지마 쓰요시, 신현승 역, 『사대부의 시대』, 서울 : 동아시아, 2004, 214~225쪽. 또한 송학의 탈(脫)경학적 성향에 대해서는 위의 책, 182~196쪽을 참조. 송학의 탈경학적 경향은 또한 그 유파 가운데 하나인 정주학의 인식론 중심적인 사상에서 단적으로 드러난다. 이에 관해서는 다음을 참조. 김우형, 『주희철학의 인식론 : '지각'론의 형성과정과 체계』, 2005, 서울 : 심산.

11 『漢語大詞典』의 '한학' 항목에서 다음과 같은 두 번째 설명이 이에 해당된다. "외국인이 중국의 학문을 한학이라 칭하고 연구하였다(外國人稱研究中國的學問爲漢學)."

12 양일모, 「한학에서 철학으로 ─ 20세기 전환기 일본의 유교연구」, 『한국학연구』 49, 2018, 42쪽.

다는 것이다. 이 같은 한학적 분위기 속에서 성장하고 그 유산을 물려받았던 메이지 계몽주의자들은 대부분 양학으로부터 새로운 자극을 받음으로써 전통적인 한학에 대해 비판적인 태도를 지니게 되는데, 그 과정에서 잠복해 있던 송학적 사유가 싹트기 시작했던 것이다. 후쿠자와는 그 대표적인 사례라고 할 수 있다.

후쿠자와 스스로도 밝히고 있듯이, 그는 신분질서가 확고했고 비교적 유교적 분위기가 강했던 나가쓰번中津藩의 하급 무사 가문에서 태어나 성장했는데,[13] 십대 때부터 한학 수업을 받았다고 전한다.[14] 특히, 그의 아버지 후쿠자와 하쿠스케福澤百助는 독실한 한학자로서 고학의 선구자인 이토 진사이伊藤仁齋의 아들 이토 도가이伊藤東涯를 대단히 존경하여 성심성의를 다해 평소의 행실을 조심하였고, 그의 가족도 엄격한 법도로써 규율했다고 전한다. 아버지는 일찍 죽었지만 생전에 막내아들(유키치)을 중이 되게 하겠다는 말을 남겼다고 한다. 이에 대해 후쿠자와는 신분제의 속박에서 벗어나서 입신양명 할 수 있는 유일한 길은 불교의 승려가 되는 것밖에 없으므로 아버지가 이렇게 말한 것이라고 해석했다.[15] 후쿠자와는 아버지의 이같은 속마음을 헤아리면서 당시 봉건적

---

13 후쿠자와는 아버지가 오사카에 파견되었을 때 거기서 출생하였지만, 1836년 아버지의 사망 후 나가쓰로 와서 성장했다.

14 후쿠자와 유키치, 허호 역, 『후쿠자와 유키치 자서전(福翁自傳)』, 서울 : 이산, 2006, 24~31쪽. 후쿠자와의 진술에 따르면, 그는 14~5세 때부터 한학 수업을 받았고 특히 시라이시 쓰네히토(白石常人, 1815~1883)의 宿에서 4~5년가량 집중적으로 한학을 공부했다고 한다. 시라이시는 지쿠젠의 카메이 선생을 존경했다고 하는데, 카메이는 당시 주자학과 대립하는 입장이었다고 한다(위의 책, 30쪽). 한편, 위와 달리 후쿠자와의 사승관계가 노모토 하쿠간(野本白巖), 호아시 반리(帆足萬里), 미우라 바이엔(三浦梅園)으로 연결되는 계보도 전해진다. 이에 대해서는 사토 코에츠, 앞의 글, 297~298쪽 참조.

15 후쿠자와 유키치, 위의 책, 28쪽. "나가쓰는 봉건제도를 유지하면서 마치 물건을 상자 속에 가지런히 넣어둔 것처럼 질서가 잡혀 있어 몇 백 년이 지나도 전혀 변함이 없는 상태였다. 가로(家老)의 집안에서 태어난 자는 가로가 되고, 아시가루의 집안에서 태어난 자는 아시가루가 되

신분제와 문벌제도가 유교로부터 비롯되었다고 생각하면서 그것을 원수처럼 여기기 시작했다고 한다. 그러나 후쿠자와가 증오하게 된 유교적 신분제는 일본에 유교가 토착화되면서 형성된 특수한 경우라는 점을 기억할 필요가 있겠다.[16] 요컨대, 후쿠자와는 고학(한학)이 지배적이었고 문벌주의적 신분제가 강하게 유지되었던 환경에서 성장하면서 이 두 요소가 결합된 것으로서의 '유교'에 대해 아버지를 계기로 특별한 반감을 가지게 되었다고 할 수 있다. 즉, 후쿠자와가 비판하게 되는 주요 대상은 한학과 신분제가 되는 것이다.

이후 후쿠자와는 나가사키와 오사카로 옮겨 다니면서 난학蘭學 중에서도 의학醫學을 공부하게 됨으로써 양학자의 면모를 띠게 되지만, 그의 정체성은 양학자라는 한마디로 규정되기 어려운 면이 많다. 그는 한학 못지않게 양학도 비판했기 때문이다.[17] 후쿠자와는 당시 유행하던 세 가지 학문에 대해 다음처럼 비판한다. "지식과 견문을 넓히기 위해서는 남의 의견을 듣고, 스스로 궁리하며 서적도 읽어야 한다. 그러므로 학문을 하기 위해서는 문자를 읽을 줄 알아야 하지만 옛 사람들이 생각한 것처럼 오직 문자를 읽는 것만을 가지고 학문을 한다고 하는 것은 아주

고, 그 중간에 위치한 자들도 마찬가지다. 몇 년이 지나도 변화라곤 없다. 따라서 아버지의 입장이 되어 생각해보면, 아무리 발버둥쳐봤자 도저히 출세할 수는 없지만 그래도 한 가지 승려가 되는 길은 있었다. 하찮은 생선가게 아이가 대종사가 되었다는 이야기는 얼마든지 있다."

16 이는 조선에서 유교가 토착화될 때 고려시대로부터 전해온 신분제와 결합해 조선의 특수한 양반사회를 이루었던 것과 비슷한 경우라 하겠다. 그러나 원론적으로 말하자면, 주자학에서는 신분제를 주장한 적이 없으며, 오히려 평등주의적 지향성을 띤다.

17 후쿠자와 유키치, 『학문의 권장』, 184~85쪽; 『全集』(3), 125쪽. "최근 우리나라 상황을 살펴보면 중인(中人) 이상의 개혁자라는 사람들 또는 소위 개화선생(開化先生)이라고 불리는 자들은 입만 열면 서양 문명을 찬미한다. 한 사람이 찬미하면 주위의 많은 사람이 그를 따라 찬미자가 된다. 지식과 도덕은 물론 정치, 경제, 의식주에 이르기까지 모든 것을 서양의 풍속을 따라 그대로 모방하지 않는 것이 없다. 서양 사정에 대해 잘 알지도 못하는 사람조차 옛것을 버리고 오로지 새것을 찾아 헤맨다. 사물을 경솔하게 믿고 의심을 소홀히 하는 처사라고 아니할 수 없다."

잘못된 생각이다. (…중략…) 단지 화한양和漢洋 서적을 읽는 것만을 가지고는 학문이라고 할 수 없다."[18]

여기서 비판의 핵심은, 단지 문자를 읽는 것 혹은 훈고와 고증을 하는 것만으로는 학문이라고 할 수 없으며, 반드시 다른 사람의 의견을 듣고 궁리하여 새로운 원리나 지식을 얻으려고 노력해야 한다는 것이다. 이 점에서 후쿠자와가 비판한 유학은 송학과 반대되는 독해와 훈고 위주의 한학임을 알 수 있다. 그는 한학에 대한 비판의식 위에서 "학문이란 그저 어려운 글자를 알고 어려운 고전을 읽으며 와카를 즐기고 시를 짓는 등의 실생활에 도움이 되지 않는 문학을 말하는 것이 아니다"[19]라고 주장한다. 후쿠자와가 『학문의 권장』(1872)에서 어떤 한 주자학 서생의 일화를 소개하고 비판한 것은, 주자학 서생조차도 궁리하여 원리를 터득하려는 노력 없이 그저 "학파에 따라 대가들의 학설을 공책에 베껴 쓰는" 것을 학문으로 여기는 당시의 풍조를 비판하기 위함이었다.[20] 그 주자학 서생은 격물궁리라는 주자학의 핵심 사상을 실천하지 못한 것이다. 후쿠자와는 양학에 자극 받아 한학을 비판하는 과정에서 송학(주자학)의 사유를 따라 자신의 학문관을 형성하게 된 것이다.[21] 그는 다음처럼 말한다. "학문이란 그 폭이 넓어 무형의 학문이 있는가 하면 유형의

---

18 후쿠자와 유치키, 위의 책, 36~37쪽; 『全集』(3), 36~37쪽.
19 후쿠자와 유치키, 위의 책, 23쪽; 『全集』(3), 30쪽.
20 후쿠자와 유치키, 위의 책, 148~149쪽; 『全集』(3), 103쪽.
21 『학문의 권장』 서두에 나오는 "하늘은 사람 위에 사람을 만들지 않고 사람 밑에 사람을 만들지 않는다고 한다. 그 뜻은 하늘이 사람을 만들었을 때 누구에게나 똑같은 지위를 부여했으므로 태어날 때부터 상하귀천이 없다는 것이다"(후쿠자와 유치키, 『학문의 권장』, 21쪽; 『全集』(3), 29쪽)는 구절은 「미국독립선언서」에서 영향을 받은 것으로 알려져 있다(사토 코에츠, 앞의 글, 295쪽). 그러나 주자학에서도 인간은 개별적 기질의 차이와는 달리 모두 동일한 도덕적 본성을 타고나는 것으로 본다는 점에서 후쿠자와의 사상과도 통한다. 이에 관해서는 미야지마 히로시(앞의 글)가 "문명화 = 유교화라는 아이러니"(391~392쪽)로서 지적하고 있다.

학문도 있다. 심학(心學), 신학(神學), 이학(理學) 등은 형태가 없는 학문이다. 천문, 지리, 궁리, 화학 등은 형태가 있는 학문이다. 모두 다 지식과 견문의 영역을 넓히고 사물의 도리를 분별하며 인간으로서의 직분을 아는 데 목적이 있다."[22]

위에서 무형과 유형의 학문이란 학문의 대상을 가지고 구분한 것이다. 무형의 학문들에서 심학은 수신과 윤리에 관한 도덕학이라면, 신학은 신과 같은 초월적 종교적 존재에 관한 학문이고, 이학은 철학을 가리키되 주자학(성리학)이 여기에 포함되는 것이다. 유형의 학문이란 천문, 지리, 물리(궁리), 화학처럼 유형의 자연적 대상을 탐구하는 자연학을 주로 가리킨다. 그런데 후쿠자와는 여기서 학문이 지식과 견문을 넓히고 사물의 도리를 변별하되 궁극적으로는 인간으로서의 직분을 아는 것을 목적으로 삼고 있다. 이때 인간의 직분에 대해서 후쿠자와는 다른 곳에서 "분한(分限, 본분, 분수)"이란 용어를 써서 다음처럼 말하고 있다 : "학문을 할 때는 분한을 아는 것이 중요하다. 사람은 태어날 때부터 누구에게도 얽매어있지 않으며 어른이 된 남자는 남자로서, 그리고 어른이 된 여자는 여자로서 서로가 다 자유로운 몸인 것이다. 그러나 자유롭다고 하더라도 자기의 분한을 모르면 멋대로 방종하게 된다. 분한이란 하늘의 도리에 기초해서 인간의 정에 따르며 다른 사람을 방해하지 않고 자신의 자유를 실현하는 것을 말한다."[23]

후쿠자와에 따르면, 인간은 자유롭고 평등하게 태어났지만 분한을 모르면 방종하게 되므로, 하늘이 인간에게 정해준 도리에 근거해서 그

---

22 후쿠자와 유키치, 『학문의 권장』, 35쪽; 『全集』(3), 36쪽.
23 후쿠자와 유치키, 위의 책, 26쪽; 『全集』(3), 31쪽.

것의 발로인 정情에 따르되 다른 사람을 방해하지 않고 자신의 자유를 실현시켜야 한다는 것이다. 말하자면, 하늘이 나에게 정해준 도리와 분수를 알아서 그것이 발현된 감정에 순종하는 것이 학문에 있어 가장 중요한 핵심이라는 것이다. 송학(주자학)과 마찬가지로 정신의 수양을 후쿠자와는 매우 중요시한 것이다.[24] 하늘의 도리에 근거해서 그것이 발현된 정에 따른다는 것은, 일찍이 주자학에서 말한 바 인간과 만물에 정해진 성품과 도리를 따라야 한다는 사상과 통한다. 즉,『중용』수장首章[25] 구절에 대해 주희朱熹는 다음처럼 말한 바 있다. "만물이 품수 받은 것은 지선하지 않은 것이 없으니 성이다. 성을 따라 행하여 각각 그 분수를 얻은 것이 도이다."[26] 이 말의 뜻은, 인간을 포함한 만물에는 각각 하늘로부터 부여받은 성품이 있는데 그것은 근본적으로 지극히 선한 것이고, 그 지선한 본성을 따라 행하여 도리를 아는 것이 각자의 직분이라는 것이다. 정신적 수양을 통해 본성과 도리를 알아서 실천해야 하는 것이 인간의 직분이다.[27] 후쿠자와는 주자학을 계승하여 하늘이 정해준 본성과 도리를 수양을 통해 인식하고 실천하는 것이 인간의 직분이

---

24 외면보다는 내면을 중시하는 측면은 다음의 언급에서도 발견된다 : "나는 원래 국학자나 한학자들 중에서 사람을 다스리는 법은 알되 자신을 수양하는 방법을 모르는 자들을 별로 좋아하지 않는다. 그들을 좋아하지 않기 때문에 나는 이 책의 초판에서 인민의 동등한 권리를 주장했고, 사람들이 스스로 책임을 가지고 힘써 노력하여 자신의 생계를 꾸려 나가는 것이 중요하다고 말했다(후쿠자와 유키치,『학문의 권장』, 134쪽;『全集』(3), 94쪽)."

25 『中庸』1장. "天命之謂性, 率性之謂道, 修道之謂敎."

26 朱熹,『朱子語類』, 北京 : 中華書局, 1983, 62 : 60(권60에 60조목의 뜻). "萬物稟受, 莫非至善者, 性; 率性而行, 各得其分者, 道."

27 주희의 생각을 따라 조선시대 유학자인 李滉은 天命의 함의를 太極과 비교하면서 다음처럼 설명한 바 있다. "蓋彼以太極爲名, 此以天命爲名, 名以太極者, 占造化自然之地分意思, 名以天命者, 有人物所受之職分道理. 占自然地分者, 固不當參以修爲之事, 故孔子之論太極, 亦至於吉凶生大業而止, 卽濂溪作圖之意也. 有所受職分者, 苟無修爲之事, 則天命不行矣. 故子思之言天命, 自率性修道存養省察, 以至於中和之極功而後已, 卽此圖所本之意也.『退溪先生文集』권38,「答申啓叔」, 23a."

라고 보고 그것을 학문의 목표로 설정했던 것이다.

요컨대, 후쿠자와가 한학을 비판하게 되는 입각점은 다름 아닌 송학 (주자학)이었다. 그는 송학에 근거해서 당시 한학의 문자 독해, 훈고와 고증 위주의 학문 태도를 비판했던 것이다. 비록 주희는 사서를 비롯한 유교경전에 대한 주석서를 남기고 있지만, 주희를 비롯한 정호程顥·정이程頤 형제 등 송학의 핵심 인물들의 근본적인 학문적 지향성은 한나라 때의 경학 위주의 학문을 탈피하여 자유롭게 사물의 이치를 격물궁리하고 지식을 확장하려는致知 것이었다. 후쿠자와가 한학에 대해 만물에 대한 실용적인 지식과 견문의 확충에 소홀하면서 문자의 독해에만 빠져있다고 비판한 것은 이와 같은 송학의 입장을 배경으로 한 것이었다. 또한 송학의 입장은 자유로운 대상적 탐구와 더불어 내면적 수양을 중시하는데, 후쿠자와는 『문명론의 개략』(1875)에서 이러한 정신적 수양의 측면을 더욱 강조하게 된다.

3. 문명론의 사상기반

주지하듯, 『문명론의 개략』은 『학문의 권장』과 더불어 후쿠자와의 대표적인 저술로서 근대 일본의 청사진이 담겨있다고 평가되는 책이다. 이 저술에 대해서는 일찍이 마루야마 마사오丸山眞男, 1914~1996나 고야스 노부쿠니子安宣邦에 의해 세밀한 독해가 시도된 바 있지만,[28] 본고에서 필

---

28 마루야마 마사오, 김석근 역, 『『문명론의 개략』을 읽는다』, 서울 : 문학동네, 2007; 고야스 노부쿠니, 김석근 역, 『후쿠자와 유키치의 『문명론의 개략』을 정밀하게 읽는다』, 서울 : 역사비

자는 그와 같은 거창한 재해석을 시도하려는 것은 아니고, 단지 후쿠자와 문명론의 밑바탕에 깔려있는 송학적 사유의 일면을 조명해보려는 것이다. 일찍이 『문명론의 개략』은 토마스 버클Thomas Buckle의 『영국문명사』와 프랑수아 기조François Guizot의 『유럽문명사』의 영문판에 영향을 받아 저술했다고 알려져 있지만,[29] 후쿠자와의 책은 위의 저술들의 단순한 번역이나 요약인 것은 아니다. 그것은 후쿠자와 스스로 유럽의 문명론을 나름대로의 지적 토대 위에서 소화해낸 결과물인 것이다.[30]

다만, 후쿠자와도 다른 양학자들처럼 전통적인 한학 교육을 받았으므로 한학의 기본소양을 가지고 있다가 나중에 양학을 습득하였던 것이고, 급기야 서양문명론을 나름대로 소화한 결과물로서 『문명론의 개략』이라는 명저도 남기게 된 것인데, 여기서 떠오르는 의문은 다음과 같은 것이다. 즉, 한학에서 양학으로 학문적 기조를 전환함에 있어서 서양문명론을 주체적으로 소화할 수 있었던 기반이나 자원은 과연 어떤 것이었는가 하는 것이다. 그가 지적하고 있듯, "현재 우리나라의 어설픈 양학자들, 그 왕년에는 모두 한학 선생이 아니었던 자가 없고, 모두 신불자(神佛者)가 아니었던 사람이 없는"[31] 그러한 전환기적 환경과

평사, 2007.

29 다음의 서적을 참조한 것으로 보인다. Henry Thomas Buckle, *History of Civilization in England*, London : J. W. Parker and son, 1857–61; François Guizot, *General History of Civilization in Europe, with occasional notes by C. S. Henry*, New York : D. Appleton and Company, 1870.

30 고야스 노부쿠니(앞의 책, 31쪽)는 다음처럼 말한다. "하지만 후쿠자와의 『개략』은 그들의 번역이 아니다. 후쿠자와가 그 나름대로 문명사적 전제를 가진 일본의 시각을 명확하게 담은 채 전개한 것은, 그들 서양의 문명사적 담론(언설)을 자신의 것으로 썹어 삼키고, 자신의 입장에서 다시 파악한 문명론이다. 비유하자면, 후쿠자와는 '음식을 먹어서 그것을 소화한 것과 같다. 음식은 바깥의 사물이지만, 일단 내가 취하면 내 몸 안의 것으로 되지 않을 수 없다'(서언)라고 말한다."

31 후쿠자와 유키치, 『문명론의 개략』, 9쪽; 『全集』(4), 5쪽.

조건 속에서 무엇이 그 둘을 연결했던 것일까? 후쿠자와의 비유를 빌리면, "흡사 하나의 육신으로 두 개의 인생을 겪은 것과 같고, 한 사람이면서도 두 개의 육신인 것"과 같아서 "전생(前生)과 전신(前身)에서 얻은 것을 가지고 이것을 현생(現生)과 현신(現身)으로 얻은 서양의 문명과 대조"[32]시키도록 한 것은 과연 무엇이었던가? 필자가 앞 절에서 논한 것처럼, 한학에서 양학으로의 전환을 가능하게 한 것은 바로 송학이 아니었을까?

이러한 물음에 대해 답하기 위해서는 먼저 후쿠자와의 문명론에서 외면적인 물질문명보다는 정신적인 내면의 수양을 좀 더 중시하고 있다는 점을 언급할 필요가 있을 것이다. 단적으로 후쿠자와는 「서언」에서 문명론을 "인간의 정신발달에 관한 논의"[33]라고 규정하고 있다. 물론 물질적 측면과 정신적 측면 모두 발전해야 하는 것이지만, 그러한 병행적 발전은 궁극적으로 정신적 내면의 진보에 의해 이루어지므로 도덕적인 덕목과 지적 능력이 중시된다. 그는 다음처럼 말한다.

문명이라 함은 사람의 신체를 안락하게 하고 마음을 고상하게 하는 것을 말함이다. 입는 것과 먹는 것을 풍요롭게 하고 사람의 품성을 고귀하게 하는 것을 말함이다. 어쩌면 신체의 안락만으로써 문명이라고 하겠는가. 사람의 삶의 목표는 먹는 것과 입는 것만은 아니다. 만약 입는 것과 먹는 것만을 가지고서 목표로 삼는다면, 인간은 그저 개미와 같을 뿐. 또한 꿀벌과 같을 뿐. 이것을 하늘이 내린 약속이라고 말할 수는 없다. 혹은 마음을 고상하

---

32 후쿠자와 유키치, 위의 책, 9~10쪽; 『全集』(4), 5쪽.
33 후쿠자와 유키치, 위의 책, 5쪽; 『全集』(4), 3쪽.

게 가지는 것만으로써 문명이라고 하겠는가. 온 세상 사람이 모두 속세에 살면서 물을 마시는 안회와 같이 되겠지. 이것을 天命이라고 할 수는 없다. 그런고로 사람의 심신 양쪽 다 제자리를 만나지 않으면 문명이라는 명칭을 부여해서는 안 된다. (…중략…) 그리고 이 사람의 안락과 품위를 얻게 하는 것은 인간의 지智와 덕德인 고로, 문명이라 함은 결국 이 인간의 지와 덕의 진보라 하여도 무방하다.[34]

신체의 안락을 위한 물질적 풍요로움만을 문명의 목표로 삼는 것은 개미나 꿀벌과 다르지 않을 것이며, 따라서 그것은 하늘이 내린 약속, 즉 인간의 직분이나 도리라고 할 수는 없다. 마찬가지로 정신적인 고상함만으로는 안빈낙도安貧樂道했던 안회顏回[35]처럼 될 수 있을지언정, 그 역시 진정한 인간의 천명이라고 할 수 없다는 것이다. 요컨대, 사람의 심신 양면이 모두 발전해야 비로소 문명이라고 할 수 있다는 것이다. 이러한 견해는 정신문명과 물질문명을 모두 포함하지 않으면 문명이라 할 수 없다는 프랑수와 기조의 학설을 대체로 따른 것이라 하겠지만,[36] 후쿠자와는 궁극적으로 사람의 심신 양면에서 안락과 품위를 가능케 하는 것은 결국 인간의 지적 도덕적 덕성으로서의 지와 덕이기 때문에 내면을 더 중시하고 수양해야 한다고 말한다. 그런데 이러한 주장은 주자학과 일치한다. 가령, 주희의 윤리 사상에서 인심人心은 일신의 안락

---

34 후쿠자와 유키치, 위의 책, 76~77쪽；『全集』(4), 41쪽.
35 안회는 공자의 수제자. 가난 속에서도 학문의 즐거움을 잃지 않았으므로 공자가 가장 칭찬했다. 송학에서는 정이(程頤)의 「顏子所好何學論」이 보여주고 있는 것처럼 배워서 성인의 경지에 이를 수 있다는 안회의 학문 태도를 매우 중시하였다. 다만, 여기서 후쿠자와는 안회처럼 정신만 고상하게 해선 안 되고, 물질적 측면도 돌봐야 한다고 말하고 있다.
36 마루야마 마사오, 앞의 책, 201쪽.

함을 추구하는 마음으로서 물질문명과 연결된다면, 도심道心은 도덕적 마음으로서 정신문명의 핵심이라 할 수 있다.[37] 이 같은 인심과 도심은 모두 없어서는 안 되는 것으로서 인지능력으로서의 지각작용에 포함되며, 이 지각작용을 주재하는 마음의 덕이 곧 지智이다. 지적인 덕으로서의 지는 도덕적 덕으로서의 인仁과 더불어 마음의 덕의 중핵을 이루는 것으로서 모두 수양해야 하는 덕목들이다.[38] 후쿠자와가 구사하고 있는 용어나 주요 논지를 볼 때, 그로 하여금 서양문명론에 주목하고 그것을 소화하여 자기식으로 재해석하도록 이끌었던 것은 주자학적 사유였다고 추정해볼 수 있는 대목이다.

두 번째로 고찰할 것은, 후쿠자와 문명론의 전체적인 방법론이나 논리라고 할 수 있는 부분이다. 후쿠자와는 이것을 제1장 「논의의 본위本位를 정하는 일」의 벽두에서 언급하고 있는데, 이는 전체 논의에서 가장 중요한 위치를 차지함을 말해준다. 그는 다음처럼 말한다.

경중(輕重), 장단(長短), 선악(善惡), 시비(是非) 등의 글자는 상대적인 사고에서 생긴 말이다. 경이 없으면 중이 있을 수가 없고, 선이 없으면 악이 있을 수가 없다. 그런고로 경이라 함은 중보다도 가볍고, 선이라 함은 악보다도 선하다고 하는 것으로, 이것과 저것과 서로 비교하지 않으면, 경중과 선

---

37 주희의 인심 도심에 관한 이론은 그의 「中庸章句序」에 잘 나타나 있다. 주희에 의하면, 인심은 악으로서의 인욕에 빠지기 쉽지만, 생존을 위해서는 없애서는 안 되는 것이다. 그러나 궁극적으로 인심과 도심의 충돌상황에서는 언제나 인심이 도심의 명령을 따라야 한다고 말한다.
38 주희의 인심도심론에 관해서는 다음을 참조. 김우형, 「주희 인심도심론의 윤리학적 성격에 대한 고찰-본체론 비판 및 '지각'론의 정립과 관련하여」, 『동서철학연구』(69), 2013, 159~187쪽. 또한 智와 仁에 대해서는 김우형, 『주희철학의 인식론: '지각'론의 형성과정과 체계』, 239~246쪽 참조.

악을 논할 수 없다. 이와 같이 서로 비교하여 중으로 정하고 선으로 정하는 것을 논의의 본위라 이름을 붙인다.[39]

경은 중과, 장은 단과, 선은 악과, 시는 비와 각각 상대되는 말로서, 한쪽의 개념이 없다면 다른 쪽도 성립할 수 없는 상호필수적 관계라 할 수 있다. 또한 이들 두 개념 쌍의 실질적 관계는 어떤 대상의 가벼움과 무거움, 선함과 악함을 서로 비교해서 결정해야 한다는 것이다. 예를 들어, 나무로 된 연필은 쇠로 된 망치보다 가볍지만 깃털보다는 무겁다고 해야 한다. 즉, 연필은 비교되는 대상에 따라 가벼운지 무거운지가 결정되는 것이다. 이와 같은 논리를 후쿠자와는 문명론으로 연장시키는데, 즉 문명과 야만이라고 하는 것은 경중장단의 개념처럼 서로 상대되는 말이므로, 서로 비교한 이후에야 어떤 지역이 문명인지 아닌지를 결정할 수 있다는 것이다. 물론, 후쿠자와의 주장은 일본을 포함한 아시아를 유럽과 북미의 문명에 비교하면 야만이지만 아프리카·오세아니아 등지의 야만에 비해서는 문명이라고 할 수 있는 중간적 위치에 있으므로, 중하고 선한 서양의 문명으로 나아가야 한다는 것이다. 이것이 "논의의 본위"가 된다.

그런데 그 내용은 일단 차치하고, 여기서 필자가 주목하고자 하는 것은 상대적 개념을 끌어들여서 주장을 전개하는 형식적 측면이다. 경중·장단·시비·선악 같은 짝개념은 일찍이 중국철학 전통에서 음양陰陽이나 동정動靜을 대표로 하는 대對 관념의 사고로부터 도출된 것으로

---

39 후쿠자와 유키치, 『문명론의 개략』, 15쪽, 『全集』(4), 9쪽. 강조는 인용자.

서,[40] 송학에 이르러 정씨 형제에 의해 본격적으로 주목되기 시작한 것이다.[41] 주희는 정씨 형제를 계승하여 그러한 상대적, 대대적對待的 관념들을 체계적으로 이론화시켰다. 주희는 정호의 "천지만물의 리는 혼자인 것은 없고 반드시 상대됨이 있다"는 말에 대해 다음과 같이 말한다. "높음이 있으면 반드시 낮음이 있고, 큼이 있으면 반드시 작음이 있으니, 모두 이치상 필연적으로 당연히 이와 같은 것이다. 예를 들어, 하늘이 사물을 생성함에 오직 음일 수는 없고 반드시 양이 있어야 하며, 오직 양일 수는 없고 반드시 음이 있어야 하니, 모두 상대됨이다. 이 상대가 되는 곳은 리가 상대가 되는 것이 아니다. 그 상대가 있게 되는 까닭은, 리가 마땅히 이와 같은 것이다."[42]

말하자면, 현상계의 사물들은 리에 함축된 상대성의 원리에 따라 높고 낮음, 크고 작음 등의 차이가 발생하게 되는데, 그러한 현상적 차이에 대한 인간의 인식 또한 마음의 리에 내재되어 있는 그와 같은 상대적 개념들에 의해 가능해진다. 즉, 상대적 개념들은 현상적 사물들을 인식하는 범주들인 것이고, 그런 상대적 범주에 의해 인간은 사물들을 크다 작다, 무겁다 가볍다라고 판단하게 되는 것이다. 여기서 유의해야 할 점은, 이러한 상대적 개념들을 통한 현상계의 인식은 객관적인 것이기

---

40 예를 들면, 가장 중국적인 철학범주라고 할 수 있는 음과 양은 햇빛 / 그림자, 양달 / 응달, 밝음 / 어두움 등의 상대적이되 상호 의존적인 관계로부터 추상된 관념이다.

41 중국의 전통적 대(對) 관념을 최초로 정식화한 것은 정씨 형제이다. 일찍이 정호는 다음과 같이 말했다. "天地萬物之理, 無獨必有對, 皆自然而然, 非有安排也. 每中夜以思, 不知手之舞之, 足之蹈之也"(程顥·程頤, 『二程遺書』(『二程集』(1), 北京 : 中華書局, 1984, 121쪽). 정이 또한 對의 사유에 관련하여 다음처럼 말한다. "天地之間皆有對, 有陰則有陽, 有善則有惡"(위의 책, 161쪽).

42 朱熹, 『朱子語類』, 95 : 64. 曰 : "高下小大淸濁, 又是物也, 如何 ?" 曰 : "有高必有下, 有大必有小, 皆是理必當如此. 如天之生物, 不能獨陰, 必有陽, 不能獨陽, 必有陰, 皆是對. 這對處, 不是理對. 其所以有對者, 是理合當恁地."〈淳〉

때문에, 개념들의 상대성 때문에 그것이 인식론적 상대주의relativism의 입장을 띤다고 보아서는 안 된다는 것이다.[43]

후쿠자와는 바로 이와 같은 상대적 개념에 기반한 인식론을 계승하여 그것을 문명론에 적용한 것이다. 즉, 문명은 야만과 상대되는 개념으로서, 문명이라 하면 반드시 야만이 전제되고, 반대로 야만은 반드시 문명을 전제로 하는 것이다.[44] 문명 / 야만의 상대적 개념에 근거하여 유럽을 문명으로 아프리카는 야만으로 인식하는 것은 인식론적 상대주의가 아니라 객관적인 인식이므로, 서양문명을 중重하고 선善한 것으로 정하는 것이야말로 문명론에 있어 근본 입장이 되는 것이다. 이러한 객관주의적 인식에 의거할 때, 일본을 포함한 아시아의 여러 나라들이 무엇을 택하고 어디로 나아가야 할지는 저절로 명확해진다는 것이 후쿠자와의 생각이다.

마지막으로, 지와 덕의 개념과 관계에 대해 좀 더 살펴볼 필요가 있다. 지덕의 문제는 『문명론의 개략』 총 10장 중에서 4개장(4~7장)을 할애하여 논할 정도로 책의 전체를 관통하는 가장 중요한 주제라 할 수 있다. 비록 후쿠자와가 덕을 모랄moral에 지를 인텔렉트intellect에 연결시키

---

43 예를 들어, 시공간의 상대성에 기반한 아인슈타인의 상대성이론은 인식론적인 상대주의가 아니라, 오히려 반대로 객관적 인식을 주장하는 이론인 것과 같다. 이러한 상대적 개념들을 벗어나서 초탈하려는 사상, 예를 들어 도가나 불교의 사유는 인식론적 상대주의의 입장을 나타낸다. 도가나 불가는 그와 같은 상대적 개념들은 인간이 만들어낸 것일 뿐 실재하는 원리에 근거한 것은 아니기 때문에 객관적 인식은 불가능하다고 본다.

44 고야스 노부쿠니, 앞의 책, 41~43 · 94~95쪽 참조. 고야스는 마루야마가 후쿠자와의 위의 구절을 일종의 상대주의로서 독해하고 있다고 비판한다. "하지만 마루야마처럼 '짝'을 이루는 말을 상대주의적 개념만으로 보는 것은 억지스러운 이해로 생각된다. 마루야마는 첫머리의 문장에 대해서 이렇게 말하고 있다. '문명이란 문명화이며, 따라서 상대적으로밖에 말할 수 없다'고. (…중략…) 문명사회란 문명화해가는 사회임이 틀림없지만, 이같은 마루야마의 이해로는 야만에 대응하는 것으로서 문명이라 여겨지는 문명 개념의 의의가 사라져버린다."(94~95쪽)

고 있고 이 중 지의 발전이 덕보다 좀 더 중요하다고 본 것은[45] 표면적으로 버클의『영국문명사』에 영향을 받았다고 할 수는 있지만, 그러나 자세히 고찰하면 그것이 단순한 번역에 지나지 않는 것은 아님을 알 수 있다. 먼저 버클에 있어서는 물질문명과 대비되는 정신의 진보mental progress를 지적이고 도덕적인 두 방향에서 말하기 위해 사용한 단순한 술어일 뿐 모럴과 인텔렉트가 특정한 함의를 지닌 명사로서 사용되고 있지는 않다.[46]

　반면, 후쿠자와는 정신의 두 방면을 지적이고 도덕적인 덕을 가리키는 지智惠와 덕德義이라는 명사를 사용하여 설명한다는 점에서 버클과 맥락이 다르다. 이미 언급했듯이, 정신의 지적인 작용에 대해서는 이미 '지각'이라는 말이 주자학에 있었음에도 후쿠자와가 그와 같은 '지각'을 담당하는 덕성으로서의 지를 말한 것은, 유교전통에서 인을 실질적인 내용으로 하는 도덕적 '덕'과 상대적 개념으로서 대비시키기 위한 의도적인 선택이었음이 분명하다.[47] 뿐만 아니라 좀 더 흥미로운 것은, 지와 덕의 용어 사용을 통해 그가 전하고자 하는 핵심메시지도 근본적으로 주희와 다르지 않다는 점이다. 먼저 후쿠자와의 말을 들어보자.

45　후쿠자와 유키치,『문명론의 개략』, 159・205쪽;『全集』(4), 83・107쪽.

46　다음을 참조. "It now remains for us to ascertain the manner in which, by the application of this method, the laws of mental progress may be most easily discovered. If, in the first place, we ask what this progress is, the answer seems very simple : that it is a twofold progress, Moral and Intellectual; the first having more immediate relation to our duties, the second to our knowledge. This is a classification which has been frequently laid down, and with which most persons are familiar."(Buckle, *Introduction to the history of civilization in England*, London : Routledge & sons, limited, 1904, p.99)

47　유교전통에서 주희가 인을 덕의 전체를 가리키는 말로 정의한 이래로 인은 덕과 동일시되어 왔다.『論語集註』, 제12「顔淵」편, 1장 주자주석에 나오는 다음의 설명을 참조. "仁者, 本心之全德." 이 점에서 후쿠자와가 도덕적 덕을 德으로 통칭하되 지적인 덕인 智와 대비시킨 것은, 사실상 仁과 智의 대비와 같은 것이다.

이상에서 논한 바를 요약해서 말하면, 덕의는 한 사람의 행적이고 그 효능이 미치는 바가 협소하나, 지혜는 사람에게 전달되는 것이 신속하고 그 미치는 바 광대하고, 덕의는 인류 역사이래 이미 확정되어 진보할 수가 없고, 지혜의 효능은 날로 증진하여 한량이 없다. 덕의는 유형의 수단으로 남에게 가르칠 수가 없고, 이를 얻느냐 마느냐는 사람들의 연구에 달렸고, 지혜는 이와 반대로 사람의 지우(智愚)를 규명하는 데에 시험하는 방법이 있다. 덕의는 갑자기 나아가고 물러서는 일이 있고, 지혜는 이것을 얻고 나서 잃는 일이 없다. 지혜는 서로 의존하여 그 효능을 드러내는 것이고, 착한 사람도 악행을 저지를 수가 있고 악한 사람도 선행을 할 수 있다는 사실을 설명해 보인 것이다.[48]

덕의는 궁극적으로 사덕私德(사적인 일신상의 덕)[49]으로서 한 사람의 수양의 효능에 국한되어 진보가 힘들며 무형의 학문으로서 가르치기가 쉽지 않지만, 지혜는 넓은 범위에 효능을 미칠 수가 있으며 지속적인 축적을 통해 진보가 가능하고 유형의 수단을 통해 교육하기가 쉽다는 것이다. 더구나 지혜는 사덕으로 하여금 공적인 영역으로 확산되어 공덕公德(공적인 영역의 덕)이 되도록 만들 수 있기 때문에,[50] 문명의 진보에 있어 지는 덕에 비해 더 중요하다는 것이다. 이 같은 주장은 주희가 지와 인(덕)을 비교하면서 인이 모든 덕을 포함하는 가장 중요한 덕이긴 하지

---

48 후쿠자와 유키치, 『문명론의 개략』, 215쪽; 『全集』(4), 112쪽.
49 후쿠자와는 덕을 사덕과 공독으로 구분하였고, 지도 사지와 공지로 구분한다. 여기서 사와 공의 구분은 일신상에 한정되느냐 사회로 확대되느냐의 차이인데, 버클의 영향을 받은 것으로 보인다.
50 후쿠자와 유키치, 『문명론의 개략』, 217~18쪽; 『全集』(4), 113~14쪽.

만, 그것은 스스로 형성되고 실현하는 것이 아니라 지각 작용을 통해야 가능하기 때문에, 지각을 관장하는 지가 중요하다고 보는 견해와 합치한다.[51] 주희는 인의예지의 관계를 자연의 사덕元亨利貞과 사계절의 순환에 비유하여 다음처럼 설명한다. "인이 사단의 으뜸이지만 지가 시작과 끝을 이룰 수 있는 것은, 원元이 사덕의 으뜸이지만 원이 원에서 생겨나지 않고 정貞에서 생겨나는 것과 같다. 천지의 조화는 거두어 모으지 않으면 발산할 수 없기 때문이다. 인과 지가 만나는 사이가 바로 온갖 조화의 중심축이다. 이 원리는 끝없이 순환하면서 한 치의 틈도 없이 꼭 들어맞는다. 그러므로 정이 아니면 원이 될 수 없다."[52]

주희에 따르면, 지는 기억하고 저장하는 작용을 포함하며, 기억과 저장을 통해 지각 작용도 원만하게 이루어진다. 발산하는 봄이 저장하는 겨울에서 시작되는 것처럼, 도덕적 덕으로서 인은 지에 의해 개인이나 사회에서 구현되는 것이 가능해진다는 것이다. 이점에서 인과 지가 만나는 지점은 자연과 문명을 포함한 모든 조화에 있어 중심축이 된다. 주희의 이 같은 지와 인(덕)의 관계에 대한 설명은 후쿠자와와 공명한다. 제6장 「지덕의 변」 말미에서 그는 다음처럼 말하기 때문이다.

사람의 정신이 발달하는 것은 한이 없게 마련이고, 조화의 방식에는 법칙

---

51 朱熹, 『朱子語類』, 20 : 128. "지각은 원래 지의 일이니, 사덕에 있어 정(貞)이 된다. 그러나 지가 인에 가까운 까닭은 곧 사단이 순환하는 곳이다. 만약 이 지가 없다면 이 인을 일으킬 수 없다(知覺自是智之事, 在四德是'貞'字. 而智所以近乎仁者, 便是四端循環處. 若無這智, 便起這仁不得)." 사덕은 元亨利貞을 말하는데, 봄이 겨울에서 시작되고 元이 貞에서 시작되듯, 仁義禮智에서 仁도 智에서 시작된다는 것을 말한다.

52 朱熹, 『朱子語類』, 6 : 75. "仁爲四端之首, 而智則能成始而成終, 猶元爲四德之長, 然元不生於元而生於貞. 蓋天地之化, 不翕聚則不能發散也. 仁智交際之間, 乃萬化之機軸. 此理循環不窮, 脗合無間, 故不貞則無以爲元也."

성이 있게 마련이다. 무한의 정신으로써 법칙성의 원리를 규명하고, 마침내는 유형과 무형을 막론하고, 온 세상의 사물을 모두 인간의 정신 속에 모두 포함시켜서 빠뜨리는 것이 없기에 이를 것이다. 이런 단계에 가서는 어찌 구구한 지덕을 식별하여 그 경계를 다투기에 만족하리요. 마치 인간과 자연이 함께 공존하고 번영하는 형국이다. 천하 후세에 기어코 그날이 있을 지어다.[53]

인간 정신의 발전에는 한계가 없어서, 지는 자연 조화의 정해진 법칙을 모두 규명하고, 더 나아가서 도덕적인 무형의 방면까지 공덕을 통해 구현할 수가 있다. 이 단계에 이르면 지와 덕은 구분할 필요도 없이 서로 교합하여 하나의 덕을 이루게 될 것이고, 문명도 천과 더불어 번영하게 될 것이다. 이처럼 후쿠자와의 견해는 주희와 합치되는 것이다. 물론 지덕에 관한 논의의 일치만으로 후쿠자와가 주희 사상을 모두 계승했다고 말할 수는 없다. 예를 들어, 후쿠자와는 개인 차원에서 자각되는 의무감으로서의 사덕을 계속 비판하고 있다는 점에서 주희의 윤리학적 입장과 차이를 나타낸다. 주희는 양심과 의무감의 자각을 중시하는 입장이라면, 후쿠자와는 지에 의해 덕을 사회 전체의 효용과 공익에 관련된 공덕으로 전환시켜야 한다고 보는 공리주의적 입장이다. 이에 대해서는 다음 절에서 좀 더 논하기로 하고, 여기서는 지와 덕의 관계에 대한 두 사람의 설명이 서로 통한다는 점을 확인하는 것이 중요하다.

그렇다면 후쿠자와가 이 같은 주자학적 사유를 사상기반으로서 갖

---

53 후쿠자와 유키치, 『문명론의 개략』, 218쪽; 『全集』(4), 114쪽.

고 있었다는 것의 함의는 무엇인가? 그것은 곧 후쿠자와가 송학(주자학)에 대해서 자주 말하지는 않았지만, 한학을 포함하여 국학이나 양학에 대한 그의 비판 이면에는 늘 송학이 자리잡고 있었음을 암시한다. 송학은 한학과 국학, 양학 등 당시 일본 내의 학문적 조류에 대한 비판적 관점을 제공하는 철학으로서의 기능을 수행했던 것이다. 다음 언급은 유교와 철학에 대한 그의 입장을 말해준다.

공맹은 일세의 대학자이고, 고래 희유의 사상가이다. 만약 이들로 하여금 탁견을 품게 하여, 당시에 시행되었던 정치의 범주를 벗어나 바야흐로 달리 한 세상을 펼쳐, 인류의 본분을 설파하고 만대에 지장이 없는 교훈을 확립할 수 있게 했더라면, 그 업적이 틀림없이 거대할 수 있었을 터이거늘, 평생 이 범주 안에서 농락되어 한 걸음도 벗어날 수가 없었고, 그 설득해 온 것도 역시 이로 인하여 스스로 체재를 잃었고, 순정한 이론이 아니면서 과반은 정치담을 한데 섞어, 소위 「필로소피(philosophy)」의 품격을 떨어뜨린 자이다. 그 도를 좇아 섬기는 무리는, 가령 만권의 책을 읽더라도, 정부편에 서서 일을 하지 않으면 다른 일이 없는 것처럼, 물러나서 남몰래 불평을 투덜댈 뿐이다.[54]

후쿠자와에 의하면, 공자와 맹자는 정치에 경도된 나머지 인류의 직분과 도리에 대해 전면적인 이론적 탐구를 하지 못했고, 이로 인해 그 윤리 사상도 체계성을 잃게 됨으로써, 결국 정연한 이론을 이루지 못하

---

54 후쿠자와 유키치, 위의 책, 117쪽; 『全集』(4), 61~62쪽.

고 정치론과 뒤섞인, 말하자면 "필로소피"에는 속하지만 여러 가지로 기준에 못 미치는 사상으로 머무르게 되었다는 것이다. 후세에 그 같은 도를 뒤따르는 유학자들도 역시 정치에 대한 지나친 관심으로 인해 독서를 과거급제와 정치 참여의 수단으로만 여길 뿐, 순수한 학문적 탐구를 도외시하게 되었다는 것이다. 요컨대, 후쿠자와의 유교 비판의 골자는, 공맹유학이 정치론에 경도되어 있었다는 것, 그로 인해 인간의 본분에 대한 철학적 탐구를 결여하고 있다는 것, 공맹을 따르는 후세 유학자들도 독서를 정치참여의 수단으로만 간주했고 결국 문자 독해 수준을 벗어나지 못하는 한학으로 귀결되었다는 데 있다. 만약 송학(주자학)이 과거를 통한 정치 참여를 최우선 순위로 두지 않았으며, 오히려 자기 자신을 위한 학문爲己之學과 내면의 수양을 가장 중시했다는 점에 주목한다면,[55] 위와 같은 후쿠자와의 공맹 비판은 근본적으로 주자학의 입장에서 비롯된 것이라고 보아야 할 것이다. 즉, 후쿠자와는 주자학을 "필로소피"로서 자신의 근본 입장으로 삼은 것이며, 그런 입장에서 당시 유교를 표상하던 한학을 비판함과 동시에 양학 중에서 과학과 같은 유형의 학문을 수용하고자 했던 것이다.[56] 요컨대, 후쿠자와는 전통 한학을 비판하고 유형의 실용적 양학을 수용함에 있어서 무형의 송학(이학, 주

---

55 朱熹, 『朱子語類』, 13 : 140. "올바른 도리는 사람들의 마음에 똑같이 있는 것이니 사람이 강학해서 찾기란 그리 어렵지 않다. 그러나 과거 공부는 분수 밖의 일이라서, 오히려 하기 어렵다. 안타깝게도 과거 공부가 수많은 사람들을 망쳤구나!" 또한 같은 책의 13 : 141을 참조

56 메이지 일본에서 '철학(哲學)'이라는 용어의 형성 과정에 대해서는 다음을 참조. 김성근, 「메이지 일본에서 "철학"이라는 용어의 탄생과 정착－니시 아마네(西周)의 "유학"과 "philosophy"를 중심으로」, 『동서철학연구』 59, 2011, 367~386쪽. 다만, 김성근은 후쿠자와를 강고한 반유교론자로 해석했으며, 후쿠자와는 철학을 서양철학으로만 간주했다고 본다. 이와 달리, 필자는 후쿠자와가 주자학을 자신의 철학으로 삼음으로써 한학을 비판하되 서양과학을 무리 없이 수용할 수 있었다고 본다.

자학)을 철학적 입각점으로 삼았다고 할 수 있는 것이다.[57] 이제 이러한 사상기반 위에서 후쿠자와는 어떻게 조선을 인식했는지 살펴보기로 하자.

4. 조선인식의 기본 입장과 양상

후쿠자와 유키치의 조선인식에 관한 연구는 이미 상당한 양이 축적되어 있다. 필자는 그 가운데 몇 가지 주요 연구들에 의거해서 후쿠자와의 조선인식에 있어서의 문제와 실상에 접근하고자 한다. 앞서 언급했듯이, 미야지마(2012)와 사토(2006)는 후쿠자와의 유교관과 사상을 탈아론이나 정치론, 조선인식에 연관시켜 논한다는 점에서 주목할 필요가 있다. 본 연구는 이들 연구로부터 후쿠자와의 조선에 대한 인식과 평론을 고립적으로 파악하는 것이 아니라 그의 사상기반과 연관시켜 보아야 한다는 힌트를 얻었지만, 그의 유교관과 철학의 구체적인 내용은 이들 연구와 차별된다.

한편, 최덕수(1997)와 이복임(2016)은 후쿠자와의 조선관과 대외인식을 조선사회 정체성론과 침략주의에 근거해서 전반적으로 소개한 연구로서, 한국에서의 시각을 대표적으로 잘 나타내고 있는 연구들이다.[58]

---

57 유교적 전통에 의해 메이지 유신과 근대화가 가능했다고 보는 견해로는 다음을 참조. 小島毅,『儒教が支えた明治維新』, 東京 : 晶文社, 2017, 12~20쪽.
58 최덕수,「福澤 유키치」,『역사비평』11, 1997, 353~362쪽; 이복임,「일본지식인층에 의한 조선정체론(朝鮮停滯論) 연구」,『일본문화학보』, 68, 2016, 257~273쪽. 최덕수는 일본사의 '위인'이자 한국사에서의 침략자로 상반된 평가를 받고 있는 후쿠자와의 조선관에 대해 다음처럼 언급하고 있다. "福澤은 1880년 이후 조선의 개화파와 관계를 가진 이래, 조선과 일본의 관

이러한 관점의 연구는 후쿠자와의 사상기반은 도외시한 채, 오로지 그의 조선인식에서 드러나는 민족주의와 침략주의적 측면만을 부각시킨다는 점에서 일정한 한계가 있다고 할 수 있으며, 이들 연구의 관점 자체가 민족주의적 편향성을 띠고 있다는 비판을 면할 수 없다. 필자는 최대한 객관적 관점에서(이는 민족주의적 감정을 자제한다는 것을 의미한다) 후쿠자와의 사상기반이 송학(주자학)이었다는 점에 입각해서 그의 조선인식과 더 나아가 동아시아 근대성론을 새롭게 해명해보고자 하는 것이다.

다카시로 코이치高城幸一(2013)는 저자의 박사학위 논문을 출판한 것으로서 후쿠자와의 조선에 관한 정치적 평론들을 전반적으로 개괄하고 정리하였다.[59] 다카시로의 입장은 「「탈아론」을 제외하고는 후쿠자와의 조선정략론은 시종일관 '아시아연대론'의 입장을 지켰다」는 것으로 요약된다. 필자는 이 연구로부터 후쿠자와의 조선 관련 논설이 상황에 따라 변화무쌍함에도 불구하고 핵심 입장은 일관된다고 보았다는 점에서 힌트를 얻었다. 다만, 이 연구 역시 후쿠자와 사상과의 관련성이 부재함에 따라 일정한 한계가 있는 것처럼 보인다.

쓰키아시 다쓰히코月脚達彦(2012)는[60] 후쿠자와와 김옥균을 비롯한 조선개화파와의 관계를 조명한 것으로서 그의 견해는 다음처럼 요약된다. "후쿠자와는 1880년 조선개화파와의 교류가 시작됨과 동시에 조선의

계를 '輔車脣齒', '연대', '개조', '지원', '同種同文' 등으로 표현하였고, 신문발간 지원, 유학생 초청, 차관 제공 등을 통해 실천하였다. 그러나 그의 대조선론이 아시아연대를 표방하거나 탈아시아를 표방하는 것과 달리, 현실에서의 조선론의 본질은 일관되게 일본의 팽창주의를 선도하는 것이었다."(362쪽)

59 다카시로 코이치, 『후쿠자와 유키치의 조선정략론 연구 : 『時事新報』조선관련 평론(1882–1900)을 중심으로』, 서울 : 선인, 2013.

60 쓰키아시 다쓰히코, 「朝鮮開化派와 후쿠자와 유키치」, 『한국학연구』 26, 2012, 307~335쪽.

'독립'에도 강한 관심을 갖게 되었고, 일본이 무력을 행사해서라도 조선을 '개조'하여 '독립'을 완수하게 해야 한다고 주장하였고," "「탈아론」에 관해서는, 그것이 갑신정변 이후의 조선을 둘러싼 정세변화와 밀접히 결부된 담론"이었다는 것이다. 쓰키아시는 후쿠자와가 처음부터 탈아론적 경향과 조선에 대한 침략적 의도가 내재해 있었다고 보는 점에서 반노 준지坂野潤治의 비판적 관점과 상통한다. 쓰키아시의 이러한 관점은 조선개화사상에 후쿠자와와 내셔널리즘이 미친 영향을 조명한 연구나 이른바 '조선개조론'의 전체적인 윤곽과 전개 과정을 조명한 연구들에서도 이어진다고 할 수 있다.[61] 이러한 관점은 후쿠자와의 조선과 동아시아 인식을 그의 사상기반과 연관시키지 못함으로써 오로지 조선인식에 나타나는 민족주의와 침략주의만을 비판하는 한계를 지닌다.

반노 준지(1981)[62]는 「탈아론」이 1880년대부터 후쿠자와가 제기해 온 '조선개조론'이 갑신정변의 실패로 인해 좌절감을 느낀 후 그 심정을 토로한 일종의 '패배선언'과 같다는 해석을 내린 것으로 유명한 연구이다. 또한 반노(1977)[63]는 후쿠자와의 대외론에 대한 기존 연구가 지나치게 말의 표면적 의미에 치중해 있다고 비판하고, 『시사소언時事小言』(1881)에서 경고했던 바 서양열강이 중국과 조선을 식민지화하는 위험한 정세는 실재로 전개되지 않았다는 진단 하에, 후쿠자와의 대외론을 '현실', '인식', '표현'으로 구분해서 볼 필요가 있다고 주장한다. 후쿠자와가 『시사소언』이나 「탈아론」에서 묘사한 것과 같은 서양열강에 의한

61 쓰키아시 다쓰히코, 최덕수 역, 『조선의 개화사상과 내셔널리즘』, 파주 : 열린책들, 2014; 月脚達彦, 『福澤諭吉と朝鮮問題 : 「朝鮮改造論」の展開と蹉跌』, 東京 : 東京大学出版会, 2014.

62 坂野潤治, 「解題」, 『福澤諭吉選集』 第7卷, 東京 : 岩波書店, 1981.

63 坂野潤治, 『明治・思想の實像』, 東京 : 創文社, 1977.

동아시아 침략 및 일본 독립의 위기라는 것은 그의 동아시아 정세에 대한 '인식'이 아니라 그 '표현'에 지나지 않으며, '표현'을 '사상'으로 오인해서는 안 된다는 것이다. 또한 후쿠자와의 '동양맹주론'(일본이 아시아의 맹주가 되어야 한다)은 애초부터 중국을 포함하는 주장이 아니라, 조선만을 대상으로 한 '조선맹주론'(조선의 맹주는 일본이다)으로 기획된 것으로서 조선에 대한 침략적인 의도를 위장한 것에 지나지 않는다고 보았다. 반노의 연구는 후쿠자와를 마치 고도의 책략술을 지닌 정치가로 간주한 것이지만, 앞서 살펴본 것처럼 후쿠자와는 정치로부터 독립적인 철학을 무엇보다 중시했던 사람이었다는 점과는 배치되는 것이라 할 수 있다. 후쿠자와에 대한 평가는 어느 측면을 중시하느냐에 따라 달라질 수 있지만, 동아시아 근대에 있어 철학자로서 끼친 영향이 거시적 관점에서 볼 때 더욱 심대하다고 할 수 있다.

전체적으로, 기존의 연구는 일정한 합의나 분류가 힘들 정도로 많은 관점과 해석이 난립하고 있는 상태라고 할 수 있지만, 그럼에도 쟁점을 크게 정리해보자면, 1) 후쿠자와의 사상적 입장과 근본 관점은 과연 무엇이냐 하는 문제, 즉 자유주의자인가 아니면 내셔널리스트로 봐야 하는가에 대한 해석을 둘러싸고 견해차가 나고 있으며, 2) 이에 따라 조선에 대한 관점과 평론들을 해석하고 있다는 것이다. 즉, 자유주의자로서의 해석적 관점은 대체로 '아시아연대론'으로서 해석하는 경향(아시아주의)이 많으며, 반대로 내셔널리스트로서의 해석적 관점은 '동양맹주론'이나 '조선개조론'을 침략주의적으로 해석하는 견해(탈아주의)를 나타낸다. 대체로 후자인 내셔널리스트로서 후쿠자와의 조선인식을 접근하는 경우가 많다고 할 수 있다.

그러나 자유주의와 민족주의(내셔널리즘)가 상호 모순관계에 있는 것은 아니라고 볼 수 있다. 자유주의자이면서 동시에 민족주의를 가지는 것은 불가능하지 않다. 기존의 후쿠자와 해석은 서구적 '자유주의vs내셔널리즘'의 구도에 얽매여 있으며, 그의 조선인식에 관한 이해도 이에 직결되어 있다. '아시아연대론', '동양맹주론', '조선개조론' 등은 후쿠자와의 사상적 입장을 나타내는 근본 프레임으로서 간주하기 보다는, 오히려 그의 근본 사상과 입장으로부터 발출되어 나온, 임시방편적이고, 유동적이며, 변화 가능한 '표현들'로서 봐야하지 않을까?

이러한 문제들에 대해, 첫 번째 해법으로서 필자는 송학(주자학)에서 비롯된 이른바 체용體用의 구조를 끌어들여 후쿠자와를 해석하고자 한다. 즉, 그의 핵심 사상과 이론은 『학문의 권장』과 『문명론의 개략』에 온축되어 있는 반면, 『시사신보時事新報』와 기타 정치평론들에 나타난 조선과 지나에 대한 인식은 그의 근본 사상이 정치환경에 따라 발용發用된 표현들이다. 『학문의 권장』과 『문명론의 개략』에 함축된 사상은 본체라면, 그것이 일정한 계기를 만나 작용하여 밖으로 드러난 것이 『시사신보』를 비롯한 정치평론들이라는 것이다. 핵심사상은 발출된 정치평론들로부터 추론해 볼 수는 있지만 일정한 한계가 있다. 이러한 구조는 후쿠자와가 철학과 정치를 구분한 것과도 상응하는 것이다.[64] 철학은 독자적이고 독립적이지만 정치적 활동으로 표출될 수 있되, 반대로 정치적 활동을 통해 철학이 정립되는 것은 아니다.

---

64 "그(공맹의) 도(道) 역시 후세에서는 정치에 베풀 수 있는 도가 아니고, 이론가의 설(필로소피)과 정치가의 정치(폴리티칼 매터)와는 크게 차이가 나는 것이다. 후세의 학자들, 공맹의 도에 근거하여 정치의 방식을 구하지 말지어다."(후쿠자와 유키치, 『문명론의 개략』, 119쪽; 『全集』(4), 62~63쪽)

두 번째는, 후쿠자와의 사상기반이 민족주의가 가미된 자유주의이며, 이는 단순히 서구의 자유주의에 의한 영향이 아니라 송학(주자학)에서 비롯된 것이라는 해석이다. 지금까지 후쿠자와의 해석은 너무 양학자이면서 문명개화론자로서의 측면만을 강조해왔다고 할 수 있다. 그러나 본고 앞부분에서 해명한 것처럼, 그는 송학(주자학)을 자신의 철학적 관점으로 삼아 양학을 수용하고자 했다. 이점에서 후쿠자와의 기본 입장은 송학(주자학)의 자유주의와 보편주의를 핵심으로 한다.[65] 다만 유의할 것은, 윤리학에 있어서 후쿠자와는 주희와 상반된 공리주의적 입장을 나타낸다는 점이다.[66] 주희는 행위의 동기와 내적 의무감, 양심 등을 중시하는 의무론적 윤리관을 나타내는 반면,[67] 후쿠자와는 행위의 결과와 공효, 객관적 사회적 이익을 중시하는 공리주의적 입장을 취한다.[68] 후쿠자와와 주희와의 윤리학적 입장 차이는 매우 중요한 문제인

---

65 송학(신유학, 주자학)과 서구 자유주의와의 차별성은 좀 더 논의해야 하겠지만, 양명학의 '도덕적 개인주의'의 뿌리는 주희를 비롯한 宋代 理學으로까지 거슬러 올라간다. 신유학을 주체적 자아를 중시하는 하나의 '자유주의 전통'으로 해석하는 입장에 대해서는 다음을 참조. de Bary, Wm. Theodore, *Self and Society in Ming Thought*, N.Y. : Columbia University Press, 1970; *The Liberal Tradition in China*, Hong Kong : The Chinese University Press of Hong Kong, 1983(표정훈 역, 『중국의 '자유' 전통』, 서울 : 이산, 1998); "Neo-Confucian Individualism and Holism", in Donald Munro (ed.), *Individualism and Holism : Studies in Confucian and Taoist Values*, Ann Arbor : The University of Michigan, 1985.

66 여기서 필자는 '주자학'과 '주희의 철학'을 구분한다. 일반적으로 宋學과 일치시되는 주자학은 넓은 외연을 지니며, 그 안에는 많은 다양한 인식론적, 윤리학적 입장이 있을 수 있다. 예를 들어, 조선시대의 주자학에는 퇴계학파와 율곡학파 이외에도 많은 다양한 지각론적, 윤리학적 입장이 존재했다. 이들을 모두 '주자학'이라고 일반적으로 통칭하지만, 세부적인 철학적 입장에서는 차이가 있는 것이다. 다만, 송학(도학) 내에서 주된 윤리학적 두 입장은 주희(의무론)와 진량(事功學派, 공리주의)으로 양분된다고 할 수 있으며, 이는 송학의 자유주의적 윤리학의 양대 기둥을 이룬다고 할 수 있다. 陳亮의 공리주의에 대해서는 다음을 참조. Tillman, H. C., *Utilitarian Confucianism : Chen Liang's challenge to Chu Hsi, Cambridge*, Mass : Harvard University Press, 1982.

67 주희의 윤리학에 대해서는 김우형, 「주희 인심도심론의 윤리학적 성격에 대한 고찰-본체론 비판 및 '지각'론의 정립과 관련하여」, 『동서철학연구』(69), 2013, 159~187쪽.

68 고야스 노부쿠니, 앞의 책, 104~105쪽.

데, 후쿠자와의 민족주의와 침략주의를 비판할 수 있는 윤리학적 근거 문제에 관련되기 때문이다.

이제 위와 같은 후쿠자와 사상의 체용구조와 윤리 – 정치관을 염두에 두면서 그의 조선관련 논설의 대표적인 양상들을 살펴보고 그 안에 일관된 그의 윤리학적 입장을 추출해보고자 한다. 그전에 먼저 『학문의 권장』과 『문명론의 개략』에서는 조선관련 언급이 어떠했는지도 살펴볼 필요가 있다. 후쿠자와는 조선이 일본에 유교나 불교 등 초기문명을 전해주었다는 사실을 분명히 인식하고 있었다.[69] 그러나 그와 동시에 신공황후神功皇后의 삼한정벌을 그대로 사실로서 받아들이는가 하면, 도요토미 히데요시豊臣秀吉의 조선정벌에 대해서도 종종 언급하고 있다. 이는 당시 전형적인 일본인의 조선관을 그도 공유하고 있었음을 암시하는 것이다. 즉, 일본의 입장에서 볼 때, 비록 유교를 위시한 문명의 전달자라 하여도 거듭된 정벌의 대상이었던 조선을 높이 평가할 이유는 없었던 것이다. 이는 일반적인 인지상정人之常情에 가까운 것으로서, 한국의 연구자들은 특히 유념해야 할 부분이다. 이렇듯 당시 일본에서의 일반적인 조선관을 지니고 있었던 후쿠자와가 1875~78년 무렵 주로 국학자들에 의해 제기된 정한론을 반대한 것은,[70] 단지 일본의 자주독립이 급선무이기 때문이었지 한국을 위하거나 혹은 평화주의적 관점에서 취한 행동은 아니었던 것이다. 그것은 근본적으로 자기와 자기나라의 이익과 편리를 위한 것이었다. 이점은 '아시아개조론'(이는 '아시아연대론'으로도 해석될 수 있으며, 조선개조론을 함축하고 있음)을 대표하는 『시사소

---

69 『全集』(3), 89쪽; 『全集』(4), 149쪽.
70 다카시로 코이치, 앞의 책, 46~49쪽.

언』(1881)의 다음 논설에서도 그대로 나타난다.

　　가령 내 집을 석실(石室)로 만들었다 해도 이웃집 벽을 맞대고 있을 경우
목조 판옥(板屋)의 조악한 집이 있을 때는, 결코 안심해서는 안된다. 그 때문
에 화재의 방어를 견고히 하고자 한다면, 내집을 예방함과 동시에 이웃집도
예방하고, 만일의 경우에 응원하는 것은 물론, 무사한 날에 그 주인에게 말
하여 내집과 마찬가지로 석실을 짓게 함이 긴요하다. 혹은 때에 따라서는
억지로라도 이를 짓게 해도 된다. 또는 혹 사정이 절박할 때에는, 거리낌없
이 그 지면을 압령(押領)하여 내손으로 신축해도 좋다. 이는 이웃집을 진실
로 사랑하기 때문이 아니며, 또한 증오하기 때문도 아니니, 단지 내집에 유
소(類燒)(같은 종류로 인한 연소)함을 겁내기 때문이다. 지금 서양 제국(諸國)
이 위세를 떨치며 동양에 다가오는 모습은, 불이 만연함과 다르지 않다. 그
러나 동양 제국, 특히 우리의 근린인 지나(支那)와 조선 등이 지둔(遲鈍)하
여 그 위세에 대처할 수 없음은, 목조판옥이 불에 견디지 못함과 마찬가지이
다. 따라서 우리 일본의 무력으로 이들을 응원하는 것은, 단지 타인을 위함
이 아니라 자신을 위함임을 알아야 한다. 무력으로 이들을 보호하고 문(文)
으로 이들을 유도하여 신속히 우리나라의 예를 모방하여 현재의 문명에 진
입하게끔 해야만 한다. 혹은 어쩔 수 없는 경우에는, 힘으로써 진보하게끔
협박해도 좋다.[71]

조선과 지나는 일본을 중심으로 연대해서 서구문명을 받아들여 지

71　『全集』(5), 186~187쪽; 쓰키아시 다쓰히코, 앞의 글, 314~315쪽 재인용.

난날 과거의 문명을 개조해야 한다는 아시아연대론을 표방하고 있는 것으로 간주되는 위의 글은, 그럼에도 불구하고 유소類燒의 비유가 단적으로 후쿠자와의 근본입장을 대변하고 있다. 이웃집을 석조로 다시 짓도록 유도하는 이유는, 이웃을 사랑해서라기보다는 자기집에 해가 미치지 않도록 하기 위함이라는 것이다. 따라서 아시아연대라는 것은 단지 허울일 뿐이요, 근본적으로는 민족주의와 공리주의가 바탕에 깔려 있는 것이다. 공동의 상호이익이 도덕적 선이라는 주장은 수긍되는 면이 없지 않지만, 나의 이익을 보호하기 위해 남에게 무력적 사용도 불사해야 한다는 주장은 내적 동기를 중시하는 윤리적 입장, 혹은 내적 양심良知의 목소리를 도덕적 기준으로 삼는 입장에서 볼 때 그것은 도덕적으로 심각한 문제가 있는 것이고 잘못된 것이다.[72] 흥미로운 것은, 저 유명한 「탈아론」(1885년 3월 16일 『시사신보』 게재)도 이러한 공리주의 입장에서 벗어나지 않는다는 점이다.

---

72 동아시아 철학전통에서 공리주의를 최초로 주장한 사람은 묵자(墨子)였다. 묵자는 의(義)의 독자적 영역을 인정하지 않았으며, 결과적으로 '리(利)가 곧 의다'라고 보았다. 맹자가 의와 리(利)의 구분을 강조하면서 묵자를 비판한 것은 널리 알려져 있지만, 묵자의 학설은 순자(荀子)나 법가(法家)를 거쳐서 송학에 이르러서는 진량(陳亮)을 비롯한 사공학파(事功學派)로 계속 이어졌다. 주희는 진량과의 논쟁에서 공리주의를 날카롭게 비판했다. 주희의 다음 언설은 후쿠자와의 공리주의를 비판하는 데 참조가 될 수 있을 것이다.
"요즘 사람들은 일을 함에 이 일을 마땅히 해야 하는지, 마땅히 해서는 안 되는 것인지는 논하지 않고, 먼저 이 일에 어떤 공효가 있는지를 계산하고 비교한다. 이미 계산하고 비교하려는 마음이 있으면 이는 오로지 이익을 위하여 하는 것이니, 마땅히 해야 할 일에 대해서는 다시 알지 못하는 것이다. 덕이라는 것은 이치가 나의 마음에 얻어진 것이다. 일반적으로 사람들이 마땅히 해야 할 것을 알아서 이익을 위하는 마음이 없다면, 이러한 생각은 저절로 높고 원대한 것이다. 작은 이해를 따지고 작은 편의를 찾으면, 이러한 생각은 곧 비루하고 수준이 낮은 것이다(朱熹, 『朱子語類』 42 : 93. (陳希眞問'先事後得, 非崇德與') 曰 : 今人做事, 未論此事當做不當做, 且先計較此事有甚功效. 旣有計較之心, 便是專爲利而做, 不復知事之當爲矣. 德者, 理之得於吾心者也. 凡人若能知所當爲, 而無爲利之心, 這意思便自高遠. 才爲些小利害, 討些小便宜, 這意思便卑下了)."

내가 이 두 나라를 보면 지금과 같은 동점의 조류 속에서 아마도 독립을 유지하기가 어려울 것 같다. 다행히도 양국에 지사(志士)가 나타나고 그 정부를 개혁하고 우리 명치유신과 같이 우선 정치를 개혁하여 인심을 일신할 수 있다면 괜찮지만, 만약 그렇지 않다면 지금부터 수년 이내에 망국이 되고 그 국토는 서양제국에 의해서 분할될 것이 틀림없는 일이다. (…중략…) 보거순치(輔車脣齒)라는 것은 이웃끼리 서로 돕는다는 비유이지만, 지금의 지나와 조선은 우리 일본국을 위해 도움이 되지 않을 뿐만 아니라, 서양문명인의 눈에는 삼국의 지리가 서로 접하고 있기 때문에 삼국을 동일시하고 지나와 조선을 정부가 고풍(古風)의 전제에 있어 법률 같은 것을 기대할 수 없기 때문에 서양인은 일본도 역시 무법의 국가라고 의심하고, 지나와 조선의 상인이 혹닉(惑溺)이 깊어서 과학이 무엇인지를 모르기 때문에 서양의 학자는 일본도 역시 음양오행의 국가라고 생각하고, 지나인이 비굴함으로서 수치심이 없기 때문에 일본인의 의협도 그것 때문에 평가를 못받고, 조선국이 사람을 형벌할 때 잔혹하기 때문에 일본인도 역시 무정할 것으로 추정하는 등 사례가 너무 많기 때문에 하나하나 다 들 수 없다. (…중략…) 그들의 미치는 영향이 사실로 나타나 간접적으로 우리 외교상에 지장이 되는 것은 실로 적지 않으며, 이것은 우리 일본의 일대 불행이라 할 수 있다. 그래서 현재의 우리나라가 이웃나라의 개명을 기다리고 함께 아시아를 발전시킬 여유가 없다. 오히려 아시아의 연대를 벗어나 서양의 문명국과 진퇴를 함께 하고 지나와 조선에 접하는 방법도 이웃나라라고 해서 특별히 배려할 필요는 없고 마치 서양인이 지나와 조선에 접하는 방식에 따라서 대해야 한다. 악우(惡友)와 친한 자는 함께 악명(惡名)을 면할 수 없다. 나는 마음속에서 아시아 동방의 악우를 사절하는 바이다.[73]

반노의 지적대로 갑신정변의 실패로 인한 조선개조의 좌절로 인한 패배감의 표현으로 볼 수 있는 이 글은, 외형적으로는 아시아연대론과는 다른 탈아주의를 나타내는 것으로 보이지만, 실상 정치적 환경에 대한 반응과 표현을 제거하면 그 기본 취지는 앞서 인용했던 『시사소언』의 발언과 크게 다르지 않다. 또한 후쿠자와는 「탈아론」 이후에도 조선과 지나에 대한 악의적인(조선과 지나를 위해서가 아니라 일본 자신을 위한다는 점에서) 관심을 가지고 논설을 쓴 바 있다. 그 가운데 하나가 「대한對韓의 방략方略」(1898년 4월 29일 『시사신보』 게재)이란 글이다.

조선의 부원(富源)을 크게 개발하여 물산의 증식(增殖)을 늘리면 무역의 번창은 당연한 결과이고, 수출품의 증대에 따라 수입품의 증대를 볼 수 있다. 그 무역에 종사하는 자는 어떤 국가이든, 천연의 지리적 위치에서도 혹은 인정풍속의 관계에서 보아도 일본 이외에는 구할 수 없다. 즉 조선의 무역의 번창을 위해서도 가장 이익을 얻을 것은 우리 일본인이다. 우리의 목적은 일본인이 힘을 갖고, 그 부원을 열어 무역을 활발하게 하여 스스로 이익을 얻어, 타(他)의 이익이 되고, 천흥(天與)의 이익을 함께 하는 것과 동시에, 조선인이 모르는 사이에 조선인을 개화하여 문화의 영역에 도달하게 할 것을 원할 뿐이다.[74]

여기서는 단적으로 조선의 무역과 경제력을 증강시키는 것은 곧 조선을 위해서도 좋은 일이며 동시에 일본에게도 이익이 된다는 점을 분

---

73 『全集』(10), 239~240쪽; 다카시로 코이치, 앞의 책, 168~169쪽 재인용.
74 『全集』(16), 331쪽; 다카시로 코이치, 위의 책, 331쪽 재인용.

명하게 말하고 있다. 아시아주의나 탈아주의라는 슬로건을 떠나서 단지 일본의 경제적 이익이 중심이고 최우선이라는 사고는 그 이전부터 후쿠자와의 뇌리에 뿌리박고 있었던 것이며, 이는 민족주의적 공리주의라는 윤리학적 입장으로 압축될 수 있는 것이다. 후쿠자와는 단순한 민족주의가 아니라 자유주의와 결탁한 민족주의, 특히 자유주의 윤리학의 한 축인 공리주의를 그 기본 입장으로 삼고 있었던 것이다. 그것은 서구 자유주의에 말미암은 것이라기보다는, 앞서 논변한 것처럼 송학의 영향하에서 형성된 것이다. 후쿠자와는 송학에서 주희의 윤리학적 입장을 따르지 않고 주희와 논쟁했던 사공학파事功學派의 공리주의를 계승하여 새로운 버전으로 발전시켰던 것이다.

지금까지 한국이나 중국의 연구자들이 후쿠자와의 이러한 공리주의를 효과적으로 비판하지 못했던 이유는, 오로지 서구vs동양, 근대vs전통의 구도에서 후쿠자와를 양학자이자 개화론자로서만 파악하고 서양 문명을 빨리 습득하여 이웃나라를 침략하는 것에 사상적 근거를 제공한 장본인으로만 간주해왔기 때문이다. 이러한 구도 하에서는 한국이나 중국의 연구자들은 민족주의적 감정에 휩쓸려 후쿠자와의 사상기반을 외면한 채 그의 민족주의와 침략주의에만 초점을 맞추지 않을 수 없게 된 것이다. 이것은 비단 한국이나 중국의 연구자에게만 해당되는 것은 아니며, 일본의 일부 연구자들에게도 해당되는 것이라 하겠다. 요컨대, 후쿠자와는 송학(주자학)을 자신의 사상기반이자 철학으로 삼아 전통적인 한학과 국학을 비판하고 양학을 주체적으로 수용할 수 있었다는 점을 전제로 할 때, 비로소 그의 조선에 관한 평론은 민족주의적 공리주의 입장에서 표출된 것이었음을 정확히 인식하게 된다. 따라서 후쿠자와의 조선인식과 정치평론에 나타난 민족주의적 공리주의를 비판하기 위해서는 단순한 민족주의로는 안되며, 근본적인 윤리학적 관점에 입각한 비판, 예를 들어 주희의 의무론적 윤리설을 포함하는 보편적 윤리학의 관점이 요청되는 것이다.

5. 맺음말

지금까지의 논의를 요약하면, 후쿠자와의 유교에 대한 비판은 문헌의 독해와 훈고고증에 치중하는, 송학과 상반되는 의미의 한학에 국한된 것이었다. 후쿠자와는 문자의 독해에 치중하지 말고 자유롭게 대상을 궁리하고 탐구할 것을 주장했는데, 이는 송학(주자학)의 학문관을 계승한 것이다. 이러한 학문관에 근거해서 그는 문명론을 나름대로 소화하여 재구성했는데, 그것이 지니는 몇 가지 특징들, 즉 자기수양을 중시한다는 점, 상대적 관념에 근거하여 문명에 관한 객관적인 인식을 추구했다는 점, 그리고 지성적인 지의 역할을 중시하되 지와 덕의 상호교제를 강조했다는 점 등을 볼 때, 그의 문명론의 배후에는 송학적 사유가 작용하고 있음을 알 수 있다. 후쿠자와는 송학(주자학)을 철학으로 삼아 전통학문인 한학과 국학을 비판했던 반면, 양학을 체계적으로 수용하고자 했던 것이다.

이러한 후쿠자와의 사상기반을 염두에 두면서 조선에 대한 정치평론에 나타난 그의 인식을 살펴볼 때, 다음의 두 가지 사항에 유의해야 한다. 첫째, 후쿠자와 사상의 구조는 체體와 용用으로 구분할 수 있는데,

사상기반이 되는 철학(송학, 주자학)이 체라면 정치적 상황과 환경에 따라 다르게 표출된 평론들은 용이다. 용에 근거해서 체를 파악하는 것은 어렵기 때문에, 먼저 체를 파악하는 것이 중요하다. 둘째, 후쿠자와의 사상기반이자 본체는 송학(주자학)이지만, 그의 윤리학적 입장은 주희와 대립적인 공리주의를 나타낸다는 점이다. '아시아연대론', '조선개조론', '탈아론' 등의 견해들은 단지 정치적 환경변화에 따른 후쿠자와 자신의 정치적 표현일 뿐이지 그의 근본적인 이론이나 관점을 나타내지 않는다. 비록 후쿠자와의 조선관련 평론들은 시대에 따라 논조가 달라지지만, 민족주의적 공리주의라는 근본 입장과 관점은 일관되어 있었다. 동아시아 각국의 학자들은 앞으로 민족주의적 감정에 치우친 비난을 지양하되, 후쿠자와의 송학(주자학)적 공리주의를 보편적 윤리학의 관점에서 비판할 수 있는 지평의 확대가 요청된다고 하겠다.

변호사 후세 다쓰지布施辰治의 인도주의와 조선인식

이규수

1. 머리말

한국 정부는 건국에 공로가 있거나 직·간접적으로 기여한 유공자에게 국민훈장을 수여한다. 당연한 일이지만 훈장을 받는 사람은 온 삶을 바쳐 독립운동에 기여한 한국인이 대부분이다. 그런데 건국훈장을 받은 인물 가운데 일본인이 있다. 후세 다쓰지布施辰治이다. 그는 2004년 일본인 최초로 건국훈장(애족장)을 수여받은 변호사이자 사회운동가다.[1]

---

1 후세의 공적 개요는 다음과 같다. "일본인 변호사로서 1923년 義烈團員 金始顯 등이 總督府 관공서 폭파를 계획하다 체포되자 이의 변론을 담당하여 공정한 판결을 촉구했으며 1924년 二重橋投彈義擧를 거행한 金祉燮의 변론을 맡았고 1926년 일제 왕과 왕족을 爆殺하려는 거사로 인해 체포된 朴烈 등의 변론을 맡아 증거불충분을 이유로 무죄를 주장하며 변론했고, 동년 羅州 宮三面民들이 東拓에 拂下된 토지의 회수를 위해 전개한 장기간의 토지분쟁 및 농민항쟁의 조사를 맡아 활동했으며 1927년 朝鮮共産黨 활동으로 체포된 權五卨, 姜達永 등이 日警의 고문 만행을 폭로하고 告訴를 제기할 때 이의 수행을 담당했고 사회단체와 언론기관 주최의 강연회에서 사회문제를 演題로 강연하는 등의 사실이 확인됨(관리번호 960641, 운동계

후세 다쓰지라는 법조인은 누구인가? 어떻게 후세는 미래지향적인 한일관계 구축에 기여한 모범적 인물로 인정되었을까? 사람들은 그를 독일 나치 치하에서 죽어가던 유대인들을 도왔던 쉰들러Schindler에 비유해 '일본인 쉰들러'라고 칭송한다. 일제강점기 사회운동가들은 각종 홍보 인쇄물에서 후세를 '우리 변호사 포시진치布施辰治'라 지칭하며 그에 대한 연대감과 애정을 아낌없이 보냈다. 대체 어떤 삶을 살았기에 후세는 일본인으로서 건국훈장을 받을 정도로 한국사회에서 높은 평가를 받게 되었을까?

후세는 다양한 형태로 조선과 관계 맺었다. 후세는 1923년 7월 북성회北星會와 동아일보사가 기획한 '하기순회강연단'을 계기로 조선을 처음으로 방문했고, 의열단 사건의 변호를 비롯해 조선공산당 등 치안유지법 관련 변호단의 일원으로 활약했다. 또 관동대지진이 발생했을 때는 조선인 학살사건에 대한 조사와 항의 활동에 나섰고, 각 언론사에 '학살의 책임을 통감한다'는 서한을 발송하는 등 양심적 법조인으로서 활동했다.

이 밖에도 후세는 박열朴烈의 대역사건 변호를 맡았을 뿐 아니라, 동양척식주식회사의 대표적인 토지수탈 사례인 궁삼면宮三面 사건조사와 이재조선인구원회罹災朝鮮人救援會 고문, 미에현三重縣 기노모토초木本町의 조선인 학살사건에 대한 진상조사활동, 수해 이재자의 구원활동에도 참여했다. 조선인 주최 각종 강연회에서의 연설, '재일조선인 노동산업 희생자구원회' 결성, 형평사 대회 강연 등, 일본 무산계급의 맹장'이라

열 : 독립운동 지원, http://e-gonghun.mpva.go.kr/)

는 평가에 걸맞게 후세의 활약상은 '다방면에 걸쳐있다.

후세 다쓰지에 대한 연구는 다양하게 이루어지고 있다. 저작 등 자료집의 복간을 계기로 그의 변호활동과 사회활동을 규명한 논저도 다수 출간되었다.[2] 일본 내에서는 후세와 조선인들과의 관계가 한일 연대투쟁의 본보기로 간주되며, 한국에서는 식민지 민중의 '벗'이자 '동지'로서 기억되고 있다. 인도주의에 바탕을 둔 실천적인 변호활동과 식민지 민중에 대한 높은 관심을 고려하면 후세에 대한 이런 평가는 당연하다.[3]

한국에서의 관심도 점차 높아지고 있다. 제국과 식민지의 관계 속에서 "후세 다쓰지라는 일본인도 존재했다"는 사실은 한국인의 역사인식에 '신선한 충격'으로 받아들여진다. 일본인에 대서는 주로 침략의 선봉에 선 이른바 '악의의 일본인'으로 인식되어 왔는데, 일본인 가운데 후세 다쓰지와 같은 '선의의 일본인'이 존재했다는 사실은 한일 양국이 추구해야 할 '공생을 위한 역사적 교훈'을 제공한다.[4]

---

2 대표적인 자료집과 단행본은 다음과 같다. 자료집은 石卷文化センター所藏 · 布施辰治資料研究準備會編, 『植民地關係資料集 1, 朝鮮編』, 三協印刷, 2002; 石卷文化センター所藏 · 布施辰治資料研究準備會編, 『植民地關係資料集 2, 朝鮮 · 臺灣編』, 三協印刷, 2006; 布施辰治 著 · 明治大學史資料センター 監修, 『布施辰治著作集 全16卷 · 別卷 1』, ゆまに書房, 2008 등이 있고, 전기 · 평전으로는 本多久泰, 『布施辰治 : 全民衆の味方吾等の弁護士』, 火花社, 1930; 生夢坊 · 本多定喜, 『涙を憤りと共に : 布施辰治の生涯』, 学風書院 1954; 布施柑治, 『ある弁護士の生涯』, 岩波書店, 1963; 布施柑治, 『布施辰治外傳』, 未來社, 1974; 高史明 · 大石進 · 李熒娘 · 李圭洙, 『布施辰治と朝鮮』, 高麗博物館, 2008; 大石進, 『弁護士布施辰治』, 西田書店, 2010; 明治大學史資料センター 監修, 山泉進 · 村上一博編, 『布施辰治研究』, 日本經濟評論社, 2011; 森正, 『評傳 布施辰治』, 日本評論社, 2014 등을 참조.

3 平野義太郎, 「人權を守った人々 : 布施辰治を中心に」, 『法學セミナー』 44, 1959; 岡林辰雄, 「布施辰治の人と業績」, 『法學セミナー』 164, 1968; 金一勉, 「布施辰治と在日朝鮮人」, 『日朝關係の視角』, ダイヤモンド社, 1974; 水野直樹, 「弁護士 · 布施辰治と朝鮮」, 『季刊三千里』 34, 1983; 森正, 「(資料紹介)法律家 · 布施辰治による『憲法改正私案』と『朝鮮建国憲法草案私稿』」, 『名古屋市立女子短期大学研究紀要』 29, 1980; 森正, 「布施辰治 - 苦しむ人びととともに走った生涯」 舘野晳編, 『韓国 · 朝鮮と向き合った36人の日本人』, 明石書店, 2002; 松田十刻, 「布施辰治を巡る旅」, 『別冊東北学』 2 2002; 이규수, 「후세 다쓰지(布施辰治)의 한국인식」, 『한국근현대사연구』 25, 2003 등을 참조

이러한 문제의식을 지니고 이 글에서는 당시 조선에서 발행된 신문 기사를 중심으로 조선인은 후세 다쓰지를 어떻게 바라보았는지 살펴보려 한다. 후세의 조선 방문을 전후로 보도된 기사를 중심으로 후세와 조선과의 관계를 언급하면서, 당시 후세에 대한 사회운동 진영의 인식과 평가에 주목하겠다. 먼저 기존 연구에서 관심을 보였던 식민지 조선에 대한 후세의 현실인식을 살펴보고, 이어 조선인은 후세와 어떻게 만나 어떻게 연대했는지 확인하면서 후세의 활동에 대해 평가해 보겠다.

2. '자기혁명의 고백'과 '하기 순회강연회'

후세는 1880년 미야기현宮城縣 오시카군牡鹿郡 헤비타무라蛇田村의 농가에서 태어났다. 1902년 메이지법률학교를 졸업, 같은 해에 판검사 등용시험에 합격하여 사법관시보試補가 되었다. 다음 해 4월 우쓰노미야宇都宮 지방법원에 검사 대리로 부임했지만, 8월 검사라는 직책은 '범과 이리虎狼와 같은 일'이라며 사임하고 동경에서 변호사 명부에 등록했다.

---

4   후세 다쓰지의 건국훈장 수여를 계기로 한국의 주요 언론들은 특집방송을 편성했다. 한국의 공중파 방송인 KBS, MBC, SBS는 각각 특집 다큐멘터리를 방영했고, 최근에는 역사교육 자료로 활용되는 EBS의 'EBS 지식채널 e'에서도 관련 영상이 제작되어 반향을 불러일으켰다. 대학 입시에서도 후세에 관한 논술시험이 출제되었고, 특히 한국방송통신대학교에서는『인물로 본 문화』라는 교재 안에 후세의 일생을 주제로 '방송대학 TV'를 통해 일반 사회인을 향한 교육프로그램도 제작되었다. 또 高史明·大石進·李熒娘·李圭洙,『布施辰治と朝鮮』(高麗博物館, 2008)은『조선을 위해 일생을 바친 후세 다쓰지』(지식여행, 2010), 후세 다쓰지의 장남인 후세 간지(布施柑治)가 집필한『ある弁護士の生涯－布施辰治』(岩波新書, 1963)는『나는 양심을 믿는다－조선인을 변호한 일본인 후세 다쓰지의 삶』(현암사, 2011), 布施辰治·張祥重·鄭泰成,『運命の勝利者朴烈』(世紀書房, 1946)은『운명의 승리자 박열－내 곧 일본의 권위, 천황의 권위를 부정해 보이겠네』(현인, 2017)로 각각 번역 출간되었다.

후세가 변호사로서 첫걸음을 내딛은 때는 러일전쟁의 전운이 감돌던 시기였다. 후세는 각종 민·형사 사건을 수임하면서 톨스토이의 '러일비전론露日非戰論'에도 깊이 공감하여 휴머니즘 입장에서 사회문제에 관심을 표명했다.[5] 1906년에는 동경시 전차인상반대시민대회 사건을 변호했는데, 이것이 사회운동에 관여한 첫 사건이었다. 1910년에는 고토쿠 슈스이幸德秋水 등의 대역사건大逆事件에서 간노 스가管野スガ의 변호를 자청했지만, 주임변호사로부터 법정 발언으로 문제를 일으킬 가능성이 있다며 거절당했다. 이후 후세는 각종 노동쟁의와 쌀소동 등의 재판에 관여하는 한편 보통선거운동과 공창公娼폐지운동도 전개했다. 후세는 일본을 대표하는 인권변호사의 한 사람으로 성장했다.

후세는 언제부터 조선에 관심을 지니기 시작했을까? 후세는 메이지법률학교 재학 시절에 조선 유학생들과 긴밀한 유대를 지녔다고 전해진다. 그러나 그들이 구체적으로 누구였는지는 명확하지 않다. 후세 자신의 언급에 따르면, 그는 1911년 일본에 의한 한국강점을 비난하고 조선인과 조선독립에 대해 논의했다. 이때 작성한 '조선의 독립운동에 경의를 표함'이라는 문장 때문에 검사국에서 조사를 받았다고 한다.[6] 그러나 이 문장 역시 아직까지 소재를 확인할 수 없고 작성된 연대도 정확히 파악하기 어렵다.

후세가 조선에 본격적으로 관심을 드러낸 것은 3·1운동을 전후한

---

5 후세의 기록에 따르면, 1918년과 1919년에 취급한 사건 건수는 1918년 형사 190건·민사 26건, 1919년 형사 192건·민사 27건에 달했다. 여기에 취하된 사건까지 포함하면 1년에 취급한 사건 수는 250건이 넘었다. 1개월간의 출정횟수는 많을 때는 135건, 적을 때에도 90건을 상회하는 것으로 1일 평균 4건 정도였다(『法廷より社會へ』 1-1, 1920.6, 14쪽).
6 布施辰治·張祥重·鄭泰成, 『運命の勝利者朴烈』, 世紀書房, 1946, 1쪽.

시기로 보인다. 그는 이른바 '성공'한 변호사의 길을 포기하고, 1920년 5월 "사회운동에 투졸(鬪卒)한 변호사로서 살아나갈 것을 민중의 한 사람으로서 민중의 권위를 위해 선언한다"는 '자기혁명의 고백'을 공표했다.[7] 1921년에는 고베神戶의 미츠비시三菱 · 가와사키川崎 조선소 쟁의 지원을 계기로 야마사키 게사야山崎今朝彌 등과 함께 자유법조단自由法曹團을 결성했다. 이후 활동영역을 더욱 확장해, 후세는 노동운동, 농민운동, 무산정당운동, 수평운동 등에 조직적으로 관여하기 시작했다.

후세는 일본 국내의 사회운동 관련 사건만이 아니라, 식민지 조선에도 관심의 폭을 넓혀 나갔다. 1922년 박열朴烈이 발행한 잡지 『불령선인太い鮮人』 제2호에 '프롤레타리아의 친구, 변호사계의 반역자 후세 다쓰지'[8]라는 광고도 게재했다. 후세의 '자기혁명의 고백'은 신선한 충격과 희망으로 받아들여졌다. 그에게는 일본 국내의 부조리만이 아니라, 조선과 대만 등 식민지 문제도 해결해야 할 과제의 하나였다.

'자기혁명의 고백'을 전후로 후세는 2 · 8 독립선언으로 검거된 최팔용崔八鏞과 백관수白寬洙 등 조선인 유학생 9명에 대한 '출판법 위반사건' 변호인으로 참여했다. 식민지 민중을 위한 인권변호사의 첫 등장무대였다. 당시 후세의 변론에 대한 구체적 정황은 앞으로 규명할 필요가 있는데, 김도연金渡演의 회고에 따르면, 후세는 법정에서 "학생들의 신분으

7　후세는 '자기혁명의 고백'을 통해 "인간은 누구든 자신이 어떠한 삶을 살아나가는 것이 좋은가에 대해 진정한 자신의 소리를 들어야 한다. 이는 양심의 소리이다. 나는 그 소리에 따라 엄숙히 '자기혁명'을 선언한다. 사회운동의 급격한 조류를 느끼지 않을 수 없다. 종래의 나는 '법정의 전사(戰士)'라고 말할 수 있는 변호사였다. 하지만 앞으로는 '사회운동에 투졸(鬪卒)한 변호사'로서 살아나갈 것을 민중의 한 사람으로서 민중의 권위를 위해 선언한다. 나는 주요 활동장소를 법정에서 사회로 옮기겠다"(『法廷より社會へ』 創刊號, 1920.5)고 선언했다.

8　『太い鮮人』 제2호, 1922.12.

로 자기 나라의 독립을 부르짖은 것이 어찌하여 일본 법률의 내란죄에 해당되느냐. (…중략…) 민족자결의 사조가 팽창함에 비추어 학생들의 주장은 정당한 것이니 죄를 줄 수 없는 것 아니냐"는 논조로 변론했다고 한다.[9] 일본인으로서 조선인 독립운동사건의 변론이 결코 쉽지 않은 사회적 분위기에서 그의 행동은 용기 있는 결단이었다. 재판 결과는 징역 9개월 이하의 유죄 판결로 끝났지만, 조선인들은 무료로 변호를 담당한 후세에 대해 큰 신뢰를 갖게 되었다. 조선인들은 후세 다쓰지라는 양심적인 일본인을 발견한 것이다.

조선의 언론에 후세의 이름이 등장한 것은 1922년 6월 전후다. 『매일신보』는 1922년 6월 15일 신부인협회新婦人協會가 일본 동경 중앙불교회관에서 개최한 치경수정축하강연회治警修正祝賀講演會 상황을 보도했다. 신부인협회는 당일 오쿠 무메오奧むめお 등을 중심으로 부인참정과 여성해방을 주장하는 강연회를 개최했다. 후세는 이 자리에 축하 연설을 위해 참석했지만 강연회는 관할 경찰서의 제지로 해산되었다.[10] 이 보도는 '자기혁명의 고백'을 선언한 변호사이자 2·8 독립선언 관계자를 변호한 후세의 동정을 직·간접적으로 접한 언론사의 당연한 반응이었다. 또한 총독부 기관지인 『매일신보』가 앞서 보도한 것은 장차 그의 활

---

9 金渡演, 『나의 人生白書 — 常山回顧錄』(康友出版社, 1967), 81~82쪽. 후세가 변호에 가담한 정황에 대해 백남훈(白南薫)은 당시 변호인을 정하기 위해 청년회 이사인 니토베 이나조(新渡戶稻造)를 찾았으나 거절당하고, 도쿄제대 학생회 간사인 후지타(藤田進男)과 교섭하여 이마이 요시유키(今井嘉幸), 사쿠마 고죠(作間耕造)를 소개받을 수 있었다. 그리고 우자와 후사아키(鵜澤聰明)의 허락도 받았으며 후세 이외에도 하나이 다쿠조(花井卓藏) 등의 변호인들이 변론을 담당했다고 한다(白南薫, 『나의 一生』 增補 3版, 新現實社, 1973, 86~88쪽).

10 「東都閑話 — 婦人의 政治運動」, 『每日申報』 1922.6.1. 신부인협회는 1920년 히라쓰카 라이초(平塚らいてう), 이치카와 후사에(市川房枝) 등이 결성한 여성단체로 여성의 정치활동을 금지한 치안경찰법(治安警察法) 제5조 철폐 운동을 추진했지만 1922년 해산되었다.

동이 조선에도 영향을 미칠 수 있다는 판단에서 그의 동정에 주목했기 때문일 텐데, 후세를 '일본 현대사상계에 명성이 자자한 학자'[11]라고 소개했다.

후세에 관한 보도가 본격적으로 이루어진 것은 조선 방문을 전후한 시기였다. 후세는 1923년 7월 31일에 처음으로 조선을 방문했다. 그는 유학생 사상단체인 북성회北星會가 주관하고 동아일보사가 후원한 '하기순회강연회'에 참가하기 위해 북성회원인 김종범金鍾範, 백무白武, 정태신鄭泰信과 함께 서울에 왔다. 북성회는 후세의 활약상을 높이 평가하고 조선에서 강연회를 개최함으로써 식민지 현실을 타파하기 위한 신사조를 확산시키고자 강연단을 조직했다. 조선 내 11단체 60여 명은 서울역에서 단체 깃발을 내걸고 강연단을 환영했다.[12] 후세는 조선에서의 첫 담화를 통해 총독부가 주장하는 '개발'은 조선인의 행복과는 무관하다며 조선 방문의 목적을 다음과 같이 말했다.[13]

내가 이번에 조선에 온 것은 가장 굶주린 사람이 가장 절실하게 먹을 것을 구하듯이, 가장 비참한 생활을 한다는 조선 사람들을 만나 보면 인간생활이 개조되지 않으면 안 될 이상(理想)에 대해 깨닫게 될 것이 많으리라고 생각했기 때문입니다. 가장 궁경(窮境)에 빠진 조선에 와서 조선 사람과 만나보는 것은 가장 의미가 깊습니다. 조선의 경치를 구경하러 온 것이 아니

---

11 「北星會의 全鮮 巡廻 講演, 내월 1일부터」, 『每日申報』 1923.7.25.
12 서울역에서 거행된 환영회에는 무산자동맹회, 경성무산청년회, 조선노동연맹회, 토요회, 노동대회, 조선양복기공조합, 여자고무직공조합, 서울청년회, 노동공제회, 경성금물조합, 동아일보가 참가했다.(「北星會巡廻講演會入京 ノ 件」(京本高 第5163號), 1923.7.31)
13 「表面의 開發은 其實 朝鮮民族의 幸福은 아니라는 것을 늦겼소: 入京한 布施辰治氏談」, 『동아일보』, 1923.8.3.

라 조선 사람의 기분에 접촉하고자 한 것이 내 방문의 주요한 목적입니다.

후세의 방한에 사회운동단체는 환영하는 분위기였다. 『동아일보』는 서울역에 도착한 후세의 사진과 천도교회당에서의 첫 강연에서 열변을 토하는 후세의 사진을 게재하고, 사설을 통해 "후세가 조선을 보고 발표한 감상담 중에는 극히 작은 부분이지만 조선인적 감정으로 조선을 바라보고 있다는 것을 발견할 수 있었다"[14]며 후세의 방문을 환영했다. 처음으로 눈앞에서 후세를 대면한 조선인들은 '극히 작은 부분'이지만 후세가 조선의 입장에서 문제를 바라보려 한다는 것을 확인했다.

순회강연회는 8월 1일 서울에서의 강연을 시작으로 12일까지 남부 각지에서 10여 회에 걸쳐 개최되었다. 강연회는 정치와 사회문제를 언급하지 않는다는 조건으로 허가를 받았지만,[15] 당국은 강연단에 앞서 입국하여 강연회 실무를 준비하던 북성회 김약수金若水를 공갈 협박죄의 명목으로 구인했다. 후세는 이에 항의하여 경무국장과 동대문경찰서장을 방문하여 석방을 요구했다.[16]

이틀째 강연은 종로 기독교청년회관에서 개최되었다. 후세의 강연 제목은 '약소민족의 비애냐! 세계인의 환희냐!'였다.[17] 8월 4일에는 광

---

14 「新人의 朝鮮印象 : 布施辰治氏의 感想談」, 『동아일보』, 1923.8.3. 후세는 조선인 활동가들이 주최한 환영석상에서 "조선인은 총독정치를 비판하거나 총독부의 정책을 논하는 등 조선통치에만 구애받고 있다. 현대의 적(敵)은 부분의 문제에 있지 않다. 세계개조를 외치는 시대에 접어들었고 이러한 세계개조에 따라 조선 문제도 해결될 것"(「北星會巡廻講演會入京 ノ件」(京本高 第5163號), 1923.7.31)이라고 발언했다.

15 「북성회 강연, 오늘 저녁부터 천도교당에서」, 『每日申報』, 1923.8.1.

16 「김약수의 인취내용, 부호 임종상을 전화로 협박하고 금품을 강청한 사실로」, 『每日申報』, 1923.8.4.

17 「북성회 데이일 강연, 종로긔독교청년관에서」, 『동아일보』, 1923.8.2.

주에서 광주노동공제회 후원으로 북성회 강연회가 개최되었고, 강연 주제는 '조선 문제와 사상대책'이었다.[18] 8일에는 종로청년회관에서 여자고학생상조회와 서울청년회 주최로 '부인문제와 해방운동'이라는 주제로 부인문제강연회가 개최되었다.[19] 9일에는 진주에서 강연회가 개최되었지만 '과격하다'는 이유로 중지당했다.[20] 10일과 11일에는 김해에서 김해청년회와 여자청년회, 형평사 김해분사 후원 아래 강연회가 열렸다. 후세는 10일에는 '조선청년에 고함', 11일에는 '세계 대세 상으로 본 조선 문제'를 강연할 예정이었지만 후자는 중지당했다.[21]

『동아일보』는 '인간생활의 개조운동과 조선민족의 사명'이라는 제목의 강연기록을 일요판 특집으로 전면 게재했다.[22] 후세는 강연활동을 통해 커다란 반향을 불러일으켰고 조선인들에게 성실한 모습을 보여주었다. 강연단이 갈 수 없었던 마산에서는 후세가 단독으로 강연회를 개최했다. 강연회는 조선 남부 주요 지역에서 개최되었다. 강연 일정만 보더라도 연일 강행군이었다. 조선 사회운동가에게 후세의 강연은 '신사조'를 확인하고 받아들이는 창구 역할을 했다. 후세는 앞으로 조선을 위한 연대투쟁이 가능한 일본인 '친구'로 받아들여졌다.

또 후세는 조선 체류 기간 중에 경성지방법원에서 열린 의열단원 김시현金始顯의 재판을 변호했다.[23] 후세와 김시현은 메이지대학 동문이었

18 「北星會講演, 光州에서 盛況」,『동아일보』, 1923.8.11.
19 「婦人문뎨대강연회」,『동아일보』, 1923.8.8.
20 「북성회의 강연, 진주에서 중지」,『每日申報』, 1923.8.9.
21 「金海에 北星會講演 演士無非中止」,『동아일보』, 1923.8.18.
22 「新人의 主義講演, 八月一日夜 天道敎堂에서 北星會主催 講演會 記錄」,『동아일보』, 1923.8.5.
23 김시현은 일본 메이지대학(明治大學) 법학부를 졸업, 1919년 3·1운동 이후 만주 길림으로 망명하여 의열단에 입단했다. 1922년 김규식(金奎植)·여운형(呂運亨) 등과 같이 모스크바에서 개최된 극동혁명단체대표대회에 한국대표로 참석했다. 1923년 의열단의 밀령으로 국

으므로 서로 알고 있었을 가능성이 컸다. 후세는 공판 과정에서 경기도 경부 황옥黃玉과 김시현의 관계를 규명하기 위한 증인의 환문을 요구했으나 받아들여지지 않았다.[24] 강연일정 때문에 김해金海에 머물러야 했던 후세는 담당변호사였던 이인李仁에게 "사법 재판의 권위를 위하여 독립운동을 초월한 인격독립의 사상대책을 기대한다"[25]는 변론 요지를 보내고, 김시현에게는 위문 전보를 보냈다.

이처럼 후세의 첫 방문은 강연회만이 아니라 의열단 사건을 변호하기 위해서였다는 사실이 드러났다. 당시의 교통수단을 감안하면 결코 쉽지 않은 강행군이었다. 조선인에게 명성으로만 알려져 있던 후세의 모습이 처음으로 생생하게 알려진 순간이었다. 『동아일보』는 서울역에 도착한 후세의 사진을 게재하면서, "조선 사람에게 많은 동정을 가진 이로써 동경에서 독립운동 사건으로 아홉 사람이 입옥되었을 때와 최근에 김익상金益相 사건에도 무료로 변론했다"[26]고 소개했다.

후세의 김익상 변호는 그동안 알려져 있지 않은 일이었다. 김익상은 1920년 의열단에 가입하여 1921년 폭탄과 권총을 휴대하고 서울에 잠입, 왜성대倭城臺 조선총독부에 폭탄을 던져 국내외의 이목을 집중시켰다. 1922년 3월에는 상하이 세관부두에서 시찰차 방문한 일본 육군대장 다나카 기이치田中義一를 암살하기 위해 폭탄을 던졌으나 실패했다. 그는 체포되어 나가사키長崎로 호송되어 1심에서 무기징역, 2심에서 사

내에 잠입하여 일제 식민통치기관의 파괴, 일제 요인의 암살 등을 계획하고 경기도 경찰부의 황옥(黃鈺)과 제휴하여 거사하려다가 붙잡혀 징역 10년을 언도받았다.
24 「황옥의 범행내용, 의열단 공판 계속, 이왕 경기도 경부로 이 사건에 중심인물 황옥의 진술한 내용」, 『每日申報』, 1923.8.9.
25 「布施辯護士의 電報」, 『동아일보』, 1923.8.12.
26 「布施氏 義烈團辯護, 이왕부터 조선 사람에게는 동정이 만타」, 『동아일보』, 1923.8.1.

형이 선고되었다.[27]

조선인 사회운동가들은 '자기혁명의 고백'을 선언한 일본인 변호사에 대한 기대감이 매우 컸다. 조선의 민족 해방 운동에 협조하거나 도울 수 있는 일본인을 발견한 것이다. 2·8 독립선언 사건의 변론에 참여한 후세의 언행은 조선인의 기대에 크게 부응했다. 후세의 말대로 '프롤레타리아의 친구, 변호사계의 반역자 후세 다쓰지'는 일본인이지만 누구보다 조선인의 입장을 깊이 이해한 인물이었다. 북성회의 '하기순회강연회'는 후세와의 공동 투쟁을 향한 첫걸음이었다. 북성회는 후세의 강연을 통해 식민지 현실을 왜곡·선전하는 총독부에 대한 비판을 조선 청년에게 확산시켰다. 후세 또한 이러한 기대에 부응했다. 그의 강연과 성실한 태도는 조선인에게 믿음을 주기에 충분했다. 후세가 '일본 무산운동의 맹장'임을 직접 확인함으로써 앞으로 전개될 법정투쟁에 후세의 지원을 요청할 수 있다는 희망과 확신을 갖게 되었을 것이다.

3. 관동대지진과 인권옹호활동

일본에 귀국한 후세를 기다리고 있었던 것은 관동대지진이었다. 1923년 9월 관동대지진이 발생하자 후세는 조선인 학살사건을 조사·고발하기 위해 자유법조단의 선두에서 활약했다. 자유법조단은 후세의 제창으로 1923년 9월 20일 제1회 진재 선후책 회의를 개최했다. 후세

27　김익상의 활동에 대해서는 김영범, 『의열투쟁Ⅰ－1920년대(한국독립운동의 역사 26)』(독립기념관 한국독립운동사연구소, 2009) 참조.

는 조선인 학살문제와 관련해 "죽은 조선인 수는 몇 천 명인가? 죽은 원인은 무엇인가? 단지 조선인이라는 것만으로 죽었는가 아니면 무슨 혐의가 있어 죽었는가? 하수인은 누구인가? 군인인가 경찰인가 자경단 민중인가? 살해방법은 어떠했는가? 잔인 가학한 살해, 학살이 아니었는가? 사체는 어떻게 했는가? 하수인의 책임에 관한 수사, 검거 처벌의 실정은 어떤가?"[28] 등의 문제를 제기했다. 후세의 현실인식은 적확한 것이었다. 그러나 자유법조단은 당국의 방해공작으로 학살의 진상을 정확히 규명할 수 없었다.

후세는 유학생들이 10월에 결성한 '동경지방이재조선인후원회東京地方罹災朝鮮人後援會'의 고문으로 추대되었다. 12월에는 '피살동포추도회'에서 조선인 학살에 대한 당국의 태도를 비판하면서 다음과 같이 말했다.

생각하면 생각할수록 너무나도 무서운 인생의 비극입니다. 너무나도 가혹한 비극이었습니다. 특히 그 중에는 조선에서 온 동포의 마지막을 생각할 때, 저는 애도할 말이 없습니다. 또 어떤 말로 추도하더라도 조선동포 6천의 유령은 만족하지 않을 것입니다. 그들을 슬퍼하는 천만 개의 추도의 말을 늘어놓더라도 그 사람들의 무넘에 가득 찬 마지막을 추도할 수 없을 것입니다. (…중략…) 학살은 계급투쟁의 일단이었습니다. 우리의 동지가 죽음을 당한 것도 6천의 동포가 그러한 처지에 직면한 것도 우리가 계급투쟁에서 패배했기 때문입니다. 우리는 졌습니다. 너무나도 억울합니다. 왜 우리가 졌는지 생각해보기 바랍니다.[29]

---

28 「震災中における朝鮮人殺害の眞相およびその責任に関する件」(大石進, 앞의 책, 2010, 168쪽에서 재인용).

후세의 연설문은 당시 조선인 학살을 규탄하는 문장 중에서 가장 격렬한 것이었다. 학살에 대한 분노와 아쉬움이 추도사 전문에 담겨 있다. 일본인으로서 조선인에게 절절한 사죄를 표명한 흔치 않은 내용이었다. 후세는 조선인 학살문제를 인재人災로 인식했다. 후술하듯이 1926년 3월 두 번째로 조선을 방문했을 때, 후세는 관동대지진에 대한 '사죄문'을 『조선일보』와 『동아일보』에 우송했다.[30]

일본 귀국 이후 후세와 조선과의 관계는 더욱 깊어졌다. 언론은 조선 방문 이후 후세의 일본에서의 발언과 동정에 민감하게 주목했다. 첫 방문 이후 일본에서의 후세의 활약상이 국내에 속속 알려졌다. 1923년 11월 경남 창원 진해소작회는 소작쟁의와 관련하여 후세에게 변호를 맡아줄 수 있는지 교섭했다.[31] 소작회는 후세에 대해 '일본 법조계에 명성이 있을 뿐 아니라, 무산자해방운동에 가담한 후세 다쓰지'라고 평가하며, 그에게 소작쟁의 관련 사건의 변호를 요청했다. 후세는 자신이 직접 변호하지 못한다면 다른 변호사를 파견하겠다는 내용의 서한을 보냈다.[32]

---

29 『大東公論』 2-2, 1924. 11.

30 『朝鮮旅行記』. 후세가 신문사에 우송한 사죄문은 다음과 같다. "조선에 가면 모든 세계의 평화와 모든 인류의 행복을 추구하는 우리들 무산계급해방 운동자는 설령 일본에 태어나 일본에 활동의 근거를 두고 있어도 일본 민족이라는 민족적 틀에 빠져들지 않으며, 또 실제 운동에 있어서도 민족적 틀에 빠져 있지 않다는 것을 증명하기 위해 진재 직후의 조선인 학살문제에 대한 솔직한 나의 소신과 소감을 모든 조선 동포에게 말하려고 합니다. (…중략…) 일본인으로서 모든 조선 동포들에게 조선인 학살문제에 대해 마음으로부터 사죄를 표명하고 자책을 통감합니다."

31 진해는 러일전쟁 이후 1906년 일본 해군 용지로 점탈되었다. 1922년 4월 조선총독부는 군용으로 그다지 소용이 없는 일부 지역을 매각하는 과정에서 실제 경작자에게 매각하게 되어 있음에도 불구하고 일본인에게 매각하는 불법을 저질렀다. 1923년 6월 18일 주병화(朱炳和), 김종건(金鍾健), 배효면(裵孝眠), 주병헌(朱炳憲) 등이 발기인이 되어 '진해소작회' 창립총회를 개최했다. 소작회에서 결의한 내용은 소작료는 3할로 인하하고, 보리는 전부 소작인 몫으로 하며, 일본인들의 농간으로 소작인이 바뀌는 것을 막고, 관리자로서의 횡포를 막기 위해 마름도 철폐할 것 등이었다.(「鎭海小作爭議事件의 判決, 피고는 모두 방면 후 벌금형」, 『동아일보』 1924. 8. 6)

후세의 각종 사회단체에서의 활약상도 소개되었다. 『매일신보』는 1924년 2월 10일 개최된 제2회 일본노동총동맹 전국대회에 후세가 참가했다는 소식을 전했다.[33] 6월 28일에는 무산계급정당의 모체인 정치연구회 창립총회에서 "우리는 무산계급의 이해에 입각한 정당의 수립을 도모한다"는 결의와 함께 후세가 총회에 출석했다고 보도했다.[34] 9월 11일에는 반反노동총동맹의 기계노동조합, 전기철공자동차조합 등이 '투쟁주의'를 초방하며 관동노동조합연합회를 창립했고 후세도 총회에 참석했다는 소식도 보도했다.[35] 사회운동가들은 앞으로 전개될 연대투쟁에 기대감을 가졌고, 이를 위한 관련 정보가 언론보도를 통해 공유되었다.

후세는 1924년 10월에는 김지섭金祉燮 사건을 변호했다. 후세는 공판과정에서 폭발물 감정을 신청했으나 각하되었고, 김지섭에게는 국가에 대한 반역죄로 사형이 구형되었다. 후세는 김지섭을 대신해 법정에서 최종 변론을 했다.[36] 1925년 7월 2일자와 3일자 신문에는 김지섭 사건에 대한 공판 기피신청서를 게재했고, 후세는 비밀재판의 부당성과 법관의 태도를 문제 삼았다.[37] 후세는 사건과 관련해 배경으로서의 조선 문제를 다음과 같이 주장했다.[38]

---

32 「소작쟁의에 무료변호, 창원군 진해소작회에서 활동, 일본에 유명한 포시진치씨에게 청한바 자기가 못가면 다른이가 가게 하겠다고」, 『조선일보』 1923.11.12.
33 「노동총동맹 전국대회」, 『每日申報』, 1924.2.13.
34 「정치연구회의 창립총회와 결의」, 『每日申報』, 1924.7.1.
35 「關東聯合創立 맹렬한 분자가 만타고 당국측은 주목하는 중」, 『時代日報』, 1924.9.21.
36 「김지섭에게 사형을 구형, 국가에 대한 반역죄라고, 제이회 공판 오후속보」, 『시대일보』, 1924.10.13.
37 「金社燮 事件 公判, 忌避申請理由」, 『동아일보』, 1925.7.2・3.
38 위의 글.

변호인은 대외적으로 영토침략의 시시(猜視)를 민망히 알고, 대내적으로는 피정복자 압박의 저주에 고민하는 일본의 조선병합 통치문제를 배경으로 한 이 사건을 중대시함과 동시에 조선병합 통치의 잘못임을 절규한다. 피고 김지섭이 니쥬바시(二重橋)에 폭탄을 던졌다는 본 건의 심리 판결은 소위 조선 문제 해결을 위하여 극히 중대한 의의를 가진 사건이라 생각하여 매우 치밀하고 신중한 재판소의 심리를 바란다.

후세는 이 사건의 배경이 '조선병합 통치의 잘못'라는 점을 명백히 밝히고 있다. 변호사로서 법정에서의 투쟁 보도는 이어졌다. 1923년 12월 27일에는 무정부주의자 난바 다이스케難波大助 등에 의한 황태자 히로히토를 저격한 사건이 발생했다. 이와 관련해 후세는 1924년 11월 15일 이치가야市谷 형무소에서 사형 집행당한 난바의 시체가 방치되자, "사상범인의 시체를 그렇게 냉혹히 하고 그대로 공동묘지에 묻는 것은 일본 국민의 사상발달을 저해하는 일"이라며 시체를 찾아 매장했다.[39] 후세의 이런 태도는 가네코 후미코의 시신을 수습한 것으로 이어졌다.

1925년 1월에는 무라키 겐지로村木源次郎의 보석 신청 소식을 게재했다. 무라키는 1923년 9월 관동대지진 당시 군부에 의해 학살당한 오스기 사카에大杉榮, 이토 노에伊藤野枝 등의 보복투쟁을 목표로 와다 규타로和田久太郎 등과 함께 당시 계엄사령관 후쿠다 마사타로福田雅太郎를 살해하려는 사건에 관여했다. 사건은 사전에 발각되어 체포되었는데, 후세는 무라키가 예심 도중 옥중에서 폐병을 앓자 그의 보석을 신청했다.[40]

---

39 「絞者臺上의 이슬이 된 難波大助의 屍體」, 『時代日報』, 1924.11.17.
40 「重大犯人獄死, 폐병으로 인하여」, 『每日申報』, 1925.1.25.

치안유지법 반대투쟁에 앞장선 후세의 모습도 보도되었다. 1925년 2월 개최된 민중대회에서 정치연구회의 후세 다쓰지는 치안유지법을 반대하면서 "여러분이 이곳에서 논의하는 것보다 들고일어나 중의원으로 가야 한다"고 외쳤다.[41] 1925년 5월 10일에는 동경의 유학생 사상단체인 일월회一月會가 주최한 강연회가 개최되었다. 후세는 여기서 '치안유지법에 대해서'라는 주제로 강연했다. 참가자는 천 명이 넘었다.[42] 또 후세는 일월회가 간행한 잡지에 치안유지법과 관련해 다음과 같이 비판했다.[43]

제54회 제국의회의 산물로 새롭게 제정 실시된 보통선거법(과 치안유지법－인용자)은 과연 어떠한 것인가를 고찰하니, 전자인 보통법은 일본 내지에만 적용하고 조선, 대만에는 적용하지 않는다. 후자인 치안법은 일본 내지와 마찬가지로 조선과 대만에도 적용한다는 것이다. 이는 법치국가로서 너무나도 불평등한 것이다. 같은 국가의 통제 하에 두는 것, 그리고 같은 국민의 생활규범을 공평한 법률에 따라 정하는 것이 입헌법치의 근본이다. 그렇다면 불완전하더라도 국민의 정치능력을 믿는데 입법의 표준을 둔 보통선거법을 조선과 대만에 실시하지 않고, 반면 국민의 치안 침해 가능성이 의심되는 입법 표준을 둔 치안유지법만을 조선과 대만에 실시한다고 한다. 즉, 이는 현재 정부 당국이 조선과 대만 국민을 보통선거법을 실시할 정도로까지는 믿지 않고 있고, 치안유지법을 실시해야 한다고 의심하는 것이

---

41 「民衆大會의 騷亂 遂히 鮮散命令」, 『每日申報』, 1925.2.21.
42 「在東京思想團體 一月會講演, 성황중에 폐회」, 『동아일보』, 1925.5.18.
43 布施辰治, 「治安維持法의 實施에 就て」, 『思想運動』 1-5, 1925.6, 62쪽.

다. 따라서 이는 무엇보다 증오해야 할 정치의 상서롭지 못한 모습이며 동시에 법치의 불평등이다.

요컨대 후세는 일본정부가 식민지의 참정권을 인정하지 않은 상황에서 식민지에도 치안유지법을 시행하려는 모순 구조를 비판한 것이다. 당시 일본 국내에서는 치안유지법의 시행과 관련해 다양한 반대운동이 전개되었는데, 식민지 조선의 문제를 거론하며 치안유지법의 적용을 비판한 것은 후세가 유일했다고 말할 수 있다.

『조선일보』는 후세의 박열 사건의 변호에 대해 '침식을 잊고 진력하고 있다'고 전했다. 재판 과정에 대한 보도와 함께 박열과 가네코 후미코의 옥중결혼 문제에 대해 "옥중결혼이라 함은 물론 형식문제이겠지만 당장 두 사람이 자기 주장상 불필요하다고 반대함으로 결혼한다 함은 허설에 지나지 못하다. 다만 만약 두 사람이 만약의 경우를 당할 때에는 박열로 말하면 자기 가족이 있음으로 조치하겠지만, 후미코는 뒷일을 인수할 사람이 없음으로 그 두 사람의 일을 박열 가족이 인수하기 위하여 원래 본의는 아니더라도 호적상 신고하게 될 뿐이다"고 말했다.[44] 후세는 박열과 각별한 관계를 맺었고 누구보다 그를 이해하고 있었다.

1926년 1월, 후세는 미에현 조선인 피살사건을 조사하기 위해 흑우회의 장상중張詳重과 함께 조사단에 참여했다.[45] 동경의 조선인 사회운동단

---

44 「朴烈의 兄弟 七年만에 獄中에서. 박렬부부와 그의 친형 한자리에서 상대하얏다 朴烈은 本是 正直 精神鑑定거절도 자유이오 시행도 자유이다, 布施변호사의 談」, 『조선일보』, 1925.12.14.
45 「三重縣事件 조사원파견, 흑우회에서」, 『시대일보』, 1926.1.20.

체는 사건조사를 위해 1월 29일에 신태악辛泰嶽과 신재용辛載鏞을 현지에 파견했고 이들의 방문에 후세도 동행했다.[46] 1926년 2월 4일자 『동아일보』에는 사건의 보고서 전문이 게재되었는데, 검열에 저촉되어 복자伏字 상태로 발행되었다. 후세는 학살에 대해 '인도상의 대문제'라며, 감정을 조장한 현 당국의 실태를 고발하고 당사자의 검거를 주장했다.[47]

이처럼 후세는 조선 방문 이후 발생한 관동대지진 당시의 조선인 학살문제 규명에 누구보다 적극적이었다. 이는 후세 자신의 신변에도 위험을 감수해야 하는 일이었다. 후세는 학살의 본질을 정확하게 인식하는 일 뿐만 아니라 조선인에게 사죄하는 마음도 커서, 조선의 언론과 사회운동가들에게 학살의 책임문제를 공식적으로 사죄했다. 또 후세는 김지섭과 박열의 변호인으로 재판에 관여하고, 치안유지법을 비판하면서 사회주의와 무정부주의 등의 이념과는 무관하게 조선과 관련된 모든 사건을 변론했다. 후세에게 조선의 문제는 식민지배라는 반인도주의 정책에 대해 사죄하고 철폐 운동을 실천하는 과정이었다.

4. 궁삼면과 농촌문제

1926년 3월 후세는 두 번째로 조선 방문의 길에 나선다. 전남 나주군의 궁삼면宮三面 토지회수운동을 지원하기 위해서였다. 두 번째 조선방

---

46 「三重縣事件과 各國體奮起」, 『時代日報』, 1926.1.29.
47 「在住同胞를 殺害한 三重縣事件眞相報告, 人道上의 大問題(日自由法曹團 特派員, 布施辰治)」, 『동아일보』, 1926.2.4.

문은 조선인과 농촌문제에 대한 후세의 인식을 잘 보여준다. 궁삼면 토지회수운동은 조선 후기부터 식민지기에 걸쳐 봉건지배층과 동양척식주식회사(이하, 동척)을 상대로 전개된 토지탈환투쟁이었다.[48]

궁삼면 농민들은 동척의 불법적인 토지매수에 맞서 '토지소유권 확인소송'과 '토지소유권 청구소송'을 제기하는 등 재판을 통해 토지소유권을 찾으려 했다. 그러나 '토지조사사업'기에 이루어진 일련의 재판은 동척의 토지소유권을 법적으로 확정하는 절차에 불과했다. 농민들은 일본에 대표를 파견하여 후세에게 토지문제의 상담과 소송을 의뢰했다. 농민 대표자들은 이미 진해소작회의 사례를 알고 있었고 각종 언론 보도를 통해 후세의 활약상을 높이 평가하고 있었다.

후세는 농민대표의 의뢰를 받아들여 1926년 3월 2일부터 11일까지 조선을 방문했다. 농민들이 작성한 '서약서'와 '토지회수불납동맹혈서'를 본 후세는 농민들의 열정에 감격했다고 한다. 후세는 토지문제를 조사하면서 식민지 농촌문제의 심각성을 직접 체험하는 계기를 마련했다. 후세는 "조선 무산계급 농민의 생활고에 눈물을 흘리지 않을 수 없다. 또 소위 식민지정책의 피지배 계급에 대한 압박에 분개할 수밖에 없다. 사회문제 중의 사회문제이고 인도문제 중의 인도문제"[49]라며 감회를 토로했다. 후세의 두 번째 조선 방문은 '조선인의 이익을 위해 투쟁

---

48 동척의 궁삼면에서의 토지집적과 법적 토지소유권의 획득과정은 일본인 지주의 토지집적과 정의 특질을 극명하게 보여주고 있다. 이에 대해서는 權寧旭, 「東洋拓植株式會社と宮三面事件」, 『朝鮮研究』 78, 1968; 安秉玲, 「東洋拓植株式會社の土地收奪について」, 『龍谷大學社會科學研究年報』 7, 1976; 이규수, 「전남 나주군 '궁삼면'의 토지소유관계의 변동과 동양척식주식회사의 토지집적」, 『한국독립운동사연구』 14, 2000; 이규수, 「일제하 토지회수운동의 전개과정」, 『한국독립운동사연구』 16, 2001을 참조.

49 『朝鮮の産業と農民運動』, 6쪽.

하는 사건'을 변호하겠다는 자기실천과정이었다.

각 언론은 후세의 조선 방문 사실을 보도했다.[50] 도중 후세는 대구에서 강연회를 개최했지만 불허되어 각 공장의 노동 상황을 조사했다. 후세는 대구에서 『시대일보』 기자와의 대담을 통해 관동대지진 당시의 조선인학살 문제에 대해 다음과 같이 말했다.[51]

> 내가 조선 땅을 밟기는 이번이 두 번째인데 이번 온 중요한 용무는 궁삼면 사건의 조사와 해결 노력에 있습니다. (…중략…) 조선 소감을 말하기 전에 우선 제일 조선 민족에게 말하지 아니치 못할 소감이 있습니다. 그것은 즉 3년 전에 일어난 진재 변란 중에 생긴 소위 ○○○○○○ 문제의 사죄입니다. (…중략…) 나는 이번 조선에 와서 친히 조선 문제에 헌신함에 있어 조선 전토에 독자를 갖고 있는 귀지를 통해 우선 제일로 한 사람의 일본인으로서 소위 ○○○○○○ 문제 사죄의 성의를 표명하는 바입니다. (…중략…) 저 사건이 있은 이래 처음으로 조선에 온 나는 소위 ○○○○○○ 문제에 대한 사죄의 성의를 표명할 자책을 통절히 느끼는 바입니다.

앞에서 말했듯이 후세에게 관동대지진 당시의 조선인 학살문제는 하나의 멍에였다. 기사에서의 '○○○○○○'는 '조선인 대학살'이다. 일본인 후세에게 일본 당국과 자경단이 저지른 학살 사건에 어떻게 대응할지는 하나의 역사적 과제였다. 조선인에게 '사죄의 성의를 표명할

---

50 「羅州事件調査로 布施辰治氏 渡來, 경성에도 들러간다」, 『동아일보』, 1926.3.3; 「布施辰治씨 5일 경성 着. 4일 대구를 떠났다」, 『조선일보』, 1926.3.5.
51 「一日本人으로서 全朝鮮兄弟에 謝罪 大邱에서 布施辰治氏談」, 『時代日報』, 1926.3.6.

자책을 통절히 느낀다'는 발언에는 그의 진실함이 전달되었을 것이다.

대구에서는 3월 8일 시대일보사 주최 강연회가 개최되었다.[52] 그의 환영식은 '가슴을 헤치고 환희하다'라고 보도될 정도로 성황을 이루었다.[53] 사회운동가들은 관동대지진 학살문제에 대해 '사죄의 성의를 표명할 자책'을 말한 후세에 대한 무한한 신뢰감을 보냈다.

대표자의 소송 요청을 받아들인 후세는 1926년 3월 2일에 동경을 출발하여 5일 영산포에 도착했다. 나주 경찰서는 후세에게 '올 필요 없다'는 전보를 보내[54] 한국 방문을 방해했다. 또 총독부는 후세의 조사가 농민을 자극하고 동척을 위태롭게 할 것이라며, 방문하면 경찰 권력을 동원해 면민에 대한 압박을 가중시키겠다고 협박했다. 그러나 후세는 3월 5일 농민 대표자들의 환영을 받으며 영산포에 도착했다. 후세는 곧바로 개별조사와 실지답사를 실시했다. 조사방법은 후세가 준비한 두 종류의 조사표에 의한 것이었다. 조사표 내용은 먼저 실지면적을 조사하고 민유지라는 근거, 동척으로의 편입과정, 앞으로의 토지문제 해결방안 등을 묻는 것이었다.[55]

후세의 조사활동에는 장애가 많았다. 후세의 방문으로 당시 궁삼면은 경계가 엄중했기 때문에 후세는 농민과 자유롭게 만날 수 없는 상황이었다.[56] 관헌은 농민 대표를 경찰부에 호출하여 총독부 조정안에 동의할 것을 강요했다. 이에 대해 후세는 동경 출장 중이던 사이토 마코토

---

52 「布施辰治氏「朝鮮所感」大講演」, 『時代日報』, 1926.3.6; 「朝鮮所感 布施辰治氏大講演會」, 『時代日報』, 1926.3.7; 「本社主催布施氏講演 八日午後七時半」, 『時代日報』, 1926.3.7.
53 「布施辰治씨 환영연」, 『조선일보』, 1926.3.7.
54 布施辰治, 앞의 책, 11쪽.
55 위의 책, 13~15쪽.
56 위의 책, 21쪽.

齊藤實 총독과 유아사 구라헤이湯淺倉平 정무총감에게 "궁삼면 소송 용무로 온 나에게 조사하기 위한 언어행동의 자유를 뺏고자 하는 경무국의 조치에 항의한다"는 항의 전보를 보냈다.[57] 후세는 산책을 가장해 농민과 접촉하면서 토지문제의 조사 결과는 서울 또는 동경에 돌아가 공개하겠다고 약속했다.[58] 후세는 농민에게 "저의 기분이 바로 조선 무산계급의 기분이라는 것을 확신한다. 지금 조선을 떠나면서 이 말을 모든 무산계급에게 알린다"[59]는 말을 남겼다.

바쁜 일정에도 불구하고 후세는 각종 강연과 조사활동도 전개했다. 대구, 대전, 광주, 전주, 서울 등지에서 조선인 활동가의 주최로 시국강연회를 개최했다. 광주노동연맹 등이 주최한 강연회에서는 "용이하게 듣지 못하는 기회에 오라! 왔다! 왔다! 후세씨! 또 왔다! 일본 무산계급의 맹장!"[60]이라는 선전벽보를 통해 후세의 강연회를 홍보했다.

1926년 3월 8일에는 시대일보사 주최로 서울에서 강연회가 개최되었다. 강연 제목은 '조선 사상대책을 평함'이었다. 『시대일보』는 후세를 소개하면서 "후세는 항상 노동운동에 진력을 하는 중에 더욱 조선동포의 사상문제에 대해 자기의 힘이 미치는 대로 전력으로 후원하여 연전니가타 현 사건을 비롯하여 얼마 전에 일어난 아직까지도 우리의 기억에 새로운 미에현 사건과 이번 박열의 공판 등에 전부 무모수임은 물론이고 자기의 물질까지 허비하여 정신적으로 동정을 표해온 것만으로

---

57 「宮三面問題의 調査와 總督府의 調停案 榮山浦에서 布施辰治」, 『時代日報』, 1926.3.8.
58 布施辰治, 앞의 책, 22쪽. 귀국 후인 4월 5일에, 布施辰治는 東京 上野公園 自治會館에서 「朝鮮の産業と農民運動」이라는 조선문제 연설회 형식을 통해 조사 결과를 공개했다.
59 『朝鮮旅行記』, 26쪽.
60 『朝鮮旅行記』 부록에 첨부된 선전삐라.

보아 씨가 우리에게 어떠한 뜻을 가지고 있음을 추측하기에 충분하다"고 말했다.[61] 『조선일보』는 후세를 '일본 운동선상의 투장이요 법조계의 맹장'이라고 소개했다.[62] 『시대일보』는 후세를 '동경에서도 유명한 좌경 변호사'이자 '거구巨軀'라 평했다.[63] 서울역에는 한양청년연맹 등 사회주의 단체의 성대한 환영이 이루어졌다.[64]

그러나 강연회는 금지되었다. 후세는 경무국장에게 금지 조치와 관련해 "개인으로서 후세를 불온하다고 하는 것인가. 강연문제가 불온하다고 하는 것인가. 강연내용에 들어가서 궁삼면 사건, 미에현 사건, 박열 대역사건, 진재 상황과 같은 불온한 말이 있을 것을 염려함인가"[65]라고 질의했다. 이에 대해 후세는 다음과 같이 말했다.[66]

내가 조선 사람과 인연이 깊은 것만큼 조선 사람을 대하고 싶은 생각이 간절한 것만큼 관헌은 싫어하고 방해합니다. 이번 강연을 금지하는 것도 경무국장의 말을 들으면 그저 막연하고 시기가 좋지 못하다고만 하고 더 설명이 없습니다. 내가 추측컨대 내가 연단에 올라서는 동시에 조선사회운동 노동운동에 어떠한 자극을 줄까? 또는 진재 상황, 미에현 사건과 같은 것에 대한 연상緣想 자극을 일으킬 우려가 있는 것 같습니다. 하여간 나는 조선 여러분을 만나지 못했으나 친절한 정도는 더욱 깊어질 것입니다. 만나는 것보다 만나지 않고 친절한 것이 더욱 무서운 것입니다.

---

61 「來하라! 公會堂에! 布施氏大講演은 今夜 朝鮮思想對策批評」, 『時代日報』, 1926.3.8.
62 「布施辰治씨 대강연. 동업시대보 주최로 8일 밤 공회당에서」, 『조선일보』, 1926.3.8.
63 「布施氏 講演會 오늘밤 팔시에 공회당 안에서」, 『每日申報』, 1926.3.8.
64 「各團體 盛大出迎 새벽의 경성역」, 『每日申報』, 1926.3.9.
65 「「時期不好」口實로 布施氏講演絶對禁止」, 『時代日報』, 1926.3.9.
66 「親切을 妨害하는 官憲」, 『每日申報』, 1926.3.9.

후세는 이동하면서 각지의 상황을 면밀히 조사하는 성실함을 보였다. 전주지역의 이도전주청년회, 전주신문배달인조합, 전주양화직공조합, 전주철공조합, 전주여자청년회, 금요회, 전주인쇄공조합, 전북청년연맹의 회원 수와 간부 등을 직접 조사했다.[67] 강연회는 '안녕을 방해한다'는 이유로 중지되었지만, 전북청년연맹 등 7단체는 환영회를 개최하고 '가슴을 열고 격의 없는 환담'이 이루어졌다.[68]

일본에 귀국한 후세는 1926년 4월 '조선문제강연회'를 통해 토지문제의 조사결과를 밝혔다. 식민지와 농촌문제에 대한 후세의 인식을 엿볼 수 있는 강연이었다. 먼저 그는 식민지 조선 문제를 조선 국내만의 문제가 아니라 국제적인 문제로 인식했다. 즉 "조선 문제는 국제적인 분규를 일으키는 사건이다. 조선 문제는 결코 조선에만 한정된 문제가 아니다. 조선 문제는 동양의 발칸문제이다. 조선은 세계평화와 혼란을 좌우하는 열쇠이다. 전 세계의 문제이면서 전 인류의 문제이다"[69]라고 지적했다.

이어 후세는 일본 제국의회에서 이루어진 조선 문제 관련 질의응답을 조사하여 경제적인 측면에서 일본의 식민지 지배를 합리화하려는 논조를 다음과 같이 비판했다.[70]

일본 제국의회 등에서는 정치적인 문제에 대해서는 유감을 표명하고 있으나, 산업 관계에 대해서는 통계숫자를 들면서 치적을 선전하고 있다. 식

---

67 『朝鮮旅行記』, 27~28쪽.
68 「布施辰治씨 환영연 전주」, 『조선일보』, 1926.3.11; 「전주경찰의 布施辰治 강연 금지. 안녕을 방해할 염려라고」, 『조선일보』, 1926.3.11.
69 『朝鮮の産業と農民運動』, 6쪽. 「조선문제연구회, 조선의 실정 조사 연구 발표, 1日 동경에서 창립」, 『時代日報』, 1926.5.7.
70 『朝鮮の産業と農民運動』, 7~8쪽.

민지 산업에 대한 근본적인 의혹은 아무리 산업이 발달하고 농업시설이 개선되어도 그것이 식민지동포를 위한 것이 아니라는 점에 있다. 총독부의 정치는 경찰력을 동원한 일본 본위의 정치이기 때문에 식민지 산업의 수확은 본국으로 이송되고 있다. 나는 소위 식민지 정책이란 것에 대해 반대함과 동시에 식민지 동포와 함께 해방을 바라고 있다.

후세가 이처럼 정치적인 문제와 경제적인 문제를 구분하여 식민지 통치를 적절하게 비판할 수 있었던 것은 조선의 농업문제에 대한 관심 때문이었다. 후세는 비록 관헌 측 문헌이지만 각종 간행물을 통해 조선 농업의 문제를 상세히 파악했다. 농업지대, 기후, 주요농산물 등에 대한 사전 지식을 겸비했고, 토지소유관계에 대해서도 해박한 지식을 지녔다. 후세의 식민지 정책에 대한 지적은 식민지 일반에 대한 것만이 아니라 구체적인 근거에 의거한 비판이었다. 예를 들어 후세는 경작면적이 증가에도 불구하고 소작면적이 확대되는 구체적인 통계를 제시하며 다음과 같이 말했다.[71]

그들이 자랑하는 조선농업의 발달이 과연 조선무산계급을 위한 것이라면, 농업의 발달을 위해 땀 흘린 조선 무산계급 농민의 생활이 차츰 좋아져야 한다. 하지만 실제 생활이 더 어려워지는 연유는 무엇인가? 또 수많은 조선농민이 조선에서 살 수 없게 된 연유는 무엇인가? 조선 무산계급 농민의 피와 땀으로 일구어진 조선의 경작지가 그들의 손으로 경작되지 못하고

---

71 위의 책, 9~10쪽.

조선을 버리고 일본이나 만주로 나아가 유랑할 수밖에 없는 이유는 무엇인가? 조선의 산업이 관헌 당국이 자랑하듯이 통계적으로는 발달하고 있음에도 불구하고 조선 무산계급 농민의 생활은 더더욱 어렵게 되었다. 조선 무산계급 농민의 노력으로 생산된 쌀과 보리, 기타 잡곡이 그들을 배불리 하지 못하고 굶주려 자살하거나 자포자기하여 범죄자를 만들어내는 연유는 무엇인가?

또 후세는 조선을 방문하고 귀국하면서 일본으로 건너가는 조선인의 상황과 그들이 소지한 금액까지도 면밀히 조사했다. 그의 조사기록에 의하면 승선인원 760여 명 중 조선인은 640여 명이고 나머지는 일본인이었는데, 조선인 중 유학생은 10명, 나머지는 모두 노동자였다. 노동자 중에서 150여 명은 일시 귀국자이고 나머지 500여 명은 처음으로 일본에 건너간 사람들이었다.[72] 조선농민의 해외로의 유출구조를 정확히 파악하려는 자세가 돋보인다. 후세는 이러한 조사의 결과 "도항 노동자는 조선 농촌에 살 수 없게 된 무산계급 농민이 어쩔 수 없이 도항하게 된 것이다. 그럼에도 불구하고 관헌 측은 도항자에 대해 준비금을 철저히 조사하고 부족한 자에 대해서는 도항 금지를 내리는 등 엄격한 취체取締를 실시하고 있다. 조선 노동자는 조선에 있어도 아무것도 먹을 수 없고, 살아나갈 수 없는 생활고에 찌들고 있다는 것을 알았다"[73]고 밝히고 있다. 후세의 인식은 현장조사를 통해 습득된 생동감 있는 인식이었다.

72 『朝鮮旅行記』, 5~8쪽.
73 『朝鮮の産業と農民運動』, 36쪽.

5. 조선공산당 변호사

1927년에 후세는 세 번째로 조선을 방문했다. 방문 목적은 박헌영朴憲永 등 조선공산당사건을 변호하기 위해서였다.[74] 공산당 사건의 변호단은 이인李仁, 김병로金炳魯, 허헌許憲 등을 중심으로 일본으로부터 후세와 후루야 사다오古屋貞雄가 가세했다. 후세는 자유법조단, 후루야는 노동농민당勞動農民黨으로부터의 파견 형식이었다.[75] 그때까지의 행보를 고려하면 후세는 조직의 결정이 아니더라도 사건의 변호를 의무로 받아들였을 것이다.

후세는 서울에 도착하면서 "비밀재판은 불법이다. 공산당 재판에 힘쓰겠다. (…중략…) 조선공산당 공판은 일부 민중만이 중대시하는 것이 아니라, 전 일본의 각 계급에서 다 같이 중대시하는 것이다"[76]는 성명서를 발표했다. 변호사단과 사상단체 대표는 후세를 서울역에서 '개선 장군'처럼 환영했다. 『조선일보』는 환영행사 사진을 게재하고 그를 '법조계의 거성'이라고 소개했다.[77] 공판 개시를 앞두고 후세는 사건관련자 101명에게 다음과 같은 편지를 발송했다.[78]

---

74 「조선 공산당 6월 상순 공판. 일본에서 포시씨와 다수한 변호사가 와서 변호를 한다」, 『조선일보』, 1927.4.3; 「共產黨事件과 辯護士 일본에선 포시씨래경 三十名이상 이나될 듯」, 『中外日報』1927.4.19.

75 노동농민당도 자유법조단과 같이 대표를 조선에 파견하는 등 지원활동을 전개했다. 후루야는 조선공산당 변호만이 아니라 당시 사회문제로 비화되었던 전남 무안군 하의도(下衣島)의 토지문제에도 관여했다. 후루야의 조선에서의 활동에 대해서는 이규수, 「일제하 토지회수운동의 전개과정 – 전남 무안군 하의도의 사례 – 」, 『한국독립운동사연구』 19, 2002 참조.

76 「『秘密裁判은 不法』, 朝鮮공산당공판에는 힘쓰겟소, 入京한 辯護士 布施辰治 氏談歡迎盛況」, 『동아일보』, 1927.10.10.

77 「공산당 사건과 布施辰治씨 장문성명. 입경하자 발표한 장문성명. 변호일을 앞두고서」, 『조선일보』, 1927.10.10.

78 「東京と京城との間」, 『解放』 6-21, 1927.12.

금년은 무척이나 덥습니다. 더위를 피해 시원한 곳을 찾을 자유도 없고 여유도 없는 자에게는 신문보도처럼 정말로 살인적인 더위입니다. 여러분의 옥중에서의 근황을 그저 상상할 수밖에 없습니다. 이번 공산당사건은 재일 조선동포의 의뢰도 있었고, 저번 조선에 갔을 때 잘 아는 친구로부터 변호 요청도 있었습니다. 하지만 이러한 의뢰가 없더라도 여러분이 왜 이번 공산당사건에서 검거되었는지를 생각했습니다. 저는 공산당사건의 중대한 의의를 잘 알고 있습니다. 저는 도저히 잠자코 있을 수 없습니다. 설령 아무런 도움이 되지 못하더라도 법정투쟁과 항의에 협력하는 것이 저의 의무라는 것을 통감합니다. 따라서 저는 여러분의 공판법정에 서서 저의 성의를 피력하겠습니다.

이 편지와 함께 후세는 '변호참고사건조서'를 동봉하여 기재를 요청했는데, 변호를 위한 철저한 준비와 성실함을 엿볼 수 있다. 공판은 9월 13일부터 일반인 방청이 금지된 상태에서 파행적으로 진행되었다. 공판 진행 과정은 지리멸렬했다. 체류 기한이 촉박해 후세는 일시 귀국할 수밖에 없었다. 후세는 그동안 동경에서 대기하면서 재일조선인이 개최한 '조선총독폭압정치비판연설회'에 연사로 참가했다. 공판이 절정에 달하던 10월 8일 후세는 다시 조선에 건너왔다. 후세는 조선에 오기 직전 다음과 같이 말했다.[79]

공산당사건의 변호는 단순한 형사사건이나 재판사건의 변호가 아닙니

---

79 「問題の朝鮮に就て聲明す」, 『解放』 7-1, 1928.1.

다. 사건의 내용과 사실은 밝히지 않겠지만, 대강을 이야기하면 공산당사건의 진상은 총독정치의 폭압에 대한 일종의 반항투쟁입니다. 이 사건은 총독정치의 폭압에 반항할 수밖에 없는 조선동포 전체의 사건입니다. 현재 법정에 서있는 100여명의 피고만의 사건이 아닙니다. 따라서 법정에 서있는 피고는 총독정치의 폭압에 반항하는 조선동포를 대표한 최전선의 투사가 적의 포로가 된 것이라고 여겨집니다.

후세는 공산당사건을 '조선동포 전체의 사건'으로 간주하여 조선의 독립운동을 정당한 것으로 바라보았다. 정치적 입장에 공감하는 사회주의자의 사건이기 때문에 위와 같이 말한 것은 아니었다.[80] 후세의 연이은 방문에 『조선일보』는 '예리한 논봉論鋒의 도도滔滔한 열변'이라며 그의 방문 소식을 알렸다. 후세는 환영회 석상에서 "조선공산당 공판이 개정되자 자기는 한 변호사로서 또는 101명 피고에 대한 동지로서 즉시 내경來京고자 했으나 여러 가지 사정으로 늦게 와서 미안하기 짝이 없다. 피고인 가족들이나 일반 사회에서 자기에 대한 기대와 촉망이 여간 많지 않을 터인데 과연 자기의 노력이 그에 부당할는지 알 수 없으나 그러나 어디까지 힘껏 싸우겠다"[81]고 말했다.

---

80 후세는 공산당사건 변호뿐 아니라, 대구의 아나키스트 단체인 진우연맹(眞友連盟) 사건의 변호도 담당할 예정이었다. 후세는 정치적 노선이나 사상적 차이를 초월하여 조선인의 운동을 옹호하고자 했지만, 진우연맹 관계자들은 후세와 '사상과 주의가 맞지 않다'면서 "후세가 공산당 사건으로 이번에 조선에 건너온 것이다. 후세가 변론한다고 저들이 유죄로 판결할 것을 무죄로 할리 만무하고 또한 변론하지 않는다고 무죄가 될 리 유죄로 될 리 만무하다"며 변호를 사양했다.(「大邱眞友聯盟員布施氏의 辯論을 謝絶 사상과 주의가 안맞는다고 被告等 獄中에서 討議決定」, 『中外日報』, 1927.6.14)
81 「銳利한 論鋒. 한 滔滔 열변으로 변호사 諸氏들의 대기업. 布施辰治, 古屋 양씨 환영」, 『조선일보』, 1927.10.13.

조선공산당 사건의 공판은 피고에 대한 고문이 폭로되는 등 우여곡절을 겪었다. 후세는 재판 공개 금지 문제를 둘러싸고 10월 11일에는 『조선일보』를 통해 다음과 같이 항의문을 발표했다.[82]

재판소의 공개금지 결정의 이유인 안녕질서 문란의 염려는 단연코 없다. 그러면 재판소가 공개를 금지한 것은 왜인가? 답변의 자유를 갖지 아니한 경찰 관헌의 횡포를 공중公衆에게 공개법정에서 폭로함을 두려워하는 것이다. 나의 종래의 경험으로 말하면 피고의 사상을 재판하는 재판장의 사상 내용이 너무 빈약한 위신의 환멸을 우려한 것이 아닐런지! 우리는 믿는다. 올바른 것은 언젠가 밝혀지고 밝혀진 것은 올바르다. 그러므로 나는 재판소에 힐문한다. 공산당 사건의 재판관으로 진정으로 조선일반 대중 앞에 올바른 것을 보이려는 재판이라면 왜 이를 공개하지 않는가? 진리 앞에 명백한 재판을 진행하려면 왜 공산당 사건의 재판을 공개하지 않는가?

후세는 일주일 정도 조선에 머물다 귀국했다. 그동안 후세는 공판이 없는 날에는 각지를 방문해 강연회를 개최했다. 개성송도청년회는 후세를 초청해 강연회와 환영간담회를 개최했다.[83] 일본 귀국 이후에도 후세의 공판 활동은 이어졌다. 재일조선인과 함께 총독부 정무총감 유아사 구라헤이湯淺倉平를 방문하여 경찰의 고문 사실에 항의의 뜻을 전달했다. 여기에는 재일본조선노동총동맹 대표 김한경金漢卿·신간회 동경지회 대표 조헌영趙憲泳·대중신문사 대표 박낙종朴洛鍾이 함께했다.[84] 12

82 「공산당 공판 공개. 금지부당을 규탄. 변호사 布施辰治」, 『조선일보』, 1927.10.12.
83 「兩氏를 청해다 개성에서 강연. 布施辰治, 古屋貞雄」, 『조선일보』, 1927.10.17.

월에는 네 번째로 조선을 방문하여 공판의 최후변론을 맡았다. 최종판결은 12명을 제외하고 전원 유죄판결이 내려졌다. 법정에서의 후세의 활약은 많은 조선인들에게 기억되었다.

6. 맺음말

후세는 "옳고 약한 자를 위해 나를 강하게 만들어라. 나는 양심을 믿는다"며 일생동안 자유·평등·민권이라는 이념을 실천한 변호사였다. 그의 묘비명에도 기록되어 있듯이, "살아야 한다면 민중과 함께, 죽어야 한다면 민중을 위하여"라는 좌우명을 실천한 후세는 일본인뿐만 아니라 동아시아 민중의 마음을 움직였다. 조선인 운동가들은 후세를 가장 신뢰할 수 있는 일본인으로 평가하고 존경했다. 그가 발행한 『법률전선』 등의 저작물은 조선에서 광범한 독자층을 형성했다.

후세는 '자기혁명의 고백' 이후 자유법조단, 해방운동희생자구원변호단, 일본노농변호사단을 거점으로 전투적이고 파란만장한 활동을 전개했다. 후세는 1928년 합법적으로 가장 좌익이었던 노동농민당勞動農民黨에 입당했다. 해방운동희생자구원변호단의 법률부장으로서 일본의 '3·15 공산당사건'과 1929년의 '4·16 공산당사건'의 변호인으로 활약했다. 당시는 치안유지법에 따라 공산당 탄압사건이 이어지던 시기였다. 후세는 이들 재판의 변호를 위해 분주히 활동했는데, 이것은 후

---

84 「정무총감 면회하고 엄중한 항의, 동경에 있는 4단체 대표, 포시씨와 함께 엄중 항의, 공산당 피고 고문으로」, 『중외일보』, 1927.11.6.

세가 추구하는 인도주의, 인권옹호, 사상의 존중이라는 정치노선의 실천 과정이었다.

후세는 1932년 법정을 모독했다는 이유로 징계재판에 회부되어 변호사 자격을 박탈당한다. 그리고 1933년 후세는 신문지법, 우편법 위반으로 기소 당하여 금고 3개월의 실형을 언도받았다. 또 출옥 직후 일본노농변호사단 일제 검거사건에 연루된 것도 치안유지법관련 재판에서의 격렬한 변호활동 때문이었다. 후세에게 이 시기는 고심에 찬 나날들이었다. 후세는 일제히 검거된 동료 변호사 중 홀로 법정투쟁을 지속했다. 하지만 1939년에는 결국 노농변호사단 사건의 상고심이 기각되어 징역 2년의 실형을 언도받았다.

일본의 패전과 더불어 후세는 다시 웅대한 모습으로 민중들 앞에 나타났다. '출옥 자유전사 환영 인민대회'에 참가하여 연설함으로써 자신의 존재를 세상에 다시 알렸다. 그리고 다시 자유법조단을 결성하여 변호사로 재기했다. 이후 평화헌법의 보급과 계몽에 힘쓰고 GHQ와 일본정부의 횡포로부터 재일조선인의 권리를 획득하려는 투쟁에 매진했다. 후세는 1946년에 조선인들과 공동으로 「조선건국헌법초안사고朝鮮建國憲法草案私稿」를 집필했다. 재일조선인의 의견을 수렴하여 집필된 것이었다. '해방' 이후 민족독립의 상징인 신헌법을 구상할 수 있는 일본인은 후세 이외에는 거의 없었을 것이다. 후세는 1953년 만72세로 세상을 떠났다. 장례식에는 많은 조선인이 고별식 장의위원으로 참가했다. 조선인들의 평가대로 후세는 '일본무산운동의 맹장'이었다. 후세와 조선인의 관계는 한일연대투쟁의 거울과도 같았다. 후세는 식민지 민중의 '벗'으로서, 때로는 '동지'로서 영원히 각인되었다. 후세는 식민지 민중을 발견했고, 조선인들은 후세를 발견했다.

〈부표〉 후세의 주요활동

연도	활동	비고
1880	미야기현(宮城縣)에서 태어남	
1899	메이지법률학교(明治法律學校) 입학	
1902	메이지법률학교 졸업 판사검사등용시험(判事檢事登用試驗)에 합격. 사법관시보(司法官試補)	
1903	'사직의 글(挂冠の辭)'을 발표. 검사대리를 사직하고 변호사 등록	
1906	동경시 전차(東京市電) 소요사건의 야마구치 요시조(山口義三)를 변호	
1911	'조선의 독립운동에 경의를 표함'을 집필하여 검사국의 조사를 받음	불기소처분
1915	수즈카모리 오하루(鈴ヶ森お春) 살인사건 변호	
1917	단독으로 보통선거운동을 시작 시마쿠라 기헤이(島倉儀平) 사건의 변호인	
1918	쌀소동 관련사건의 변호인 시베리아출병선언에 대해 반전 삐라를 작성. 경시청은 배부 금지	
1919	오스키 사카에(大杉榮) 등 아나키스트사건의 변호인 가마이시(釜石)·야하타(八幡) 제철 파업사건의 변호인 최팔용(崔八鏞)·백관수(白寬洙) 등의 출판법위반사건의 제2심 변호	
1920	『법정에서 사회로(法廷より社會へ)』 창간 '자기혁명의 고백(自己革命の告白)' 발표. 이와테현(岩手縣)의 입회권(入會權)사건 변호	1939년까지
1921	고베미츠이(神戶三菱)·가와사키조선소(川崎造船所)의 파업사건 변호 자유법조단(自由法曹團) 결성	
1922	차가인동맹(借家人同盟) 결성 『생활운동(生活運動)』 창간	
1923	관동대지진시의 조선인학살사건을 조사·고발하기 위해 활동 후루타 다이지로(古田大次郎) 등의 아나키스트 사건 변호 후세이시(伏石)·기자키(木崎) 소작쟁의사건 변호 도쿠가와공(德川公) 암살예비사건 변호 '노동농민당'(勞動農民黨) 결성 참가 '동경지방이재조선인후원회(東京地方罹災朝鮮人後援會)'에 참가	고문 고문

연도	활동	비고
	조선인 유학생 주최 '피살동포 추모회'에서 추모연설	1926년까지
	박열(朴烈)·가네코 후미코(金子文子) 사건 변호	
	북성회(北星會) 주최 '하기순회강연회'에 참가.	
	의열단원 김시현(金始顯)의 변호	
1924	의열단원 김지섭(金祉燮)의 폭발물취체벌칙위반사건 변호	
1925	조선수해이재민구원운동을 제기	
	오타루고등상업학교(小樽高等商業學校) 사건 항의운동 전개	
1926	일본노동조합(日本勞動組合) 총연합회장	
	'조선사정연설회(朝鮮事情演說會)' 강연	
	미에현 기노모토쵸(三重縣木本町)의 조선인살해사건 진상조사	
	전남 나주군 궁삼면(宮三面)의 토지사건 조사	
1927	『생활운동』을 『법률전선(法律戰線)』으로 개명	
	타이완 이림자당(二林蔗糖) 농민조합 소요사건 변호	
	조선공산당사건 변호	
	조선인들이 주최한 '조선총독부 폭압정치 비판 연설회'에서 연설	
1928	제1회 보통선거에 노동농민당으로 입후보	낙선
	'해방운동희생자후원회(解放運動犧牲者救援會)'의 법률부장	
	3·15 공산당 사건과 1929년의 4·16 공산당 사건의 변호인	
1929	동경공소원(東京控訴院)의 징계재판소에 기소 당함	
	최승만(崔承晩)과 '재일조선인 노동산업 희생자 구원회'를 결성.	
1930	신문지법·우편법 위반으로 기소 당함.	
1931	'해방운동희생자구원변호단(解放運動犧牲者救援辯護團)'의 간사장	
	'전농전국회의변호사단(全農全國會議辯護士團)'의 간사장	
	공산당재판 중앙통일공판투쟁의 실질적인 변호단장	
	김한경(金漢卿) 등의 치안유지법 위반사건의 변호인	
1932	대심원(大審院)의 징계재판 판결로 변호사 제명이 확정	
1932	유종환(劉宗煥)·유녹종(劉祿鐘) 형제의 경찰관 살해사건 변호	
1933	신문지법 사건으로 상소기각이 확정되어 복역	금고 3개월
	출옥기념회를 계기로 '자유간담회(自由懇談會)'를 발족	
	'일본노농변호사단(日本勞農辯護士團)' 일제검거사건에 연루	
1934	일제검거사건으로 기소되어 동료 변호사중 홀로 법정투쟁을 속행	
1935	석방	

연도	활동	비고
	이와테현(岩手縣)의 농촌과 산촌을 조사	
1939	노농변호사단사건의 상고심이 기각되어 징역 2년 복역 변호사 등록 말소	
1940	출옥. 고향에서 법회 운영	
1944	치안유지법위반용의로 3남 모리오(杜生) 교토형무소에서 옥사	
1945	'출옥자유·전사환영인민대회(出獄自由戰士歡迎人民大會)' 개최 자유법조단의 재결성 '후세 다쓰지씨 변호사 재개업 기념축하회' 개최	고문
1946	'헌법개정사안(憲法改正私案)' 발표 플래카드사건의 변호인 '조선건국헌법초안사고(朝鮮建國憲法草案私稿)'를 발표 『운명의 승리자 박열(運命の勝利者朴烈)』 출간	
1947	미야기현(宮城縣) 지사 선거에서 노농단체의 추천으로 입후보	낙선
1948	일본노농구원회(日本勞農救援會)(이후 日本國民救援會)의 중앙위원장 한신(阪神) 교육투쟁사건의 변호 국기게양사건의 변호	
1949	미타카(三鷹)사건과 마츠가와(松川)사건의 변호 '후세 다쓰지씨 탄생 70년 축하 인권옹호 선언대회' 개최 후카카와(深川)사건, 조련(朝連)·민청(民靑) 해산사건 변호 동경 조선고등학교 사건, 다이토(台東)회관사건 변호	
1951	공안 조례 폐지운동 전개	
1952	조선인도 연루된 메이데이사건, 수이타(吹田)사건의 변호인	
1953	파리의 '프랑스희생자구원대회'에 초청받음 '세계평화평의회' 연락위원으로 추천 5월부터 자택 요양 중 9월 13일 서거(만 72세)	

이기백의 일본유학과 역사주의 수용

사학사의 관점에서

심희찬

1. 서론

한국에 근대역사학의 방법론과 제도를 처음 이식한 것은 제국일본의
관변사학이었다. 1910년 한국병합 이후 조선총독부는 '반도사편찬위
원회'(1915)를 시작으로 '조선사편찬위원회'(1922), '조선사편수회'(1925)
로 이어지는 공적 기관을 조직하고 도쿄제대의 사료편찬방식을 식민지
조선에 도입했다. 역사학의 교육은 1924년에 설립된 경성제대에 맡겨
졌으며, 1923년에 만들어진 조선사학회는 소위 '학회'의 역할을 담당했
다. 부족하나마 역사편찬기관, 대학, 학회라는 근대적 역사연구의 제반
형식이 갖춰진 것이다.[1] 이들의 작업은 대부분 조선이 식민지가 될 수

---

[1] 이러한 과정에 대한 최근의 상세한 연구로서 다음을 참조. 장신, 「조선총독부의 조선반도사
    편찬사업 연구」, 『동북아역사논총』 23, 2009; 정준영, 「식민사관의 차질」, 『한국사학사학보』
    34, 2016; 윤해동 편, 『식민주의 역사학과 제국』, 책과함께, 2016; 윤해동 편, 『제국 일본의 역
    사학과 '조선'』, 소명출판, 2018; 정상우, 『조선총독부의 역사 편찬 사업과 조선사편수회』, 아
    연출판부, 2018.

밖에 없었던 역사적 이유를 과학과 실증의 미명 아래 폭력적으로 기술하는 점에 집중되었다. 그리고 이러한 작업은 모두 '조선사' 연구의 이름으로 이루어졌다.

해방 후 이와 같은 제국일본의 식민주의 역사학에 맞서 새로운 '한국사'를 창출하는 데 가장 큰 기여를 한 인물로서 이기백을 꼽을 수 있다. 1961년에 출판된 이기백의 『국사신론』과 이를 보강한 『한국사신론』(1967)은 역사학 분야에서 제국일본의 잔재를 몰아내고자 한 일종의 강령적 텍스트였고, 그런 의미에서 최초의 '탈식민주의 선언'이기도 했다.[2] 유명한 『국사신론』의 「서론」에서 이기백은 제국일본의 조선사연구가 부수성과 주변성을 강조하는 반도적 성격론, 사대주의론, 당파성론, 정체성론 같은 폭력적인 이데올로기로 점철된 점을 지적하고, 한국민족이 주체가 될 올바른 한국사 인식을 방해하는 이러한 선입견과 편견을 하루빨리 청산하자고 주장한다. 그러는 한편 한국사연구가 단지 민족의 역사를 특수한 것으로 서술하는 데 머물지 말고 인류 발전에 공헌하는 보편성의 길로 나아가야 한다고도 강조한다.[3]

이처럼 한국사의 주체성과 보편성을 토대로 '조선사'를 극복하고자 했던 이기백의 평생에 걸친 다양한 시도는 한국역사학의 발전에 지대한 영향을 끼쳤다. 뿐만 아니라 이기백은 『한국사 시민강좌』(1987년 창간) 등을 통해 꾸준히 대중과의 소통을 모색하기도 했다. 학계의 존경과 대중적 사랑을 동시에 받았던 역사학자로서 이기백의 이름은 그의 사후에도 여전히 건재하다.

---

2 윤해동, 「식민주의 역사학 연구 시론」, 윤해동 편, 『식민주의 역사학과 제국』, 22쪽.
3 이기백, 『국사신론』, 태성사, 1961.

그런데 '조선사'로부터의 탈피와 새로운 '한국사'의 수립은 어떻게 가능할까? 비슷한 시기에 식민주의 역사학 극복을 주창한 김용섭의 다음 문장을 보자.

한국사학은 일본의 동양사학에서 그 방법론을 배웠고, 일본의 동양사학은 「랑케」 사학의 방법론을 도입한데서 이루어졌으므로, 한국사학의 이론적인 기반은 「랑케」 사학과 그 기반으로서의 역사주의에 있는 것이라 하겠다. (…중략…) 그런데 일본에 유입된 「랑케」 사학은 우에하라上原 교수에 의해서 지적되고 있듯이 주로 연구방법의 정치성, 확실성을 배움으로써 역사연구의 합리화를 꾀하는 것이었다. 「랑케」 나 「리-스」 역사학의 형이상학적 기초로서의 역사주의는 이를 주목하거나 소화하려고 하지 않았다. (…중략…) 한국사학에 있어서의 「랑케」 사학은 그러한 일본의 사학이 일본인들에 의해서 재수용된 것이었다. 우리는 이러한 빈약한 이론적인 기반 위에서 실증주의에 만족하고 있는 것이며, 넓은 시야와 체제적인 연구, 세계사적 관련에의 태세가 갖추어지지 못하고 있는 것이 아닌가 생각된다. (…중략…) 그러므로 오늘날의 우리의 한국사연구가 새로운 한국사관의 수립을 목표로 하는 것이라면, 싫던 좋던 역사가 개개인의 찬부를 막론하고, 이러한 이론적인 문제에 깊은 관심을 가져야 할 것이고 또 그것을 적절히 극복하고 처리하지 않으면 아니 될 것이다.[4]

여기서 김용섭은 새로운 한국사연구가 이데올로기로서의 식민주의

---

4   김용섭, 「일본·한국에 있어서의 한국사서술」, 『역사학보』 31, 1966, 147쪽.

역사학과 싸우면서도 보다 담론적인 차원, 즉 역사학의 방법론·인식론에 있어서도 투쟁을 전개해야 함을 논하고 있다. 일본이 랑케의 역사학을 그 형이상학적 기초를 배제한 채 받아들였고, 이것이 무비판적으로 한국에 전해짐으로써 '역사주의'의 '이론적인 문제'가 등한시되고 말았다는 것이다.[5] 식민주의 역사학을 극복하기 위해서는 왜곡과 편견을 바로잡는 실증의 영역을 포함하여, 이를 바탕으로 한국사를 체계적으로 이해하려는 종합적인 이론의 탐구가 필요했다. 김용섭은 일본 학자들이 '잘못 이해한' 역사주의를 재해석하는 작업을 통해 이 문제를 돌파할 것을 제언한다. 해방 후 한국사연구의 시작은 식민주의 역사학의 이론적 기반을 비판하고 이를 새롭게 재구성하려는 시도와 맞물려 있었던 것이다. 후술하듯이 주체성과 보편성의 개념을 역사주의에서 빌려온 이기백의 '한국사' 구상은 그 구체적인 실천의 하나였다. 이 글에서는 이기백에 의한 '한국사' 구축의 과정과 의미를 분석하고, 그의 연구가 과연 식민주의 역사학의 폭력성은 물론 그 기저에 존재하는 역사이론까지 넘어서는데 성공했는지를 묻고자 한다.

선행연구를 살펴보면 지금까지 역사주의 자체에 대한 분석은 있었어도[6] 이를 실제 한국사연구자들의 역사 기술에 적용한 사례는 그다지 눈에 띄지 않는다. 이기백은 몇몇 회고나 강의를 통해 자신의 방법론이

---

5 일본역사학계의 랑케 수용에 관한 김용섭의 이러한 인식은 오늘날의 관점에서 재고될 필요가 있다. 고야마 사토시에 따르면 랑케의 역사학이 수입되는 과정에서 실증사학의 수법과 함께 랑케적인 '세계사'의 이념이 들어왔는데, 특히 후자는 훗날 식민지지배 및 아시아·태평양전쟁의 논의로 이어진다고 한다. 小山哲, 「'세계사'의 일본적 전유 : 랑케를 중심으로」, 『역사학의 세기 : 한국과 일본의 역사학』, 휴머니스트, 2009.
6 역사주의를 다룬 대표적인 저작 몇 가지만 거론해둔다. 이민호, 『역사주의 : 랑케에서 마이네케』, 민음사, 1988; 한기영, 『역사주의의 흐름』, 천지, 2001; 이한구, 『역사주의와 반역사주의』, 철학과현실사, 2010; 한국사학사학회 편, 『역사주의 : 역사와 철학의 대화』, 경인문화사, 2014.

헤겔·랑케·마이네케·베른하임·크로체 등의 영향을 받았음을 밝힌 적이 있으며,[7] 최근 이기백 역사학의 기저에 자리 잡고 있는 역사주의가 지적된바 있다.[8] 다만 이들 연구는 서구의 역사주의와 이기백 역사학을 직접 연결시켜 논하는 경향이 강하며 그 사이에 존재하는 일본유학의 경험은 거의 다루지 않는다.

이하 본문에서는 이기백 역사학의 전체상을 일본유학 경험과 역사주의 이론의 수용을 중심으로 고찰할 것이다. 이를 통해 이기백의 한국사연구가 추구해온 방향성을 비판적으로 뒤돌아보고, 그간 일국사적 관점에 치중해 있던 사학사 연구를 조금 더 넓은 지평에서 검토하는 계기를 마련해보고자 한다. 다음 장에서는 우선 이기백 역사학의 개략적인 특성과 일본유학시절의 윤곽을 살펴보겠다.

2. 이기백과 제국일본의 근대역사학

1) 일본유학

"민족에 대한 사랑과 진리에 대한 믿음은 둘이 아닌 하나다." 이기백 역사학을 상징하는 유명한 구절로서 왕왕 민족과 진리를 등치시키는 내용으로 오해받는 이 문장은, 실은 민족을 진리 속에서 구현하려는 그

---

7 이기백, 「학문적 고투의 연속」, 『한국사 시민강좌』 4, 일조각, 1989; 「한국사학사연구의 방향」, 『한국사학사학보』 1, 한국사학회, 2000; 「한국사의 진실을 찾아서」, 『한국사 시민강좌』 35, 일조각, 2004.
8 김기봉, 「민족과 진리는 하나일 수 있는가? : 이기백의 실증사학」, 『역사학의 세기 : 한국과 일본의 역사학』; 노용필, 「한국에서의 역사주의 수용 : 이기백 한국사학연구의 초석」, 『한국사학사학보』 23, 2011.

의 방법론을 요약한 것이다. 이기백은 한국사의 주체를 한국민족으로 설정하면서도 민족 자체는 관념적·절대적 존재가 아닌 역사적 존재로 간주했다. '한국민족에 대한 편애가 아닌 인간으로서의 공감적 이해'[9]에 바탕을 둔 역사서술을 강조하는 이기백은 "우리 민족사의 주체는 역시 우리 민족"이라는 식의 감상적 주장에 대해서도 '공허한 논의'에 불과하다고 치부한다.[10] 한국사를 세계사의 일환으로 파악하는 이기백은 민족의 어떤 고유한 것을 내세우는 행위는 도리어 민족을 인류의 고아로 만들 것이라 경고한다.[11]

민족을 대신하여 이기백이 주창하는 것은 보편적인 인간 개념과 진리였다. "역사란 근본적으로 인간이 만드는 것"[12], "민족도 민중도 절대적인 존재일 수가 없고, 역사를 지배하는 진리에 의하여 움직여온 하나의 역사적 존재에 지나지 않는다. 사실 진리를 거역하면 민족도 망하고 민중도 망하는 것이다. 그렇기 때문에 민족지상·민중지상은 진리지상으로 근본적인 사고의 전환이 있어야 한다"[13]는 발언 등에서 그의 기본적인 역사관을 엿볼 수 있다. 기독교 신자였던 이기백의 이와 같은 생각은 물론 역사신학과 매우 가까운 거리에 있는 것이지만, 이 점은 이미 선행연구에서 지적된바 있으므로 여기서는 거론하지 않는다.[14]

생애 200편을 넘는 논문과 30편 이상의 저작(공저, 편저 포함)을 남긴 이

---

9 이기백, 「영문 한국사의 문제」(1970), 『이기백 한국사학논집』 제1권, 일조각, 1994, 68쪽(이하 『논집』으로 약칭하고 출판년도는 따로 기재하지 않는다).
10 이기백, 「신민족주의사관과 식민주의사관」(1973), 『논집』 제2권, 118쪽.
11 이기백, 「사회경제사학과 실증사학의 문제」(1971), 『논집』 제1권, 41쪽.
12 이기백, 「국사교과서 개편 청원에 대한 국회 문공위에서의 진술」(1981), 『논집』 제3권, 32쪽.
13 이기백, 「머리말」, 『논집』 제3권, iii쪽.
14 이기백 역사학과 역사신학의 관계에 대해서는 김기봉, 「민족과 진리는 하나일 수 있는가?」를 참조.

기백 역사학의 특징을 정리하기란 쉬운 일이 아니지만, 크게 다음과 같이 나누어도 무방하리라 생각된다.

① 인간의 활동과 그 배경에 있는 진리를 중심으로 역사를 파악한다.
② 역사의 주체로서 민족을 중시하면서도 그 상대화를 도모한다.
③ 실증은 역사학의 목표가 아니라 출발점이다.
④ 일원적 법칙의 지배를 부정하고 다원적 질서의 공존을 강조한다.
⑤ 역사에 나타나는 보편성과 특수성의 관계에 주목한다.
⑥ 유기적인 시대구분에 역점을 둔다.
⑦ 지배세력(혹은 주도세력)의 변화를 중심으로 한국사를 서술한다.

①~⑥의 특징은 서로 긴밀히 연관되면서 마지막 특징, 곧 지배세력의 변화를 중심으로 한국사를 서술하는 방법론으로 귀결한다. 그리고 이러한 발상의 골격을 그는 독일을 중심으로 한 역사주의와의 만남을 통해 얻었다. 조금 길지만 이와 관련한 이기백의 회상을 아래에 인용한다.

과거 역사가들의 역사서술을 보면, 대체로 과거의 사학사에 대한 반성과 비판에서 출발하는 경우가 많습니다. (…중략…) 단재 신채호 선생의 연구를 보면, 그것은 김부식의 『삼국사기』에 나타난 유교적 사대주의 사관에 대한 강렬한 비판에서 출발하고 있습니다. (…중략…) 제가 중학교 때 느낀 색다른 감명은, 함석헌 선생의 『성서적 입장에서 본 조선역사』입니다. (…중략…) 이렇듯 역사서술은 다른 사관에 대한 비판을 토대로 하고 있습니다. 그 뒤, 일본으로 유학가서 대학 사학과에 진학했을 때에, 당연히 사학개론을 들었습니다. (…중략…) 당시 베른하임의 『역사학입문』이 일본어로 『역사란 무엇인가』로 번역되어 암파문고로 나와 있어서 널리 읽혔습니다. (…중략…) 대학생들은 별로 읽지 않는 것 같고 또 교수님들도 추천하지 않는 것 같습니다만, 저는 개인적으로 누가 물으면 아직도 그 책을 추천하고 있습니다. 그만큼 호감을 가지고 있습니다. (…중략…) 일제 강점기에 베른하임과 마찬가지로 유명하게 읽힌 책이 크로체의 『역사서술의 이론과 역사』인데, 역사서술의 역사란 사학사입니다. 그 부분이 그 책의 절반입니다.[15]

당시 내가 감동 깊게 읽은 한국사에 관한 글로는 신채호의 「조선역사상 일천년래 제일대사건」(『조선사연구초』, 1929)과 함석헌의 「성서적 입장에서 본 조선역사」(『성서조선』, 1934~1935)가 있다. (…중략…) 이 두 글을 모두 민족주의적 정신사관이라고 할 수 있겠는데, 정치 · 경제 · 군사 · 외교 등 모든 면에서 주권을 잃은 상황을 반영하는 것이라 하겠다. 나는 1941년에 일본의 와세다(早稻田)대학에 입학했는데, 그때에 읽은 랑케의 『강국론』이 나의 민족주의적인 사고를 더욱 굳게 했다. 랑케는 세계사에서의 민족의 역할을 강조하고, 독자적인 문화적 성격을 지닌 민족 단위의 국가를 강국으로 규정했다. 그러는 한편으로 헤겔의 『역사철학서론』과 마이네케의 『역사주의의 입장』(원래 제목은 『역사적 감각과 역사의 의미』)도 퍽 흥미있게 읽었다. 헤겔은 세계역사를 자유를 향한 이성의 자기발전으로 보았으며, 마이네케는 역사적 사실들을 상대적으로 보려는 것이었다. 그러니까 이때 나는 내 나름대로 이들을 정리해서 세계역사란 자유라는 목표를 향하

---

15 이기백, 「한국사학사연구의 방향」, 8~9쪽.

여 발전하는 것이며, 그 발전과정에서 일어나는 역사적 사실들은 시대적인 상황 속에서 상대적인 평가를 받아야 한다고 생각했던 셈이 된다.[16]

위 인용문들은 신채호, 함석헌 등의 저작을 통해 소위 기독교적 민족주의 의식을 가지게 된 식민지조선의 엘리트 청년이 세계의 역사철학과 접하고, 이를 통해 자신의 역사인식을 단련시켜나가는 흥미로운 과정을 짐작하게 해준다. 그리고 이기백과 역사철학을 매개한 장소가 바로 제국일본이었다는 점도 알려준다.

1924년 평안북도 정주에서 태어난 이기백은 고조부의 동생이었던 남강 이승훈이 세운 오산보통학교와 오산중학교를 나왔다. 회고를 종합해보면 이기백은 1941년 경성제대 법문학부 예과에 지원하지만 면접에서 탈락하고 와세다대학 예과에 해당하는 제2와세다고등학원에 입학한다. 부친의 소개장을 들고 곧장 야나이하라 다다오矢內原忠雄를 찾은 이기백은 와세다대학 기독교청년회의 기숙사였던 신애학사信愛學舍에서 유학생활을 시작한다. 제2와세다고등학원은 2년제였지만 전쟁으로 학제가 단축되자 이기백은 1942년 가을 와세다대학 문학부 사학과에 진학하고,[17] 쓰다 소키치津田左右吉가 주도한 '동양사상연구회', 야나기 무네요시柳宗悦의 특별강연 등에 얼굴을 비추었다. 그러나 전쟁의 격화에 따라 유학생활은 중단을 맞게 되었다. 징병 1기로서 학병에 해당하지

16 이기백, 「한국사의 진실을 찾아서」, 226~227쪽.
17 이기백 이전에 우호익, 홍순혁 등이 신애학사에서 생활한 적이 있다. 와세다대학에서 이기백은 주로 김홍호, 김세익 등과 어울렸다고 한다. 특히 김세익과 친했던 모양으로 이기백은 그와 함께 이상백, 홍순창, 이병도 등을 만났다. 이기백, 「학문적 고투의 연속」, 『논집』 별권, 232~233쪽.

는 않았지만, 대학의 공기가 차갑게 변하는 와중에 이기백은 1944년 봄에 짐을 싸고 귀향한다. 이후 1945년 6월 20일 군대에 징집되었고, 소련군 포로수용소에 갇혀 있다가 1946년 1월 20일에 압록강을 건너 집으로 돌아왔다.

이처럼 이기백의 일본유학은 3년 남짓한 짧은 시간으로 끝났지만 역사연구의 초석을 닦기에는 충분한 시간이었다. 사학과에서 그가 들은 강의는 노노무라 가이조野野村戒三의 사학개론, 시미즈 다이지淸水泰次의 동양사개설, 후쿠이 고준福井康順의 동양철학사, 아이즈 야이치會津八一의 동양미술사 등이었다. 그중에서도 이기백이 역사학의 방법론과 사학사에 평생 지대한 관심을 기울였던 점을 생각해보면 노노무라에게 배웠다는 사학개론의 내용이 궁금해진다.

> 사학사는 과거의 역사서술에 대한 역사이므로 우리 역사가에게는 특별한 의미를 갖습니다. (…중략…) 사학개론 강의는, 노노무라 교수『사학요론』을 가지고 강의를 들었는데, 그 책은 사료수집, 비판, 종합, 서술 등 기술적인 것에만 집중되었고 사학사적 서술이 없었습니다.[18]

여기서 이기백은 노노무라의 강의를 넌지시 평가절하하고 있다. 역사가에게 '특별한 의미'를 갖는 '사학사적 서술'이 그의 책에는 없었다는 것이다. 그러나 노노무라의『사학요론史學要論』은 이기백의 지적과 달리 사학사적 서술을 포함하고 있을 뿐만 아니라 — 위의 인용구에 이어서

---

18 이기백, 「한국사학사연구의 방향」, 7~8쪽.

이기백이 사학사적 서술의 훌륭한 모델로 거론하는— 베른하임의 논의를 매우 충실히 재현하고 있다. 또한 후술하듯이 이기백 역사학의 골격과도 대단히 유사한 내용을 담고 있다.

위의 문장은 비록 짧지만 노노무라의 책과 거리를 두려는 이기백의 의도가 느껴진다. 다만 이 글에서 이기백의 내면 풍경은 다루지 않을 것이다. 사학사 연구는 역사가 개인의 감상 및 내적 관념과 거리를 두고 이를 보다 큰 흐름 속에서 조망하는 태도를 견지할 필요가 있다. 아래에서는 본인의 의도를 거슬러 이기백 역사학의 특징을 일본 근대사학사의 자장 안에 위치시켜볼 것이다.[19]

2) 『사학요론』

4·6판 474면으로 이루어진 노노무라의 『사학요론』은 1929년에 쓴 『사학개론』[20]을 수정·증보한 것으로 1937년 와세다대학 출판부에서 간행되었다. 이 책은 아마 와세다대학 문학부 사학과의 기본적인 교과서였을 것으로 추정되며, 제국대학 사학과 설립(1887) 이후 일본 근대역사학의 한 축을 형성해온 독일 역사주의의 방법론을 집대성한 내용으

---

19 이기백 역사학의 특징을 일본 근대사학사의 조류 속에서 살펴보려는 이 글의 시도는 소위 '우리 안의 식민사학' 비판과는 그 결을 완전히 달리한다는 점을 분명히 밝혀둔다. 가령 이종욱은 신라 내물왕 이전의 역사를 말소하는 식민사학의 주장을 반복한다는 이유로 이기백 역사학을 '식민사학의 연쇄', '후식민사학(post-식민사학)' 등으로 규정한다(『민족인가, 국가인가?』, 소나무, 2006). 김기봉은 이를 인용하여 이기백 실증사학이 '이중의 딜레마'에 처해있다고 논한다(「민족과 진리는 하나일 수 있는가?」). 그러나 이와 같은 표면적 유사성의 지적은 근대역사학의 내적·외적 변용과정에 대한 고려를 반드시 포함할 필요가 있다. 사학사의 세계적·동아시아적 문맥을 함께 고찰할 때 이기백 역사학이 지닌 보다 근원적인 문제점도 선명히 드러날 것이다.

20 참고로 『사학개론』의 표지 뒷면에는 다음과 같은 랑케의 말이 적혀있다. "역사의 기억이라는 보물은 실로 인류의 재보 중에서도 특별한 주옥이다. 이 주옥을 천재가 창작, 산출한 시가, 미술, 학문 등과 함께 충실히 지켜서 영원히 후세에 전해야 한다."

로 이루어져 있다.

주로 기독교사와 노가쿠能樂사를 연구했던 노노무라는 1877년 지금의 오이타현大分縣에서 태어났다. 공립학교(개성학교(開成學校)의 전신)와 릿쿄학교立教學校, 제1고등학교를 거쳐 1898년 도쿄제대 사학과에 입학, 동 대학원을 졸업했다.[21] 노노무라는 사학과에서 쓰보이 구메조坪井九馬三와 루트비히 리스Ludwig Riess의 지도를 받았는데, 『사학요론』의 서문에서도 책의 많은 내용이 두 '은사'에게 배운 것임을 밝히고 있다.

쓰보이와 리스는 근대역사학의 형성 및 그 이론적 · 제도적 구조의 창출에 커다란 공헌을 남긴 자들로서 일본사학사를 다룰 때 결코 빼놓을 수 없는 인물들이다. 1857년생인 쓰보이는 오사카 개성학교, 도쿄외국어학교를 거쳐 도쿄제대 문학부 정치이재과政治理財科에 입학, 이학부 응용화학과를 졸업했다. 1888년부터 유럽에 건너가 베를린대학 등에서 역사학의 이론을 습득했다.[22] 근대역사학이 과학적 전문영역의 하나로 성립하는 과정에서 1810년에 개교한 베를린대학이 중요한 위치를 차지했던 사실은 널리 알려져 있다. 랑케는 베를린대학의 교수였고, 드로이젠, 마이네케 등 독일 역사학을 대표하는 수많은 역사가들이 다양한 형태로 베를린대학을 거쳐 갔다. 일본에서 랑케 사학의 계승자를 자임하면서 '사학회'와 『사학회잡지』의 창설을 적극적으로 주도했던 리스 역시 베를린대학에서 랑케의 사자생寫字生을 지냈다.

1892년 일본에 돌아온 쓰보이는 도쿄제대 사학과 교수가 되었고 독

---

21 定金右源二, 「野々村先生の喜壽を祝し本記念号を献呈する」, 『史観』43 · 44号合冊, 1955; 小林正之, 「野々村戒三先生の追憶 —— お仕事の点描」, 『史観』89, 1974.

22 中野弘喜, 「史学の「純正」と「応用」 —— 坪井九馬三にみるアカデミズム史学と自然科学の交錯」, 『近代日本のヒストリオグラフィー』, 山川出版社, 2015.

일에서 배운 역사학의 이론과 방법론 등을 전파했다. 오랜 기간 사학개론의 고전이자 메이지 일본의 역사학이 이룩한 최대의 이론적 성과로 평가받았던 쓰보이의 『사학연구법』(1903)은 베른하임의 『역사학 방법교본Lehrbuch der Historischen Methode』(1889)을 저본으로 삼은 것이었다.[23] 노노무라의 회상에 의하면 도쿄제대 사학과 학생들에게 베른하임을 소개한 것도 쓰보이였다.[24]

쓰보이 역사이론의 가장 큰 특징은 '순정사학'과 '응용사학'의 엄밀한 구분에 있다. 이학부 출신인 그는 랑케를 시조로 삼는 과학적이고 실증적인 순정사학이란 것을 '덕육德育', '자치', '애국' 등을 목적으로 삼는 응용사학과 철저히 분리해야 한다고 주장했다.[25] 이와 같은 쓰보이의 인식은 초창기 일본 근대역사학의 제도화는 물론 사상적 측면에도 중대한 영향을 미쳤는데, 제자였던 노노무라 또한 그 가르침을 통해 나름의 역사이론을 형성한 것으로 보인다. 노노무라의 『사학요론』이 쓰보이 이론의 핵심이었던 베른하임의 논의를 그대로 흡수하고 있기 때문이다. 여기서 이기백이 여러 사람에게 추천할 정도로 베른하임의 저작을 높이 평가했다는 사실을 다시 한번 언급해둔다.

『사학요론』의 구체적인 내용을 검토해보자. 노노무라는 우선 "사학의 개념을 천명하는 요점의 하나는 인간의 자유활동"이라며 "인간이 어

---

23 今井登志喜, 「西洋史学の本邦史学に与へたる影響」, 『本邦史学史論叢』下, 冨山房, 1939, 1458~1459쪽; 岸田達也, 『ドイツ史学思想史研究』, ミネルヴァ書店, 1976, 86쪽.
24 「シリーズ・近代史学を作つた人々 ルードウイヒ・リース(下)」, 『季刊歴史教育研究』16, 歴史教育研究所, 1960, 26쪽.
25 坪井九馬三, 「史学に就て」, 『史学雑誌』5-1, 1894, 12~13쪽. 참고로 쓰보이는 "입헌정체가 시작되면 사학의 표면(순정사학 - 인용자)이 나타나게 되는바, 우리나라에서 순정사학이 점차 피어나는데 비해 지나와 조선에서는 아직도 이를 볼 수 없음은 이치에 어긋난 일이 아니다"(같은 글, 12쪽)라며 순정사학을 정치제도의 우열관계와 연관시킨다.

떤 장소, 어떤 시간에 있어서 이성을 갖춘 생활체로서 활동한 그 동작"이 역사학의 연구대상이 된다고 한다.[26] 그리고 역사학을 다음과 같이 정의한다.

> 사학은 사회적 생활체로서 다양하게 활동하는 인간의 발전과 그 사실을 가치관계에 입각한 심적 · 물적 인과연락因果聯絡에 따라 연구 · 천명하고 표현하는 과학이다.(7~8쪽)

위의 노노무라의 이해는 "사학은 공동체를 이루는 존재로서 다양한 활동을 펼치는 인간의 공간적 · 시간적 발전의 여러 사실을, 그 시점의 공동체의 가치와 관련한 심리적 · 물리적 인과관계를 중심으로 규명하고 서술하는 과학이다"[27]라는 베른하임의 설명을 거의 그대로 차용한 것이다. 또한 베른하임과 쓰보이를 따라 역사학의 단계를 '설화식 역사', '실용적 · 교훈적 역사', '발전적 · 발생적 역사'로 구분하고,[28] "오늘날 사학계에서는 이러한 역사(발전적 · 발생적 역사 – 인용자)만이 과학적 요구를 충족시킬 수 있다. 이는 우리에게 과거와 현재의 상태를 알려주며, 어떻게 그런 상태가 발생했는지, 또 그것들이 서로 어떤 관계를 맺는지 파악할 수 있게 해준다. 그러니까 발전이나 발생으로 칭하는 개념이 곧 사학의 본질인 것"이라 주장한다(14쪽). 이와 같은 '다종다양한 사건'은 '진화

---

26 野野村戒三, 『史学要論』, 早稲田大学出版部, 1937, 4쪽. 이하 이 책의 인용은 본문 중에 면수만 표기한다.
27 베른하임, 坂口昂 · 小野鉄二訳, 『歴史とは何ぞや』, 岩波書店, 1922, 74쪽.
28 쓰보이는 역사학의 단계를 다음과 같이 구분한다. "이런저런 나라의 역사책들은 대략 세 종류로 나누어집니다. 첫 번째는 설화, 두 번째는 경(鏡), 세 번째는 사학입니다"(『史学研究法』, 早稲田大学出版部, 1903, 21쪽).

의 집합체'로서 "인류역사 전체와 필연적 관계를 맺는다"(14~15쪽).

여기에는 두 가지 중요한 관점이 존재한다. 하나는 '인간'의 '이성적인 자유활동'과 그 '발전'을 연구하는 '과학'으로서 역사학을 정의내리는점, 다른 하나는 그러한 과학적 연구가 '가치관계'에 입각한다고 간주하는 점이다.[29] 이 두 가지 관점은 앞에서 제시한 이기백 역사학의 일곱 가지 특징과도 긴밀한 연관을 지닌다.

이기백 역사학의 중심 테마가 '인간'이었음은 앞에서 지적했다. 베른하임의 역사구분(설화, 교훈, 발전)을 빈번히 인용하는 이기백은 "시대적, 사회적 관계 속에서 과거의 사실이 어떤 위치를 점하는지 분명히 밝히는 일"이야말로 '역사학의 과제'이며,[30] '한국사'의 목표는 "한국사회의 발전과정을 살펴보는 것"[31]에 있다고 규정한다. 또한 "식민주의 사관과의 싸움은 우리나라를 위한 것이면서 인류 전체를 위한 것"인바, 이는 "인류의 정당한 권리를 옹호하는 세계 모든 역사학자의 공통의 과제"라며 '조선사'를 극복하고 '한국사'로 나아가기 위한 투쟁이 결코 국지적인 문제가 아님을 역설하기도 했다.[32]

민족의 절대시를 인정하지 않는 이기백은 "민족도 일정한 인간의 집단인 것이며, 민족을 구성하는 인간들 내부에는 공통점도 있지만 차이도 있다"며 적어도 역사학에서는 그러한 '차이'에 주목할 필요가 있다고 논하는데,[33] 이러한 생각은 "사실상의 집단은 결코 동일한 자들로 성립

---

29 노노무라의 『사학요론』에 관한 개략적인 해설로서 심희찬, 「노노무라 가이조, 『사학요론』」, 『개념과 소통』 22, 2018을 참조.
30 이기백, 「한국사의 보편성과 특수성」(1973), 『논집』 제2권, 136쪽.
31 이기백, 「한국사회발전사론」(1977), 『논집』 제2권, 216쪽.
32 이기백, 「식민주의사관을 다시 비판한다」(1982), 『논집』 별권, 92쪽; 「현대의 한국사학」(1985), 『논집』 제3권, 101쪽.

하지 않는다"(279쪽)는 노노무라의 견해와 일맥상통한다. "모든 인간 활동은 일정한 시간과 장소에서 이루어지며, 그 일정한 시간과 장소를 제외하면 인간 활동 자체의 의미를 이해할 수 없게 된다"[34]는 이기백의 주장 역시 '역사철학'의 관점에서 공간과 시간의 개념을 상세히 설명하는 노노무라의 논의와 맞닿아있는 것처럼 보인다. "거듭 말하지만 사학의 첫 번째 목적은 진리를 확정하고 이를 서술하는 것인바, 그 외의 목적은 모두 이차적인 것"(444쪽)이라며 만주사변에서 중일전쟁으로 이어지는 긴박한 상황 속에서도 애국심 함양을 강조하던 당대의 국사교육에 강하게 반발하는 노노무라의 태도는 — 쓰보이의 순정사학론을 떠올리게 하는 동시에 — "역사가는 획득한 결론을 진리의 이름으로 제시해야 한다"거나 국정교과서가 "학문적인 관점을 넘어서 역사교육적인 관점"을 중시하는 것에 의문을 표명하는 이기백의 모습과 겹쳐진다.[35]

3. 역사주의와 동아시아

1) 인간의 자유와 과학

그 밖에도 가령 사회학과 역사학의 엄준한 구별 등, 이기백 역사학과 노노무라 『사학요론』의 닮은꼴을 보여주는 사례는 대단히 많다. 다음으로 이와 같은 공통의 사유를 사학사의 보다 광범한 맥락 속에서 파악

---

33 이기백, 「현대 한국사학의 방향」(1974), 『논집』 제2권, 156쪽.
34 이기백, 「샌님의 넋두리」(1975), 『논집』 별권, 225쪽.
35 이기백, 「한국사 이해에서의 현재성 문제」(1978), 『논집』 제2권, 151쪽; 「학문적 진리에 충실해야」(1987), 『논집』 제3권, 56쪽.

해보도록 하자.

서두에 인용한 김용섭의 문장에서 보았듯이 '실증주의에 만족'하는 자세를 지양하는 일은 새로운 '한국사'의 수립과 직결하는 문제였다. 이기백은 역사서술의 객관적 타당성을 누누이 강조하고 "사실 고증은 역사학을 지켜가는 마지막 보루"[36]에 다름 아니라며 실증의 중요성을 여러 번 상기시키긴 하지만, 그에게 '실증'과 '실증주의'는 엄연히 다른 것이었다. 실증은 어디까지나 역사연구의 출발점이지, 그것 자체가 목적이 되어서는 안 될 일이었다. 이기백은 새롭게 태어날 '한국사' 연구가 제국일본의 '조선사' 연구는 물론이거니와 과거의 전통들, 즉 신채호나 최남선의 '민족주의 사학'(관념적이고 초역사적인 민족개념에 의거), 백남운의 '사회경제사학'(기계적 발전단계론의 무리한 적용), 그리고 진단학회를 중심으로 한 '실증사학'(역사에 나타난 여러 사실들의 관련을 체계적으로 설명하는 데 실패)과도 단절할 필요가 있다고 여겼다.[37] 실증주의는 인식의 주체와 대상이 일치한다는 자연과학적 발상에서 비롯된 것인데, 역사는 자연과학적 논리만 가지고서는 설명이 되지 않기 때문이다.

이는 역사학을 과학의 일부로 간주하고자 했던 노노무라에게도 피해갈 수 없는 심각한 난제였다. 스승인 쓰보이가 역사학과 자연과학을 거의 동일한 것처럼 취급했다면, 노노무라는 서로 다른 원리에 입각한 양자를 어떻게 조화시킬 것인가의 문제에 고심했다.

당연한 말이지만 역사학과 자연과학은 특히 그 대상과 방법에 있어

---

36 이기백, 「이병도 선생 추념사」(1999), 『논집』 제13권, 361쪽.
37 이기백, 「민족주의사학의 문제」(1963), 『논집』 제1권; 「사회경제사학과 실증사학의 문제」(1971), 『논집』 제1권.

서 결정적인 차이를 드러낸다. 노노무라에 따르면 자연과학은 사물의 질서를 지배하는 법칙의 발견을 목표로 하지만, 늘 다른 양상을 보이며 무한히 변화하는 인간의 행동을 대상으로 삼는 역사학은 불변의 법칙을 상정하기가 불가능하다. 과거는 반복되지 않으며 어떤 결론을 이끌어내기 위해 실험을 해볼 수도 없는 노릇이다. 또한 모든 역사적 고찰은 간접적인 것에 불과하기에 관찰자에 따라 다양한 해석이 성립할 수 있다.(28~30쪽)

무엇보다 자연의 법칙 같은 절대적인 하나의 원리를 상정하는 경우, 인간의 모든 주체성은 박탈의 위기에 처할 것이다. 그것은 더 이상 '자유'가 아닌바, 사학의 첫 번째 요점을 인간의 자유활동으로 규정하는 노노무라의 정의 역시 그 기반을 상실하지 않을 수 없다. 그러므로 노노무라에게 여러 인간들의 개성적 행위를 — 자연과학에 기대지 않으면서 — 과학적으로 설명할 수 있는 역사 특유의 법칙을 발견하는 일은 대단히 시급한 과제였다.

자연을 연구하는 사람에게 개체는 보편의 한 가지 예로 나타난다. 그는 일회성에는 흥미를 가지지 않는다. 하지만 역사가는 그러한 일회성, 개별성에 흥미를 가지며, 개인을 유형으로 인식하거나 개인의 행위를 보편적 법칙 아래에 집어넣는 일은 하지 않는다. 그렇지만 내면적인 개별적 합법성에 따라 만들어지는 전체성, 곧 개별성을 품고 있는 존재의 전체 관계는 인정한다.(310쪽)

위 인용문에서 노노무라는 역사학과 자연과학을 엄밀히 구분하면서도 역사학이 어떤 전체적 유기성에 관한 관찰을 포함한다고 논한다. 그리고 이 전체성을 분석하기 위한 개념적 도구로서 '가치관계'를 내세운다.

> 자연과학에서 실재나 현상 같은 것은 언제나 같은 가치를 지니거나 아니면 무가치하다. 즉 그것들은 모두 평등하며 그저 존재함에 따른 인식을 수반할 뿐, 그 사이에 선택이 개입할 여지는 없다. 다시 말해 가치와 분리된 기술이 목적인 것이다. (…중략…) 그러나 역사가는 가치의 원리를 채용한다. 있는 그대로의 사실이 지닌 무차별적 가치에 대해 이론적 가치관계의 설정을 통해 차별적 가치를 부여하고, 이를 선택하는 것이다. (…중략…) 역사가는 의식적이든 무의식적이든 가치원리에 따라 처리를 행하는데, 가치는 전체에 대한 의미를 고려하여 이를 이론적으로 평가하고 결정한다.(311~312쪽)

역사학이 다루는 가치와 전체의 관계를 노노무라의 다른 말로 조금 알기 쉽게 설명하면 다음과 같다. "7+3+4+1=15는 매우 쉬운 덧셈"으로서 가치를 포함하지 않는다. 사안과 경우에 따라 답이 달라질 가능성이 없기 때문이다. 하지만 반대로 "어떤 네 가지 숫자를 더해야 15가 되는가"라는 문제는 그리 간단치 않다. "여기에는 오직 하나의 해답만이 주어져 있는 것이 아니며 수많은 답이 가능하다." 그러므로 이 경우에는 가장 적당한 것을 선택하는 가치판단이 들어가지 않을 수 없다. 노노무라는 이를 '역추적逆推的 과학'이라 부르고 역사학을 그 범주에 집어넣는다.(31~32쪽) 역사학이란 '존재의 전체 관계'를 보존하면서도 각각의 개별적 사실을 가치관계에 따라 배열하는 과학적 작업이라는 것이다.

노노무라의 이와 같은 사유는 물론 그의 독창적인 고안물은 아니다.

"우리는 역사를 **과학**으로 삼는다"며 '완전한 과학적 연구'를 주장하는 베른하임에게도 역사에 '보편적 **인과율**'이 적용되지 않는다는 사실은 일종의 아포리아로 존재했다. 그래서 베른하임은 소위 '순과학'이나 '여러 자연과학'이 요구하는 법칙과는 다른 역사학 특유의 원리로서 '**정신적 인과관계**'를 제시해야만 했다.[38]

이렇게 자연과학과 구별되는 역사학의 독자적 영역을 정립하려는 노력은 근대역사학의 초창기까지 거슬러 올라간다. 그리고 데카르트와 대결했던 비코의 '새로운 학문'을 그 단초로 볼 수 있다. 수학적 자연과학만을 유일하고 진정한 학문으로 여긴 데카르트에게 역사적 세계란 학문의 대상이 아니었다. 역사적 세계에 관해서는 확실한 지식이 존재할 수 없다고 보았기 때문이다. 이에 비코는 'verum=factum', 즉 '진정한 것=만들어진 것'이라는 원리를 대치시키고 "인간이 역사를 만들었다"는 점을 강조한다. 데카르트에 의해 부정당한 역사를 학문의 대상으로 새롭게 자리매김한 것이다. 비코의 사상은 이후 드로이젠 및 마이네케 등으로 이어지는 독일 역사주의의 근간을 이루게 된다.[39]

헤르더[40]와 랑케를 거치면서 역사주의의 이론은 더욱 심화되었고, 1806년에 시작된 나폴레옹의 프로이센 정복과 그에 따른 "독일 국민정

---

38 ベルンハイム前掲,『歷史とは何ぞや』, 74~77쪽. 강조는 원문.

39 岸田前掲,『ドイツ史学思想史研究』, 7~8쪽.

40 헤르더는 인간의 합리적 이성과 그 진보의 과정을 마치 자연과학적 법칙처럼 여기는 계몽주의 역사학에 대항하여 "서로 상이한 인간에 차이가 있고 인간성은 균일한 것이 아니라 잡다한 것임을 체계적으로 생각"한 역사가로 평가된다. 이러한 헤르더의 이론은 그의 '후계자들'에게 "자연과 인간의 구별을 철저히 생각하는 문제"를 남겼다. "맹목적으로 복종하는 법칙이 지배하는 과정 내지 과정의 총화로서 자연과 인간의 구별이다. 그리고 역사는 이 두 번째 유형의 과정으로 설명되어야" 했다(R. G. 콜링우드,『서양사학사 : 역사에 대한 위대한 생각들』 개정판, 탐구당, 2017, 126~128쪽).

신의 발흥, 민족의식의 각성"은 여기에 구체적인 자극을 주었다. 1810
년에 창설된 베를린대학은 그 물리적 기반을 제공함으로써 독일 근대
역사학의 탄생을 준비했다.[41] 이 새로운 지적 운동은 일원적 법칙이 아
닌 다양한 역사적·민족적 기원에 탐구의 중점을 이동시켰다. 드로이
젠이 버클의 『영국문명사』에 대해 "역사를 자연과학과 동일한 일반화
에 따른 인과관계"로 파악한다며 거세게 비판한 일은 그 좋은 예가 될
것이다.[42]

한편 철학분야에서 자연과학의 성행에 대한 대응으로 등장한 신칸
트파도 역사주의의 이론에 많은 영향을 주었다. 노노무라는 "과학적 성
질을 사학의 기초로 간주"하는 논의를 이끄는 인물들로서 빈델반트와
리케르트 등을 자세히 소개하고, 특히 자연과학과 문화과학을 나누고
역사학을 문화과학의 일종으로 여기는 리케르트의 주장이 현재로서는
가장 타당해 보인다며 높이 평가한다.(37~40쪽)

이기백이 이와 같은 서구 역사주의의 이론을 배운 것은 아마 노노무
라의 수업을 통해서라고 추정되지만, 그렇지 않은 경우라도 양자가 하
나의 흐름을 공유한다는 점은 명백하다. 일원적 법칙과 기계적 실증주
의를 거부하는 동시에 역사의 이면에 존재하는 전체적 유기성과 다원
성을 과학적으로 파악하려는 입장이 그것이다. 앞서 인용한 "세계역사
란 자유라는 목표를 향하여 발전하는 것이며, 그 발전과정에서 일어나
는 역사적 사실들은 시대적인 상황 속에서 상대적인 평가를 받아야 한
다"는 이기백의 역사인식은 제국일본을 통과한 독일 역사주의와 대면

---

41 小木曽公, 『西洋史学史概説』, 吉川弘文館, 1962, 33~34쪽.
42 黒羽茂, 『西洋史学思想史』, 吉川弘文館, 1970, 159쪽.

하는 과정을 거쳐 도달한 결론에 다름 아니다.[43] 이를 식민지제국을 통한 역사주의의 동아시아적 수용이라 이름 붙일 수도 있겠다. 앞으로 사학사의 관점에서 이기백의 역사학을 살펴볼 경우에는 이 점을 반드시 염두에 넣어야 할 것이다.

2) '조선사'와 '한국사'

그런데 인간의 자유의지 및 주체성 문제와 밀접한 관련을 지닌 역사주의는 제국과 식민지에서 그 의미를 달리하지 않을 수 없었다.

교토제대 사학과 교수였던 니시다 나오지로西田直二郎는 1920년부터 약 3년간 유럽에 유학하면서 신칸트파 및 람프레히트의 실증주의 비판, 인간정신 존중에 커다란 감명을 받고 독자적인 '문화사'의 영역을 빚어낸 것으로 유명하다. 그는 "역사 안에 문화부문사를 두는 것이 아니라 역사는 궁극적으로 '문화가치'를 기축으로 파악되어야 할 전체사"[44]라는 인식에 입각하여, 문화사를 정치사나 사상사 같은 역사학의 종류 가운데 하나가 아니라 그러한 종적 구분을 총괄하는 일종의 '역사철학'으로 구축하고자 했다. 역사는 '근대적 자아의 발전', '자기반성의 의지' 등을 통해 처음으로 스스로를 인식할 수 있기 때문이다.[45]

---

43 랑케는 역사와 자유의 관계를 다음과 같이 논한다. "역사는 결코 철학적 체계의 통일성을 가질 수 없다. 하지만 내적 연관(inneren Zusammenhang) 없는 역사란 존재할 수 없다. 우리는 서로서로 계기를 이루면서 조건 짓는 일련의 사건들을 앞에 직면한다. 내가 '조건 짓는다 (bedingen)'라고 말할 때, 그것은 결코 절대적 필연성으로 조건 지워진다는 의미가 아니다. 중요한 점은 오히려 인간의 자유는 도처에 어디에나 있다는 것이며, 그런 자유의 장면들을 추구한다는 것이 역사학의 가장 큰 매력이다."(김기봉, 「우리시대 역사주의란 무엇인가」, 『한국사학사학보』 23호, 2011, 376쪽에서 재인용)

44 永原慶二, 『20世紀日本の歷史学』, 吉川弘文館, 2003, 81쪽.

45 西田直二郎, 『日本文化史序說』, 改造社, 1932, 3~4쪽.

국가가 그 나라의 역사를 가지는 것은 국가가 자기를 의식할 때다. 국가 역사의 기원은 긴 성립의 시간과는 관계가 없다. 국가가 스스로를 뒤돌아 보려는 의식을 가질 때 생겨나는 것이다. 국가의 역사는 역사가 적히기 시작한 어떤 시대부터 출발하는 것이 아니라, 그 역사의 시작을 의식할 때 출발한다. (…중략…) 자각을 가진 주체가 되기 위해 아(我)는 언제나 타(他)를 가지는 관계에 참가하며, 국가는 역사를 가지기 위해 자기 안에 스스로를 타로 가져야만 한다. 이러한 관념의 분열은 가장 구체적인 자신의 과거와 현재의 자신 사이에 존재하는 관계를 가리킨다.[46]

그가 말하는 타(他)의 자각과 관념의 분열이 칸트에서 유래하는 근대적 주체의 형성을 가리키고 있음은 두말할 필요가 없다. 역사는 선험적으로 존재하는 소여가 아니라 스스로를 분열시키는 주체적 활동을 통해 획득되는 것이다. 이러한 니시다 문화사의 이론을 '조선사' 연구에 본격적으로 도입한 것이 그의 제자이자 이기백이 일생의 숙적으로 여겼던 미시나 쇼에이三品彰英였다. 미시나는 교토제대 사학과 입학 당시 학계의 분위기를 아래와 같이 서술한다.

내가 역사를 공부하기 시작했을 때, 일본의 철학계는 독일 전통의 신칸트학파가 지도적 입장을 점하고 있었다. 여러 문화과학 대부분이 그 영향을 받았는데 문화사라는 관념을 육성한 것도 신칸트학파였다. 이 독일의 인도주의적 철학은 인간을 문화의 창조자로 간주하고 필연적 법칙이 지배하는

---

46 위의 책, 4~5쪽.

자연계와 인간 스스로가 창조하는 인간자유의 세계를 대립시켰다. 리케르트는 자연과학과 문화과학을 식별하여 정의했는데, 나는 그 선명한 단안을 그대로 받아들였다.[47]

'인간자유의 세계'를 자연과 구분되는 역사로 여기는 미시나는, 식민주의 역사학의 대표적인 저작으로 일컬어지는 『조선사개설』에서 반도라는 지리적 특성상 강대국들에 둘러싸여온 조선에는 "자유를 가진 적이 극히 적은 역사"밖에 없다고 단언한다. 자기반성에 입각한 관념의 분열을 경험하지 못한 조선은 '변증법적 역사발전의 흔적'도 '대단히 결핍된' 상태에 머물러있다. 미시나는 근대적 주체를 발생시키지 못하고 그저 '사대적 사고법'에 잠겨있던 "그 역사를 뒤돌아보면 조선은 지나의 지(智)를 배우고 북방의 의(意)에 따르고, 이제 마지막으로 일본의 정(情)에 안겨 처음으로 반도사적인 것을 지양할 시기에 이르렀다"고 주장한다.[48]

이기백에게 주어진 최대의 과제는 이처럼 '조선사'가 부정한 인간의 '자유'를 '한국사' 안에서 되살리는 일이었다. 이기백의 '조선사' 비판은 궁극적으로는 이 자유라는 역사주의의 개념을 둘러싸고 벌어진 투쟁이기도 했다. 그는 '한국사'가 보편적 역사발전의 원동력이자 목표인 인간의 자유를 내포하지만, 이것이 단지 시대적 상황의 제약으로 인해 특수한 형태로 나타날 뿐이라는 점을 계속 강조했다. 랑케의 『강국론』이 말하는 다수 민족들의 "마치 교향악과 같은 조화"[49], 곧 각각의 서로 다른

---

47 三品彰英,『神話と文化史』, 平凡社, 1971, 279~280쪽.
48 三品,『朝鮮史概説』, 弘文堂, 1940, 4·7·11쪽. 미시나의 조선사연구에 관해서는 심희찬, 「미시나 쇼에이의 신화연구와 근대역사학 : 식민주의 역사학의 사상사적 재구성」, 『역사문제연구』 36, 2016을 참조.

음색이 하나의 교향악 안에 어우러지는 상태야말로 이기백이 그리는 이상적 역사의 모습이었다. 그의 최종적인 목적은 "모든 시대는 신에게 직결된다"는 랑케의 테제에 따라 특수한 역사들을 보편성으로 묶어내고 그 안에 '한국사'를 포함시키는 것이었다.

다시 말해 미시나가 '자유'를 부정함으로써 '조선사'와 세계사의 관련성을 끊어버렸다면, 이기백은 '한국사'가 자신의 단독성을 보전한 채 '자유'를 연면히 발전시켜왔다고 주장한 것이다. 이기백 역사학의 사학사적 의의는 이처럼 독일 역사주의가 제국일본에 이식되고 이것이 다시 구식민지 지식인에게 분절되어가는 전체과정 속에서 분석될 필요가 있다. 극단적으로 대립하는 '조선사'와 '한국사'의 논리는 역사주의의 이해를 둘러싸고 벌어진 것이기도 했다. 이는 식민사학과의 투쟁이나 역사신학 같은 일면적 관점을 넘어서 이기백의 역사학을 동아시아적 관점에서 새롭게 바라볼 필요성을 제기한다.

4. 나가며

이제 서두에 제기한 질문, 즉 이기백의 '한국사'가 식민주의 역사학의 기저에 존재하는 역사이론까지 넘어서는데 성공했는지 여부를 마지막으로 살펴보도록 하겠다. 거듭 강조했듯이 이기백은 역사주의 이론에 따라 일원적 법칙을 부정하고, 인간의 자유로운 활동과 그 전개라는

---

49 이기백, 「민족주의사학의 문제」, 21쪽.

세계사적 보편성 속에 한국사를 자리매김하는데 많은 역량을 집중했다. 그런데 이러한 작업은 한국의 모든 역사적 경험을 보편성의 다원적 형태의 하나로서 무조건 긍정하는 결과를 초래했다. 이기백은 사회경제사학자들의 유물사관을 공식주의에 불과하다며 줄기차게 비판했으며, 강만길의 '분단시대론'에 대해서도 강한 거부의 뜻을 드러냈다. 역사의 원리를 일원적인 것으로 파악하는 이러한 역사관에 따를 경우, 식민지가 되어 분단을 경험한 한국의 역사는 보편성을 담지하기는커녕 불완전하고 미달인 것처럼 보인다는 것이 그 이유였다.

이기백이 '나의 작은 분신'[50]으로 여겼던 『한국사신론』은 초창기의 저서이지만, 그가 구체적으로 구축한 '한국사'의 모습이 가장 오롯이 담겨있는 텍스트이기도 하다. 앞서 지적한 이기백 역사학의 일곱 가지 특징이 이 책에서 응축된 형태로 나타난다고 해도 과언이 아니다.

『한국사신론』의 가장 큰 특징은 새로운 시대구분법에 있다. 여기서 이기백은 고대·중세·근대라는 삼분법이나 발전단계론이 아닌 16개의 독자적 시대구분에 따라 한국사를 그려낸다. 구분의 기준은 '지배세력(주도세력)'(≠지배계급)의 변화였다. 지배세력의 내용에 관해서는 애매한 부분이 많은데, 여기서 중요한 것은 이 독특한 개념이 '자유'의 문제와 연결된다는 점이다. 이기백의 설명에 따르면 한국의 역사에서 지배세력의 범위와 그 수는 점차 축소되었지만 통일신라를 정점으로 이후에는 계속하여 조금씩 확대되는 양상을 보였고, 그 결과 현대에 들어서는 일반민중이 사회의 지배세력을 형성하게 되었다고 한다. 이와 같은 지배

---

50 이기백, 「나의 책 『한국사신론』을 말한다」(1984), 『논집』 별권, 252쪽.

세력의 변화는 한국사에 보이는 특수한 측면이면서 세계역사의 거대한 흐름과도 합치한다. '자유민주주의'의 발전 및 확대과정이 그것이다.

이러한 사유는 랑케가 말하는 '지도적 이념'을 떠올리게 한다. 랑케는 "인류는 무한한 발전의 가능성을 자기 안에 간직하고 있다. 그것은 매우 천천히, 또한 우리가 알지 못하는 법칙에 따라 인간이 생각하는 것보다 훨씬 신비하고 위대한 모습으로 나타난다"고 한다.[51] 이기백은 랑케가 제시하는 "훨씬 신비하고 위대한" 지도적 이념을 자유민주주의에서 찾고 있는 것처럼 보인다.

그런데 여기에는 기묘한 사고의 비약이 있다. 본디 철학적인 물음이었을 역사주의의 '자유' 개념 — 인간은 진정 자유로울 수 있는가? 자연의 법칙과 논리적 한계에 구속되지 않는 인간의 행동은 가능한가? — 이 서구식 '자유민주주의'로 등치된 것이다. 다시 말해 역사의 보편성과 진리를 단지 수많은 정치체제 중 하나에 지나지 않는 자유민주주의의 모습으로 묘사하는 것이다. 이기백이 '민주화의 요구'를 거부한다며 김일성의 '주체사상'과 박정희의 '한국적 민주주의'를 함께 비판하는 장면은 그의 학자로서 양심의 발로이기도 하지만,[52] 한편으로 위의 비약과도 관련이 있다. '주체사상'이나 '한국적 민주주의'는 국지적인 이데올로기일 뿐, 역사적 진리를 담보하는 진정한 자유민주주의가 아니기 때문이다.

『한국사신론』은 기존의 시대구분과는 전혀 다른 대안을 제시하고 한국의 역사를 역동적으로 서술함으로써 일반 개설서로도 큰 성공을 얻었다. 볼품없는 '조선사'의 기형적 특성을 독자적인 발전과 세계사의

---

51 ランケ著, 鈴木成高 · 相原信作訳, 『世界史概観』 改訂版, 岩波書店, 1961, 40쪽.
52 이기백, 「우리 근대사를 보는 시각」(1994), 『논집』 별권, 112쪽.

법칙을 내포하는 '한국사'로 전환시킨 것이다. 그렇지만 이러한 설명이 동시에 냉전적 사유의 고착과 대한민국에 대한 무비판적인 태도를 유발하는 역사이론으로 기능했다는 점 또한 함께 지적해두고 싶다. 이기백은 현실사회주의가 붕괴한 이후 유물사관을 다음과 같이 비판한다.

유물사관만이 사회적 평등을 보장한다는 생각은 분명히 편협된 것이며, 또 사회정의의 실현을 위하여 필수적인 개인의 자유와 인권이 존중되지 않는 것도 문제가 될 수밖에 없다. (…중략…) 그러므로 궁극적으로는 현실을 위해서도 도움이 되지 않는다는 것을 유의해두어야 하리라고 생각한다.[53]

여기에는 유물사관에 대한 비판과 정치체제로서의 사회주의에 대한 비판이 뒤섞여있다. 자유의 발전과 확대를 한국사의 보편성으로 간주하는 이기백의 관점을 염두에 두고 위의 범박한 문장을 다시 읽어보면, 그가 역사의 진리라는 것을 마치 한반도의 남쪽에만 한정시키려고 한 것은 아닌지 의심이 들기도 한다. 자유민주주의의 또 다른 적으로 여겨지는 이슬람 세계에 대해서도 이기백은 비슷한 태도를 취한다.

아주 조그마한 나라요, 자기들이 계속해서 살아오던 곳에 나라를 세운 것도 아닙니다. 그리고 그 주위에는 아랍 여러 나라가 둘러싸고 있습니다. 그런 속에서 이스라엘이 견디어 나가는 힘은 어디서 오는 것입니까. 영토가 커서 그런 것입니까. 그것은 절대로 아닙니다. 그 사람들의 정신, 그 사람들

---

53 이기백, 「유물사관적 한국사상」(1991), 『논집』 제3권, 212쪽.

의 문명의 높이, 이런 것이 이스라엘로 하여금 아랍 여러 나라와 대항할 수 있는 힘을 길러주고 있는 것입니다.[54]

이기백 '한국사' 연구는 헤겔의 절대정신, 혹은 랑케의 지도적 이념 등을 역사적 진리로 간주하고 이를 역사주의의 방법론으로 파악하려는 목적을 가진 것이었다. 기독교 신자였던 그는 한국사의 보편성을 관통하는 이러한 논리를 자유민주주의의 확대과정으로 그려냈다. 1960년의 '4월혁명'을 직접 체험한 사실 등이 여기에 커다란 영향을 주었던 것으로 보인다. 그렇지만 '조선사'의 극복과 '한국사'의 수립이라는 그의 기획이 정치체제의 대립과 배제라는 시대성을 강하게 포함하는 점, 그리고 이를 통해 자유민주주의로 나아가는 대한민국의 역사야말로 정통성이라는 인식이 태어나는데 일조했다는 점을 상기시키고 싶다. 이기백 역사학의 사학사적 특징을 상세히 고찰하는 작업은 분단시대 이후 새로운 역사관의 수립을 위해서도 반드시 필요한 작업이라 하겠다.

---

54 이기백, 「국사교과서 개편 청원에 대한 국회 문공위에서의 진술」, 34쪽.

일본 연극운동과 동아시아 좌익 지식인

1930년대 전후의 아키타 우자쿠, 전한田漢과 오곤황吳坤煌

우페이천 / 번역 류리닝

1. 머리말

1920~30년대, 좌익 문예사조는 중심지인 일본에서부터 점차 동아시아 주변으로 확산되고 있었다. 중국과 대만의 지식인들이 일본으로 유학을 갔던 까닭에 도쿄를 근거지로 삼아 지적망知的網이 형성되었기 때문이다. 이러한 지적망은 좌익 문예사조가 국경과 지역의 경계를 넘는 것을 촉진하는 중요한 매개가 되었다. 중국의 전한田漢, 1898~1979과 대만의 오곤황吳坤煌, 1909~1989이 현재 남긴 연극 작품과 평론을 보면, 두 사람이 도쿄에서 어떻게 연극을 통해 좌익 문예사조의 세례를 받았는지 알 수 있을 뿐만 아니라 두 인물이 도쿄에서의 행적이 겹치는 궤도 또한 확인할 수 있다. 오곤황은 전한의 연극 연출에 참여했었고, 전한의 연극 작품에 대한 극평도 발표했다. 이 두 사람 사이에서 촉매제 역할을

한 사람은 일본 좌익 연극가이자 에스페란토(세계어) 전문가 아키타 우자쿠秋田雨雀, 1883~1962이다. 아키타 우자쿠의 일기와 자서전을 통해 그가 중국 유학생의 연극 활동에 대해 적극적으로 지지한 것을 알 수 있다. 그는 중국 유학생 공연을 직접 관람하는 것 외에도 그들에게 조언하고 신문과 잡지를 통해 극평을 써서 홍보하기도 하였다. 그리고 중국의 연극가와 문학가, 미술가 등이 자주 아키타 우자쿠를 방문하였는데, 이를 통해서 그가 중국 유학생들에게 어떤 위치였는지 가늠할 수 있다.[1]

일본 학자 시모무라 사쿠지로下村作次郎는 오곤황이 일본에서 했던 연극 활동을 정리하였다. 오곤황의 도쿄 유학 시절, 그와 조선 연극가 김용두, 그리고 일본 극작가 아키타 우자쿠와의 교류를 정리한 것이다.[2] 그는 자료를 통해서 자세히 비교하고 추적한 결과, 기타무라 도시오北村敏夫가 오곤황의 필명인 것을 확인하였다.[3] 그리고 류서금柳書琴은 오곤황이 도쿄에서 일본 좌익 연극계와 중국유학생 연극단체와 어떤 관계를 맺었는지에 대해서 상세한 소개를 했다. 그중에서 제일 중요한 것은 오곤황이 1930년대에 일본 좌익 연극계와 중국 좌익 극단 사이에 왕래한 사실을 규명한 것이다.[4] 2013년에 출판한 『오곤황시문집』에서 오곤황의 시와 글을 수록한 것 외에 1930년대 오곤황이 쓴 극평도 기록했다. 특히 중국 및 전한과 관련이 있는 자료—「출옥 후의 전한과 남경극운

---

1 小崎太一, 「索引『秋田雨雀日記』に記された中国」, 『熊本學園大學文學·言語學論集』 제15권 2호, 2008.12.
2 下村作次郎, 「台湾詩人呉坤煌の東京時代(1929年~1938年)―朝鮮人演劇家金斗鎔や日本人劇作家秋田雨雀との交流をめぐって」, 『関西大学中国文学会紀要』 제27권, 2006.3.
3 위의 글, 45~46쪽.
4 柳書琴, 『荊棘之道 台灣旅日青年的文學活動與文化抗爭』, 台北 : 聯經出版社, 2009. 제5장 제2절 「吳坤煌與日本左翼戲劇界及中國留日學生戲劇團體」를 참고.

동出獄後の田漢と南京劇運動」과 「『춘향전』과 지나 가부키의 원곡『春香伝』と支那歌舞伎の元曲」이 포함되어 있다. 이것이 본문에서 다루고자 하는 핵심 내용이다.[5]

전한과 일본의 관계에 대해서는 상당히 많은 선행연구가 있다. 대표적인 전문 저서는 고타니 이치로小谷一郎와 류평劉平이 편집한『전한이 일본에서』와 고타니 이치로의『창조사연구—창조사와 일본』이다.[6] 두 작품은 전한이 일본에 체류한 기간에 일본 연극계와 중일 사람의 관계에 대해 모든 단서를 제공했다. 본문은 일본 연극과 좌익사조의 맥락에서 아키타 우자쿠, 전한과 오곤황 세 사람이 연극운동을 통해서 형성한 관계를 밝히고자 한다.

2. 아키타 우자쿠와 소극장운동 – 다이쇼 사조를 중심으로

일본 연극의 근대화는 1880년대부터 시작하여 가부키歌舞伎와 노극能劇 등 일본 전통연극의 연출형식과는 다르게 발전하였다. 최초로 운동을 추진했던 이들은 서양 연극 작품의 번역을 통해 서양 문예의 신사조를 받아들였으며, 근대 연극의 연출 방식도 점차적으로 도입하였다. 연극개량운동 초기에는 셰익스피어의 작품을 대량으로 번역, 개편하여 공연했다. 일본에서 첫 셰익스피어 전집의 번역자는 와세다대학 영문

---

5 吳燕和·陳淑容 편,『吳坤煌詩文集』, 台北 : 台大出版中心, 2013.
6 劉平·小谷一郎 편,『田漢在日本』, 北京 : 人民文學出版社, 1997; 小谷一郎,『創造社研究—創造社と日本』, 東京 : 汲古書院, 2013.

과 교수 쓰보우치 쇼요坪內逍遙였다. 그가 바로 일본 초기 연극 개량운동의 추진자였던 셈이다. 쓰보우치 쇼요의 제자였던 시마무라 호게쓰島村抱月는 영국에서 유학을 마치고 귀국한 후, 1906년에 문예협회文藝協會를 설립했다. 쓰보우치는 1913년 문예협회 여배우 마쓰이 스마코松井須磨子와의 연애문제로 분쟁을 일으킬 때까지 회장직을 맡았다. 그 사건으로 쓰보우치는 해당 업무를 모두 사임하고 문예협회를 해산시켜 마쓰이 스마코와 따로 예술좌藝術座를 만들었다.[7] 위에서 언급한 내용을 따른다면 와세다대학은 일본 근대 연극의 발원지라고 말할 수 있다. 그리고 극작가 아키타 우자쿠도 와세다대학 출신이었다. 아키타 우자쿠는 「입센회에서 자유극장으로」라는 글에서 자신이 어떻게 연극개혁운동에 참여했으며 오사나이 가오루小山內薫와의 관계에 대해 기술했다.[8] 그는 문예협회와 오사나이 가오루가 말하는 자유협회가 거의 같은 시기에 시작되었다고 말했다. 그리고 오사나이 가오루의 자유극장시기에 연극은 입센, 마들렌, 하우포트만 등에 집중했다. 오사나이 가오루는 자유극장의 실험단계가 끝나자 유럽으로 건너갔다. 아키타 우자쿠는 자유극장의 실험 단계부터 오사나이 카오루가 '무형극장'을 생각하고 있었고, 이것은 전통극장체계에 대한 도전이었으며 후에 실외공연으로 바뀌었다고 하였다. 즉 로만 롤랑의 '옥외屋外극장'에서 얻은 발상이었다고 언급했다.[9]

예술좌와 국민문예회의 설립은 일본 신극新劇운동의 중요한 전환점

---

7 久松潛一 외 편, 『現代日本文學大事典』, 東京 : 明治書院, 1965, 쓰보우치 쇼요와 시마무라 호게쓰의 항목을 참조.
8 秋田雨雀, 「イプセン会から自由劇場まで」, 『新劇』 21호, 1955.10, 96~102쪽.
9 위의 글.

이라고 할 수 있다. 곧이어 1919년에 소극장운동이 시작했다. 이 운동의 핵심인물이 바로 아키타 우자쿠다.[10] 소극장운동은 1887년 프랑스의 자유극장운동을 선례로 삼았으며 후에 영국의 독립극장(1891), 독일의 자유무대(1899) 등 극장혁신운동도 연이어 일본에 전파되었다.[11] 그러나 일본의 소극장운동이 일어났을 때, 일본 연극개혁자들은 그 관심을 유럽에서 미국으로 옮겼다. 그 이유는 제1차 세계대전 후에 유럽의 몰락과 함께 미국이 '민주주의 진영의 맹주'로 떠올랐기 때문이며, 그 외에 일본 연극인에게 미국 소극장은 대부분 자택이나 창고로 개조된 것이라 자체가 나타내는 '빈궁감'이 유럽의 소극장보다 더 친근감이 있었기 때문이다.[12]

소극장의 중심인물인 아키타 우자쿠는 1920년 4월의 '소극장론'에서 소극장은 진정한 민중극장이 탄생하는 과정일 뿐이라고 지적했다. 이와 동시에 로만 롤랑이 주장한 민중극운동정신을 인용하며 아래와 같이 말했다. 즉 민중극운동은 많은 민중에게 의미 없는 연극을 제공하는 것에 있지 않다. 만약 운동의 뜻이 민중에게 무의미한 연극을 제공하는 것이라면 그것은 민중을 모욕하는 것이다. 그리고 민중극장운동의 본래 뜻은 민중교양과 민중 자신의 즐거움에 있다고 했다. 아키타가 주장한 것을 보면 그가 이번 극장조직에서 일으키는 운동의 목적은 극장이나 극본의 개량에 있는 것이 아니고 진정한 민중운동이 될 수 있을지의 여부에 있다는 점을 알 수 있다.[13] 아키타 우자쿠가 소극장운동을 민중예

10　大吉笹雄, 「第三章 築地小劇場」, 『日本現代演劇史 大正·昭和初期篇』, 東京 : 白水社, 1998[86], 341~380쪽 참조.
11　위의 글, 363~365쪽.
12　위의 글, 363~365쪽.

술이 실천하는 장소로 보는 의도도 그가 소극장운동 열풍에 대해 발표한 해당 논술을 통해 알 수 있다. 위에서 언급한 글과 같이 그가 소극장운동에 대한 논술은 1920년 2월 「민중예술론」, 같은 해 11월 「민중예술에 관하여」 그리고 1921년 5월 「로만 롤랑의 민중예술론」 등이 있다.[14]

물론 그의 주장에 반대하는 사람도 있다. 예를 들어 미즈키 쿄타水木京太는 아키타 우자쿠의 '민중예술과 소극장을 함부로 결합시키는 논술'에 대해 인정하지 않았다.[15] 그러나 소극장운동을 주장하는 다른 중요한 사람이자 후에 소극장의 추진자가 된 오사나이 카오루가 소극장운동은 바로 연극민중화라는 생각이 아키타 우자쿠와 여러 측면에서 같았다. 그는 1923년 '연극민중화' 특집의 「평민과 연극」에서 이런 진술을 했다. 즉 "'민중예술'을 강렬히 주장한 자는 일부러 자신을 저속화하고 ― 자기의 능력을 약화시켜 ― 고의로 평민의 취향에 아첨한 것이 사람을 탄식하게 만든다. 이것이 바로 ― 평민을 위해 예술을 통속화시킨 것 ― 평민을 모욕하는 것이다. 로만 롤랑 역시 "우리는 이처럼 아름다운 민중화를 반대한다. 우리가 원하는 것이 생명이 없는 예술에게 생기를 넣어줌으로써 꺼진 가슴을 충만하게 하고 평민의 힘과 건강을 그 안에 깃들게 하는 것이다. 우리 인류의 지혜와 명예는 평민을 위해 쓰는 것이 아니고 평민이 우리에게 이 명예를 위해 같이 노력하게 만들었다." 평민을 목표로 한 연극은 맹종盲從한 대중에게 보여주는 예술에 지나지 않다고 하는 사람도 있다. 그러나 맹종한 대중과 보여줌은 자본가(상업

13 秋田雨雀, 「小劇場大劇場の問題」, 『新潮』, 1920.4, 大吉笹雄, 『日本現代演劇史 大正·昭和初期篇』, 359~361쪽.

14 藤田龍雄, 「年譜」, 『秋田雨雀』, 青森 : 津輕書房, 1973, 333~339쪽.

15 大吉笹雄, 앞의 글, 365쪽.

목적을 갖는 연출자)의 목적이지 평민예술의 목표가 아니다. 평민은 연출자가 착취하는 대상으로 존재하는 것이 아니다. 평민은 또한 맹종한 대중이 아니다."[16] 오사나이가 로만 롤랑의 『평민극장론』을 인용해서 소극장운동의 목표를 '민중예술'과 확실하게 결합시킨 것은 아키타 우자쿠의 소극장운동 주장과 일치한다.

1924년 6월 쓰키지 소극장이 정식으로 개장하기 전, 소극장을 비롯한 대학연극연구회의 설립이 우후죽순처럼 나타났다. 아키타 우자쿠의 소극장 실천은 당시 미국 소극장의 양식에 따른 것이었다. 1923년 4월 선구좌先驅座 시사회의 무대는 신주쿠 나카무라야 창고 2층으로 만들었고 '토장극장土藏劇場'이라고 하였다. 토장극장이라는 이름은 1920년 전후에 아키타 우자쿠를 중심으로 나카무라야에서 정기적으로 개최하는 독서회 '토지회土之會'—아키타 우자쿠의 〈토지〉 3부작에서 나왔다고 한다.[17] 나카무라야는 주인 소마 아이조相馬愛藏와 여주인 소마 곳코相馬黑光의 지원으로 다이쇼 시기에 제일 유명한 문화살롱이 되며 동시에 국제사회주의자와 독립운동자들의 피난처가 되었다. 예를 들어 러시아의 눈먼 시인 예로센코와 인도 독립운동의사 퍼스는 일본에서 머무는 동안 소마 부부의 보호와 도움을 받았다.[18]

일본의 소극장운동이 프로문학운동사조와 서로 연동되는 시대 배경에 소극장운동이 상업극장과 대치하고 국립극장의 설립을 반대하는 것과 '연극의 민중화'와 당시 좌익 문예사조의 관계는 상부상조라고 말할

---

16 大吉笹雄, 앞의 글, 378~380쪽.
17 藤田龍雄, 앞의 글, 338~348쪽. 그리고 相馬愛藏, 「土蔵劇場の出来る迄」, 『演芸画報』, 1923.6;
   大吉笹雄, 『日本現代演劇史 大正・昭和初期篇』, 369~371쪽.
18 相馬黒光, 「印度志士ボース」, 「白系ロシヤの人々」, 『黙移 相馬黒光自傳』, 東京 : 平凡社, 1999.

수 있다. 아키타 우자쿠로 말하면 1921년 일본 사회주의동맹에 들어갔고, 같은 해 6월에 일본 프로문학운동 선구 잡지 『파종인播種人』을 창간했다. 아키타 우자쿠는 자신이 운동에 참여했을 뿐만 아니라 이 잡지에 자주 글을 실었다고 회상하기도 하였다. 이를 통해 아키타 우자쿠와 프로문학과의 관계가 어느 정도인지 미루어 짐작할 수 있다.[19]

3. 전한과 아키타 우자쿠–〈커피숍의 하룻밤〉과 〈태풍전후〉로

1916년 전한은 외삼촌인 역매원易梅園을 따라 일본에 가서 도쿄문리대학에서 공부하고 1922년 9월에 아내와 중국에 돌아갔다. 전한이 일본에 유학할 시기는 마침 일본의 다이쇼 시대여서 정치적으로 '다이쇼 데모크라시'였다.[20] '다이쇼 난망'이 대표하는 문예사조는 당시 문학·문화가 근대화 과정에 있는 것을 보여주었다. 이때 온갖 학문과 예술이 성하는 시기를 맞이하며 일본의 연극사조도 과도기에 접어들고 있었다. 전한이 일본 연극을 접하는 정도에 대해 고타니 이치로는 『창조사연구』 제2장 「창조사와 일본—젊은 시기의 전한과 그 시대」에서 전한이 도쿄에서 연극을 관람한 기록을 아래와 같이 정리했다.[21]

　　(一) 근대극협회 제11회 공연 1918년 6월 5일부터 10일째 영락좌(永樂座)

19　秋田雨雀, 『雨雀自傳』, 東京 : 日本図書センター, 1987[1992], 81쪽.
20　일본은 메이지유신 후에 국가 정체가 입헌 군주제라서 다이쇼 시기 자유주의사조는 보통 '다이쇼데모크라시(大正デモクラシー)' 혹은 '다이쇼 민본주의(民本主義)'라고 부른다.
21　小谷一郎, 『創造社研究―創造社と日本』, 56~58쪽.

〈베니스의 상인〉 5막 8장 셰익스피어 지음 이쿠다 조코 옮김

〈희생〉 1막 스트린드베리 지음 오사나이 카오루 옮김

(二) 예술좌·공중극단 합동공연 예술좌 제10회 공연, 공중극단 제3회 공연 1918년 9월 5일부터 12일째 가부키좌 보다

〈침종〉 동화비극 5막 셰익스피어 지음 이쿠다 조코 옮김

〈신주의 딸〉 3막 마츠바 마츠이 지음 겸 감독

〈벙어리 아내를 둔 남자〉 1막 아나톨 프랑스 지음 츠보우치 시코 엮음

(三) 근대극협회 제12회 공연 1918년 9월 6일부터 10일째 영락좌

〈원더미어 부인의 부채〉 4막 와일드 지음 다니자키 준이치로 옮김

〈신서〉 1막 다니자키 준이치로 지음

〈죽음의 승리〉 표도르 솔로구프 지음 노보리 쇼무 옮김

(四) 신극회협 제1회 공연 1919년 6월 16일부터 3일째 영락좌

〈역사(轢死)〉 1막 나가타 히데오 지음

〈엉클 반야〉 4막 체호프 지음 세누마 가요 옮김

(五) 신극협회 제2공연 1920년 2월 11일부터 7일째 영락좌

〈파랑새〉 7막 10장 마테를링크 지음 구스야마 마사오 옮김

(六) 신국극도쿄공연 1921년 6월 5일 첫날 명치좌(明治座)

〈칼레의 시민들〉 3막 독일 표현파 케오르크 카이저 지음 니제키 료조 옮김

〈아버지가 돌아오다〉 1막 키쿠치칸 지음

〈쿠니사다 츄지〉 통속극 4막 7장

위의 전한의 관람 기록은 그가 일본에 머물던 기간의 전체 기록이 아닐 수 있다. 그러나 부분의 기록을 통해서도 그가 아키타 우자쿠와 관련

이 있다는 단서를 찾을 수 있다. 기록에 나오는 근대극협회, 예술좌와 신극협회는 모두 와세다 출신 연극인이 설립한 것이다. 그 중에 예술좌는 아키타 우자쿠와 깊은 관계가 있다. 전한이 1918년 9월 예술좌에서 공연을 관람한 것은 마침 아키타 우자쿠가 1914년 1월 예술좌를 탈퇴한 후에 다시 돌아온 지 두 달만의 일이다. 이 밖에 아키타의 일기를 보면 그가 역시 1918년 9월 예술좌와 공중극단의 합동공연 및 신극협회 1919년 6월과 1920년 2월의 공연을 관람했다는 사실을 알 수 있다.[22]

전한이 1922년 10월 10일부터 같은 해 10월 31일까지의 일기 「장미의 길」을 정리하면 전한이 아키타 우자쿠와의 첫 만남은 1921년 여름 세계 Kosumo클럽(전한의 일기에서 가사모클럽으로 적혀 있다)에서 이루어진 것을 확인할 수 있다.[23] 아키타 우자쿠가 1921년 6월 24일에 쓴 일기를 참조하면 아래와 같다.

저녁 6시에 청년회관에서 열린 세계(コスモ)클럽의 연설회를 참석했다. 네다섯 명 조선, 지나, 대만 사람과 함께 연설했는데 내가 예로센코의 일을 말하자마자 못하게 했다. 하야사카가 멈추려고 하지 않아서 체포되었다. 다른 세 명도 구속되었다.(이것은[내가] 세계클럽에서 제약을 받은 것이 처음이다.[24]

---

22 1918년 9월 11일 『秋田雨雀日記Ⅰ』(154쪽, 이날 끝나고 島村抱月와 같이 집에 돌아갔다고 기록했다). 1919년 6월 16일 (186쪽), 그리고 1920년 2월 11일(208~209쪽). 秋田雨雀, 『秋田雨雀日記Ⅰ』, 東京 : 未來社, 1965.
23 田漢, 1921년 10월 11일 「日記 薔薇之路」, 『田漢全集』 제20권, 石家莊 : 花山文藝出版社, 232쪽.
24 秋田雨雀, 『秋田雨雀日記Ⅰ』, 254쪽.

이러한 아키타의 서술을 통해 전한이 아키타 우자쿠를 처음 만난 것은 아키타가 동아시아 각국 인사와 세계클럽에서 연설을 했을 때였다는 것을 알 수 있다. 아키타 우자쿠가 예로센코를 언급할 때 경찰의 제약을 받았고, 그때 경찰에게 체포된 사람이 네 명이 있었다. 이로 보아 엄청 큰 소동이었음을 짐작할 수 있다. 아키타 우자쿠는 1915년 2월에 예로센코와 알게 되어 그를 따라 세계어를 배웠다. 아키타 우자쿠는 "거의 3개월 만에 이 언어를 습득했다. 덕분에 나는 다른 눈으로 인생을 볼 수 있어서 또한 내가 해야 할 일이 더 많이 보이게 되었다"[25]고 하였다. 예로센코(1890~1952)는 유명한 시인이자 에스페란토(세계어) 학자다. 어릴 때 홍역을 앓아서 시력을 잃었고, 1914년에 독립을 위해 일본에 왔는데 안마를 배우고 싶어서 시각장애인학교에 들어갔다. 그는 아키타 우자쿠, 가마치카 이치코神近市子, 소마 곳코, 다카마루 사사키佐佐木孝丸 등 나카무라야 문화살롱의 문인文人들과 관계가 긴밀하였고 동시에 사회주의경향이나 허무주의경향이 있는 지식인과의 왕래도 잦았다. 그는 일본에서 머무는 동안 나카무라야 2층 창고로 만든 방에서 살았고, 소마 곳코가 그의 일상생활을 도와주었다. 심지어 일본에서 체류할 때 필요할 비용을 모금해 주기도 하였다.[26] 그는 1921년 5월 1일 노동절 집회에 참여했기 때문에 같은 해 5월 28일 그가 살고 있던 나카무라야에서 일본 경찰에게 체포되었다. 그리고 추방을 당해 시베리아로 가다가 중국으로 들어갔다.[27] 아키타 우자쿠는 예로센코에게 세계어를 배

---

25 藤田龍雄, 『秋田雨雀研究』, 316쪽.

26 相馬黑光, 「白系ロシヤの人々」, 앞의 책.

27 예로센코가 상해, 북경으로 갔다가 노신과 친구가 되어 또 노신 형제의 도움으로 세계어를 가르치는 일을 하게 되었다. 예로센코가 중국에서 있을 때와 노신과 관계에 대한 해당 논문은

워서 그와 친구가 되었다. 아키타 우자쿠의 아버지도 어릴 때 실명해서 나중에 한의사가 되었다. 그런 까닭에 아키타의 연극에는 예로센코를 모델로 삼은 장님이 자주 등장하였다.[28]

예로센코가 1921년 5월에 강제로 일본을 떠나게 되자 그해 10월 14일, 전한은 자신의 일기에 이초리李初梨가 자신에게 상해上海에 있는 친구에게 편지를 보내 곧 상해에 도착할 예로센코를 돌봐달라고 부탁한 사실을 기록했다. 전한의 세 번째 연극 〈커피숍의 하룻밤〉에는 예로센코가 등장한다. 전한은 「창작경험담」에서 〈커피숍의 하룻밤〉은 '이초리의 경험을 소재로 삼은 것'이라고 언급했다.[29] 이야기는 여자주인공 백추영白秋英이 아버지가 죽은 후, 숙부叔父가 마련한 혼인을 피하려고 커피숍에서 일하면서 그와 결혼 약속이 있는 이건경李乾卿을 기다리고 있었다. 후에 이건경이 약혼녀 진陳씨와 커피숍에서 백추영과 우연히 만나서 이건경이 파혼하자 옆에 있는 학생 손님 임택기林澤奇가 공정한 말을 해서 백추영을 달래준다는 내용이다.

선행연구는 〈커피숍의 하룻밤〉이 전작前作 〈영광靈光〉의 주제와 일관성을 갖고 있으며 '연애·결혼'이라는 주제로 동일하다는 것을 지적했다. 〈커피숍의 하룻밤〉을 정독하면 그 안에 다이쇼 시기 문예사조의 공시성 요소가 들어있다는 것을 알 수 있다. 임택기는 영육靈肉에 얽매여 있고 영과 육이 조절이 가능할지의 논술은 다이쇼 연애지상주의 중 엘렌 케이『연애와 결혼』과 구리야가와 하쿠손廚川白村의『근대의 연애관』

小崎太一, 「索引『秋田雨雀日記』に記された中國」, 『熊本學園大學文學·言語學論集』, 참조.

28 「颱風前後」(『早稻田文學』 1917.6)와 『國境之夜』(1921)에서 수록된 「盲兒的幻想」은 모두 이 예와 같다.

29 田漢, 1921년 10월 11일 「日記 薔薇之路」, 『田漢全集』 제20권, 232쪽.

중에 「영육합일靈肉合一」의 논술을 보여주는 것이다. 그런데 신구新舊 사상 교체와 신시대 논술 사이에 있는 청년들이 어떻게 해야 할지 몰라서 고민하는 이른바 번민청년이 나타났다.[30] 임택기는 자신이 아버지가 마련해 준 혼약을 어길 수 없으나 사랑하지 않는 사람을 억지로 사랑할 수도 없고, 그렇다면 사랑하는 사람을 용기를 내서 사랑하지도 못해서 「영원의 번민」이 된다고 진술했다. 이것은 마침 앞에 말한 시대배경과 일치한다.[31] 이 시기에 전한이 '영'과 '육'이 서로 충돌한 것과 혹은 일체화할 수 있을지의 문제에 대한 관심이 많아서 그의 일기와 극작에서 자주 언급한 것이다. 이는 전한이 1921년 10월 11일의 일기에서 친구와 연애 논술 중에 영육문제를 토론한 것을 보면 알 수 있다.[32] 이외에, 선행 연구에 따르면 〈커피숍의 하룻밤〉 중 백추영, 이건경과 진씨 간의 '삼각관계'의 설정은 전한의 아내 역수유易漱瑜가 어머니가 해준 혼약을 피하려고 전한과 일본으로 갔다는 것에 의해서 만든 것이라고 했다.[33] 본 연구는 이런 줄거리의 설정이 작가의 경험 외에 실은 전한이 당시 일본에서 처한 사회배경도 보여주고 동시에 아키타 우자쿠의 연극과 서로 상응하는 것도 밝히고자 한다.

1921년 10월, 전한의 일기 「장미의 길」에서 제일 많이 기록한 것이 바로 삼각관계의 연애사건이다. 10월 11일의 고토 모 씨後藤某가 조강지처를 버리는 사회사건, 그리고 같은 달 19일, 22~24일, 27일, 29~30일에 모두 야나기하라 바쿠렌柳原白蓮이 남편 규슈의 탄광 부자 이토 덴에몬伊

30 平石典子,『煩悶青年と女学生の文学誌』, 東京 : 新曜社, 2012.
31 田漢, 「咖啡店之一夜」, 『田漢全集』 제1권, 109~113쪽.
32 田漢, 1921년 10월 11일 「日記 薔薇之路」, 『田漢全集』 제20권, 226쪽.
33 小谷一郎, 『創造社研究 – 創造社と日本』, 92쪽.

藤傳右衛門와 미야자키 류스케宮崎龍之介와의 삼각관계를 언급했다. 야나기하라 바쿠렌이 본명이 아키코燁子인데 다이쇼 천황의 외사촌 여동생이며 다이쇼 시대의 3대 미인이다. 화족 가문에서 자랐던 아키코는 자신의 연애와 결혼을 스스로 결정할 수가 없어서 15살 때 첫 번째 결혼이 실패한 후에 아키코의 오빠가 사업이 필요한 정략결혼으로 규슈의 탄광부자 이토 덴에몬과 재혼했다. 이토는 일반 평민 출신이고 무식해서 아키코와 결혼했음에도 성적으로 문란하고 방탕했다. 계급신분 이외에도 생각과 교양의 차이도 아키코에게 고뇌에 빠져들게 했다. 나중에 아키코가 연극 〈지만외도指蔓外道〉를 발표한 후에 미야자키 류스케와 알게 되었다. 미야자키 류스케는 미야자키 도텐宮崎滔天의 아들이자 당시 도쿄대학 신인회新人會의 주요 구성원이었다. 1921년 아키코가 임신해서 탈출하기로 결심하고 신문에 이토 덴에몬에게 보내는 절연 선언문을 게재했다. 이것이 바로 '바쿠렌 사건'이다. 또한 다이쇼 시기에 제일 유명한 연애사건 중 하나다. '바쿠렌 사건'이 당시 사회 각계를 뒤흔들었고 다이쇼 '연애지상주의'의 대표 사건이 되었다.

당시에 다른 유명한 '연애사건'은 1916년 무정부주의자 오스기 사카에大杉榮, 가미치카 이치코, 이토 노에伊藤野枝의 삼각관계였다. 1916년 5월 아키타 우자쿠가 나카무라야를 방문하고 가미치카 이치코와 '연애'에 대해 치열한 논쟁을 했는데, 가미치카 이치코가 자신이 오스기 사카에와의 연애관계를 밝혔다. 같은 해 11월 가미치카가 오스기 사카에를 칼로 찔러서 체포되어 감옥에 들어갔다. 아키타 우자쿠가 소식을 듣고 아주 놀랐고 이를 소재로 1917년 〈태풍전후〉를 창작했다. 극중에 무대배경은 나카무라야로 설정하였고, 등장인물은 가마치카 이치코를 역할하는 가미야마 아이코, 오타 료조(아키타의 역할), 예로센코(본명 등장), 그리고 아리마 사토코有馬里子(소마 곳코의 역할)이 있었다. 〈커피숍의 하룻밤〉과 〈태풍전후〉는 시나리오나 등장인물이나 모두 공통점이 있다. 등장인물의 설정에서 우선 두 작품 모두 예로센코가 등장한다. 특히 〈커피숍의 하룻밤〉에서 예로센코를 커피숍 옆에 있는 '동아시아 여관'에 거주하는 눈먼 시인으로 설정한 것을 보면 전한이 나카무라야의 중요성과 의미를 잘 파악하고 있다는 것을 알 수 있다. 그리고 극중에 눈먼 시인(〈태풍전후〉 중에는 눈먼 청년)의 노래가 여자주인공의 심경을 묘사한 것도 비슷하다.[34] 가장 중요한 '삼각관계' 부분에서 〈커피숍의 하룻밤〉은 백추영과 이건경 두 사람이 서로의 관계에 대한 논쟁이고 〈태풍전후〉는 여자주인공의 연인 O군이 등장하지 않고 눈먼 청년과 오타, 가미야마 아이코 세 사람이 가미야마의 삼각관계에 대해 가미야마와 대화와 논쟁을 전개했다. 결말에서 두 작품의 핵심어는 모두 '외로움'이 나타났다. 〈태풍전후〉 제3막에 가미야마가 복역하기 전에 오타와 만나는 식당에서 독일 취한醉漢이 독일어로 "외롭다"를 외쳐서 가미야마도 "어느새 외로워졌네" 하고 말했다. 이를 보면 백추영은 이건경이 자신을 떠날 때 울면서 "아! 인생! 이렇게 외로워!" 그리고 마지막 한 마디 "외로워…… 나는 여전히 살아남아야 하나?" 하고 말했다.

지금까지 전한이 아키타 우자쿠의 〈태풍전후〉를 봤다는 기록을 발견하지 못했다. 1921년 여름 곽말약郭沫若이 중국에서 다시 일본으로 넘어가서 도쿄에서 전한을 만났을 때 전한이 그에게 아키타 우자쿠를 만

---

34 田漢, 「咖啡店之一夜」, 『田漢全集』 제1권; 秋田雨雀, 「颱風前後」, 『仏陀と幼児 の死』, 東京 : 叢文閣, 1920; 「颱風前後」, 『仏陀と幼児の死』, 東京 : 叢文閣, 1920 참조.

나주려고 했지만 그가 거절했다는 것을 언급한 적이 있다.[35] 이를 보면 전한이 1921년 여름에 아키타 우자쿠와 세계클럽에서 만나고 나서 계속 연락한 것을 알 수 있다. 그리고 아키타 우자쿠의 극작에 대한 큰 관심을 가졌다. 전한이 1921년 10월 11일의 일기에서 그날에 아키타 우자쿠의 〈국경의 밤〉을 구매해서 당일에 다 읽었다는 것을 기록했다. 더불어 아키타 우자쿠를 처음 만났을 때와 그 전에 그저 서점에서 아키타 우자쿠의 〈세 개 영혼〉과 그의 다른 연극을 뒤져봤다는 것을 회상했다.[36] 〈국경의 밤〉은 후에 중국에서 여러 번 공연을 진행했고, 아키타 우자쿠가 죽고 진구북陳鷗北이 이를 다시 번역하고 전한이 「추천 〈국경의 밤〉」을 써서 중국 독자에게 이 연극을 다시 소개했다.[37] 〈국경의 밤〉은 '문학적으로 무정부주의 사상에 닿아 있으며 연극의 표현주의와 상통한 작품'이자 당시 표현파 최고의 대표작으로 여겨진다.[38] 전한과 당시 표현파 사조의 관계에 대해서는 다음 연구주제가 될 것이다.

4. 오곤황과 중일 연극의 관계

　　　　　　　　　　　　－ 그의 『극장テアトロ』의 평론을 중심으로

오곤황은 1909년 대만 중부 남투南投에서 태어났고, 1923년에 대만총독부 대중臺中사범학교에 들어가서 공부했다. 그가 졸업하기 전인 1928

35　郭沫若, 『創造十年』, 香港 : 匯文閣書店, 1972, 152쪽.
36　田漢, 1921년 10월 11일 「日記 薔薇之路」, 『田漢全集』 제20권, 232~233쪽.
37　田漢, 「推薦 《國境之夜》」, 『田漢全集』 제16권, 493~494쪽.
38　藤田龍雄, 『秋田雨雀研究』, 316쪽.

년, 대중사범학교에서 '고야마사건小山事件'이 일어났다. 이 사건은 당시의 사감 고야마 시게오가 학생이 대만말로 대화한다고 모독해서 학조學潮가 일어난 일을 가리킨다. 그때 대만총독부의 자료에 근거하여 이 사건은 대만문화협회, 농민조합과 공산당 등 조직을 끌어들였다. 오곤황은 학교졸업식에서 항의의 뜻을 표현하려고 일부러 탕좡唐裝으로 출석했고 후에 반성문을 쓰는 것을 거부해서 퇴학을 당했다. 그는 1929년 4월, 일본 도쿄에 갔다. 오곤황이 일본에 간 것은 '자원'이라기보다는 '강요'가 더 맞다. 오곤황이 일본에 가서 대만유학생공동체에 가입하고 1932년에 왕백연王白淵, 장문환張文環 등과 '도쿄 대만문화동호회'를 만들었다. 동료 엽추목葉秋木이 같은 해 9월 1일에 데모를 해서 체포되고 오곤황도 연루되어 구속되었다. 곧바로 오곤황이 장문환 등의 사람과 1933년에 '대만예술연구회'의 명의로 문학잡지 『포르모사フォルモサ』를 발행하였다.[39]

그의 친구 류첩劉捷의 회고록에 따르면, 오곤황이 경제적인 문제로 오랫동안 도쿄 쓰키지 극장에서 단역을 했기 때문에 대만사람 중에 일본 연극 활동을 제일 많이 하는 사람이라고 말할 수 있다고 했다.[40] 쓰키지 극장은 1924년에 오사나이 카오루가 창설한 것이며 그의 구성원은 히지가타 요지土方與志와 다카마루 사사키 등이 있었다. 앞서 언급했듯이 당시 오사나이 카오루의 소극장 설립에 대한 주장은 대체로 로만 롤랑 '민중예술론'의 영향을 받았고, 게다가 창설 기간이 마침 일본 프로문학운

---

39 陳淑容, 「重讀吳坤煌:思想與行動的歷史考察」, 『吳坤煌詩文集』, 23∼34쪽.
40 위의 글, 28∼29쪽. 그리고 柳書琴, 「吳坤煌與日本左翼戲劇界及中國留日學生戲劇團體」(제5장 제2절), 『荊棘之道 台灣旅日青年的文學活動與文化抗爭』, 305∼310쪽.

동 절정기를 맞아서 극장의 실험과 전위적인 성격이 강했다. 쓰키지 소극장은 오사나이 카오루가 죽은 후에 내부 분쟁이 심해서 1928년에 주요 투자자 히지가타 요지가 따로 신新 쓰키지 극단을 만들었다.[41] 오곤황이 일본에 갔을 때가 1929년 이후라는 점을 보면 그가 참여하는 시기는 분열 이후의 쓰키지 극장이었을 것이다. 쓰키지 소극장의 계보로 살피면 오곤황이 일본에 있을 때 일본 연극운동의 개황概況은 어떠했을까?

1929년 2월 4일, 전국적인 조직인 일본 프로극장동맹(약칭 プロット)이 성립했다. 그러나 당국이 치안유지법을 빌미로 좌익운동에 대해 금지하고 진압이 갈수록 심해져서 많은 운동의 참여자가 잡혔다. 그때 좌익 연극운동의 지도자 무라야마 도모요시村山知義가 1930년 5월에 체포되어 예술 활동이 전면적으로 금지된 것을 견딜 수가 없어서 전향선언서를 제출했다. 전향선언서에서 "어쨌든 나는 여전히 마르크스주의가 맞다고 생각한다. 비록 내가 사회주의식의 예술활동을 계속하겠지만 실제적인 정치활동은 하지 않겠다"라는 내용을 담았다. 그러고 나서 1933년 연말에 석방되었다.[42] 무라야마 도모요시가 복역하는 동안 좌파 연극 활동은 간부幹部 다카마루 사사키와 센다 고레나리千田是也 등이 맡았다. 1933년 7월 일본 프로극장동맹이 해산되자 무라야마 도모요시는 '원래 프로극장의 동료들이 어디로 가야 할지 모르고 사상성思想性을 잃은 극단이 범람해서 제멋대로 연극을 한 것'을 목격했다. 그래서 경시청에 신청해서 두 가지 조건하에 다시 연극 활동을 할 수 있게 되었다. (1) 노동

---

41 大吉笹雄, 앞의 책, 359~613쪽.
42 井上理恵, 「村山知義の演劇的足跡」, 岩本憲児 편, 『村山知義 知的尖端』, 東京 : 森話社, 2012, 164~200쪽.

자를 관람대상으로 하지 않을 것, (2) 명확한 사회주의 내용을 담는 연극을 하지 않을 것. 그리고 1934년에 '신극新劇의 대동단결'을 주장했다.[43] 아키타 우자쿠의 연보와 비교하면 1934년 5월부터 수백 번의 신극대동단결 회의를 열었고, 신협극단을 새로 창립했으며 같은 해 11월의 창립 공연은 시마자키 도손島崎藤村의 〈동트기 전夜明け前〉인 것을 알 수 있다. 신협극단의 주요 구성원은 연출부에 무라야마 도모요시, 구보 사카에久保榮 등이 있고 문예부에 후지모리 세키치藤森成吉, 아키타 우자쿠 등이 있다. 신협극단의 설립에 이어 같은 시기에 연극잡지『연극テアトロ』도 창간되어 이런 연극 전문잡지도 신협대동단결의 결과물이며 아키타 우자쿠가 편집을 맡았다. 아키타 우자쿠가 1934년 3월 14일의 일기에서 편집업무를 '정식으로 맡기로 했고', "실제로 노력을 얼마나 해야 할지 봐야겠지만 이미 하기로 했으니까 자기 일처럼 열심히 해야지"라고 기록했다. 같은 해 3월 19일에 편집회의를 열어서 '대략의 주장— 편집방침— 인원의 문제, 지도성논문, 해외소식, 국내소식(주로 이 두 가지 소개), 창작, 소개배우 등'을 토론했다.[44] 선행연구에서도 언급한 듯이 무라야마 도모요시가『연극』창간 이래 "서양 근대극과 소련 연극의 동향 외에 중국과 조선의 연극 소개에도 힘을 썼다".[45] 그래서 국내외 연극동향에 대한 소개는 잡지『희극』의 중요 칼럼인 것을 알 수 있다.

현재까지 오곤황이『연극』을 위해 쓴 글은 총 4편인 것으로 알려져 있다. 즉 1935년 8월 「중국통신」(「바다 저쪽(海の彼方)」 칼럼), 1936년 5월

---

43 위의 글, 181쪽.
44 秋田雨雀,『秋田雨雀日記 II』, 東京 : 未來社, 1965, 384~385쪽.
45 川崎賢子,「『忍び者の周辺』」, 岩本憲児 편,『村山知義 知的尖端』, 東京 : 森話社, 2012, 382~383쪽.

「농민극단과 노천극－중국통신農民劇團と露天劇－中國通信」, 1936년 5월 「출옥 후의 전한과 남경극운동出獄後の田漢と南京劇運動」 그리고 1938년 6월 「『춘향전』과 지나 가부키의 원곡「春香伝」と支那歌舞伎の元曲」. 앞의 세 편은 주로 중국 연극 동향을 소개한 것이고, 마지막 한 편은 1938년 일본과 조선에서 순회공연해서 큰 반향을 불러일으킨 조선의 유명한 고전전설 『춘향전』과 중국 원곡의 관계를 논술했다. 이를 보면 오곤황이 당시 중국 연극의 동향을 잘 알고 또 어느 정도를 파악하고 있었다는 것을 짐작할 수 있다. 오곤황은 나중에 〈홍수〉, 〈뇌우〉와 〈오규교〉 등을 감독하는 것에 참여했다고 회상했다.[46] 1935년부터 1937년까지 중국유학생연극단체에 중화동학中華同學신극공연회, 중화국제연극협진회, 중화연극좌담회가 있었는데, 나중에 '중화연극협회'로 합쳐서 여러 공연을 열었다. '아키타 우자쿠선생은 이런 공연에 열심히 지도할 뿐더러 공연할 때마다 공연장에 와서 관람해서 열성적인 관중이기도 했다.'[47] 아키타 우자쿠가 중국유학생과 연극 활동에 있어서 서로 교류하고 밀접한 관계를 가졌으며, 그의 자서전과 일기를 통해 1935~1937년 사이에 중국 유학생 연극 활동이 도쿄에서 성황을 이룬 것도 알 수 있다. 1934년 6월 구양여천毆陽予倩과 여배우 왕영王瑩이 일본을 방문, 후지모리 세이키치와 무라야마 도모요시 등 일본 연극인들과 교류할 당시 아키타 우자쿠는 "중국의 연극 개혁가들이 사회 개혁과 연극을 일원화하려는 의도가 있는 것이 느껴진다"고 언급했다.[48] 오곤황의 일본 필명 '기타무라 도시오'

46 柳書琴, 「吳坤煌與日本左翼戲劇界及中國留日學生戲劇團體」, 『荊棘之道 台灣旅日青年的文學活動與文化抗爭』, 307쪽.
47 梁夢廻, 「秋田雨雀と中国 演劇」, 『続 秋田雨雀 その全仕事』, 東京:共榮社, 1976, 133쪽.
48 秋田雨雀, 『雨雀自傳』, 201쪽.

가 아키타의 일기에서 처음으로 나오는 것은 1935년 11월 7일 아키타가 중화연극좌담회에 초청으로 두선杜宣과『결제決堤』의 작가 오천吳天과 만날 때였다. 앞에서 보여준 시대배경과 그때 중국유학생이 도쿄에서의 연극 활동 상황으로 오곤황이 신협극단과 중국유학생극단과 긴밀한 관계를 가진 것을 알 수 있다.

오곤황이 1936년 5월에 쓴『출옥 후의 전한과 남경극운동』에서 전한이 출옥하고 나서 남경에서의 연극 활동을 상세히 기록했다. 전한이 체포된 후 국민당이 있는 남경으로 압송되어 감옥에서 4개월 있다가 나왔다.[49] 여기서 주목해야 할 것은 전한과 무라야마 도모요시를 같이 이야기한 것과 1935년 '중국무대협회' 남경 공연의 의미를 규명한 것이다. 오곤황이 글에서 시작하자마자 "여러 번 보도된 것처럼 전한은 일본에서 널리 알려져 있는 극작가이며, 그의 삭발한 머리와 활기가 넘친 것은 무라야마 도모요시와 비슷하다"고 적었다. 그가 전한이 출옥한 후에 창작한 〈회춘수回春水〉, 〈홍수〉, 〈첫눈의 밤〉을 '색다른 예술성에 도달한다'고 평가했다. 그리고 단지 '중국무대협회' 남경 공연으로 보면 "지리적 위치의 의미를 갖춘 것만 아니라 예술가의 자존심으로 생긴 이기주의와 영웅주의도 성공적으로 극복하며, 민족연극 건설에 자아를 버리고 모두 한 마음으로 노력해서 여태 흩어진 세력을 하나의 집중된 동력을 만들었다". 이 글에서 음미할 만한 곳은 마지막에 편집부가 부가한 '편집부에서'라는 설명이다. 이 중에서 최근 전한의 행동에 대한 주장으

---

49 전한이 1935년 2월 상해에서 체포되어 남경으로 압송된 소식이 1935년 2월 25일 일본『오사카 매일신문』,『도쿄일일신문』에서 모두 보도됐다. 劉平・小谷一郎 편,『田漢在日本』, 425∼426쪽; 董健,「第五章 "轉向"之後」,『田漢評傳』, 南京：南京大學出版社, 2012, 281∼373쪽.

로 말하면 각자가 각자의 관점이 있지만 노신魯迅 등의 견해는 본 글의 작가와 상당히 다르고, 편집부도 최선을 다해 조사해서 정확한 보도를 하겠다고 언급했다.[50] 아키타 우자쿠가 1935년 5월 9일에 기록한 일기에 따르면 그날 저녁에 중화연극협회가 히토쓰바시 강당에서 백미白薇의 〈이모〉와 전한의 〈홍수〉를 연출했고, 아키타 우자쿠가 〈홍수〉의 무대연출에 극찬하며 전한 〈홍수〉의 극본도 아주 흥미롭다고 여겼다.[51] 오곤황의 회상에 의하면 그가 이번 연출에 참여했고 아마 그런 까닭에 동년동월 잡지 『연극』에서 전한과 그가 남경에서 한 연극 활동에 대한 소개도 오곤황이 맡게 된 것이다.

1938년 6월 「『춘향전』과 지나 가부키의 원곡」은 주로 1938년 3월부터 4월 사이에 도쿄, 오사카, 교토에서 공연한 조선음악극 〈춘향전〉과 중국의 원곡을 비교한 것이다. 〈춘향전〉은 원래 조선 고전전설인데 조선 출신 작가 장혁주張赫宙가 개편하고 현대 일본어로 번역한 연극이다. 그 이유는 당시 "일본 본토에 있는 독자에게 이해할 수 있도록 하기 위한 것"이었다. 신협극단을 담당하는 무라야마 도모요시는 "일본에 있는 조선인에게 조선의 우수한 예술을 보여주고 싶었다"고 한다. 두 사람의 의도는 다소 차이가 있었다.[52] 극본이 완성될 때 무라야마 도모요시는 그것을 만족하지 않아서 한국 극작가 유치진柳致眞의 의견도 참고해서 복장과 고증도 유치진의 도움을 받았다. 배경음악에 있어서 무라야마가 아악雅樂과 조선음악으로 대용하고 동시에 극중의 역할을 강조하기 위

---

50 北村敏夫,「出獄後の田漢と南京劇運動」,『テアトロ』(1936.5)이 劉平·小谷一郎 편, 앞의 책, 427
～431쪽에 수록된다.

51 秋田雨雀,『秋田雨雀日記Ⅲ』, 東京 : 未來社, 1966, 90쪽.

52 白川豊,「張赫宙作戱曲〈春香伝〉とその上演(1938年)をめぐって」,『史淵』126호(1989.3), 96～97쪽.

322   제4부_마주치는 문화들

해서 색채 사용에 각자 가부키와 신극의 요소를 사용했다. 무라야마가 "가부키 형식의 연기를 빌려 쓴 것은 사실상 전진좌前進座의 지도를 받고 조선의 전통과 색채까지 용합시켜 사람에게 신극 느낌을 줄 수 있는 새로운 양식극을 창작하는 데 목적을 두었다"고 가리켰다.[53] 이 연극은 그때 내지內地에서 연출할 때 일본에 있는 한국인 관중이 더 많았지만 평가가 좋았고, 1938년 10월에 조선 각 지역에서 한 공연의 대중 평론과 비하면 상당한 차이가 있었다.[54] 오곤황의 이 글은 1938년 6월에 발표된 것을 보면 신협극단이 일본에서 공연하는 것에 근거해서 쓴 것으로 미루어 짐작할 수 있다. 오곤황은 먼저 〈춘향전〉이 중국 당대唐代의 전기傳奇와 원곡과 흡사하다고 지적하며 그 이유를 아마 한반도가 전부터 대륙의 문물과 제도의 영향을 받은 것과 관계가 있다고 여겼다. 흡사한 점을 말하면 즉 재자가인이 어려움을 겪고 재자가 과거에 합격해서 고향에 돌아와 가인을 괴롭히는 사람을 징벌하고 두 사람이 좋은 결과를 이룬 것이 원곡의 이야기와 비슷하다. 아마 이 〈춘향전〉에 일본 가부키 요소가 들어 있어서 오곤황이 관중이 중국 가부키(원곡)와 서로 통하는 〈춘향전〉으로 "완성도가 높은 원곡은 절대로 동양예술의 정화인 가부키에 뒤떨어지지 않는 것을 상상할 수 있다"고 여겼다.[55] 그렇지만 오곤황이 장혁주의 이런 현대화 연극은 연극 구조에서 많은 결함이 있으며 "개편된 춘향전의 공연은 완성도가 높은 원곡 형식이 된 것도 완전히 우연"이라

---

53 위의 책, 103 · 106쪽.
54 「Ⅳ朝鮮公演とその反響」, 위의 책, 109~119쪽 참조. 신협극단의 조선공연에 일행이 무라야마 도모요시와 아키타 우자쿠 등 중요 구성원이 포함되고, 그리고 현지에서 열린 좌담회도 참석했다.
55 北村敏夫, 「「春香伝」と支那歌舞伎の元曲」, 『テアトロ』, 5권 6호(1938.6), 49쪽.

고 생각했다. "무라야마가 개편한 그 중에 빠질 수 없는 장면 — 마지막의 대단원大團圓(…중략…)은 원 작가(장혁주를 말함)가 중시하지 않는 장면이 아름다운 결말로 바뀌어 이것은 도모요시의 상상력의 힘으로 이룰 수 있는 것이며 원곡을 아는 자면 반드시 그를 극찬할 것이다."[56] 이 글의 마지막에서 오곤황이 수많은 '지나 가부키'에 아직 많은 『춘향전』이 있다고 주장하는데 이것은 후에 더 연구할 필요가 있다.

위에 오곤황이 『연극』에서 쓴 평론을 통해 전한과 그의 남경에서 연극 활동에 관한 것이나 장혁주와 무라야마 도모요시의 합작 『춘향전』이나 모두 그가 신협극단의 주도자 무라야마 도모요시에 대한 높은 평가와 존경심을 보였다. 오곤황이 집필한 『연극』에 중요한 칼럼 「바다 저쪽」에서 전문적으로 중국 극단의 동향을 보도했다. 그가 쓴 글로 오곤황이 중국 연극운동에 대한 파악과 중국 고전연극에 대한 이해를 알 수 있다. 이 점으로 보면 오곤황이 편집 업무를 총괄하는 아키타 우자쿠와의 관계가 밀접했다는 것을 미루어 짐작할 수 있다. 아키타는 도쿄 유학생 극단의 적극적인 지원자이며, 중국 연극계와 전부터 왕래가 빈번하고 중국 극단의 발전에 항상 관심을 가졌다. 1939년 3월 오곤황이 중국에 가는 이유와 그 결과 그리고 신협극단 주변 사람과의 관계가 어떤지가 다음 연구과제가 될 것이다.

---

56 위의 글 참조.

5. 결론

1920년대부터 1930년대까지 일본의 좌익 연극사조는 일본 연극개량 운동시기부터 일본 연극활동을 참여하기 시작한 아키타 우자쿠에서 그 역사 발전의 궤도를 뚜렷하게 볼 수 있다. 중국 신극 대표 극작가 전한은 다이쇼 시기에 일본에서 유학을 하면서 아키타 우자쿠와 그의 연극 작품을 접했다. 그의 연극 창작을 통해 우리는 다이쇼 '연애지상주의', '예술지상주의' 등 시대 사조의 흔적을 볼 수 있으며, 전한의 작품과 아키타 우자쿠 극작과의 상호적인 관계도 찾아볼 수 있다. 1929년 도쿄에 도착한 오곤황은 일본 연극운동이 다른 단계로 넘어가는 시기를 맞이하였다. 오곤황이 잡지 『연극』에 1935년부터 1938년까지 썼던 평론을 살펴보면, 그가 1934년 신극대동단결을 대표한 신협극단과 관계가 깊고, 그 주도자 무라야마 도모요시에게도 빠진 것을 알 수 있다. 오곤황이 도쿄에서 중국 연극 활동과 교류한 것은 아키타 우자쿠와 전한의 중일 연극 교류 연장선의 재연장이라고 말할 수 있다. 아키타 우자쿠와 전한 그리고 오곤황 세 사람이 일본 연극 운동으로 형성된 관계를 보면 좌익사조가 어떻게 연극을 매개체로 삼아 동아시아에 확산시키는 다른 면을 엿볼 수 있다.

전쟁과 프로파간다

아시아·태평양 전쟁기의 만화가와 동남아시아 점령

마쓰오카 마사카즈 / 번역 이혜원

1. 시작하며

아시아·태평양 전쟁기에 일본군은, 점령한 동남아시아(남방점령지)에서 문학자를 비롯한 문화인들을 동원하여 프로파간다를 시행했다. 본고는 만화가로서 동원되어 남방점령지의 주요거점 중 하나였던 싱가포르에서 프로파간다 활동에 종사한 구라카네 요시유키倉金良行의 사례를 소개하고자 한다. 구라카네는 「노라쿠로 이등병のらくろ」[1]의 작자로 알려진 다가와 스이호田河水泡의 제자로, 1930년대부터 대일본웅변회 고단샤(현 : 고단샤)의 잡지 『소녀 구락부少女倶楽部』에 만화를 연재하고, 전

---

1 1931년부터 1941년까지 대일본웅변회 고단샤의 소년잡지 『소년 구락부』에 연재된 만화로 들개를 의인화하여 육군 군대생활을 보내는 이야기. 동물을 주인공으로 하는 설정은 미국의 애니메이션 『펠릭스 더 캣(Felix the Cat)』을 모델로 하고 있다.

후에는 구라카네 쇼스케倉章介라는 펜네임으로 애니메이션화와 드라마화도 된 「안미쓰 공주あんみつ姫」를 남겼다.[2] 일관되게 천진난만한 소녀를 다루었던 구라카네의 작풍은 일본 소녀 개그 만화의 선구라고 말해도 좋을 것이다.

본고에서는 프로파간다를 "자신이 바라는 행동을 촉구하기 위해 인식을 의도적으로 형태 지으려고 하는 시도"라고 완곡하게 정의해 두겠다.[3] 프로파간다는 미디어 역사의 교과서 등에서 말해지듯이 그 역사적 경위와 기술의 진전, 사회에서의 위치 짓기 등에서 선동agitation, 광고advertisement, 홍보publicity, public relations, PR와 명확하게 구분 지을 수 없다.[4] 구라카네 등 남방점령지 활동에 종사한 문화인들의 직무도 여러 가지에 걸쳐 있어 그 양상을 하나의 정의로 말할 수는 없다. 따라서 위에서 말한 완고한 정의로 '프로파간다'라는 단어를 사용하여 그들이 행한 선전의 양상에 대해 생각해보고자 한다.

본고의 목적은 한 사람의 만화가가 경험한 프로파간다의 사례를 통해 아시아・태평양 전쟁기의 남방점령지에서 만화라는 미디어가 어떠한 기능을 담당할 수 있었는지, 또한 그 프로파간다의 담당자는 어떻게 현지 사회와 마주했는가를 살피는 것에 있다. 이하 전장에 문화인이 동원되어가는 과정, 만화／만화가가 전쟁에 동원되는 양상을 개관하고 만화가 구라카네 요시유키의 싱가포르에서의 활동에 대해서 검토한 후 상기의 문제를 다루고자 한다.

---

2 구라카네의 만화가로서의 이력에 대해서는 植松利仁「山梨の先人31 倉金章介」(『山梨日日新聞』2019.2.13)를 참조.
3 クシュナー,バラク, 井形彬訳『思想戦 : 大日本帝国のプロパガンダ』, 明石書店, 2016, 33쪽.
4 佐藤卓己『現代メディア史新版』岩波書店, 2018, 118쪽.

2. 전쟁과 종군문화인

남방점령지에서는 각 통치 집단에서 선전반과 그에 준하는 기관이 설치되고, 작가를 비롯한 문화인들이 점령지의 주민에 대한 프로파간다, 대 국내 보도, 작전군장병의 계몽을 담당했다. 그들 문화인의 징용은 1939년 7월에 시행된 국민 징용령에 근거한 것으로, 1941년 10월 이래 작가를 시작으로 화가, 만화가, 영화인, 연극인, 방송관계, 신문기자, 인쇄관계, 종교관계, 사진반, 통역반 등 다수가 징용령을 받았다. 징용된 문화인은 문학 관계에서만 70인 이상을 상회한 것으로 보이고 징용 기간은 일률적이지 않았다.[5]

구라카네가 전시기에 활동의 장으로 삼은 말레이·싱가포르는 영국군이 항복한 1942년 2월부터 육군 제25군이 군정을 배치했다. 거기에서는 군정부장 등을 지낸 와타나베 와타루渡邊渡 휘하, 주민의 일본화를 노린 문교정책이 전개되었다. 영어와 중국어, 서양문명을 금지한 상태에서 천황제에 근거한 동양정신문화의 고양을 노리는 와타나베의 군정철학을 교육·선전의 측면에서 수행하고 있던 것은 선전반으로서 조직된 문화인들이었다. 선전반은 당초 군사령부의 직속에 놓였는데 1942년 7월에 군정감부본부로 편입되었다.

말레이·싱가포르의 선전반에서는 작가로서는 아이다 다케시会田毅, 고이데 히데오小出英男, 진보 고타로神保光太郎, 나카무라 지헤이中村地平, 데라자키 히로시寺崎浩, 이부세 마스지井伏鱒二, 나카지마 겐조中島健蔵, 오구

---

5   神谷忠孝「序論」, 神谷忠孝·木村一信編『南方徴用作家―戦争と文学―』1-14, 世界思想社, 1996, 6~9쪽.

리 무시타로小栗虫太郎, 아키나가 요시로秋永芳郎, 오바야시 기요시大林清, 기타가와 후유히코北川冬彦, 사토무라 긴조里村欣三(후에 보르네오로 이동), 가이온지 조고로海音寺潮五郎 등, 화가로서는 구라하라 신栗原信 등이, 저널리스트는 사카이 세이이치로堺誠一郎, 야마모토 사네히코山本実彦, 마에다 유지前田雄二, 히라이 쓰네지로平井常次郎, 히라노 나오미平野直美, 야나기 시게노리柳重德 등 카메라맨으로는 이시이 고노스케石井幸之助 등이, 음악가로는 나가야 미사오長屋操 등이 있다.[6] 그 외, 화가인 후지타 쓰구하루藤田嗣治가 종군화가로 싱가포르를 방문한 외에 영화감독인 오즈 야스지로小津安二郎도 육군보도부 영화반원으로 1944년에 싱가포르를 방문했고 인도독립운동을 테마로 한 기록영화를 찍게 되었다.[7] 작가 이부세 마스지井伏鱒二에 의하면 그와 같은 수송선에 탄 징용부대는 총 120명이라고 하는데 명확한 인수는 불분명하다.

이러한 문화인의 전쟁동원은 남방점령지가 처음은 아니다. 1937년 7월의 노구교蘆溝橋 사건을 계기로 수렁에 빠진 중일전쟁 중에 육군은 작가들을 동원한 프로파간다를 적극적으로 추진하게 되었다. 그 배경에 있던 것은 장개석 정권의 대외 미디어전략이었다. 중국 측의 적극적인 미디어전략 앞에서 일본군측은 국제적인 정보전·선전전에 '실패'가 거듭되었다.[8] 이러한 상황 속에서 육군이 주목한 것이, 1938년에 전장에

---

6   中島健蔵『回想の文学⑤ 雨過天晴の巻』, 平凡社, 1977, 71~74쪽.

7   임팔작전의 전황악화로 기록영화의 계획은 좌절되었고 오즈는 싱가포르에서 접수한 미국영화를 만끽했다(西原大輔, 『日本人のシンガポール体験 : 幕末明治から日本占領下·戦後まで』, 人文書院, 2017, 248~249쪽).

8   일본군에 의한 중국에서의 잔혹한 행위를 그린 작품이 중국어로 번역되어 중국 측의 프로파간다에 사용된 예로서 이시카와 다쓰조(石川達三)의 「살아있는 병사(生きてゐる兵隊)」의 사례를 들 수 있다. 이에 대해서는 渡辺考, 『戦場で書く : 火野葦平と従軍作家たち』, NHK出版, 2015, 99~105쪽 및 五味渕典嗣, 『プロパガンダの文学 : 日中戦争下の表現者たち』, 共和

서 출정중인 병사로서 아쿠타가와 상을 수상한 히노 아시헤이火野葦平였다. 육군은 작가를 동원한 프로파간다 계획을 계속 세우고 있었다. 이렇게 육군은 작가들에 의한 '펜 부대'를 결성했다. 그리고 기쿠치 간菊池寛의 주도 아래 많은 작가들이 전지로 건너갔다.[9]

1941년 일본이 영국, 미국, 호주 등에 선전포고를 하고 전장을 동남아시아로 넓히자 종군작가들의 활동 무대도 남방으로 넓혀졌다. 중일전쟁 중 전지에서 아쿠타가와 상을 수상한 히노 아시헤이는 종군작가로서 필리핀으로 보내졌고 현지에서 프로파간다에 종사했다. 그 외 네덜란드령 동인도 방면으로는 다케다 린타로武田麟太郎, 아베 도모지阿部知二, 기타하라 다케오北原武夫, 도미사와 우오이富津有為男, 오에 겐지大江賢次, 아사노 아키라浅野晃, 오야 소이치大宅壮一 등이, 말레이·싱가포르에는 이부세 마스지井伏鱒二, 사카키야마 준榊山潤, 나카무라 지헤이中村地平, 나카지마 겐조中島健蔵 등, 버마로는 다카미 준高見順, 뉴기니에는 마미야 모스케間宮茂輔, 과달카날섬에는 사무카와 고타로寒川光太郎. 해군으로는 이시카와 다쓰조石川達三와 니와 후미오丹羽文雄, 야마오카 소하치山岡荘八 등이 징용되었다.[10]

　国, 2018, 45~84쪽 참조.
9 渡辺考, 위의 책, 140~174쪽; 五味渕典嗣, 『プロパガンダの文学 : 日中戦争下の表現者たち』, 共和国, 2018, 86~126쪽.
10 渡辺考, 위의 책, 183쪽.

3. 만화가 동원

전쟁에는 만화와 만화가도 동원되었다. 일본 본토에서는 1940년 10월에 발족된 대정 익찬회大政翼贊會가 같은 해 8월에 발족한 신일본만화가협회와 협력하여 같은 해 말 「익찬일가翼贊一家」라는 만화를 내놓았다. 「익찬일가」에 대해 상세하게 조사하고 있는 오쓰카 에이지大塚英志에 의하면 「익찬일가」는 "전시하에 정치적 동원의 수단이라는 의도로 시작된 '미디어믹스'였다"라고 설명한다.[11] 제2차 고노에내각성립에 의한 '신체제'를 기반으로 젊은 만화가를 중심으로 결성된 신일본만화가협회는 적극적으로 대정 익찬회 선전부와 관계를 가졌다. 그 배경으로서 오쓰카 에이지는 이념에 대한 공명이 아닌 '익찬회라는 새로운 클라이언트에 대한 기대'에 의한 '이권 확보'가 있었다고 지적한다.[12] 「익찬일가」라는 새로운 프로젝트는 단기로 끝났을지언정 만화를 중심으로 그림책, 레코드, 소설, 독자 투고 등, 여러 미디어를 동원하는 미디어믹스로서 들 수 있다는 점, 또한 '일가'나 '조나이町內'라고 부른 '도나리구미隣組'라는 국책에 맞춘 체제를 만든 것은[13] 프로파간다의 기술로서 커다란 의미를 가졌다. 오쓰카 에이지는 "'익찬일가'는 '익찬운동'이라는 이후 전개되는 거대한 미디어동원으로 이루어진 프로파간다의 출발점"으로서 그 중요성을 지적한다.[14]

---

11 大塚英志, 『大政翼贊会のメディアミックス: 「翼贊一家」と参加するファシズム』, 平凡社, 2018, 7쪽.
12 위의 책, 24쪽.
13 『아사히그래프(アサヒグラフ)』에서는 이후에 「사자에 씨(サザエさん)」로 알려진 하세가와 마치코(長谷川町子)가 「익찬일가」를 그렸는데, 오쓰카 에이지는 「사자에 씨」와 「익찬일가」의 유사점은 캐릭터의 유사성뿐만 아니라 '일가'나 '조나이'라는 틀에서 찾을 수 있다고 지적한다(大塚英志, 위의 책, 100쪽).

만화와 당시 '만화영화'라고 불린 애니메이션 기술을 '전력' '국력'으로서 파악하는 의견도 있었다. 그러한 언론에 대해서는 디즈니 등 미국 애니메이션 기법의 수용이 강조되었다. 영화평론가 이마무라 다이헤이今村太平는 1942년『전쟁과 영화』에서 "일본이 디즈니 애니메이션에 필적하는 것을 가지지 않으면 식민지지배도 프로파간다도 실패한다"라며 군에 애니메이션에 대한 지원을 촉구했다.[15] 해군성이 지원하고 쇼치쿠松竹가 제작하여 1945년에 공개된 장편 애니메이션 영화『바다의 신병海の神兵』은 그러한 배경을 바탕으로 제작되었다. 오쓰카 에이지는『바다의 신병』에서 디즈니 스타일에 의한 캐릭터 디자인과 묘사의 리얼리즘을 지적한다.[16] 인물은 디즈니 애니메이션과 같이 의인화된 동물로 디즈니적 캐릭터의 서식에 따라 그려졌다. 전시하에 동원을 위한 만화는 아메리카니즘을 수용하여 확립되었는데 그것이야말로 '국력'이라고 논해졌다.

만화를 '전력'으로 여기는 주장은 남방점령지로 동원된 만화가들로부터도 일어났다. 구라카네와 함께 싱가포르로 건너가 그 후 남방점령지로 이동한 만화가 마쓰시타 기쿠오松下紀久雄는 1944년에 도쿄에서 출판된 화집『남쪽을 봐줘南を見てくれ』안에서 다음과 같이 적고 있다.[17]

---

14 大塚英志, 위의 책, 38쪽.

15 今村太平,『戦争と映画』第一芸文社(『今村太平映像評論』として復刻), 1942, 140쪽; 大塚英志,『ミッキーの書式 : 戦後まんがの戦時下起源』, 角川学芸出版, 2013, 30~31쪽.

16 파시즘 체제화에서 확립된 일본의 만화 및 애니메이션의 미학과 방법을 오쓰카 에이지는 "디즈니와 에이젠슈테인의 야합"이라고 평한다(大塚英志,『ミッキーの書式 : 戦後まんがの戦時下起源』, 9・33쪽).

17 松下紀久雄,『南を見てくれ』, 新紀元社, 1944, 202~203쪽.

전쟁과 만화라는 불가분의 이념은 대동아 전쟁 하에서 추축국 반추축국에 상관없이 각국의 선전활동 가운데 중요한 존재인데 대외적으로도 사상적 선전모략에 가장 고도의 활동이라고 할 수 있다. (…중략…) 대동아 전쟁의 진의를 이해시키는 방법으로 취해진 정치만화는 원주민 안에서 이해하기 쉽도록 친근해져 있었다. 오락적 내용을 구비한 연재만화, 생활만화, 소국민만화도 그 정치적, 건설적 내용을 갖추어 전후 현저하게 부족했던 오락 측면에서 명랑한 선물이었던 것이다. 이를 총괄하여 보도선전만화라고 부를 수 있겠다. 종래의 일반적 만화 감각으로서 안고 있던 장난스런 난센스와 풍자화가 아닌 전쟁수행상 뺄 수 없는 존재로, 대내적으로는 국민사상, 전력증강의 다각적인 요소를 갖추어 새로운 인식이 되어 나타난 것이다.

여기에서 '사상적 선전모략', '국민사상', '전력증강'이라는 말이 이어지고 있는데 만화를 단순한 오락이 아니라, 프로파간다의 도구로서 적극적으로 위치 지으려는 발상이 엿보인다. 일본 본토에서의 만화에 의한 동원 움직임과 이어지는 것이라고 말할 수 있을 것이다.

남방점령지로 동원된 만화가로서는 자와 섬에서 종군한 오노 사세오小野佐世男가 잘 알려져 있다. 오노는 스스로 많은 작품을 자와 섬에서 남겼고 더불어[18] 계민문화지도소啟民文化指導所에서 현지인 미술가의 육성에도 종사했다. 싱가포르로 건너간 만화가로서는 구라카네 요시유키 외, 상술한『남쪽을 봐줘』의 작자로 현지 신문에 '건설'에 관한 만화와 일러스트레이션을 많이 남긴 마쓰시타 기쿠오와 일본군 병사의 모

---

18 자와 섬에서의 오노의 작품은『오노 사세오 자와 종군화보(小野佐世男 ジャワ從軍画譜)』로 간행되었다.(小野耕世・木村一信 編, 龍溪書舍, 2012)

습과 적국 지도자의 일러스트레이션 등을 현지 신문에 그린 요시노 유미스케吉野弓亮 등이 있다. 그들은 군정의 방침을 바탕으로 그 이미지를 만화와 일러스트레이션라는 미디어로 표현했다.

4. 싱가포르의 구라카네 요시유키

구라카네 요시유키는 1914년에 태어나 1930년 고향인 야마나시山梨현 고후甲府시를 떠나 상경하여 다가와 스이호田河水泡에 사사했다. 제2차 세계대전 중에는 육군에 종군하고 싱가포르에서 선전반원으로서 활동했다.[19] 1946년 소집해제 후 그는 '구라카네 쇼스케倉金章介'라는 필명으로 일본 내 활동을 재개했고 1949년부터는 고분샤光文社의 월간잡지 『소녀少女』에서 '안미쓰 공주'의 연재를 개시, 1954년까지 연재를 계속했다. 전시기의 구라카네는 일본점령 하 싱가포르에서 어떠한 작품을 남기고 어떻게 현지 사회와 마주했을까?

여기에서는 구라카네 요시유키가 싱가포르에서 남긴 작품에 대해 보도록 하겠다. 구라카네는 싱가포르에서 아동용 신문 『사쿠라』와 일본어 교본으로서 출판된 『일본어도설』이라는 두 개의 매체에 만화와 일러스트레이션을 담당했다. 전자는 1942년 6월에 일본어보급을 추진한 선전반에 의해 실시된 일본어보급운동을 기회로 창간되었다. 『사쿠라』는 일

---

19 구라카네의 작품은 말레이반도에서 간행된 말레이어 미디어에도 게재된 점이 Saiful Akram Che Cob의 조사에 의해 밝혀졌다.(Saiful Akram Che Cob, *Propaganda Visual pada Era Penaklukan Jepun(1942-1945 : Manifestasi Simbolik, Retorik dan Satira Radikal)*, Institut Terjemahan & Buku Malaysia, 2018)

〈그림 1〉『사쿠라』제11호, 1942년

본의 노래, 뉴스, 옛날이야기, 만화, 일본과 전쟁에 대한 읽을거리 등의 다양한 내용으로 이루어져 있다〈그림 1〉.『사쿠라』는 선전반의 발행에 의한 것으로 선전반원이었던 시인 진보 고타로神保光太郎가 편집을 담당했다. 진보의 이후 기술에서『사쿠라』는 아동을 주요한 독자로서 상정했음을 알 수 있다.[20] 학교 등에서의 이용도 고려하여 교육적인 요소를 강하게 지니게 했음을 엿볼 수 있다. 또한『사쿠라』의 특징 중 하나로 들 수 있는 것이 음악과 만화라는 서로 다른 다양한 미디어를 구사한다는 점이다. 특히 음악에 관해서는 많은 일본의 노래를 소개하고 있는데, 단순히 가사와 악보를 게재한 것이 아니라 라디오에서 반복해서 방송할 것을 강조하고 있고 학교방송이라는 새로운 미디어와의 조합도 시도하고 있다.[21]

후자『일본어도설』은 1942년 7월에 일본군정의 감독 하에 놓인 중국어지『소남일보사昭南日報社』에 의한『소남일보』총서의 하나로 출판되었다. 동서同書는 1942년 6월부터 7월에 걸쳐 중국어지『소남일보』의 구라카네의 연재를 모은 것이다. 동서에서는 일본어의 기본어휘와 일상회화를 일러스트레이션과 발음, 번역문으로 설명하고 있다. 어느 정도의 부수가 발행되었는가에 대해서는 분명하지 않지만 발매 후 얼마 지나지 않은 1942년 7월 28일자의『소남일보』에서는 동서에 관한 기사가

---

20 神保光太郎,『昭南日本学園』, 愛之事業社, 1943.
21 松岡昌和,「日本軍政下シンガポールにおけるこども向け音楽工作」,『アジア教育史研究』18, 2009.

게재되어 있고 시민에게 환영을 받았다고 기록되어 있다. 이 기사가 어디까지 실정을 반영한 것이지는 모르지만 적어도 일반인들에게 판매되었다고 봐도 좋을 것이다.

이하 구라카네의 주요한 활동 무대가 된 두 개의 매체에 대해 다루고자 한다. 먼저, 구라카네의 『사쿠라』에 대한 관여인데, 크게 이하 네 가지로 분류할 수 있다. 여기에서 검토대상이 된 것은 구라카네의 서명이 들어간 것, 혹은 작품에서 분명하게 구라카네의 작품이라고 알 수 있는 것으로 한다.

1. 네 칸 만화
2. 게재된 일본의 노래에 관련된 일러스트레이션
3. 진보 고타로의 연재 「일본 아저씨의 이야기(ニッポンオジサンノハナシ)」와 관련된 일러스트레이션
4. 그 외

1) 『사쿠라』 1－네 칸 만화

구라카네 요시유키는 창간 당초부터 발행주체가 선전부로 바뀐 뒤에 긴 중단 기간이 있었음에도 때때로 네 칸 만화(칸 수는 경우에 따라 변동 있음)를 게재했다. 구라카네의 만화가 게재된 것은 제1~7호, 제9호, 제19~21호, 제24호, 제26호이다. 그 만화는 제5~9호를 제외하고 마천과 레이천이라는 말레이계의 소년소녀를 주인공으로 한 것이 중심이다.

제1호부터 제4호까지가 마천·레이천의 일상생활을 제재로 하고 있고 일본어 학습을 장려하는 모습이나(〈그림 2〉) 동물원의 방문, 심지어

〈그림 2〉『사쿠라』제1호, 1942년

는 판자에 털 나는 약을 뿌리고 자라난 털을 브러시로 만들어 팔려는 공상까지 그리고 있다. 여기에 그린 일상생활은 실제 말레이계 아동의 생활 상황을 반영한 것이라기보다 일상생활을 즐기면서 일본어 학습을 격려한다는 『사쿠라』의 창간 이념이 반영된 것이라고 말해도 좋을 것이다.

제5~9호에서는 그때까지와는 아주 다르게 동물을 주인공으로 하고 있다. 이들 동물은 모습은 동물이면서 기지가 넘치는 행동을 하거나 인간처럼 행동을 취하거나 하는 점에서 의인화된 동물이다. 의인화된 동물은 후술의 노래 일러스트에서도 등장하고 그림책이나 아동문학에서 보이는 것처럼 아이들의 공상 세계를 그려낸 것이라고 여겨진다.

제19호부터 26호까지 5회에 걸친 「말레이 여행」 연재에서는 마천과 레이천이 작자인 구라카네에게 졸라 구라카네와 함께 말레이반도를 여행하는 모습이 그려졌다. 먼저 세 사람은 쿠알라룸푸르의 농사훈련소를 방문해서(〈그림 3〉) 일본군병사의 지도하에 생산 활동에 힘쓰는 말레이 청년과 만난다. 이어서 페라로 향해 주석 광산을 견학한다. 출발 전에는 그림엽서를 보며 관광여행을 꿈꾸는 듯 그려졌는데 실제로는 교육여행과 같은 여정이 되었고 전투행위와 비슷한 장면은 전혀 보이지 않지만 그 세계관이 더 '현실적'이다.

〈그림 3〉『사쿠라』제 21호, 1943년

2) 『사쿠라』 2 – 일본 노래에 관련된 일러스트레이션

다음으로 노래의 일러스트레이션에 대해 보도록 하겠다. 『사쿠라』에서는 창간호부터 제39호까지 일본의 노래라고 여겨지는 악보 또는 가사, 합계 56곡이 소개되어 있다.[22] 그중 18곡에 구라카네 요시유키가 일러스트레이션을 그렸다. 『사쿠라』에 실은 노래는 전체적으로 일본 본토의 학교교과서에서 가져온 창가가 많은데 구라카네의 일러스트레이션이 붙은 노래는 오히려 동화, 혹은 그렇다고 여겨지는 곡이 반수 가까이 차지하고 있다. 이들 일러스트레이션은 당연히 노래의 소재와 가사에 관련된 것이었다.

이것들은 어디까지나 동화나 창가를 모티브로 한 작품이고 반드시 구라카네의 작풍과 의도가 그대로 반영된 것은 아니지만 그 특징을 두 가지 정도 지적할 수 있다. 먼저 등장하는 캐릭터의 대부분이 아이들이거나 동물이라는 점이다. 원래 동요 그 자체가 '아이들의 노래'로서 창

22 위의 책.

작된 것이므로 아이들을 많이 등장시키는 것은 극히 자연스러운 일일 것이다. 또한 아이들의 '공상'과 '정서'가 중요시되는 동요에서 동물, 특히 의인화된 동물을 채택한 것 또한 부자연스러운 일이 아니다. 그런 점에서 구라카네의 일러스트레이션은 동요의 특징을 단적으로 나타내고 있다고 말할 수 있다.

〈그림 4〉 『사쿠라』 제17호, 1942년

게다가 구라카네는 아이들의 세계를 노래한 것이 아닌 곡에 대해서도 아이들을 중심으로 그리고 있다. 예를 들면 제14호에 게재된 〈기차キシャ〉나 제17호에 게재된 〈연못의 금붕어ィケノコイ〉 등은 아이들의 모습을 노래한 것은 아니지만 일러스트레이션에는 각각 두 사람씩 아이들이 그려져 있고, 내용을 묘사하고 노래하는 주체가 아이인 것을 알 수 있다〈그림 4〉.

두 번째로 군정이 배치된 전시의 점령지이고 일본군에 대한 존경과 협력이 요청된 시대이지만 전투행위를 방불케 하는 요소가 거의 보이지 않는 점이다. 예를 들면 제11호의 〈병사아저씨ヘイタイサン〉는 일본군병사의 용감함을 노래한 것인데 일러스트레이션에서는 병사는 그림자로만 그려지고 그림의 중심은 병사를 배웅하는 아이와 개다. 또한 아이들은 병사에 대해 경례를 한다거나 하는 것이 아니라 웃는 얼굴로 손을 흔들고 있다. 이렇게 노래에 더해진 일러스트레이션에서는 그 노래의 내용과 관계없이 아이들과 아이들의 상상력을 중심에 둔 화풍을 엿볼 수 있다.

3) 『사쿠라』 3−진보 고타로의 연재 「일본 아저씨의 이야기」에 관련된 일러스트레이션

이 밖에 구라카네 요시유키가 정기적으로 『사쿠라』에 내고 있던 작품으로, 편집을 담당한 진보 고타로가 연재한 「일본 아저씨의 이야기」의 제목의 글씨와 일러스트레이션이 있다. 가라쿠네의 서명은 일부에만 붙어있지만 그 작풍으로 미루어 모두 구라카네의 작품이라고 봐도 무방할 것이다.

「일본 아저씨의 이야기」라고 제목이 붙은 진보의 연재는 제1호에서 제15호까지 게재되어 있고 그 내용은 다양하다. 제1호에서 제5호에서는 학교생활, 지리, 놀이, 축일이라는 일본의 국정國情을 소개하는 것이고 그 형식은 단순히 내용을 설명하는 것에서 문답형식으로, 그리고 「일본 아저씨의 이야기」가 현지 아동에게 말을 거는 형식으로 변화하고 있다. 이 형식은 그 후에도 답습되어 제6호에서 제9호까지는

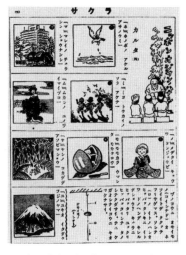

〈그림 5〉 『사쿠라』 제13호, 1942년

모모타로桃太郎, 혀 잘린 참새舌切雀, 긴타로金太郎 등의 옛날이야기가 다이제스트판으로 소개되었다. 제10호부터 제14호에 걸쳐 오십음 순으로 카드를 게재해서 각각의 음으로 시작하는 문장이 일러스트레이션과 같이 붙어있다〈그림 5〉.[23] 연재의 마지막이 된 제15호는 '일본어'라는 타이틀이 붙어 현지 아동과의 문답 중 일본어 학습에 힘쓸 것을 설교하고 있다.

23　오십음 카드는 당초 일본어 보급운동의 일환으로서 제작을 기획했는데 실현되지 못했다. 최종적으로 『사쿠라』의 기사가 된 듯하다.(神保光太郎, 앞의 책, 37쪽)

구라카네는 이 연재 중 연재 타이틀이 「일본 아저씨의 이야기」가 된 제4호 이후의 제목 글씨와 일러스트레이션을 담당한 것으로 보인다. 제4호에서는 교원풍의 신사가 제목 글씨에 붙어있는데 저자인 진보를 그린 듯하다. 제5호 이후, 제15호의 최종회까지 제목 글씨에 덧붙여진 일러스트레이션은 같고 나무그늘에서 신사와 세 명의 소년소녀가 마주하고 신사가 책을 읽으면서 소년소녀에게 말을 거는 모습이 그려져 있다. 이 신사는 '일본 아저씨'인 진보 고타로, 소년소녀는 다양한 장식으로 보아 현지 여러 민족의 아동이라고 여겨진다. 제목 글자에 덧붙여진 일러스트레이션 외, 구라카네는 내용과 관련된 일러스트레이션을 제공하고 있다. 제5호의 일본 축일에 대한 소개 기사에는 메이지 절에 국화 손질을 하고 있는 노인의 모습을 그렸고 옛날이야기를 소개하는 제6호부터 제9호까지는 모모타로, 꽃을 피우는 할아버지花咲か爺さん, 혀 잘린 참새, 딱딱산カチカチ山, 원숭이와 게 싸움さるかに合戦, 우라시마타로浦島太郎, 긴타로의 일러스트레이션을 더하고 있다. 또한 그것에 이어지는 오십음 카드에서는 오십음 각각과 관련된 카드의 디자인을 그렸다. 최종회인 제 15호에서는 「일본 아저씨의 학교」로, 진보가 교장을 맡았던 일본어학교인 소남일본학교의 건물을 그렸다.

4) 『사쿠라』 4-그 외

구라카네는 그 외에도 다양한 형태로 『사쿠라』에 관여했고 특히, 1942년 말까지 반년간은 『사쿠라』에 게재된 일러스트레이션과 제목글자의 대부분을 담당한 것으로 보인다. 이 기간의 『사쿠라』에서는 거의 매호 '친절한 뉴스'라고 제목 붙은 뉴스 해설기사가 게재되었고 구라카네가 그 제목 글자와 일러스트레이션을 직접 한 것으로 보인다. 이 기사는 일본의 국내사정, 추축국의 동향, 전쟁 관련 뉴스 등을 비교적 평이한 말로 설명한 것이다. 구라카네는 그 제목 글자에 매회 일러스트레이션을 붙이고 있는데 전체 15개 예 중에서 뉴스를 해설하는 성인남성이 단독으로 등장하는 한 예와 성인여성이 소년과 함께 등장하는 한 예를 빼면 소년·소녀·동물이 그려져 있다. 뉴스를 해설하는 성인을 중심으로 설정했다기보다도 그것을 주체적으로 읽고 해석할 아이들을 그린, 구라카네의 작풍이 여기에서도 나타난다고 할 수 있다.

5) 일본어도설

이어서 또 하나의 매체인 『일본어도설』에 대해서 살펴보도록 하겠다 〈(그림 6)〉. 1942년 7월 25일에 발행된 총서로서 『일본어도설』에서는 앞머리에 구라카네가 쓴 '작자의 말'이 있는데 다음과 같이 적고 있다.(중국어 원문, 필자 역)

〈그림 6〉 『일본어도설』표지, 1942

나는 아이들을 사랑하는 성격으로 쇼난 섬에 온 이후 길거리에서 노는 중국아이들의 천진난만함을 보고 어느 샌가 그 모습에 기쁨을 느끼게 되었다. 아이들이 웃으며 답해주지만 나는 중국어를 모르고 아이들은 일본어를 모르니 서로 대화를 하려고 해도 불가능한 것이 실로 유감인지라 중국어를 배우려 했지만 아직 그러지 못해 이 곤란함을 해결할 수가 없었다. 그러나 소남 섬은 일본의 땅이고 각 방면으로 검토한 결과 여러분들이 일본어를 배우는 것만큼 좋은 것은 없을 것이다. 그래서 나는 노력하여 이 책을 만들었다. 삼가 본서를 아동 여러분과 부모님께 바친다. 이후 서로 만날 때에는 조금이라도 일본어로 담소를 나눌 수 있다면 하고 기대하는 바이다.

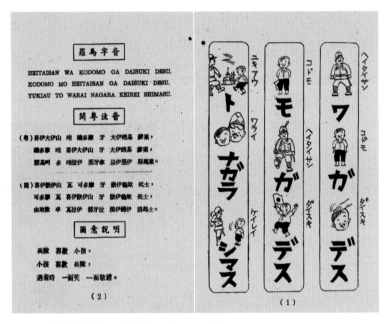

〈그림 7〉 『일본어도설』 보고 듣기(1~2쪽), 1942년

이 '작자의 말'에서는 본서가 중국인 아동과의 대화를 목적으로 집필된 점, 또한 아동의 부모 등 성인도 독자로서 상정되어 있음을 알 수 있다.

해당 책은 교실에서 사용하는 어학 교재라는 형태의 서적이 아니라, 일러스트레이션을 붙인 단어장에 가까운 형태를 취하고 있다. 각 보고 듣기에는 오른쪽에 일러스트레이션과 일본어가, 왼쪽에는 위에부터 로마자 발음, 광둥어 주음, 복건어 주음, 중국어 해설이 적혀 있다〈그림 7〉. 이 레이아웃은 해당 책 안에서는 일관되며 합계 31항목으로 이루어져 있다. 내용으로서는 기본어휘와 일상회화가 중심인데, 장면설정 등에서 몇 가지 특징을 찾을 수 있다.

여기에서 먼저 지적할 수 있는 것이 전쟁과 국체에 관한 내용과 장면을 다룬 항목이 다섯 항목이고 그 외의 내용·장면과 비교해 비교적 많은 부분을 차지하고 있다는 점이다. 구체적으로는 일본병사와 웃는 얼굴로 인사하는 아동을 그린 1항목째, 전쟁놀이를 하는 26항목째, 전쟁의 대의에 대해 다룬 27항목째, 기미가요·우미유카바라는 일본의 국체와 전쟁에 관련된 곡을 소개한 30, 31항목째가 그것에 해당한다. 특히 27항목 이후에 대해서는 아이들의 일상생활과 놀이라는 장면 속에 전쟁의 요소를 삽입하는 것에 그치지 않고 독자에 대해 적극적으로 교화하려는 경향이 강하게 나타나 있다.

또한 가정에 대한 장면이 네 항목으로 많고 호칭이 아이들 중심으로 되어 있는데 한편으로 아이들 생활의 중심이 되어야 할 학교를 다룬 장면은 두 항목으로 결코 많지 않으며 오히려 길거리나 상점을 다룬 항목이 많다. 길거리와 상점을 다룬 항목에서는 접객 시 사용하는 문구나 '담배' 등 아이들이 직접 쓰지 않는 것을 다루고 있다. 이러한 점에서도 구라카네의 '작자의 말'에 적힌 것처럼 성인도 독자로 상정했음을 알 수 있다.

그 외 특징으로서 풍토를 다룬 항목에서는 남십자성과 스콜 등 여러 가지를 포함한 현지에 입각한 장면을 설정했다기보다 일본의 풍토를 소개한 항목이 많은 점을 들 수 있다. 이것은 명확하게 '일본'에 대해 적은 항목 뿐 아니라 가정을 장면으로 한 22항목째에서도 일본풍의 생선구이나 장아찌가 그려지는 등, 일본의 가정을 재현한 구도로 되어 있다. 거기에 있는 현실적 장면을 일본어로 설명하려고 하는 순수하게 어학 교육적인 관점이 아니라 일본의 풍토와 문화를 적극적으로 소개하고 그러한 지식을 몸에 배게 하려는 이데올로기가 전면으로 나온 결과로 여겨진다.

해당 서적은 어린이용 단어집을 가장하면서도 분명히 성인용이라고 생각되는 내용을 포함하고 있다. 또한 신변의 어휘를 일본어로 말할 수 있게 하는 것과 일본의 전쟁 이데올로기를 이해하는 것이 혼재되어 있어 일본어의 체계적인 습득을 가장 중요하게 생각하여 편집한 것은 아니라고 보인다.

6) 만화가 구라카네 요시유키의 경력

싱가포르에서 프로파간다에 관계한 구라카네 요시유키는 만화가로서 어떤 경력을 걸어왔을까? 여기에서 싱가포르에 건너가기 전의 구라카네 요시유키에 대해 살펴보고자 한다. 전전의 구라카네의 인물상에 대해서는 그 기록이 적어 많은 부분이 베일에 싸여 있지만 적게나마 동문인 만화가 스기우라 시게루杉浦茂의 기술에서 구라카네의 당시 모습을 엿볼 수 있다. 스기우라의 기술에 의하면 구라카네는 다카라즈카宝塚 소녀가극을 좋아해서 당시 남성으로서는 드물게 히비야日比谷 다카라즈카 극장의 도쿄 공연에 혼자서 2번이나 보러 갔다고 한다.[24] 또한 뮤지컬영화『회의는 춤춘다会議は踊る』를 스기우라와 함께 관람하는 등 '모던

한' 취미를 가졌던 듯하다.[25]

　구라카네의 '모던한' 취미는 스승인 다가와 스이호의 경력에서 보면 결코 이상한 것은 아니다. 일본에서는 일반적으로 「노라쿠로 이등병」으로 알려진 다가와이지만 그는 원래 다카미자와 미치나오高見沢路直라는 이름으로 1920년대에 아방가르드 예술운동에 참가했고 1931년에 만화가로 전신했다. 다가와의 만화가로서의 표현에는 아방가르드 예술운동의 영향이 강하게 반영되어 있고 아메리카니즘, 대중을 향한 기계화된 표현, 기계 그 자체에 대한 찬미, 기하학적인 도형과 소재에 의한 구성적 표현 등, 구성주의를 만화라는 형식으로 실천했다.[26] 다가와의 캐릭터 디자인에는 디즈니의 영향이 강하게 반영되어 만화 표현에서 아메리카니즘을 크게 수용한 것을 알 수 있다. 구라카네 역시 이러한 아메리카니즘과 구성주의의 영향을 강하게 받았다고 생각할 수 있다.

　구라카네는 스승인 다가와 스이호의 주선도 있어 대일본웅변회 고단샤의 잡지『소녀 구락부少女倶楽部』,『소년 구락부少年倶楽部』,『유년 구락부幼年倶楽部』라는 미디어를 중심으로 작품을 발표해 간다. 이들 중에서 그가 특히 많은 작품을 남긴 것은 소녀용 잡지인『소녀 구락부』이다. 그 중에서도 반수 이상을 차지하고 있는 것이 연재만화 「도리 만세どりちゃんバンザイ」(이하 「도리」) 및 그 관련 작품이다.

　『소녀 구락부』 13권 10호(1935.10)부터 연재 개시된 「도리」는 17권 15호(1939.12)로 종료할 때까지 거의 매호 게재된 만화이다〈그림 8〉.

24　杉浦茂ほか,『杉浦茂 自伝と回想』, 筑摩書房, 2002, 65쪽.
25　위의 책, 36~38쪽.
26　大塚英志,『ミッキーの書式 : 戦後まんがの戦時下起源』, 10~20쪽.

주인공은 도리코라는 이름의 소녀로 이것은 대일본웅변회 고단샤가 당시 판매하던 청량음료 '도리코노'를 의인화한 것이라고 보고 있다.[27] 이 연재는 도리코의 유치원 입학 전부터 이야기가 시작되어 이야기 진행과 함께 도리코도 나이를 먹어 연재 종료 시에는 초등학교 2학년이 되었다.

<그림 8> 『소녀 구락부』13호 10호, 1935년

이야기는 주인공인 소녀 도리코의 일상생활을 무대로 반복하며 넓어진다. 이야기의 무대가 되는 것은 주로 도리코의 가정, 도리코가 다니는 유치원, 도리코가 다니는 초등학교이다. 이 중에서도 특히 도리코의 가정을 다룬 스토리가 많다. 도리코에게는 여학교에 다니는 감상적인 언니, 응원단 소속 중학생 오빠, 언니에 대한 훈육에는 잔소리를 많이 하지만 도리코에게는 상냥한 엄마, 유머 작가인 아빠. 러일전쟁에 참가했다지만 가정 내에서는 얼빠진 존재로 그려진 할아버지, 가사 도우미, 때때로 말을 하는 애견으로 된 가족이 있다. 이야기에서는 베를린 올림픽(14권 9호, 1936.9), 폐품이용(14권 13호, 1936.2; 17권 14호, 1939.11), 외국인 스파이 적발(15권 14호~16권 2호, 1937.12~1938.2), 방공연습(17권 2호, 1939.2), 아버지의 징용과 오빠의 만주도항(17권 15호, 1939.12)이라는 시국을 반영한 사건이 나타난다.

---

27 미야지마 히데키(宮島英紀)(『伝説の「どりこの」──一本の飲み物が日本人を熱狂させた』, 角川書店, 2011, 97~100쪽)의 기술을 참조. 다만 '도리코노'가 작중에서 언급되어 있는 것은 필자가 확인한 한 1회뿐이고(14권 1호, 1936.1) 이야기의 대부분은 청량음료와 무관계로 진행되고 있다.

그러나 이야기의 중심이 그러한 사건 그 자체와 시국에 대한 적극적인 적응이라기보다는 도리코와 그 가족의 재밌는 이야기, 도리코가 기지를 발휘해서(때때로 비현실적인 형태로) 문제를 해결해가는 모습 등이다. 예를 들면 외국인 스파이 적발 이야기에서는 도리코가 이상한 떡을 구워서 스파이를 몰아넣는다는 전개이다. 중일전쟁의 격화라는 시대배경 속에서 스파이가 등장해도 스토리는 익살스럽게 완성되어 있다.

주인공 도리코의 캐릭터 설정은 구라카네가 전후에 발표한 작품『안미쓰 공주님』의 주인공과 많이 겹친다. 둘 다 호기심 왕성하게 말이 많으며 때때로 천진난만하게 장난에 열중한다. 그러나 그 장난은 어른을 곤란하게 하는 일은 있더라도 용인 가능한 범위 내로 억제되어 있다. 이러한 어린이상을 그리는 방식은 전전부터 전후에 걸쳐 구라카네의 작풍으로서 일관된다고 여겨진다.

구라카네의 작품은 캐릭터 디자인 등에서 스승인 다가와 스이호의 영향을 받아 기하학적인 도형으로 인물을 그리는 등 일본에서 디즈니 수용의 연장선상에 위치한다는 것을 알 수 있다. 그 디자인 스타일은 전전기에 그린 「도리」, 전시기에 그린 「마천·레이천」, 그리고 전후에 그린 「안미쓰 공주님」과 일관된다고 할 수 있다. 구라카네는 일본 본토에서도 싱가포르라는 점령지에서도 어디까지나 전전기 일본이 디즈니를 수용하는 과정에서 확립한 만화의 서식을 관통하고 있다.

또한 구라카네의 작품은 '일가'를 축으로 이야기를 전개한다는 익찬체제에서 보인 미디어 믹스의 기법을 방불케 하는 무대설정을 「도리」, 「마천·레이천」, 「안미쓰 공주님」에서도 각각 전개하고 있다. 구라카네가 1940년대에 익찬체제에 적극적으로 협력한 기록은 확인할 수 없고 이것이 시국을 반영한 것이라고는 말하기 어렵다. 그러나 전시기에 일본 본토에서 볼 수 있는 형식이 역시 점령지에서도 사용된 것을 알 수 있다. 구라카네의 싱가포르 활동은 전전기에 일본 본토에서 확립되었던 만화 서식을 모티브만 동남아시아로 바꾸어 응용한 것이라고 말할 수 있을 것이다.

5. 마치며

전시기에 일본에서는 만화라는 미디어가 '전력'과 '국력'을 나타내는 것으로서 적극적으로 동원되었다. 중일전쟁에서는 선전전이 강하게 주장되었고 프로파간다의 중요성이 강조되던 차에 작가들이 전지로 동원되어 가게 되었는데 전쟁이 동남아시아로 확대해 가면서 작가 뿐 아니라 만화가들도 현지 군정 아래 프로파간다 담당자로 동원되었다. 구라카네 요시유키도 그러한 만화가 중 하나였다.

한편, 남방점령지에서의 프로파간다는 반드시 현지 사회나 현지 문화에 적응한 형태로 행해졌다고 말하기 어렵다. 원래 종군문화인은 전쟁의 요청으로 본인의 관심과 능력과는 무관계로 징용되는 일이 많았다. 그런 중에 구라카네는 현지 아동을 캐릭터로 채용하면서도 어디까지나 전전의 스타일로 그렸다. 그것은 아메리카니즘을 수용하면서 확립된 만화 서식이었다. 그러한 스타일은 일본 본토에서 익찬체제에 의해 동원되게 되었는데 다른 문화적·사회적 배경을 가진 동남아시아에서 어떠한 의미를 가질 수 있을까? 현지에서의 수용에 대해서는 사료의 문제 등으로 분명하게 말하기 어렵다. 그러나 적어도 구라카네를 비롯한 만화가는 현지의 서식을 사용하지 않고 당시 일본에서 확립된 만화의 서식을 사용하여 작품을 그렸다. 거기에는 남방점령지라는 이문화에 대한 접근과 이해의 모습은 희박하다.

싱가포르는 그 통치 집단의 성격에서 현지 사회의 일본화를 강력하게 추진했다. 거기에서 요구된 것은 서양문명의 배척이었다. 그러한 가운데 아메리카니즘을 기반으로 확립된 일본의 만화 형식은 어떠한 의미를 가질지 그 형식이 가진 메시지에도 주목할 필요가 있을 것이다. 아메리카니즘이라는 근대성과 일본의 콜로니얼리즘과의 관계라는 관점에서 더 깊은 연구가 요구된다고 말할 수 있다.

부기

본 연구는 일본학술진흥회 과학연구비 19K13316의 조성을 받은 것임.

드라마 〈미스터 션샤인〉의
애국서사 분석과 역사콘텐츠의 명과 암

김헌주

1. 머리말

근대 역사학의 아버지로 불리는 독일의 역사가 랑케Leopld von Ranke 이
래 근대 역사학과 국가는 불가분의 관계였다. 근대 역사학의 과학적 성
격과 객관성은 근대민족국가의 역사적 신화를 정당화한 것이었다. 랑
케는 현존하는 국가는 그 자체가 역사적 발전의 결과로서 하나의 도덕
적 에너지, 즉 신의 생각을 구현한다고 보았다. 따라서 랑케는 혁명적
수단이 광범위한 개혁을 통해서 기존의 정치 · 사회적 제도에 도전하는
것은 역사 정신을 위반하는 것이라고 보았다. 이러한 맥락에서 국가는
랑케의 역사관에서 핵심적 위치를 점했다.[1]

---

[1] 조지 이거스, 임상우 · 김기봉 역, 『20세기 사학사』, 푸른역사, 1999, 48쪽.

이것은 프로이센의 역사가였던 랑케 등에게만 해당되는 것은 아니었다. 프로이센보다 민주적 질서에 대한 관심이 높았던 영국과 프랑스의 역사 서술도 국사의 틀에서 벗어나지는 못했으며, 이들의 역사 서술에서 민중을 대표하는 것은 국가의 중심 기관인 의회였다. 따라서 이들에게 '정사正史'는 기본적으로는 국가 혹은 민족의 역사였다. 이렇듯 근대 역사학에서 국사National History의 패러다임은 굳건한 것이었다.[2]

원래 민족국가를 역사 발전의 주체로 설정한 역사 서술은 국가권력을 정당화하는 이념적 도구였다. '국사'란 틀이 문명, 지방, 여성 등을 제치고 근대 역사학의 지배적인 패러다임으로 자리 잡을 수 있었던 것도 이러한 이유에서이다. 국사 자체가 이러한 방식으로 자리잡았다면 국사가 국민에게 각인되는 방법 역시 다양하다. 현충일과 6·25 같은 국민적 기억의 공식 행사, 민족의 고유성을 과장하는 다양한 국민 축제, 개천절이나 제헌절 같은 제도화된 국경일, 조상이 사용했던 유물들을 같이 공유하면서 민족적 일체감을 기르는 데 일조하는 박물관, 신문과 방송 등의 매스미디어 등이 그것이다.[3]

특히 TV 드라마는 이러한 국사의 패러다임을 정당화하는 데 큰 역할을 했다. 예컨대 박정희 정권기인 1970년대 역사드라마는 국난극복사극과 정책사극이 강조되었고, 그런 영향 하에서 국난극복의 영웅들이 드라마를 통해 재현되었다.[4] 아울러 1980년대 대표적인 역사드라마인

---

2 임지현, 「국사의 안과 밖―헤게모니와 '국사'의 대연쇄(連鎖)」, 『국사의 신화를 넘어서』, 휴머니스트, 2004, 15쪽.
3 위의 책, 16쪽.
4 유석진, 「2000년대 한국 텔레비전 역사드라마의 장르 변화 양상 고찰」 1, 『한국극예술연구』 38, 2012.

〈조선왕조 500년〉 역시 조선시대와 현대 한국을 연결하는 근대 국민국가의 진화론적 역사관과 연결되어 있다는 측면 또한 최근의 연구에서 지적되었다.[5] 그리고 이후에도 사극은 지속적으로 국사 패러다임을 구축하는 보조자 역할을 했던 것이 사실이다. 본론에서 후술하겠지만 본 연구의 분석 대상인 〈미스터 션샤인〉(이하 션샤인) 역시 이러한 패러다임을 벗어나지는 못했다. 독립운동사와 멜로드라마의 접목이라는 파격적인 시도가 돋보이는 드라마였지만 궁극적으로는 애국서사의 구도를 벗어나지 못했다.[6] 따라서 이 드라마의 서사구조를 분석하고 그것이 갖는 함의를 분석하는 것은 TV 드라마와 국사 패러다임의 공모관계라는 측면을 밝혀내는 의미가 있다. 아울러 미디어 자본과 결합한 역사콘텐츠의 명과 암을 보여주는 계기가 될 수 있을 것이다.[7]

이하에서는 이러한 문제의식을 바탕으로 우선 드라마 서사구조에 관한 분석을 시도하고, 역사적 고증과 서사구조에 대한 비판적 검토를 진행한 후 마지막으로 미디어 자본과 결합한 역사콘텐츠의 한계에 관해 살펴보면서 글을 맺도록 하겠다.

---

5 정다함, 「역사학은 어떻게 예능이 되었나」, 『한국사연구』 183, 2018, 124~125쪽.

6 그러한 서사구조는 "〈미스터 션샤인〉은 흔들리고 부서지면서도 엄중한 사명을 향해 뚜벅뚜벅 나아가는 이름없는 영웅들의 유쾌하고 애달픈, 통쾌하고 묵직한 항일투쟁사다."라는 드라마 기획의도에서도 잘 드러난다(http://program.tving.com/tvn/mrsunshine/2/Contents/Html).

7 역사학과 미디어와 기억의 정치에 대해서는 테사 모리스 스즈키(김경원 역, 『우리 안의 과거 ―미디어·메모리·히스토리』, 휴머니스트, 2006)가 선구적인 작업을 진행했다. 최근의 한 연구(정다함, 앞의 논문, 2018)에서는 이러한 문제의식을 이어받아 한국의 역사학이 미디어 자본과 결합한 과정의 문제점을 진단하고, 그 대안으로서 역사 연구의 정치성 회복을 주문했다. 본 연구는 위의 두 연구에서 많은 시사점을 받았음을 밝힌다.

2. 서사구조 분석

1) 계급과 민족 그리고 근대의 교차로를 넘나드는 초중반부 전개(1~17회)

먼저 드라마 내용에 관해 간단하게 살펴보자. 노비 신분으로 눈앞에서 부모가 죽는 모습을 목격한 유진 초이(이병헌 분)는 신미양요(1871년) 때 군함에 승선해 미국으로 건너가서 미국 군인이 되었다가, 자신을 버린 조국인 조선으로 돌아온다. 복수심을 안고 조국에 돌아온 유진은 밀명을 받고 임무를 수행하던 중 우연한 기회에 고애신(김태리 분)을 알게 되고 그와 사랑에 빠진다. 그 와중에 고애신이 의병 조직과 관련된 것을 알았고 음지에서 그녀와 의병을 돕게 된다. 한편, 백정의 아들로 역시 부모의 죽음을 목격한 후 일본으로 건너가 일본 낭인집단인 무신회의 두목이 된 구동매는 조선에 대한 배신감과 어릴 적 자신을 구해준 고애신에 대한 사랑 사이에서 갈등하며 유진과 고애신 사이에 번번이 개입한다. 친일파의 거두인 이완익의 딸로 어릴 적 일본인 부호와 결혼한 쿠도 히나(김민정 분), 유진의 주인집 아들로서 고애신의 정혼자인 한량 김희성(변요한 분) 역시 서사구조의 관찰자이자 매개자로 등장한다.

이 다섯 인물의 얽히고설킨 서사가 이 드라마의 핵심이다. 흥미로운 것은 이 다섯 인물의 신분이 모두 다르다는 점이다. 유진과 구동매는 각각 노비와 백정 부모를 둔 천민 출신이고, 쿠도 히나는 역관의 딸로 중인 신분이라 볼 수 있다. 고애신과 김희성은 양반이다. 신분 출신에 따라 유진과 구동매는 조선(대한제국)에 대한 적개심을 가지고 있고 쿠도 히나는 국적을 초월하여 철저하게 중립적인 입장에 선다. 고애신은 여성으로서의 한계를 뛰어넘어 유의미한 활동을 하길 원하고 민족적 대의와 결합한 의병활동에 인생을 건다. 김희성은 고애신과 다르게 전형적인 한량으로서의 정체성을 드러낸다.

이러한 각자의 입장 차이는 서로의 대화와 독백 속에서 명징하게 드러난다. 가장 두드러진 대목은 어릴 적 자신의 목숨을 구해준 고애신에게 구동매가 고애신의 고운 한복 끝자락을 움켜쥐고 노려보면서 "호강에 겨운 양반계집"이라고 일갈하는 장면이다. 유진은 고애신에게 호감을 느끼게 되면서 그녀의 대의에도 끊임없이 의문을 던진다. "그건 왜 하는 거요? 조선을 구하는 거", "귀하가 구하려는 조선에는 누가 사는 것이오? 노비는 살 수 있소? 백정은?" 유진의 조선에 대한 적개심은 고종과의 대화에서도 드러난다. 극 중에서 유진은 조선인을 살해한 일본군을 물리친다. 고종이 이를 치하하는 자리에서 유진은 자신은 미국인이며 조선인이 아니라고 단호하게 말한다. 자신을 향한 구동매와 유진의 계급적인 적대감에 대해 고애신은 나라꼴이 이런데 누군가는 싸워야 하지 않느냐고 강변하지만, 유진의 신분을 안 뒤 실망하고 충격 받은 자신의 모습을 발견하고 "난 내가 다른 양반과 다른 줄 알았소. 그러나 아니었소. 내가 품은 대의는 모순이었고 난 그저 호강에 겨운 양반계집일뿐"이었다고 자괴하기도 한다. 그러나 고애신은 이런 과정을 이겨내면서 결국 유진을 택하게 된다. 생각해보면, 포수이자 평민 출신 의병인 장승구를 스승으로 깍듯하게 모셨던 것을 감안하면 고애신은 대의와 명분 앞에 신분적 한계를 뛰어넘을 수 있는 인물이기도 했다.

이런 점만 보면 계급과 민족을 대립구도로 놓는 서사구조를 취하는 것으로 보인다. 하지만 회차가 진행할수록 계급과 민족은 좀 더 중층적으로 배치된다. 조선에 대해 적대감만 가지고 있던 유진은 사랑하는 고애신, 어릴 적 자신을 구해준 도공 황은산이 의병 활동에 깊이 관여하고 있음을 알게 되면서 음지에서 이들을 돕게 된다. 그런 심경의 변화에 대해 구동매가 왜 힘이 있으면서 복수를 하지 않느냐고 묻자 유진은 힘이 있기 때문에 선택할 수 있는 것이라고 답변한다. 그의 심경 변화를 읽을 수 있는 대목이다. 또한 시종일관 염세적으로 사태를 관망만 하는 쿠도 히나 역시 구동매가 평민 출신으로 의병활동을 하는 이들을 가리켜 지게꾼들이 나라를 위해 목숨을 바친다는 게 이해가 안 간다고 의아해하자 "칼로도 벨 수 없는 게 있지. 의롭고 뜨거운 마음 같은 거"라고 대답한다. 한편, 한량 캐릭터인 김희성은 "항일을 하자니 몸이 고단할 것 같고, 친일을 하자니 마음이 고단할 것 같고"라고 언급하는데 이 대목은 민족 문제에 관한 당대인들의 인식이 상당히 중층적으로 그려지고 있음을 보여준다.

또한 이 드라마는 여러 장치들을 통해 전통과 근대를 끊임없이 교차하여 보여주고 있다. 전통적인 가풍을 지키는 고애신 집안의 구성원들이 전차가 돌아다니는 한성 시내를 가마를 끌고 다니는 모습은 이 시대의 특징을 고스란히 보여주고 있다. 아들을 낳지 못해 남편에게 구박받는 전통적 며느리인 고애순이 시종일관 신식호텔인 글로리아 호텔에 드나들면서 커피와 도박을 즐기는 모습 또한 흥미롭다. 조선인의 얼굴을 한 쿠도 히나가 일본어와 영어, 불어를 자유롭게 구사하고 펜싱을 통해 검술을 익히고 펜싱 검을 숙소 안에 배치한 장면 역시 상징적이다. 아울러 어전 회의에서 고종에게 충성하는 근왕파들이 전통적인 복색으로 입회하고, 친일적 색채를 가진 대신들은 양장을 하고 있는 모습 역시 흥미로운 배치라고 볼 수 있다. 또한 유진이 입고 있는 미국 군복, 구동매의 유카타, 김희성의 양장 역시 각 캐릭터를 잘 드러내는 데 일조하고 있다.

이렇듯 〈선샤인〉은 대한제국과 의병이라는 역사적 소재를 다양한 캐릭터를 가진 인물들을 통해 계급, 민족과 근대를 교차하는 방식으로 흥미롭게 풀어내고 있다. 아울러 이러한 구도 위에 김은숙 작가 특유의 감각적인 대사가 가미되면서 많은 생각할 거리를 던져주고 있다. 서사 구조 분석에서 드라마 대사를 많이 인용한 것은 대사 안에 이 드라마의 문제의식이 많이 녹아들어있기 때문이다.

2) 애국서사로의 귀결(18~24회)

이렇듯 17회까지의 내용은 민족과 계급, 근대가 교차하는 맥락을 보여주는 구성이었다. 그러나 드라마가 후반부로 질주하면서 서사의 구도는 변하기 시작했다.

그것은 드라마 중반까지 의병의 대의에 의문을 품던 유진이 점차 조선에 대해 애정을 가지는 것에서도 드러난다. 유진은 드라마 최고의 악당이며 의병탄압의 최선봉에 선 모리 다카시를 번번이 가로막고 결국 그를 살해한다. 자신이 사랑하는 고애신을 지키기 위한 행동이었지만 그 이유만이 전부는 아니었다. 23회에서 나오는 의병대장 황은산과 나눈 대화에서 유진의 심경 변화를 읽을 수 있다. "네. 전 아직도 조선의 주권이 어디 있는지 관심 없습니다. 전 다만 그 여인이 제 은인들이 안 죽기만을 바랄 뿐입니다. 그래서 계속 멀리 가보는데 그 길이 계속 겹칩니다. 의병이랑." 24회에서도 유진은 스크럼을 짜면서 일본군 앞을 가로막고 애신을 지키는 한성주민들을 보면서 "저 여인이 목숨을 걸고 지키려 한 조선이 이제 저 여인을 지키려고 하고 있습니다"라고 독백한다.

이 대사들 속에서 유진의 연인과 은인에 대한 사랑이 애국으로 진화하는 과정을 읽어낼 수 있다.

또한 드라마 중반까지 애국에 대한 방향성을 뚜렷이 보여주지 않던 김희성과 쿠도 히나 역시 후반부로 오면서 민족주의적 색채를 드러낸다. 김희성은 글의 힘을 통해서 자신의 방식으로 애국을 실천하려 한다. 20회에서 김희성은 "신문사를 차렸다고 들었소. 난 글의 힘을 믿지 않소"라고 언급한 고애신의 비판에 "누군가는 기록해야 하오. 애국도 매국도"라고 답한다. 마지막회 고문장면에서는 의병과 자신의 이름과 같이 불리는 것을 영광으로 아는 장면도 등장한다. 애국과 사적 이익 중 늘 후자를 선택하는 듯 보였던 쿠도 히나 또한 자신이 사랑한 구동매가 죽었다는 소식을 듣고 분노한 상태에서 일본군이 호텔을 점령하고 태극기까지 내린 것을 본 순간 "이렇게까지 빼앗으면 울어야 하나, 조선의 독립에 발 한번 담궈 봐?"라고 독백한다. 애국과 매국의 회색지대에 있던 이 두 사람의 민족주의적 전회는 드라마 후반부의 지향이 무엇인지 잘 보여준다.

이러한 애국 서사의 정점은 역시 고애신을 필두로 한 의병들의 모습이었다. 친일파 이완익은 자신에게 총구를 겨눈 고애신에게 "나 하나 죽인다고 다 넘어간 조선이 구해지니?"라고 반문하지만 고애신은 "적어도 하루는 늦출 수 있지. 그 하루에 하루를 보태는 것이다"라고 비장하게 대답한다. 또한 마지막회에서 의병이 일본군에게 포위된 상황에서 의병장 황은산이 또박또박 내뱉은 대사는 애국 서사의 백미였다.

이길 수 있을까요?

글쎄 말이다. 그렇다고 돌아서겠느냐? 화려한 날들만 역사가 되는 것이 아니다. 질 것도 알고 이런 무기로 오래 못 버틸 것도 알지만 우린 싸워야지. 싸워서 알려줘야지. 우리가 여기 있었고 두려웠으나 끝까지 싸웠다고.

3. 역사적 고증 및 서사구조 비판

1) 역사적 고증에 관한 문제

고증에 관한 비판은 이미 다양한 지면을 통해 진행되었기 때문에 고증 부분은 생략할까도 고민하였다.[8] 그러나 역사드라마를 표방한 이상 이 문제를 건너뛰기는 힘들다고 결론 내렸다. 다만 미세한 부분에 대한 검토보다 개항 이후 대한제국에 이르는 시기의 역사상을 심각하게 왜곡한 부분과 드라마의 주제인 의병에 대한 몰이해에 기반한 전개에 관해서만 언급하도록 하겠다.

우선 고증에서 가장 문제가 되는 부분은 이 드라마가 1870년대 초반 시기를 친일파와 의병의 대립 구도로 잡았다는 점이다. 1875년에 친일파인 이완익(김의성 분)을 처단하기 위해 의병들이 일본으로 건너가 암살을 시도하는 부분은 드라마적 상상력으로만 포장하기엔 심각한 문제가 있다. 주지하듯 조선과 일본이 근대적인 외교 관계로 전환하는 시기는 1876년 조일수호조규 이후였다. 따라서 그 이전에는 '친일파'라는 개념 자체가 성립할 수 없다. 의병 역시 1895년 전후 최초로 봉기한 점을

---

8 「미스터 션샤인' 보는 역사학자 "안타깝다"」, 『노컷뉴스』, 2018.7.11; 「'친일파' 김의성이 왜 거기서… '미스터 션샤인' 또 틀렸다」, 『오마이뉴스』, 2018.7.30.

감안하면 1875년 시점에서 친일파와 의병의 대립 구도를 잡은 것은 드라마적 상상력을 고려하더라도 문제시할 수밖에 없다.

사실, 문제는 일제 식민지시기의 역사상을 이 시기에 투영한 것과 많은 관련이 있다. 실제로 드라마 곳곳에서 식민지시기와 유사한 설정을 한 부분이 많이 보인다. 일단 일본군의 행패가 너무 과장되어 있다. 한성 시내에서 일본군이 마구잡이로 민간인에게 총을 쏘면서 휘젓고 다니는 장면, 열차 안에서 일본군이 총을 들고 조선인을 위협하는 장면 등은 흡사 대한제국이 일본의 식민지처럼 느껴지는 효과를 주고 있다.

그러나 일본이 대한제국 안에서 완전히 주도권을 잡은 것은 러일전쟁에서 승리하고 을사조약을 강제 체결한 1905년 이후였다. 이해를 돕기 위해 이 시대의 역사적 상황을 간략하게 살펴보자. 일본은 한반도의 패권을 놓고 청국과 일전을 벌인 청일전쟁에서 승리했음에도 불구하고 러시아가 주도한 삼국간섭으로 인해 한반도에서의 주도권을 완전히 가지지 못했다. 이후 일본은 러시아와 베베르·고무라 각서(1896.5), 로마노프·야마가타 의정서(1896.6), 로젠·니시 협정(1898)을 맺으면서 한반도와 만주의 이해관계를 조율했다.[9] 그러나 제1차 영·일 동맹(1902)의 체결에 대응하여 러시아가 용암포 무단 점령(1903)을 결행하면서 러일 양국의 전운이 감지되었고 결국 1904년 일본의 선전포고로 러일전쟁이 개시되었고 이 전쟁에서 승리한 일본이 본격적으로 대한제국의 식민지화 작업을 진행했던 것이다.[10] 따라서 1905년 이전에는 일본과 러시아, 미국 등이 복잡하게 경합하는 과정이 있었음을 알 수 있다.

---

9 최덕수 외, 『조약으로 본 한국근대사』, 열린책들, 2010, 372~482쪽.
10 서영희, 『일제침략과 대한제국의 종말』, 역사비평사, 2012.

이 드라마가 주로 1902~1903년을 배경으로 하고 있는 점을 감안하면 이러한 맥락에 대한 고민이 부족한 것은 아쉽다. 특히 정계에서 친러파와 친미파의 위세와 역할에 대한 묘사가 빠지고 일방적으로 친일파들만 부각한 점 역시 아쉬움을 금할 수 없다.[11]

아울러 이러한 인식에 따라서 의병의 모습도 식민지시기 무장투쟁, 특히 의열단처럼 묘사한 부분을 많이 볼 수 있었다. 1875년 이완익을 암살하려 했던 의병의 모습은 옷차림과 총, 암살 방식에서 의열단의 그것을 연상케 한다. 1900년 이후의 의병 역시 점조직처럼 비밀리에 활동하면서 면면히 이어지는 조직으로 그리고 있으나, 이 또한 의병의 본래 모습과 거리가 멀다. 의병은 드라마에서처럼 점조직으로 존재하는 것이 아니었다. 이해를 돕기 위해 이 시기 의병의 활동에 대해 간략하게 살펴보자. 의병은 1896년 전후, 1905년 전후, 1907년 고종황제 강제퇴위 이후 세 차례 봉기하였다.[12] 을미사변, 을사조약, 고종황제 강제퇴위 등의 큰 역사적 사건이 있을 때마다 각 지역의 유력한 유림을 중심으로 의진을 결성하고 격문을 곳곳에 배포하면서 싸움을 공식화하는 것이 일반적이었다.

1907년에는 전국적으로 의병이 일어나면서 13도 창의대진소라는 의병 총본진을 세우기까지 하였다.[13] 그리고 13도 창의대진소의 전신인 관동창의군은 총대장 이인영 명의로 일본의 대한제국 침략을 성토하는

---

11 한철호, 『친미개화파연구』, 국학자료원, 1998.
12 김상기, 『한말 전기의병』, 독립기념관 한국독립운동사연구소, 2009; 박민영, 『한말 중기의병』, 독립기념관 한국독립운동사연구소, 2009; 홍영기, 『한말 후기의병』, 독립기념관 한국독립운동사연구소, 2009.
13 김헌주, 『후기의병의 사회적 성격에 관한 연구』, 고려대 박사논문, 2017.

격문을 13도 관찰사, 『대한매일신보』사, 각국 공사관 및 일본 통감에게 전달하였다. 이 격문은 국내외에 일본의 불의와 부당성을 비판함과 동시에 한국의 현재 상황을 상세히 설명하는 한편, 의병부대를 국제법상의 전쟁단체로 인식할 것을 촉구했다는 점에서 큰 의미가 있는 것이었다.[14] 이인영은 동시에 아래와 같은 '해외동포에게 보내는 격문Manifesto to All Coreans in All Parts of the World'을 보냈다.

동포 여러분, 우리들은 모두 단결하여 조국을 위해 헌신하여 우리 땅을 지키고 독립을 이루어야 합니다. 우리는 전 세계에 대하여 야만적인 일본인들의 크나큰 잘못과 잔악함을 호소해야만 합니다. 그들은 교활하고도 잔인하며 진보와 인간성의 적입니다. 우리는 모든 일본인과 앞잡이들 그리고 저들의 야만적인 군대를 척결하기 위해 최선을 다해야 할 것입니다.[15]

물론 이와 같은 노력에도 불구하고 어떤 나라로부터도 교전단체로 승인받지 못하였고 따라서 국제법상으로 국가의 지위도 인정되지 않았지만 의병의 지향성을 인식할 수 있다는 점에서 역사적 의미가 있다고 하겠다. 관동창의군은 또한 의병진압에 나섰던 대한근위대 병사들에게도 격문을 보냈다. 그 요지는 근위대 병사들이 의병을 토벌하러 나온 것은 결코 황제의 뜻이 아닐 것이니, 용단을 내려서 의병부대와 함께 일

---

14 박성수, 『독립운동사연구』, 창작과 비평사, 1980, 150쪽.
15 『統監府文書』 5, 1999, 158쪽; 『日本外交文書』 제41권 제1책, #856. "Manifesto to All Koreans in All Parts of the World" Compatriot! We must united and to consecrate to our land restore our independence, We must Appeal to the whole about grievous wrongs and outrages of barbarous Japanese. They are cunning and cruel and are enemies of progress and humanity. We must All do our best to kill all Japanese, their spies and soldiers.

본군을 공격하여 우리의 강토를 되찾고 황위를 회복하고 우리 동포와 함께 행복하자는 내용이었다.[16] 이러한 일련의 활동을 통해 의병은 국내외로 일제의 침략성을 밝히면서 의병투쟁의 정당성을 확보하고자 하였던 것이다.

즉, 드라마에서 보이는 활동방식은 실제 의병의 모습과는 너무나 거리가 있다는 것이다. 드라마에서 묘사하는 모습은 식민지시기 지하결사 단체나 대한제국기 화적 무장집단인 활빈당을 연상케 한다.[17] 결국 의병을 중심으로 다루면서도 의병의 실체에 대해서는 너무나 왜곡된 상을 가지게 했다는 비판을 받을 수밖에 없다.

2) 친일 논란에 대한 반비판

드라마는 방영 초반 친일 미화 논란에 시달렸다. 요컨대 당시 조선의 문화가 미개하다는 연출이 보이며, 주인공의 한 사람인 구동매가 을미사변의 당사자인 흑룡회[18] 한성지부장으로 있는 설정이 문제라는 것이다.[19] 아울러 개항 이후 병합 이전까지의 망국 책임을 모두 조선(대한제

---

16 「暴徒首魁等의 警告狀의 件」, 『暴徒에 關한 編冊』, 1907.11.28(국사편찬위원회, 『한국독립운동사자료』 8, 1979, 155∼157쪽).
17 박찬승, 「대한제국기 활빈당의 활동과 성격」, 『한국학보』, 1984.
18 흑룡회는 1901년 2월 조선에서 활동하던 일본의 낭인 집단인 천우협(天佑俠) 소속의 우치다 료헤이(內田良平), 요시쿠라 오세이(吉倉汪聖), 다케다 한지(武田範之) 등이 일본의 대외 침략주의 이념을 실현하기 위해 조선·만주·시베리아에서 활동하고 있던 낭인들을 규합하여 조직한 단체이다. 러시아에 대한 개전론을 주창하였으며, 조선 병합론을 더욱 발전시켜 '대아시아주의'를 제창했다. 1905년 을사조약 이후 일제의 대한제국 강제병합 과정에서 큰 역할을 했고 '병합' 이후 흑룡회는 그 '공로'로 일본 우익의 대표적인 존재로 부상했다. 흑룡회의 이념과 활동에 대해서는 강창일, 『근대 일본의 조선침략과 대아시아주의』, 역사비평사, 2002를 참고하라.
19 「'미스터션샤인', 역사 미화 논란에 국민청원 등장 "강력한 조치 필요"」, 『스포츠서울』, 2018.7.17.

국) 내부의 모순으로 돌리고 있다는 비판도 받았다.[20] 제작진은 흑룡회를 가상단체인 무신회로 바꾸는 등 진화에 나섰다.

이 논란을 어떻게 평가해야 할까. 드라마가 정말로 친일을 미화한 것일까. 개인적으로는 비판에 쉽사리 동의하기 어렵다. 일단 1905년 을사조약이 맺어지고 대한제국이 외교권을 박탈당하기 이전 친일과 식민지가 된 이후의 친일은 개념부터 완전히 다르다는 점을 이해할 필요가 있다. 개항 이후 한반도는 청국, 일본, 러시아, 미국 등의 제반 열강들이 한반도와 만주지역의 이권을 놓고 각축하던 장이었다.[21] 대한제국의 정계에도 친청, 친러, 친미, 친일세력들이 존재했다. 물론 일본은 그 중에서도 한반도에 대한 이해관계에 민감하고 침략의지가 적극적인 국가임은 틀림없었다. 하지만 1905년 이전 일본에 대한 인식은 지식인 사회 내에서도 다양하게 갈렸다. 특히 계몽운동 계열의 지식인들은 1900년 무렵 동양주의 담론을 추종하여 한·중·일 삼국을 동방민족으로 인식하거나, 러일전쟁 시기에는 일본의 승리를 기원하기도 하였다. 일본을 비판하는 담론이 대세가 된 것은 러일전쟁 이후 일본의 침략의지가 본격화된 이후였다.[22] 이런 맥락을 고려하면 1905년 이전의 '친일'에 대한 인식을 단순화하기 힘들다. 결과적으로 식민지가 되었더라도 당대 치열하게 고민했던 맥락을 거세할 수는 없다는 뜻이다.

또한 비판론의 전제에 동의하더라도, 구동매의 캐릭터가 과연 단순하게 친일 일변도였는지 의문이다. 사실 구동매는 친일적이라기보다

---

20 「'미스터 션샤인' 속 역사 왜곡… 모두 '이것' 때문이었나」, 『오마이스타』, 2018.7.28.
21 최문형, 『한국을 둘러싼 제국주의 열강의 각축』, 지식산업사, 2001.
22 백동현, 『대한제국기 민족담론과 국가구상』, 고려대민족문화연구원, 2010.

조선에 적대적인 캐릭터이다. 그는 백정 출신으로 부모를 잃고 일본에 건너간 한 인간이 취할 수 있는 전형적인 태도를 취하고 있다. 그리고 그는 일본이나 조선보다는 철저히 자신과 무신회 식구들의 이해에 복무한다. 이것은 구동매가 일본공사관과 대립하고 조선 경무청에서 고문을 받는 설정에서도 드러난다. 극 중 하야시가 이완익과 구동매를 '일본인도 조선인도 아닌' 존재로 묘사한 것은 구동매의 지향이 어디에 있는지 명확히 보여준다.

3) 애국 서사의 한계점

드라마의 후반부가 다루고 있던 시기, 특히 1907년 이후의 시점에 전국적으로 항일의 열기가 뜨거웠음은 분명하다. 그런데 그 못지않게 이 시기 일본에 대항하기 위해 일어섰던 주체들의 애국의 방식 또한 백화제방百花齊放이었다. 하지만 〈선샤인〉은 후반부를 전형적인 항일 애국서사로 귀결시킴으로써 그 다양한 경로를 무화시켜버리고 말았다.

우선 고종의 사례를 살펴보자. 20회에서 충신 이정문은 고종에게 "부디 신을 칼날 삼으시고 백성과 함께 싸워주십시오"라고 절규한다. 이에 고종은 "경은 오늘도 싸웠구려"라고 격려한다. 아울러 의병임을 알고도 장승구를 경위원 총관으로 임명하는 모습 또한 인상적이다. 비운의 군주이자 주어진 환경에서 최선을 다해 일본에 저항했던 고종의 모습을 그려내고 있다. 고종 황제에 대한 역사적 평가는 매우 논쟁적이다. 광무개혁을 둘러싼 연구지형 또한 복잡하게 진행되고 있어서 인간 고종의 모습을 명쾌하게 설명하긴 힘들다. 하지만 분명한 것은 황제가 전권을 행사하는 대한국국제하의 군주였던 고종이 생각하는 애국과 인민들이 생각하던 애국의 범위는 분명히 달랐다는 점이다. 을사조약과 병합조약에 아래와 같이 명기된 것처럼 일제는 대한제국을 강제병합하면서 황실우대를 약속했다.[23]

을사조약(1905.11.17)

제5조 일본국 정부는 한국 황실의 안녕과 존엄을 유지할 것을 보증한다.

병합조약(1910.8.22)

제3조 일본국 황제 폐하는 한국 황제 폐하, 태황제 폐하, 황태자 전하, 그 황후, 왕비, 후예로 하여금 각기 지위에 따라 상당한 존칭, 위엄과 명예를 향유하게 하구 이를 유지하기 위한 충분한 세비를 공급할 것을 약속한다.

제4조 일본국 황제폐하는 앞의 조항 이외에 한국 황족과 그 후예에 대해 각기 상당한 명예와 대우를 향유하게 하며 이를 유지하는 데 필요한 자금을 공여할 것을 약속한다.

결국 이씨 황족은 제국 일본의 왕공족으로 편입하면서 다수의 조선인과는 다른 안락한 삶을 살았다. 100년 전의 '애국'을 평가하는 것은 지난한 과정이다. 그러나 민주주의 국가에 살고 있는 21세기 한국인들이 비운의 황실 서사에 과도하게 몰입할 필요가 있을까.

더불어 당시 계몽운동 계열의 지향과 의병의 지향을 동일시한 부분역시 문제적이다. 현재의 연구지형에서 계몽운동 계열의 지향과 의병의 지향은 많은 차이가 있다는 것은 정설이다. 『대한매일신보』 등의 보

---

23 최덕수 외, 앞의 책, 635~764쪽.

도에서 보이는 바와 같이 당대 한국언론에서 의병에 우호적인 보도가 없던 것은 아니지만 실력양성에 입각한 국권회복을 주장했던 계몽운동 계열의 지식인들은 대체적으로 의병의 노선에 부정적이었다. 특히『황성신문』은 의병에 대해 매우 비판적이었다.『황성신문』의 기본적 논조는 선실력양성론으로 이해된다. 주된 필진이었던 장지연과 박은식은 을사조약 이후인 1906년에도 동양주의 입장에서 일한동맹론을 지지하였다.[24] 이는 그들이 일한동맹론과 동양삼국제휴론에 대한 비판의식이 크지 않았다는 해석도 가능하다. 그것은『황성신문』이 1910년경에도 동양주의와 인종주의적 인식에 기반한 '同種相保論'을 버리지 않는 것에서도 드러난다.[25] 이와 같은 인식론적 기반에서 일본의 보호국화에 대해서는 비판적인 입장을 가지고 있었지만 보호국화의 책임은 대한제국 내부로 돌렸다. 예컨대 장지연은 국권 침탈의 근본 원인을 당파의 고질, 의뢰심, 無국가사상 등에서 찾았다.[26] 따라서 이 시대는 생존경쟁의 시대이며 '優勝劣敗'는 '天然公例'로 인정했으며, 보호국에서 벗어나는 길은 교육과 식산흥업에 달려있다고 보았던 것이다.[27] 그래서 의병은 '나라에 화를 가져오는 요사스러운 마귀이며 백성에게 해로운 독병'으로 정의되고 '이 시대를 구제하는 道는 武가 아니라 文이 마땅하며 급한 것은 불가하고 느린 것이 마땅할 것'이라고 인식했다.[28] 의병이 일어난 초기인 1907년 8월 31일 기사에서 의병의 봉기를 '폭동'이라고 명명하

---

24 論說「感謝大垣君高義」,『皇城新聞』, 1906. 2. 27.
25 박찬승,「한말 자강운동론의 각 계열과 그 성격」,『한국사연구』68, 한국사연구회, 1990, 106쪽.
26 장지연,「團體然後民族可保」,『대한자강회월보』5, 1∼7쪽.
27 論說「競爭時代」,『皇城新聞』, 1906. 11. 16 · 17 · 19.
28 論說「警告義兵之愚昧」,『皇城新聞』, 1906. 5. 29.

며 "폭동을 하는 자는 蟊賊"이라고 비판했던 것은 이러한 논리의 귀결이 었다.[29] 이러한 인식하에서 『황성신문』은 의병을 '폭도'라고 규정하면서 暴徒論을 견지하고 있었던 것이다.[30]

그런 측면에서 대표적인 실력양성론자인 안창호가 유진에게 자신을 의병이라고 칭하는 장면이나 24화에서 언론인 김희성이 의병과 자신의 이름이 같이 불리는 것을 영광으로 아는 장면 등은 재고가 필요하다. 이러한 장면은 러일전쟁 이후부터 모든 조선인들이 동일한 지향으로 저항했다는 인식에서 나온 것으로 보인다. 전술한 바와 같이 『황성신문』이 의병을 '폭도'라고 불렀던 것을 감안하면 이러한 일원화는 당대 맥락을 거세하는 것일 뿐 아니라 애국과 근대의 다양한 경로를 무화시킨다는 점에서 아쉬움을 금할 수 없다.

4. 미디어 자본과 결합한 역사콘텐츠의 한계

기왕의 TV 드라마가 국사의 패러다임을 정당화하는 데 큰 역할을 한 것에 비해 〈선샤인〉은 대한제국과 의병이라는 역사적 소재를 사랑이라는 주제로 풀어냈다는 점에서 기존의 역사드라마와는 차별되는 지점도 있었다. 그리고 다양한 캐릭터를 통해 계급, 민족과 근대를 교차하는 방식으로 논의를 풀어가면서 기존의 드라마와는 다른 가능성을 보여줬다. 하지만 후반부로 가면서 각각의 캐릭터가 가진 다양한 가능성

---

29 論說 「又一告暴動者」, 『皇城新聞』, 1907.8.31.
30 김헌주, 「1907년 이후 한국 언론의 '暴徒' 담론 형성 과정」, 『역사학보』 240, 2018.

과 경로를 오직 애국이라는 단일한 통로로 귀결시켜 버렸다는 것은 전술한 바와 같다. 이것은 드라마 초반 구동매 캐릭터의 친일 논란에 영향을 받은 측면도 있지만, 시청률이라는 현실적인 여건을 무시할 수 없었기 때문으로 보인다.[31] 결국 드라마 초중반을 이끌고 갔던 입체적인 서사구도는 역사드라마, 특히 독립운동을 다루는 드라마라면 마땅히 지향해야 할 민족주의라는 당위 앞에서 그 방향성을 상실해버렸던 것이다. 여기서 주목할 점은 이 드라마의 작가가 김은숙이라는 점이다. 주지하듯 김은숙은 〈도깨비〉, 〈태양의 후예〉 등의 각본을 쓴 당대 최고의 멜로드라마 작가이다. 김은숙은 상기한 드라마에서 인상적이고 감각적인 대사를 통해 많은 팬덤을 형성해 낸 바 있다. 그리고 이러한 김은숙의 감각적인 대사는 애국서사와 결합하며 극적인 시너지를 냈다. 예컨대 이 대사가 대표적이다.

이건 나의 히스토리이자 나의 러브스토리요. 그래서 가는 거요. 당신의 승리를 빌며 그대는 나아가시오. 나는 한 걸음 물러나니.

애국과 사랑이라는 화학적 결합이 힘들어 보이는 두 가치를 내용 전개 속에서 절묘하게 뒤섞으면서 드라마는 극적 재미와 윤리적 정당성이라는 두 마리 토끼를 다 잡을 수 있었던 것이다. 그리고 위 대사가 나온 회차이며, 의병이 비장한 최후를 맞이한 최종회의 시청률은 케이블

---

31 모든 방송사가 그렇겠지만 tvN(Total Variety Network)은 CJ ENM미디어콘텐츠부문에서 운영하고 있는 엔터테인먼트 채널이라는 점에서 시청률에 대한 강박은 더 클 것이라는 혐의를 지울 수 없다.

티비에서는 이례적인 18.1%를 기록했다.[32] 또한 각종 언론에서는 최종회 방영 이후 〈미스터 션샤인〉 관련 기사가 쏟아져나왔다. 그 기사들은 대부분 〈션샤인〉의 애국서사에 감응한 내용이 많았고, 그중 대표적인 내용을 소개하면 아래와 같다.

> 잊혀졌던 역사를 되새기며 애국심을 고취시킨, 불꽃처럼 뜨거운 울림의 메시지! '미스터 션샤인'은 우리에게 잘 알려지지 않았던 1900년대 구한말, 조국을 위해 목숨을 바친 의병들의 삶과 운명을 통해 역사를 되새겨보게 만들었다. 극악무도한 일본의 조선을 향한 만행이 거세져가는 가운데, 조국을 지키기 위해 자신의 모든 것을 걸었던 이름 없는 의병들의 발자취를 담아내면서 대한민국의 공감을 이끌어냈던 것. '미스터 션샤인'을 통해 이 시대를 살아가고 있는 지금의 우리들이 잊고 있었던, 기억하지 못했던 불꽃처럼 뜨거운 조국애와 독립에 대한 열망, 소중한 내 나라에 대한 의미를 아로새기게 해주는, '울림의 메시지'를 선사했다.[33]

드라마 초반부에 보여준 흥미로운 전개와 문제의식은 전형적인 애국서사로 귀결되었음을 보여주는 대목이다. 이것은 역사학계에서 논의되었던 국민국가 이데올로기로서의 역사학에 대한 성찰과 비판이 미디어 자본과 애국심 마케팅의 화학적 결합 속에 속절없이 무너졌음을 보여주는 사례라고 할 수 있다. 미디어 자본과 결합한 역사콘텐츠에 대

---

32 「미스터 션샤인」 불꽃처럼 타올랐다… 18.1% 자체 최고 시청률 '유종의 미」, 『마이데일리』, 2018.10.1.
33 「"최고 시청률 경신"… 종영 '미스터 션샤인'이 남긴 것」, 『TV REPORT』, 2018.10.1.

해 날선 문제의식을 거둘 수 없는 이유가 여기에 있다.

5. 맺음말

TV 역사드라마는 대중적 눈높이를 기준으로 한다는 점에서 국민국가의 이데올로기를 정당화하는 국사의 패러다임을 벗어나기 힘들다. 그런 측면에서 〈선샤인〉이 취했던 방식은 어찌 보면 당연할지도 모른다. 그럼에도 드라마의 귀결에 대해서는 많은 아쉬움이 남는 것은 어쩔 수 없다. 기존의 역사드라마와는 다른 가능성을 많이 보여주었기 때문이다. 예컨대 왕궁 중심의 무대를 뛰어넘어 참신한 캐릭터들을 발굴한 점, 기존 역사극에서 많이 다루어지지 않았던 개항 이후 근대사 특히 의병운동을 다룬 점, 멜로드라마 못지않은 톡톡 튀는 대사들로 극을 이끌어간 점 등은 사극 장르의 새로운 전환점을 만들었다고 평가할 수 있을 것이다.

하지만 시대상을 건너뛴 수준으로 고증이 허술하였고, 역사적 상상력은 풍부했으되 역사 인식은 부족했던 한계는 지적하지 않을 수 없다. 아울러 기존의 드라마와 마찬가지로 극의 후반부를 전형적인 애국서사로 귀결시킨 점은 엔터테인먼트 채널이라는 현실적 조건을 감안하더라도 아쉬운 마음이 드는 것이 사실이다. 결국 이 드라마 역시 미디어 자본이 역사드라마를 제작할 때 취할 수 있는 손쉬운 방식인 애국심 마케팅을 벗어나지 못했던 것이다.

우리 연구소는 '근대 한국학의 지적 기반 성찰과 21세기 한국학의 전망'이라는 아젠다로 HK+ 사업을 수행하고 있습니다. '한국학이 무엇인가' 하는 점은 물론 관점에 따라 달라질 수 있을 것입니다. 하지만 개항과 외세의 유입, 그리고 식민지 강점과 해방, 분단과 전쟁이라는 정치사회적 격변을 겪어 온 우리가 스스로를 어떤 존재로 규정해 왔는가의 문제, 즉 '자기 인식'을 둘러싼 지식의 네트워크와 계보를 정리하는 일은 반드시 필요한 작업이라고 생각합니다. '자기 인식'에 대한 탐구가 그동안 없었던 것은 아니지만, 현재 제도화되어있는 개별 분과학문들의 관심사나 몇몇 지식인들을 대상으로 한 제한적인 논의였음을 부인하기는 어려울 것 같습니다. 이러한 현실에서 '한국학'이라고 불리는 인식 체계에 접속된 다양한 주체와 지식의 흐름, 사상적 자원들을 전면적으로 복원하고자 하는 것이 바로 저희 사업단의 목표입니다.

'한국학'이라는 담론 / 제도는 출발부터 시대·사회적 영향을 강하게 받아왔습니다. '한국학'이라는 술어가 우리의 입에 오르내리기 시작한 것도 해외에서 진행되던 지역학으로서의 '한국학'이 반향을 불러일으키면서부터였습니다. 그러나 '한국학'이란 것이 과연 하나의 학문으로서 성립할 수 있느냐 하는 질문에 답을 얻기도 전에 '한국학'은 관주도의 '육성' 대상이 되었습니다. 이에 대응하여 실천적이고 주체적인 민족의식을 강조하는 '한국학'은 1930년대의 '조선학'을 호출하였으며 실학과의 관련성과 동아시아적 지평을 강조하기도 하였습니다. 그 가운데 근대화, 혹은 근대성은 서로 다른 맥락에서 '한국학'을 검증하였고, 이른바 '탈근대'의 논의는 의심 없이 받아들여지던 핵심 개념이나 방법론에 문제를 제기하기도 하였습니다.

'한국학'이 이와 같이 다양한 맥락에서 논의되어 온 것은 그것이 우리의 '자기 인식', 즉 정체성 문제와 관련되어 있기 때문일 것입니다. 대한제국기의 신구학 논쟁이나 국수보존론, 그리고 식민지 시기의 '조선학운동'은 물론이고 해방 이후의 '국학'이나 '한국학' 논의 역시 '자기 인식'에 대한 시대적 요구에 응답하려는 노력이었을 것입니다. 우리가 '한국학'의 지적 계보를 정리하는 것에 만족하지 않고 21세기의 전망을 제시하고자 하는 이유도, '한국학'이 단순히 학문적 대상에 대한 기술이나 분석에 그치지 않고 우리의 현재를 성찰하며 더 나아가 미래를 구상하고 전망하려는 노력에 직간접적으로 연결된다고 보기 때문입니다. 주지하듯 근대가 이룬 성취 이면에는 깊고 어두운 부면이 있습니다. 그리고 이 명과 암은 어느 것 하나만 따로 떼어서 취할 수 없는 한 덩어리일 가능성이 있습니다. 21세기 한국학은 근대에 대한 성찰을 통해 이 질곡을 해결해야 하는 시대적 요구에 응답해야만 하는 과제를 안고 있습니다.

연세근대한국학 HK+ 학술총서는 이러한 과제를 수행하는 과정에서 나오는 성과물을 학계와 소통하기 위한 시도입니다. 학술총서는 연구총서와 번역총서, 자료총서, 디지털한국학총서로 구성됩니다. 연구총서를 통해 우리 사업단의 학술적인 연구 성과를 학계의 여러 연구자들에게 소개하고 함께 논의를 진전시키고자 합니다. 번역총서는 주로 외국인들에 의해 이루어진 조선 / 한국 연구를 국내에 소개하려는 목적에서 기획되었습니다. 특히 동아시아적 학술장에서 '조선학 / 한국학'이 어떻게 구성되고 작동하여왔는지를 살펴보려고 합니다. 또한 자료총서를 통해서는 그동안 소개되지 않았거나 불완전하게 알려진 자료들을 발굴하여 학계에 제공하려고 합니다. 디지털한국학총서는 저희가 구축한 근대한국학 메타데이터베이스의 성과와 현황을 알려드리고 함께 고민하는 계기를 만들고자 신설한 것입니다. 새롭게 시작된 연세근대한국학 HK+ 학술총서가 소기의 목적을 달성할 수 있도록 여러 연구자들의 관심과 격려를 부탁드립니다.

2019년 10월

연세대 근대한국학연구소 인문한국플러스(HK+) 사업단